军阀之国

Warlords of China

从晚清到民国时期的中国军阀影像集

1911-1930

【下册】

编著·骆艺 黄柳青

人民日报出版社

图书在版编目（CIP）数据

军阀之国 ：1911～1930 ：从晚清到民国时期的中国军阀影像集 ：全2册 / 骆艺，黄柳青编著. -- 北京 ：人民日报出版社，2015.12
ISBN 978-7-5115-3481-1

Ⅰ. ①军… Ⅱ. ①骆… ②黄… Ⅲ. ①军阀－史料－中国－1911～1930－图集 Ⅳ. ①K825.2-64

中国版本图书馆CIP数据核字（2015）第290083号

书　　名：军阀之国 1911-1930：从晚清到民国时期的中国军阀影像集【下册】
作　　者：骆艺 黄柳青 编著

出 版 人：董　伟
责任编辑：周海燕
封面设计：崎峻文化
策划制作：崎峻文化 • 左立

出版发行：人民日报出版社
社　　址：北京金台西路2号
邮政编码：100733
发行热线：（010）65369509 65369527 65369846 65363528
邮购热线：（010）65369530 65363527
编辑热线：（010）65369518
网　　址：www.peopledailypress.com
经　　销：新华书店
印　　刷：重庆共创印务有限公司

开　　本：787mm×1092mm　1/16
字　　数：300千字
印　　张：19
印　　次：2015年12月第1版　2015年12月第1次印刷

书　　号：ISBN 978-7-5115-3481-1
定　　价：159.60元（全2册）

Contents 目录

前言

说起北洋军阀，中国人的脑海中多能蹦出几个“如雷贯耳”的大名：袁世凯、段祺瑞、冯国璋、张作霖、吴佩孚、孙传芳、张宗昌……这些代表人物及他们身后庞大的北洋军阀集团，在中国近代史上留下了极为浓重的一笔。在中国近代史上，北洋军阀统治时期，是一段黑暗的历史。

1912年，中华民国成立，这个具有“近代亚洲第一个资产阶级共和国”之称的政权，从建立初始，便被北洋军阀所篡取。1912年至1928年间，中国都处于北洋军阀控制的北京政府统治之下，军阀政治充斥于社会每个角落。中央政权操纵于大军阀手中，地方势力为当地督军所掌控，这些“大帅”们活跃在社会政治生活各领域，一方面以武力维护、扩张自身地盘，另一方面操纵中央或地方政权养军扩军。而这一时期，更为典型的特征是军阀之间的混战，“大帅”之间的战事贯穿了整个北洋政府始终。以1916年袁世凯身死、北洋军阀集团分裂为界限，从1916年开始，军阀间的混战规模从小到大。据统计，1917年讨伐张勋复辟，交战双方投入兵力为5.5万人，战事波及一省；1918年第二次南北之战，交战双方总兵力为10万人，战事波及五省；1920年直皖战争，参战人数达到12万，波及三省，另有三省受影响；1922年第一次直奉战争，22.5万人参战，四省被战火波及，另有六省受战事影响；1924年第二次直奉战争，45万人在五个省区之间厮杀，同时另有九个省区受影响；1926年国奉战争，国民军、奉军、直军、直鲁联军、晋军在八个省区交战，五个省区被影响；1926-1928年的北伐战争，大半个中国卷入其中，战火绵延至十二个省区，另有八个被影响。初期的军阀混战，一次战争伤亡数百人，到了北洋政府统治后期，“大帅”们的战争，一次战役便有数千士兵殒命沙场。更不用说受战火波及的无辜百姓。虽然在当时西方众多媒体中，中国“大帅”们的名字和各种生活、战斗习惯充满了异国情调，这些素材常常充斥于各种媒体的头条。但是，在彼岸的中国，这些掌握着地盘上的百姓的生死大权的军阀们，给民众带来的是缴不完的税、服不完的兵役和劳役。“大帅”们顶着“讨逆”、“共和”等冠冕堂皇的理由为地盘、政治权力，甚至是鸦片而开战时，战火波及的地区带来的却是民生凋敝，百姓无辜惨死、流离失所。

本书结合中外资料，收集近千张历史图片，以时间为脉络，通过对北洋军阀从攫取辛亥革命胜利果实，到建立北洋政府的独裁统治这段时期的各地军阀及其武装势力的展现，旨在向读者展示那一段充满了战乱、但其中又孕育着冲破黑暗的光明的历史。由于时间和篇幅有限，且才疏学浅，难免有所遗漏和失误，还请读者朋友和专家不吝批评指正。

骆艺

2015年7月于广西柳州

1925-1926年的军阀及军阀混战

广东革命根据地的建立和巩固

自护法运动失败后，广东被桂系军阀所占据。1920年8月，在孙中山的力主下，驻闽粤军于10月驱逐桂军，收复广东。11月，孙中山返粤重组军政府，继续进行护法运动。这是孙中山第二次在广东建立政权。此时，孙中山麾下部队主要为陈炯明率领的粤军2个军、6个独立旅。1921年10月，经第二次粤桂战争，粤军攻占广西，驱逐陆荣廷。两广遂为孙中山所占。

占有两广后，孙中山决意乘胜北伐，在桂林建立大本营，集结起粤、滇、赣、黔等军阀武装共13个旅约3万人，1922年2月3日，孙中山在桂林下令北伐。但是，粤军首脑陈炯明与湖南督军赵恒惕勾结，暗中破坏北伐，并于6月15日公开叛变，炮击总统府和孙中山驻地。孙中山乘"永丰"舰离开广州，广东为陈炯明所占，第一次北伐宣告失败。

1923年1月，孙中山成功驱逐陈炯明，收复广东根据地；2月，广东的最高军政机构——陆海军大元帅府成立，孙中山出任大元帅。广东革命政府由此建立。这也是孙中山第三次在广东建立政权。同时，孙中山决定加快改组国民党、与中国共产党合作。

1924年1月20-30日，国民党第一次全国代表大会在广州召开，会议通过了"联俄，联共，扶助农工"三大政策，国共开始第一次合作，轰轰烈烈的大革命揭开了序幕，广东成为革命的中心。同时，为建立革命武装力量，培养革命的军事骨干，孙中山在苏联和中共的帮助下，于6月在广州正式建立黄埔军校。黄埔军校的诞生对中国革命具有举足轻重的意义，培养了国共大批军事、政治人才。

1924年8月，广东商团因为广东革命政府扣留其为自身武装进口的一批军械（计有步枪9000余支，机枪40挺，子弹300万发）而与后者关系恶化。10月，商团武装发动叛乱。15日，蒋介石、廖仲恺、谭平山等组织黄埔军校第一、第二期学生，联合驻闽粤军许崇智部、李福林的福军及其他地方武装，击溃叛乱的商团武装1.2万余人，并缴获了大批军械。孙中山遂利用这批军械和苏联军援，以黄埔军校武装为基础，在10月组建教导团。很快，教导团扩编为党军，下辖2个教导团、1个炮兵营和1个暂编营。同时，孙中山将拥护广东革命政府的粤军、湘军、赣军、桂军、闽军、滇军等南方军阀部队一律冠以建国军的名称，形成了以孙中山为领袖的广东革命政府武装。

1925年1月，盘踞东江的陈炯明叛军，趁孙中山应北洋政府之邀北上共商国事之时，会同江西军阀方本仁进犯广州，被广东军队所击败。为巩固广东革命根据地，2至3月，广东革命政府以黄埔军校学生军和建国粤军许崇智部为主力，组成东征军（约5万人），以许崇智为总司令、蒋介石为参谋长、周恩来为政治部主任，兴师东征陈炯明。东征军兵分三路，先后占领潮州、梅县、汕头等地，击溃陈炯明主力林虎部3万余人，陈炯明率残部退入江西、闽南。

就在东征军征讨陈炯明之时，1925年3月12日，孙中山在北京逝世。由于内部空虚，广东革命政府内发生叛乱。驻粤滇军杨希闵、桂军刘震寰秘密联络段祺瑞、唐继尧、陈炯明、邓本殷和港英当局，在香港密谋，篡夺广东政权。其阴谋很快暴露，许崇智、蒋介石等东征军将领决定回师保卫广东革命政府。

4月，已掌握国民党军权的蒋介石被任命为党军司令，此时党军已扩编成1个旅（以何应钦为旅长，下辖3个教导团和1个炮兵营）。5月下旬，东征军从潮州、梅县回师广州，平定叛乱。

6月3、4日，杨希闵、刘震寰正式发动兵变，指挥叛军攻占省长公署及财政部等政府机关，并自行任命广东省长和广州卫戍司令。10日，担任平叛总指挥的蒋介石指挥党军教导团及部分粤军兵分三路，分别由广九铁路、瘦狗岭、龙眼洞推进。经过两天激战，叛军被歼灭2万余人，蒋介石收复广州城，杨希闵、刘震寰逃往香港，广东革命根据地得到进一步巩固。

1925年7月1日，在陆海军大元帅府的基础上，国民党中央在广州成立国民政府；6日，国民政府军事委员会成立；26日，党军被改编为国民革命军，原党军第1旅被扩编为国民革命军第1军，蒋介石任军长，廖仲恺任党代表，周恩来任政治部主任。8月，原追随孙中山的南方军阀各部——建国粤军谭延闿部、建国滇军朱培德部、建国粤军李济深部、建国粤军李福林部、攻鄂湘军程潜部，分别被改编为国民革命军第2、第3、第4、第5、第6军。广州国民政府武装得到进一步扩充。

1925年9月，陈炯明趁东征军回师平叛之时，重占东江、汕头、潮州，准备谋夺广州。广州国民政府遂任命蒋介石为总指挥，于10月发起第二次东征。10月14日，东征军攻占惠州；11月初，再次收复东江，陈炯明部被歼灭1.2万人，广东军阀陈炯明彻底退出了历史舞台。由此，广东革命根据地完全统一，为北伐战争解决了后顾之忧。

■ 图为1922年，孙中山在广东重建军政府时期，其麾下的一支炮兵部队。从照片中可以发现，这支部队看起来并不是很正规，穿着简单的军装，头上戴着类似法式凉帽的军帽，装备的是两门山炮，这两门山炮看起来有些陈旧，能否打响还是个未知数。当时，孙中山所掌握的武装，以陈炯明的粤军为主，辅以拥护他的滇、粤、赣、黔、湘等部分南方军阀的武装。但是，陈炯明心怀叵测，只想占据广东，对北伐没有兴趣。孙中山发起第一次北伐后，很快陈炯明便发动了叛变，导致第一次北伐夭折。

■ 本页及下两页图都是1923年初，孙中山驱逐陈炯明，率军重返广州的照片，这些瞬间来自当时在广州旅游的一对美国夫妇的拍摄。上图和下图都是当时珠江上的孙中山部队。自从陈炯明背叛革命后，1922年底，孙中山联络驻留广西的滇军朱培德部和杨希闵部，任命杨希闵为讨贼军滇军总司令；同时联络桂军刘震寰部，任命刘震寰为讨贼桂军总司令，共同讨伐陈炯明。讨贼军于1923年1月16日占领广州，陈炯明等残部逃往惠州。2月21日，孙中山从上海返回广州，重建大元帅府。3月1日，中华民国陆海军大元帅大本营正式成立。孙中山任命廖仲恺为财政部长、谭延闿为内务部长、伍朝枢为外交部长、程潜为军政部长、邓泽如为建设部长、朱培德为拱卫军总司令、杨庶堪为大本营秘书长。同年，孙中山接受苏联和中国共产党的建议，改组国民党，推进第一次国共合作，开展国民大革命。

■ 这三幅图是在同一个地点的不同角度拍摄，照片中的士兵都是进入广州后集结待命的孙中山部队。可以看到，他们的左臂上都缠有一块臂章。

■ 左上图和下图都是广州城中，乘坐黄包车的孙中山部队的士兵，右上图则是两名士兵坐在街上休息，留意照片可以发现，这些士兵的脖子上都围着一条领巾，这也许用于标示“革命军”的身份。

■ 陈炯明（1878–1941）

字竞存，1878年生于广东海丰县，早年考取秀才功名，1909年加入同盟会。1911年陈炯明参加黄花岗起义，却临阵脱逃。1913年“二次革命”失败后，陈炯明流亡海外。护国战争爆发后，1916年，陈炯明返回广东东江，组织起义参加讨袁斗争。1917年，护法运动开始后，孙中山鉴于没有自己的武装，于11月将20个营的粤军改建为援闽粤军，由陈炯明任总司令，陈炯明开始掌握独立的武装。在追随孙中山革命时期，陈炯明和其他旧军阀没有什么区别，只想借助孙中山的威望建立自己武装。在占据广东后，陈炯明只想保有粤省地盘做“土皇帝”，并不热衷于北伐事业。这种心态在其1918年初率军征闽、1920年回师广东驱逐桂军、1922年第一次北伐战争的战事中都有所显露，并终于在1922年6月15日公开叛变革命，驱逐孙中山，自任粤军总司令，成为“广东王”。1923年1月4日，孙中山发出讨伐陈炯明的通电，15日，陈炯明便被驱逐回惠州。1925年1月，不甘失败的陈炯明再次进犯广州，被革命军击退。此后，广州革命政府先后于2月、9月发起两次东征，陈炯明叛军被彻底歼灭，陈本人也逃亡香港。1941年，陈炯明在广东病死。

■ 上图是1923年，一队剿匪行动中正在休息的广东革命政府军队。他们装备着各种老式步枪，穿着南方部队特有的草鞋。广东部队装备之简陋，当时在全国军阀中也是排得上号的。另外，军阀之间的开战，也往往以剿匪为借口。在直系军阀集团统治的20世纪20年代初(1920-1924年)，全国发生大小数百次的军阀混战，南方省份多为小规模的战斗。

■ 下图是1923年夏，出发进行某次军事行动的广东士兵。在这一年初，孙中山驱逐陈炯明叛军，返回广州建立大元帅府，着手开始进行改组国民党、筹备国民党一大、进行第一次国共合作等准备工作。广东逐渐成为国民革命的中心。

■ 上图是1923年2月20日，孙中山经香港返回广州时，在香港大学进行公开演讲并与师生合影的照片。下图是1923年8月14日，陈炯明叛变一年后，孙中山、宋庆龄在“永丰”舰上与该舰官兵的合影，感谢该舰官兵在危险时期的护卫。“永丰”舰是1910年日本为清政府所建，辛亥革命后，“永丰”舰编入北洋政府海军第一舰队。1917年7月，程璧光、林建章率该舰队南下护法，拥护孙中山，“永丰”舰也在其中，成为孙中山所掌握的少数海军力量之一。陈炯明叛变时，孙中山在林直勉、林树巍等人的护卫下，登上“永丰”舰得以脱险。孙中山在“永丰”舰上坚守了55天，指挥该舰炮轰广州叛军，与陈炯明战斗，直至8月9日才离开广州。孙中山逝世后，1925年，“永丰”舰改名为“中山”舰。全面抗战爆发后，1938年10月24日，“中山”舰在武汉会战中被日机击沉。

■ 上图是1924年初的广东高等师范学堂小礼堂，国民党第一次全国代表大会现场。国民党一大召开于1月20日至2月6日，出席会议的代表共165人，有孙中山、廖仲恺、汪精卫、胡汉民、林森、谢持等国民党人，还有李大钊、林伯渠、毛泽东、瞿秋白等中国共产党人。苏联顾问鲍罗廷也出席了大会。会议正式通过了含有“联俄、联共、扶助农工”三大政策的《中国国民党第一次代表大会宣言》和其他决议，选举了国民党中央执行委员会和监察委员会委员（含候补委员）41人，其中包括中共党员李大钊、谭平山、于树德、毛泽东、瞿秋白、林祖涵等10人。这次会议标志着第一次国共合作的开始。

■ 左图是1923-1924年时期，在广州陆海军大元帅府内的孙中山。晚年的孙中山在苏联和中国共产党的帮助下，改组国民党，提出三大政策，进行第一次国共合作，建立黄埔军校，为大革命和北伐战争的展开奠定了基础。

■ 上图和下图都是1924年6月16日，黄埔军校开学典礼上的场景。上图是孙中山与大元帅府的军政要员们出席军校成立典礼。下图是孙中山、宋庆龄（右）与廖仲恺（左一）、蒋介石（左二）在军校操场检阅台上。台下穿白色西服的是苏联派遣的军事顾问团团长、总军事顾问——瓦西里 · 康斯坦丁诺维奇 · 布柳赫尔(化名加仑)。从上下两幅图中都可以看到，军校校长蒋介石穿着一身没有任何军衔标志的灰色军装——这个式样的军装后来成为国民革命军早期的制式军装，其他将领还穿着北洋政府军的制式军装。为帮助孙中山建立黄埔军校和革命武装，苏联提供了大量军援。10月8日，苏联用“沃罗夫斯基号”通信指挥舰运送武器到广州交给黄埔军校，这批武器共有8000支步枪和10支手枪，每支枪还配有500发子弹。苏联的援助极大缓解了军校武器匮乏的窘境。

■ 这是6月16日，黄埔军校开学典礼结束后，孙中山与蒋介石在校内的合影。黄埔军校的正式名称是中国国民党陆军军官学校，因校址位于广州黄埔，故又称为黄埔军校。军校以孙中山为总理，蒋介石为校长，廖仲恺为党代表。这所军校受苏联的影响，不同以往旧式军校，将政治教育和军事教育并列，具有浓厚的革命色彩，成为国共两党早期军政人才的摇篮。

■ 这是1924年6月16日，黄埔军校开学典礼结束后，孙中山、蒋介石与苏联代表等一同走出校门。黄埔军校自1924年3月27日开始招收第一期学员，至北伐战争前共招收五期。第一期单设步兵一科，学制仅半年，共毕业645人；第二期于1924年8–10月分批入校，分为步兵、炮兵、工兵、辎重兵、宪兵五科，1925年9月毕业，毕业人数为449人；第三期于1924年冬陆续入校，分为步兵、骑兵两科，1926年1月毕业，毕业1233人；第四期于1925年7月至1926年1月分批入校，设步、炮、工、政治和经理五科，1926年10月毕业，共毕业2654人，第五期于1926年3月以后陆续分批考取入校，学习科目分步、炮、工、政治、经理五科，1927年毕业，但因宁汉分裂，本期学生毕业典礼分别在武昌和南京举行，据南京方面统计，本期学生毕业2418人。

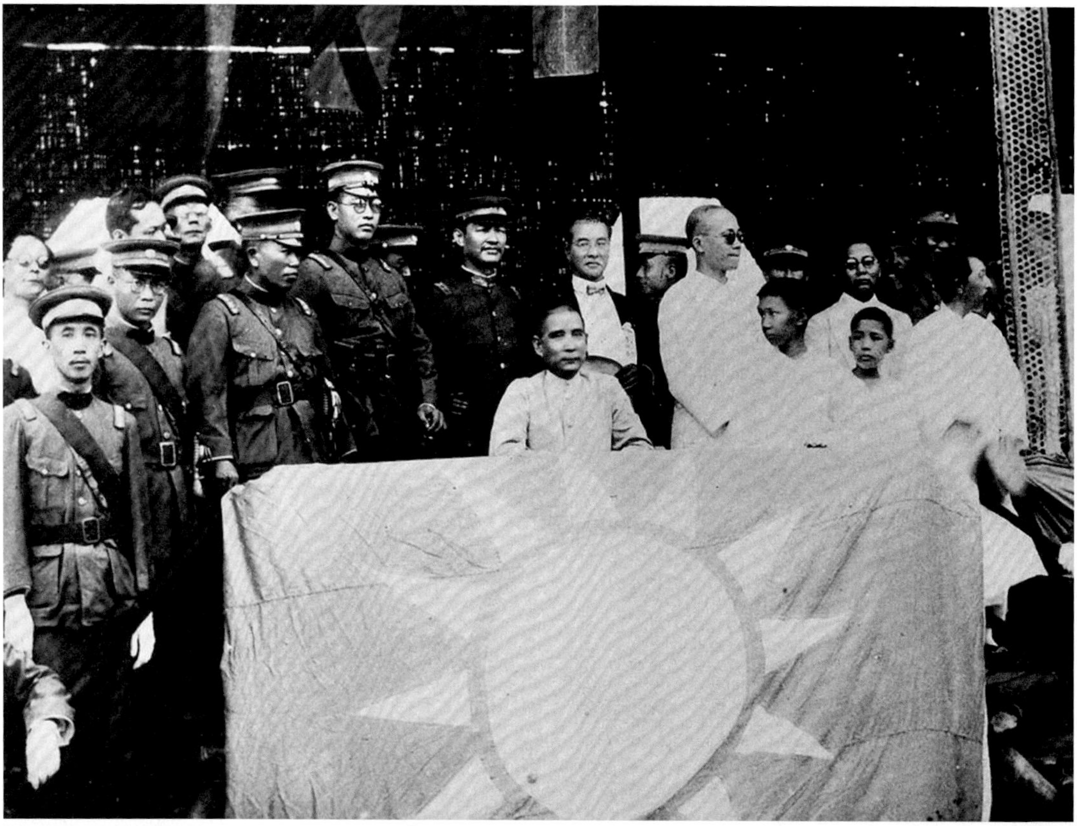

■ 1924年6月29日上午，广东警卫军、广州武装警察、广州商团、陆军讲武堂和滇军干部学校齐集广州北较场联合会操，孙中山等军政要员到场检阅并为这些武装团体授旗。上图是坐在检阅台上的孙中山，孙中山身后左起依次为：程潜、林森、伍朝枢、孙科、廖仲恺。检阅台覆盖着巨大的国民党党旗。下图则是同一场景的另一角度。

■ 这是1924年6月29日上午的授旗仪式上，孙中山为这些武装团体授旗的场景。商团武装很大程度上是独立与广东政府之外的私人武装，在8月与广东革命政府发生激烈矛盾，10月份发起武装叛乱，被黄埔学生军迅速平定。

■ 上图是1924年广州，当地武装进行的一次阅兵仪式，不排除这是6月29日广东地方武装团体在广州北较场的那次联合阅兵。从照片上看，这些炮兵精神抖擞，以骡马牵引山炮接受检阅。和北方相比，南方更缺乏役畜，地形也更为复杂，因此，南方军阀部队里，很多时候会将火炮等重型装备进行分解运输。

■ 左图是1924年9月20日，孙中山在韶关出席北伐誓师典礼的场景。9月3日，江浙战争爆发后，根据粤皖奉反直三角联盟，孙中山决定进行北伐，联合卢永祥、张作霖“共抗直系”。4日，孙中山在广州抽调驻粤各军组建北伐军，迁大本营于韶关。20日，北伐军在韶关誓师，兵分两路向江西、湖南挺进。10月20日，孙中山下令参加北伐的驻粤各军改称为建国军。虽然孙中山力行北伐，但当时广东军力、财力实际困难重重，广东内部还未统一，陈炯明盘踞东江，北伐大业举步维艰。冯玉祥发动“北京政变”后，力邀孙中山北上共商国是。孙中山虽北上，但并未停止北伐的军事部署，他任命胡汉民为代大元帅兼广东省长，谭延闿为北伐军总司令。11月9日，入赣北伐军连日进占大庾及赣州，并向吉安推进。12月下旬，进军吉安受挫，此次短暂的北伐宣告结束。广东革命政府将注意力集中于平定陈炯明叛军上。

■ 下图是1924年的广州，一队炮兵正在接受孙中山等人的检阅，他们的轻型火炮以人力牵引的方式受阅。西方人对该部的介绍是“一支新成立的国民革命军炮兵”，根据当时时间判断，其历史背景可能是1924年10月，平定商团叛乱后，孙中山将黄埔学生军等革命武装改编为教导团、党军，组建起国民革命军的雏形。当时党军的武器，尤其是重型武器非常匮乏。

■ 上图是1925年，第一次东征前，在广州街面游行的黄埔军校学生。1924年冬，盘踞东江的陈炯明趁孙中山离广北上，联合江西军阀方本仁，自任“救粤军总司令”，集结7个军6万余人的兵力，兵分三路，把防线布置到石龙、东莞附近，准备随时由博罗、石龙、石滩一线向进攻广州。1925年1月15日，广东革命政府发布《东征宣言》，2月至3月，广东革命政府进行了第一次东征。此役是黄埔学生第一次正式参战。东征中，黄埔军校学生（包括毕业生和在校生）牺牲156人，负伤182人。值得一提的是，当代理大元帅胡汉民命令驻粤滇军杨希闵部、桂军刘震寰部、粤军许崇智部以及其他军队组成联军，分路征讨陈炯明时，心怀叵测的杨希闵、刘震寰观望不动。在危急关头，广东革命政府以黄埔军校学生和许崇智部为主力组成东征军，击溃了陈炯明主力，将陈炯明驱逐出了广东。

■ 下图是在1925年的战事中，广东革命军队的一队75毫米山炮炮组的战斗场景。照片中，他们的指挥官正用望远镜查看弹着点，他所穿的军装面料要比旁边的士兵稍好，旁边的几名士兵正准备给山炮调整射击角度和上弹。这几名官兵左臂上都缠着一块用于识别的布条。

■ 上图是第一次东征陈炯明时期，广东革命军队的一辆临时的救护车和医护兵将伤员送至野战医院的场景。留意最右边这名士兵可发现，他背着一支“汉阳造”步枪，而且，他戴着一顶不同于革命军中普遍的大檐帽的布制军帽。

■ 下图及下两页图展现的都是1925年，东征军回师广州，平定杨希闵、刘震寰叛乱的场景。从照片上看，这支部队的士兵的穿着五花八门，既有当时的制式军装；也有平民的服饰，戴着斗笠；甚至还有混搭——上身穿着军装，下身却穿着普通老百姓的裤子；他们大都穿着南方常见的草鞋。这支部队看起来和“乌合之众”没有什么区别，这也是当时由多支不同部队所组成的广东革命军队的常态。1925年4月，驻粤滇军杨希闵、桂军刘震寰勾结陈炯明，趁机占领广州。5月13日，许崇智、蒋介石、廖仲恺、朱培德、苏联顾问加仑等东征军将领决定，放弃攻克的潮州、梅县等地区，回师广州平定叛乱，巩固根据地。

■ 上图是一名战败的叛乱滇军士兵逃出广州的情景，他撑着油纸伞，还拿着个蒲扇，背着满身家当，看起来倒不像是在逃亡。

■ 上图是1925年6月12日，一名受伤的叛乱驻粤滇军士兵被抬走。无法判断他是被自己人收容还是被广东革命军队俘虏。

■ 下图是1925年6月12日，平叛部队的几名士兵乘坐汽车进入广州的情景。东征军回师后，6月9日，蒋介石率领党军第1旅、粤军陈铭枢旅等部回到石龙附近。党军第1旅立即对占领石滩车站一带的滇军发动进攻，将其击溃。当时叛军共2万余人，主力据守在广九铁路车站、瘦狗岭及白云山一带。蒋介石指挥部队兵分三路，部队主力直趋龙眼洞、瘦狗岭，另以一小部沿广九路前缓缓推进，牵制广州方面之敌。6月12日，平叛部队发起总攻，先占龙眼洞，并于中午11点攻占瘦狗岭，毙、伤、俘瘦狗岭之敌4000人。同时，黄埔军校第三期入伍生总队长张治中率2000多名学生组成突击队，在黄埔上游腊德炮台附近上岸，袭击滇桂军的后路。当日，叛军全线崩溃。15日，叛军残部被彻底消灭。杨希闵、刘震寰逃往香港。此役，黄埔军校学生阵亡91人，负伤103人。

■ 上图是平叛部队进入广州后，与叛军残部展开巷战的场景。这里是市中心的某个建筑，几名平叛部队的士兵正以大楼柱子为掩体，与不肯投降的叛军交火。值得一提的是，叛军崩溃逃窜时，还被广州市民用铁棒、菜刀、扁担迎头痛击。

■ 下图是广东革命政府平叛时期西方人所拍摄的照片，展现的是1925年6月12日，平叛军队攻入广州后，将一名被俘的叛乱滇军将领的姨太太押送受审的场景。旁边押送她的几名士兵的脸上，带着嘲讽的笑容。

■ 上图及下图展现的都是同一场景，平定杨、刘叛乱结束后，一支军容整齐、装备齐全的平叛部队列队进入广州市区。这支部队应该是广东革命政府的精锐武装。可以看到，这些官兵们的脖子上都扎着一条白色领巾。当时组成平叛部队的有蒋介石、许崇智的东征军二万余人；黄埔军校第二、第三期学生二千余人；驻粤湘军两部八九千人；其他部队四五千人。平叛部队在总兵力上占有极大优势。

■ 上图是平叛战事结束后，广东革命政府的一队士兵聚集在一所刚经历了战火焚烧的建筑旁。平定杨、刘叛乱，铲除了广东革命政府的心腹之患，为第二次东征陈炯明、统一广东革命根据地进而发起北伐奠定了基础。

■ 下图是另外一支进入广州的平叛部队。与前面几张照片相比，这支部队明显没有前者那么整齐威武，他们排着稀疏的队形走在广州街头，有些士兵撑着油纸伞，有些头上还挂着条白毛巾遮阳。据西方目击者所言，在20世纪20年代早中期，中国南方，孙中山麾下的部队，大都是很“寒酸”的模样。

■ 上图展现的是，广东革命政府平定杨、刘叛乱期间，一名外国人雇佣两个当地民夫，将一名叛乱滇军的伤员抬进城救治的场景。下图则是广州某支红十字会的成员的合影，他们都戴着红十字袖章。在平叛战事结束后，这些红十字会的成员将负责收敛战死者尸体，救治伤员。

■ 1925年6月23日，为抗议英国在上海制造“五卅惨案”，声援省港大罢工，广东各界群众在广州东较场举行了声讨大会，会后举行了游行示威。上图是东较场上，参加游行的广东革命政府军队的士兵，他们全副武装，手提MP 18I式冲锋枪，腰间扎着皮制弹药袋，手中还拿着标语。游行当日，当游行队伍行进至沙基，突遭沙面租界英国军警的排枪射击，白鹅潭的英、法、葡等国军舰也发炮助虐。游行队伍猝不及防，当即死亡52人（其中黄埔军校学生27人），重伤170多人，轻伤不计其数，这便是著名的“沙基惨案”。

■ 下图是1925年7月初，庆祝广州国民政府委员暨军事委员会委员就职阅兵典礼现场。图中的军事将领们，他们所穿的军装已不再是北洋政府的制式军装，肩膀上没有了军衔肩章。7月1日，广州国民政府正式成立，采取委员制，以汪精卫为主席。同时，设置以武力统一中国为目的的军事委员会，汪精卫兼任主席，蒋介石、谭延闿等为常委。在国民政府指导与监督下，军事委员会统率国民政府所辖境内海、陆、空军及一切关于军事各机关。党军则被扩编为国民革命军第1军，蒋介石任军长。8月26日，国民政府所辖部队统一改编为国民革命军。

■ 左图是1925年，第二次东征陈炯明时期，民众给东征军将士送水的场景。1925年9月，陈炯明趁东征军回师平定杨、刘叛乱之机，重占潮汕。广州国民政府为彻底消灭广东省的军阀势力，统一广东革命根据地，遂决定进行第二次东征。10月，在总指挥蒋介石、政治部主任周恩来的指挥下，国民革命军发起东征。11月初，东征军占领东江，彻底消灭了陈炯明叛军，广东革命根据地实现统一，为接下来的北伐战争扫除了后顾之忧。在第二次东征中，黄埔军校学生阵亡284人，负伤123人。

■ 下图是1925年11月，广州街头游行的国民革命军第1军的士兵，在这列士兵身后，是参加游行的平民队伍。当时，国民政府正筹划北伐，国民革命高潮即将到来。

北方军阀的混战（1925年）

第二次直奉战争结束后，北京政府被冯玉祥国民军和奉系联合控制，各派军阀尤其是国民军和奉系在权力和地盘的划分上达成妥协，联合把下野4年的皖系首脑段祺瑞推上前台。1924年11月24日，段祺瑞在北京宣布就任中华民国临时政府执政。此时的段祺瑞，如黎元洪之于曹锟，不过是两大军阀集团的傀儡。

战后，冯、张的暂时盟友关系在各自利益的驱使下很快瓦解。1925年，两大军阀集团在北方展开了地盘的争夺。双方争夺的焦点首先在直隶。早在1924年11月，两军进入天津后，奉军第2军李景林便夺取了直隶保安司令一职，将原来冯玉祥在天津收编的吴佩孚残部缴械收编，并把国民军赶出了天津。同月，大量奉军进驻直隶各地，津浦线天津至德州段已驻奉军6万。冯玉祥针锋相对，令孙岳第3军进占保定，胡景翼第2军进入河南，夺取中原。双方大有擦枪走火之势。

由于国民军新起，根基不稳，不如奉系经营东北十余年而势力雄厚，因此，段祺瑞尽可能地笼络国民军，让其势力有所发展，以牵制奉系。在段祺瑞的协调下，1924年12月至1925年1月间，临时执政府先后任命胡景翼督办河南军务善后事宜，张之江为察哈尔都统，冯玉祥督办西北边防事宜，李鸣钟为绥远都统，孙岳为豫、陕、甘剿匪司令；同时，察哈尔和绥远两特区的原有驻军都编入国民军序列。国民军开始大规模向中原和西北扩张势力。

另一方面，奉系也不甘落后，在与革命军争夺直隶的同时，继续向东南扩张，夺取直系在长江流域各省地盘。

吴佩孚自战败后，率残部退守河南，拼凑出3万余人的“护宪军”，企图以河南为根据地，与冯、张对峙，准备东山再起。国民军胡景翼部进入河南后，遂向吴佩孚发起进攻，同时，盘踞陕甘的河南军阀刘镇华也派“镇嵩军”第35师师长憨玉琨出兵返豫，企图打落水狗，抢夺河南。在两军的夹击下，吴佩孚于1924年12月逃往两湖。1925年初，河南成为国民军和镇嵩军的战场，胡景翼与憨玉琨分占豫东和豫西，争夺豫省的“胡憨之战”爆发。

在国民军与镇嵩军争夺河南地盘之时，奉系趁火打劫，李景林逼迫孙岳第3军退出保定、大名。2月20日，孙岳部被迫退出保、大，移驻河南，奉系成功独占直隶。

既失直隶，河南对国民军异常重要。2月25日，国民军与镇嵩军爆发激战，刘镇华亲临洛阳指挥，胡景翼也把司令部设在郑州。两军近20万人激战至3月上旬，死伤无数。在国民军第2、第3军的联合攻击下，4月2日，憨玉琨兵败自杀，该部10万人被国民军缴械6万，刘镇华逃晋，投奔阎锡山。河南遂为国民军所有。

在夺取河南后，国民军“得豫望陕”，向临时执政府推举河南省长孙岳出任陕西督办。5、6月间，孙岳不顾奉系的反对，率部以剿匪为名进入陕西。7月中旬，孙部与督办陕西军务善后事宜吴新田在临潼、新丰激战，吴部败退，18日，孙岳进占西安。在看到国民军据陕已成事实，8月，临时执政府任命孙岳为陕西督办，同时以冯玉祥兼任甘肃督办。至此，国民军虽失直隶，但占据了豫、陕、甘、察、绥五省区和北京，发展为北方能够与奉系相抗衡的军阀集团。另一方面，为了防范壮大的国民军，奉军在京汉铁路和西北进行了布防。

与国民军在豫、陕、甘等地的扩张相比，奉系的南下几乎徒劳无功。自1924年11月吴佩孚宣布组织“护宪军政府”，事关自身地盘，江苏督军齐燮元、浙江督军孙传芳、湖北督军萧耀南等长江流域的直系军阀都署名赞同。其中，在江浙战争中占据了上海的齐燮元是奉系南下扩张的最主要障碍。在段祺瑞执政后，齐燮元转而拥戴段祺瑞，但同时声明，反对任何派系军队南下。

12月，在奉系的操纵下，临时执政府免去齐燮元江苏督军之职，同时派张宗昌和投靠奉系的卢永祥率军南下，夺取江苏。月底，张作霖、段祺瑞指使山东督军郑士琦诱捕镇守徐州的江苏军将领陈调元，陈改投段祺瑞，江苏北大门洞开。张宗昌率军经徐州直驱浦口，齐燮元遂离宁赴沪。而孙传芳深感唇亡齿寒，于1925年1月初与齐燮元在上海结盟，宣布组织江浙联军，齐、孙分任第一、第二路总司令，共抗南下的张宗昌、卢永祥。而被任命为苏皖宣抚使的卢永祥则任命张宗昌为“宣抚军”总司令，东进上海。第二次齐、卢战争再起。

1月下旬，两军先后在镇江、常州、无锡等地交战，齐燮元部大败，28日，齐燮元在上海宣布下野，其残部由孙传芳接收。齐、卢战争宣告结束。同日，奉军进入上海，与孙军相峙于沪南，新的战事一触即发。在临时执政府的调停下，2月3日，孙、张签订新的江浙和约，宣布两军同时撤出上海，但奉军并未遵守和约，独占上海。

抢夺上海后，奉系进一步谋取山东，于1925年4月，段祺瑞任命张宗昌取代郑士琦为山东督办，5月，张宗昌入鲁，大规模收编鲁军，聚起10万人马，完全控制了山东。5月下旬，奉军大规模入关，加大力度对东南地区的地盘进行抢夺。8月，奉系逼走江苏督办卢永祥，迫使段祺瑞任命奉系杨宇霆为江苏督办、姜登选为安徽督办。由此，津浦线上，鲁、皖、苏、沪等省区均成为奉系地盘，东南军阀人人自危。

面对奉系势力的南下，东南军阀寻求结盟共抗奉张。10月7日，浙、闽、苏、皖、赣五省代表在杭州秘密举行军事会议，决定结成五省联军，以孙传芳为总司令，联合发起讨奉战争。10日，五省调兵遣将，开赴前线。孙传芳计划兵分五路，第一路以第1师师长陈仪为司令，第二路以第4师师长谢鸿勋为司令，由京沪线进攻上海；第三路由孙传芳兼理，居中策应；第四路司令为第2师师长卢香亭，第五路司令为第3师师长周凤岐，由长兴进攻苏州。

面对孙传芳的攻势，奉军不及防备，被迫撤出上海。10月15日，孙传芳通电正式就任五省联军总司令，发布讨伐奉系，并进占上海龙华。孙传芳的讨奉通电得到直系各省军阀的纷纷响应，结成反奉战线。10月下旬，孙军进占神速，撵着后撤的奉军相继攻占苏州、无锡、常州、镇江、南京。另一方面，奉军在撤出沪、苏、皖后，在重镇徐州集结起张宗昌、姜登选、李景林、张学良等部8万余人，同时加派军队入关增援，两军围绕徐州的争夺战蓄势待发。

浙奉开战之时，蛰伏湖北的吴佩孚趁势东山再起，于10月21日在汉口宣布组建十四省讨贼联军，自任总司令，并给桂、川、黔、鄂各省军头大肆封官许愿，同时以“联合讨奉”的名义，在武汉招兵买马，准备出兵河南——实际上是为了对付冯玉祥。吴佩孚的举动令原本秘密与孙传芳结盟共同反奉的国民军暂时停止了行动。

徐州方向，五省联军集结起7万大军，准备兵分三路攻徐。10月26日，两军在徐州地区的激战上演，11月1日，张宗昌大败。6日，徐州处于三面被围的境地。为保全实力，专心对付即将翻脸的冯玉祥，张作霖遂命奉军撤出徐州，退守山东。7日，五省联军进占徐州。

徐州的失守标志着奉系南下扩张的失败，奉系此次南下，除山东一省地盘，皖、苏、沪等地区得而复失，几乎徒劳无功，反而成就了孙传芳，使其在东南五省坐大。11月底，孙传芳在南京正式宣布成立五省联军，自任总司令。由此，孙传芳据有皖、苏、浙、闽、赣五省，成为东南头号大军阀。

■ 上图是1925年时期，某支军阀武装正在接受上峰检阅的场景。可以看到，受阅部队的官兵们左臂都戴有一块袖标。这种标志在军阀混战时期实在是太常见了。

■ 下图是1925年6月在广东拍摄的一名全副武装的粤军女兵。据说她姓王，穿着普通百姓的服装，腰间扎着皮制弹药包，左手提着一支转轮手枪。1925年间，北方的军阀们要借第二次直奉战争的胜败重划地盘和权力。南方的革命政府也要为巩固根据地而削平内乱。

■ 下图拍摄于1925年，照片上的这名士兵同样来自广东，据拍摄者介绍，这是广东革命政府的一名士兵，他头戴南方特有的遮阳竹帽，一身平民装束，弹药带随意地围在腰间。他可能是在一个临时驻地里，在他身后，同袍们或卧或坐地休息。

■ 图为1925年的军阀混战中，某个派系武装的两名士兵。这两人看起来装备齐全，身上挂着至少两条帆布弹药带，左边的那名士兵的身上，还有手榴弹袋。而且，他的金属口杯就随意地挂在腰间。这两人的左臂上都缠着简陋的臂章，背着雨伞，且没有打绑腿，一人穿布鞋，一人则是草鞋。其着装真有些“散兵游勇”的味道。

■ 上图是1925年底，冯玉祥国民军的一支部队赶赴某个火车站开往前线的情景，他们背着老式的“老套筒”，头上戴着软毡帽。1925年，冯玉祥通过与刘镇华的战争，夺取了河南地盘，并据有陕、甘、察、绥，实力极大膨胀。但是，国、奉间的矛盾也因为地盘和权力的争夺而日益激化，国民军在与奉系的政治、军事斗争的策略中逐渐被动。因此，在长江诸省的直系军阀密谋联盟反奉的同时，冯玉祥也与孙传芳、萧耀南等酝酿成立新的直系同盟。在江浙战事一触即发之时，孙传芳与冯玉祥结成兄弟，相约联合起兵反奉，孙传芳首先在东南出兵，将奉军主力吸引至江浙，在其将战事推进至徐州时，冯玉祥在北方发动，联合歼灭关内奉军。但是，吴佩孚的东山再起，打乱了国民军的计划。

■ 下图是1925年夏，国民军的一队宣传人员。这些宣传人员大部分是年轻的女兵，他们头上戴着一顶类似遮阳帽的军帽，右臂缠着袖标。

■ 上图是1925年，吴佩孚部在湖北进行训练。1924年11月，吴佩孚虽然在第二次直奉战争中战败，但其部将张福来、李济臣仍控制着河南。吴佩孚原希望据守河南老巢，继续与北方抗衡。但是，1924年12月，在国民军和镇嵩军的夹击下，吴佩孚被逐出河南。1925年，随着浙奉战争的爆发，吴佩孚也从蛰伏中再起，以湖北为根据地，于10月21日在武昌成立“川、黔、桂、粤、湘、浙、闽、苏、皖、赣、鄂、豫、晋、陕十四省讨贼联军”，自任总司令。孙传芳、萧耀南、周萌人等21名直系将领也通电表示拥护。“吴大帅”此举声势浩大，但实际上，他所能指挥的，也仅有湖北一省。

■ 下图是1925年夏在湖北，吴佩孚部一支医疗队正在进行战场救护训练。旁边是医护兵们搭建的野战救护所。组织起十四省讨贼联军后，吴佩孚在湖北招兵买马，搜刮地方筹集军费，鄂省民众极为愤慨，军阀混战的局势也更为复杂。而吴佩孚的此次复出，明为“讨奉”，暗地里则准备向国民军开战。“吴大帅”没有接受孙传芳对他到南京主持讨奉军事的“邀请”，而是以靳云鹏为豫东讨贼军第一路司令，向河南督办岳维峻（胡景翼于1925年4月病死，河南督办一职由岳维峻接任）提出借道河南进攻徐州的要求，其目标在于收拢旧部。而吴佩孚的复出，也令准备在北方反奉的国民军暂时观望战局。

■ 上图是1925年，吴佩孚的讨贼联军的一支炮兵部队在训练后回营的场景。火炮由骡马牵引，炮兵坐在炮车上。即使是第二次直奉战争前，吴佩孚的火炮也不及张作霖精良。当时他的各型火炮主要来自意大利，而这些火炮可能是在一战中战败的奥匈帝国作为战争赔款交付意大利的。在吴佩孚的武器进口报告中显示，对于火炮的引进，“吴大帅”每次进口数量非常有限，这可能跟其后勤供应能力不足有关。

■ 下图及右页图展示的都是1925年期间，奉军的炮兵部队乘坐火车赶往前线的情景。从照片中可以看到，除了火炮，牵引火炮的骡马也一同用火车运上前线。在1925年的战事中，为了抢夺东南地盘，张作霖派遣大批奉军入关，京奉线、津浦线的列车被其扣留用于运兵。10月，奉军在浙奉战争中的失利，更是让张作霖感到形势之严峻，22日便遣2个师4个混成旅入关，保卫京奉、津浦两线。同时还派遣80架飞机入关参战，支援徐州前线的张宗昌部。但是，随着徐州前线的失利，张作霖不得不收缩防线，保全实力，放弃徐州。此外，奉军在浙奉战争中的一再退却，主要原因还是防备身后的国民军。而其最终放弃徐州，也是为了避免消耗兵力，在张作霖看来，冯玉祥才是首要对付的目标。

郭松龄反奉和国奉战争（1925–1926年）

1925年底，从奉系内部分化、郭松龄倒戈反奉开始，北方军阀们又陷入一场新的混战，冯玉祥和张作霖盟友关系破裂，兵戎相见，卷入这场大战的还有东山再起的吴佩孚和蛰伏多年的阎锡山。而就在北方军头们打得“血流漂橹”之时，广州国民政府发起了北伐战争。

郭松龄反奉

郭松龄的反奉源自奉系内部派系的矛盾。第一次直奉战争后张作霖重新整编奉军，提拔了大批从国内外军校毕业的军官，奉军中由此出现了以张作相、张景惠、汤玉麟、吴俊陞等为首的旧派，以及以杨宇霆、姜登选、郭松龄等为首的新派。而新派中，又分化为毕业于日本陆军士官学校的“士官派”和出身陆军大学、保定军官学校、东三省陆军讲武堂等国内军校的“陆大派”。前者多位居奉军上层，以杨宇霆为核心，后者则遍及奉军各阶层，以郭松龄为首脑。杨、郭之间的矛盾在第二次直奉战争中便已凸显，战后，因为权力和地盘的划分使双方矛盾更为激化。

1925年10月6日，郭松龄随中国代表团赴日本观操。期间，浙奉战争爆发。郭松龄在日本得知张作霖与日本签订密约，得到日本支持，将与国民军开战。出于对张作霖投靠日本打内战的不满，加上和奉军其他派系矛盾的激化，郭松龄与冯玉祥代表韩复渠密会，商议反奉事宜。10月24日，郭松龄回国，张作霖命其在天津进行军事部署，准备在天津、山海关一线与国民军开战。郭松龄由此包揽了奉军第3军团的军权，为其反奉提供了条件。同时，郭松龄还拉拢了直隶督办李景林，一同反奉。1925年11月22日，郭、冯签订了共同反奉密约。

郭、冯的反奉密约，其中规定冯玉祥经营西北，同时可驻兵保定、大名的京汉铁路沿线，国民军可自由出入天津出海口；东三省和内蒙古由郭松龄“开发”；热河、直隶、山东省内黄河以北则为李景林地盘，山东黄河以北，直隶全部税收亦归其所有（包括保、大）。从这份密约上看，郭松龄联合冯、李的反奉，更大程度上不过是军阀们对利益的不满而进行的重新瓜分。

密约签订当天，郭松龄收到张作霖召其回奉天述职的命令。郭认为行动已经暴露，遂在滦州车站通电反奉，要求张作霖下野，以张学良主政，惩办“战犯”杨宇霆。冯玉祥也迅速响应，于25日发布反奉檄文。作为盟友，李景林亦发出保境安民、与奉系脱离关系的通电。

发出通电后，郭松龄随即做出相应部署，将所部8万余人东北国民军编为5个军，自任总司令，以宋九龄为前敌总指挥，邹作华为参谋长。另一方面，国民军也进行相应部署，冯玉祥命张之江部进驻丰台至落垡，宋哲元部在多伦集结，准备攻取热河、赤峰。倒是李景林，除了最初的一个通电外，未再有所动作。

11月23日，郭松龄部通过山海关，驻守于此的张作相后撤至连山（今辽宁锦西）布防。12月3日，两军在连山交战。5日，郭军进占锦州，随即长驱直入，所向披靡，陆续攻占石山、沟帮子、白旗堡、新民，郭松龄将指挥部设于白旗堡，两军隔巨流河相峙。

在郭松龄的猛烈攻势下，张作霖遂向日本寻求支持，经过与日本签订出卖国家利益的《蒙满新约》，日本改变中立立场，关东军出兵支持张作霖，光在奉天就部署了1个师团的兵力。日本虽未直接对郭作战，但其“拉偏架”的举动，对郭松龄的军事行动带来很大限制和威胁，很大程度上改变了战局。同时，郭松龄进军的迟缓，也给予了张作霖调集吉林、黑龙江、热河的部队增援的时间。张作霖自任“讨逆军”总司令，以杨宇霆为总参谋长，张学良为前敌总指挥，在巨流河建立防线，集结起8万兵力，准备与郭决战。

12月22日，两军的决战在巨流河地区展开。当日，张作相部向新民以北川心店一带正面的郭军发起进攻，缴械郭军1个旅。深夜，郭松龄下令全线总攻击，由于其参谋长邹作华暗中通敌，致使郭军的攻势徒劳无功。23日，奉军在火炮和飞机的地空打击下发起大反攻，左翼吴俊陞的骑兵迂回包围了郭军总司令部所在的白旗堡，郭军全线崩溃。24日，郭松龄夫妇率少数随从南逃，被奉军俘获，当即被枪决。郭松龄的这场带有浓厚个人恩怨色彩的反奉倒戈仅一个月便宣告失败，其残部在魏益三的率领下投靠冯玉祥，被改编为国民军第4军。

直奉联军与国民军的混战

浙奉战争爆发后，国、奉两派的矛盾也激化至不可调和，双方暗地准备开战，关内奉军已集结40万兵力，国民军3个军也扩张到了50万兵力，北京完全处于国民军控制之下。11月，两军的对峙使京畿局势更为紧张。国民军第1军陷入山东张宗昌部、保定和大名的李景林部、天津和沧州的姜登选部的包围中，两军甚至一度发生小规模的武装冲突。

11月25日，冯玉祥继郭松龄之后发布反奉通电，宋哲元部进占热河。但是，在国、奉开战之前，国民军与直隶督办李景林的矛盾倒先激化了。

第二次直奉战争后，李景林作为奉系中的非嫡系成员，掌控了直隶一省，欲脱离奉系自立，遂顺势加入冯、郭的反奉联盟，但其真正目的在于得到直隶、热河两省区。国民军在从阚朝玺手中夺取热河后，并未履行密约中将热河交给李景林的协定，加上张作霖的游说，李景林改变立场，于12月2日发布通电，重新倒向奉系。4日，李景林通电讨伐冯玉祥。3日后，两军正式接火。

国民军和李景林部的交战核心在天津。面对李景林六七万人兵分南、北两路的防御态势，国民军3个军同样以南、北两路夹击。第1军由张之江指挥，由落垡进攻杨村；第2、第3军分别由邓宝珊、徐永昌指挥，从保定进攻马厂。两军围绕天津及周边地区展开激烈争夺，拉锯频繁。12月20日，国民军发起总攻，并于24日进占天津，李景林率残部退至济南。孙岳成为新的直隶督办。

另一方面，浙奉战争中，为配合五省联军，11月中下旬，国民军第2军一部也向山东张宗昌

■ 这是1925年的天津，李景林的部队在街道上构筑街垒的场景。从照片上看，背对镜头的这名士兵身穿带皮毛帽兜的军大衣，当时能有这种日式服制的，基本上是奉军。

部发起进攻，先后攻占曹州、济宁，于11月底准备对济南发起进攻，但由于孙传芳的配合不力，以及吴佩孚暗中拉拢旧部，使国民军的山东战事以失败收场。而李景林战败和投奔山东，也令张宗昌深感唇亡齿寒，遂与李结成直鲁联军，共同对抗冯玉祥。

国民军在打败李景林后，进入鼎盛时期，占据北京、直隶、河南、陕西、甘肃、察哈尔、热河等地区；同时，在以李大钊为首的中共北方区委的影响下，冯玉祥和国民军逐渐倾向国民革命，北方的工人运动蓬勃发展。

但是，国民军与李景林的战争，将原本的盟友直接推回奉系怀抱。而国民军的革命倾向，也令列强和直奉军阀大为忌惮。在英、日的撮合及张宗昌等地方军阀的极力促成下，1925年12月31日，吴佩孚宣布结束"讨奉"战事，1926年1月5日，两大军阀正式握手言和，达成"讨赤"联盟，共同讨伐国民军。经协商，双方达成以下协议：消灭冯玉祥后，双方地盘以关内、关外为界，奉系返回东北；直、鲁、陕、甘及中央政权皆由吴佩孚控制；察、绥、热三特区由张宗昌、李景林瓜分。

另一方面，直奉军阀走向联合及列强的支持，使国民军遭遇极大威胁。为避免双方过早开战，冯玉祥以退为进，于1926年元旦宣布下野，辞去一切职务，准备前往欧洲游历，并将军权交于张之江。6日，张之江、李鸣钟等国民军将领通电宣布拥护中央、避免内争。但是，国民军的退让并未能避免战争的爆发。在列强的支持和援助下，1月中下旬，直奉军阀正式向国民军开战。

双方战场主要在山海关、山东、河南三处。

山海关战场，1月11日，张作霖以讨伐投靠国民军的郭松龄残部（即国民军第4军魏益三部）为借口，向关内发起进攻。魏部不敌，退守昌黎、滦州。19日，奉军占领山海关和九门口。为防止奉军的进一步攻势，国民军以鹿钟麟率4个师的兵力赴卢龙、滦州布防，并另遣3个师向热河朝阳、冷口、喜峰口等地出动，牵制奉军后路。由于奉系在东北与苏联发生纠纷，为防备苏联，前线奉军未有进一步举动，26日，张作霖电令山海关前线的奉军退兵，国民军也因多面受敌而停止进攻，两军在山海关一带对峙。

山东战场，李景林、张宗昌组成直鲁联军后，1月18日，直鲁联军第24师师长方振武不满张宗昌在山东的倒行逆施，在肥城倒戈，所部被改编为国民军第5军。次日，方部便被镇压；张宗昌随即向趁浙奉战争攻入山东的国民军第2军发起进攻；而之前策反入鲁国民军一部的吴佩孚将领靳云鹗也率其策反的部队由山东向河南发起攻势。24日，张宗昌连下济宁、巨野、曹州、郓城、菏泽等地。而吴佩孚的部队也正攻打河南，国民军第2军不得不全部撤回河南布防。直鲁联军收复山东全境。2月中旬，李景林、张宗昌集结起直鲁联军7个军的兵力（李景林直军为第1、第2、第10军；张宗昌鲁军为第4、第5、第6、第8军），渤海舰队也从海路出发，同时大举北上反攻天津。2月下旬，直鲁联军先后攻占沧州、马厂、唐官屯等地。28日，天津一带的国民军在鹿钟麟的指挥下，兵分三路发起反攻，两军互有进退，在天津、沧州等地连日激战。

河南战场，1月20日，吴佩孚通电讨伐冯玉祥。吴军兵分三路，靳云鹗由鲁西进攻豫东；刘镇华的镇嵩军残部从陕东进攻豫西；鄂军第1师由寇英杰率领，自鄂北进攻豫南。同时还派人收编"红枪会"等河南当地武装团体，企图内外夹击河南的国民军。2月1日，河南督办兼第2军军长岳维峻通电讨伐吴佩孚，第1军张之江、第3军孙岳随即通电支持。河南战事首先在豫南重镇信阳打响。寇英杰三攻信阳而不下，战事惨烈。吴佩孚遂采取包围信阳、主力绕道北进的战略。其他两路吴军也分别从豫西、豫东发起攻势，攻城拔寨。

在多路进攻下，河南的国民军虽顽强抵抗，但兰封、开封等各要地逐渐被攻占，3月4日，靳云鹗与寇英杰会师郑州，国民军分别向豫北、豫西撤退。吴军尾随而至，新乡、彰德、洛阳、渑池被相继攻占。岳维峻也被南下参战的晋军俘虏。3月14日，豫南重镇信阳被吴军攻占，河南全境为吴佩孚所占领，寇英杰被任命为新的河南督办。

值得一提的是，在这场混战中，列强给予了直奉军阀大力支持。英国、日本等列强为直奉军阀提供大量的军需物资，如英国就给吴佩孚“赞助”了1.5万支枪械。同时，英、日等还在北京为直奉军阀制定作战计划；在张作霖、张宗昌、靳云鹗的部队中，还有日本军事顾问和技术人员。甚至，日本直接为奉系提供军事掩护，在3月12日，日本两艘驱逐舰驶入大沽口，掩护渤海舰队驶入港口，与国民军在大沽口的守军发生炮战，引发北京各界群众30万人的反帝大游行，3月18日，临时执政府卫队向游行群众开枪，酿成死伤200余人的“三一八惨案”，全国掀起声讨段祺瑞临时执政府的高潮。

3月中旬，随着国民军在各战场的接连失利，“反赤”联盟向其发起新一轮的进攻。山海关方向，奉军趁势攻入关内，连占滦州、唐山等地；吴佩孚占领河南后，命靳云鹗兵分三路北上直隶，于3月18日攻占石家庄；而得到渤海舰队火力支援的直鲁联军也在天津以南发动反攻；蛰伏山西的阎锡山看到事有可为，正式出兵京汉、京绥两线，威胁国民军侧翼。国民军已处于四面楚歌的境地，为收缩防线，3月21日，国民军进行总退却，将津浦、京奉线上的兵力撤至京畿地区，孙岳也自行解除直隶督办一职，天津为直鲁联军所占领。

此时，国民军虽控制着北京，但已陷入直奉军阀的三面包围之中，国民军一度向吴佩孚求和，表示愿意释放曹锟、恢复法统、让出京汉线，希望能联吴抗张。也许是对曾经倒戈者的憎恨，吴佩孚始终坚持联奉讨冯，置国民军于死地。4月15日，奉军占领通州，直鲁联军占领北京西苑，吴佩孚军占领南苑。面对三路大军的压境，国民军各军余部在方振武的掩护下，退出北京，北撤南口。20日，段祺瑞临时执政府也在全国民众的唾骂和各派军阀的角逐中倒台。北京政府再次被直奉军阀把持，两大军阀从国民军手中夺得直隶、河南、热河、京津等地盘，开始了新一轮的分赃。

退守南口后，国民军与“反赤”联盟的战争仍在继续，阎锡山趁火打劫，正式加入到“反赤”阵营，联合讨伐国民军。联军的计划是，直军主力在直鲁联军的配合下，正面进攻南口；奉军吴俊陞率汤玉麟、万福麟等部进攻多伦，直下张家口；晋军则出大同，截断国民军退路，一起将国民军歼灭在塞外。国民军则在张之江的指挥下，兵分两路，鹿钟麟的东路军在南口前线全力防守直奉联军的进攻，宋哲元的西路军则在晋北主动进攻较弱的晋军。5月，南口战役打响。吴佩孚将司令部设在长辛店，亲自指挥南口之战。双方血战数月，相持不下。8月1日，直奉联军发起全线总攻，吴佩孚、张学良、张宗昌等亲临前线督战，战况空前激烈。另一方面，北路，奉军吴俊陞部攻克多伦后，兵分两路包抄国民军；西路，晋军配合直奉联军的攻势，连克广灵、偏关，企图截断国民军在京绥线的退路。战至8月13日，国民军陷入三面围攻的境地，被迫放弃南口。19日，奉军攻占张家口，晋军攻占大同、怀仁。国民军全线溃退，撤往绥远、甘肃，残部仅余五六万人。其他部队分别被战胜者收编。北方军阀混战近一年时间，最终以国民军的失败告终。

虽然国民军最终兵败南口，但南口的战事极大影响了中国的政治局势。正因为国民军在南口牵制了直奉联军的主力，有力地策应了广州国民政府发起的北伐战争。当吴佩孚率主力回师两湖时，北伐军已攻占湖南全境，势不可挡。

■ 郭松龄（1883–1926）

奉军将领，字茂辰，辽宁沈阳人。1906年考入奉天陆军速成学堂，后进入北洋陆军第3镇见习。民国成立后，1913年至1916年在北京陆军大学学习，后任北京讲武堂教官。护法运动时期，郭松龄投奔广州军政府，出任广东警卫军营长、韶关讲武堂教官等职务。护法运动失败后返回奉天，在东北讲武堂任战术教官，与在此学习的张学良成为师生。1920年，奉军扩编，张作霖的卫队扩充为第3混成旅，张学良任旅长，郭松龄任第2团团长，深得张少帅的信任。次年奉军再次扩编，郭升任第6旅旅长，在第一次直奉战争中，郭松龄虽负伤，但率部撤退有序，在临榆、抚宁一线与直军几倍追兵相抗衡，阻止了直军突破山海关直取奉天的计划，郭松龄由此被张作霖重用。在张作霖重整奉军时，该旅成为“示范部队”之一。第二次直奉战争中，郭松龄担任奉军第3军副军长，与第1军配合，厮杀山海关主战场，在石门寨等战斗中击败直军主力，为战争胜利立下了汗马功劳。战后，张作霖划分地盘，李景林、张宗昌、杨宇霆、姜登选都成为一省首脑，唯郭松龄没有奖赏，这令郭甚为不满。加上其作为奉军中“陆大派”的首脑，与以杨宇霆、姜登选为首的“士官派”积怨甚深，私人恩怨的积累最终导致其与冯玉祥联合反奉。倒戈失败后，郭松龄夫妇被俘，并被枪杀于翟家窝棚。郭松龄治军有方，善于练兵，因其身材高大，有“郭鬼子”的外号。从东北讲武堂开始，便与张学良结下深厚的师生之谊，此后的战争生涯一直与张学良搭档。郭松龄的失败除了日本对张作霖的支持，也有其性格缺陷的因素。

■ 上图这张照片来自日本人所拍摄的郭松龄夫妇被枪决后曝尸三日示众的场景。郭松龄的反奉更大程度上来自奉系内部利益瓜分不均的矛盾，以及郭本人与士官派将领的私人恩怨。1925年11月26日，郭松龄在滦州俘获姜登选后，出于私怨将其枪决。这一报复行为带来的恶果很快彰显，郭松龄战败被俘后，也被杨宇霆迅速枪决。

■ 下图展现的是1926年奉军与国民军的战事中，一队奉军替换下战壕中的同袍的场景。从图上看，这些战壕修得很简陋，换防的士兵们神色也很轻松，看来此处的战事已不太激烈。

■ 上图是1926年的军阀混战时期，掩体中的一名奉军士兵。他的掩体用沙袋构筑，掩体后是一个用高粱杆搭建的掩蔽所，从照片上看，这个隐蔽所里应该不止他一人。

■ 下图是奉军的一个炮组正在一个由砖石和黄土构筑的炮位中进行射击训练。头戴皮毛军帽、站在一旁的是他们的军官。

■ 上图是1925–1926年的军阀混战时期，奉军的一支炮兵部队正在转移阵地。他们的位置处于山背，这样可以躲避敌军的观察。他们的火炮、物资和前车都用骡马牵引。1926年时期，奉军炮兵是中国各军阀中规模最大、装备最好的一支，其炮兵旅每旅装备各型火炮108门。

■ 下图是1926年的战事中，奉军的医护人员正在救治伤员。弯腰的那名军医在为伤员测量体温，一旁戴着红十字袖章的医护兵在为其打下手。1922年以后的整军，张作霖建立了自己的军事医院等一系列后勤机构。然而，当时军阀部队里的医疗水平并不高，受过专门训练的医护人员较为缺乏，重伤员的存活率并不高。

■ 上图是1926年的军阀混战时期，停放在其指挥部门口的张作霖的帕卡德（Packard）双排六座防弹型豪华轿车。这辆防弹轿车是1921年张作霖所订购，经过了专门改装，轿车底盘是美国豪华汽车制造商帕卡德汽车公司的3-35第三系列轿车底盘，著名车身制造商布鲁克斯-奥斯特鲁克（Brooks-Ostruk）公司完成车身制造、装甲安装和内饰制造工作，共花费了3.5万美元，其造价为该年美国制造轿车之首位。该车的防弹装甲板可以防备步枪子弹，前后座可各坐两名卫兵，副驾驶位上安装有一挺勃朗宁式重机枪，并安装了一架望远镜。车身两侧有四个射击孔，在遇到突袭时车内卫兵可以向外射击。此外，车身两侧还各有踏板、扶手和安全带，用来固定随车站立的卫兵，使他们保持战斗状态。

■ 下图是1926年1月，与国民军战斗期间，张作霖指挥部外的3名奉军哨兵。作为司令部的门面，这几名士兵装备齐全，军容整洁，精神抖擞。当时正值冬季，两名士兵已经戴上了皮毛军帽，最右边那名士兵戴着的则是一顶用围巾裹着的大檐帽。

■ 上图同样是1926年1月，奉军的一个指挥部门口站岗的两名士兵。令人惊奇的是，这两名士兵配备的主要武器是冷兵器，身背大刀，手提长矛，身上的皮制弹药包说明他们还配有手枪。

■ 上图是1926年的战事中，奉军的一个机枪组在行军休息期间检查他们的马克沁式重机枪。可以看到，这些奉军士兵的装备较为精良，穿着厚厚的冬装，头戴皮毛军帽，背着传统的背囊。有几名士兵腰间还有日本的工兵铲。一名士兵手中还掣着他们所在部队的军旗，从图上旗帜中出现的文字判断，军旗上标注的应是该单位的番号；同时，旗帜上方还会标有该部指挥官的名字。

■ 下图展现的是奉军的一支部队在战斗期间休息的场景。士兵们穿着厚厚的棉大衣，胳膊上都缠着红－白双色袖标，所戴军帽却各不相同，有5名士兵戴着皮毛军帽，另外6人则戴着大檐帽。

■ 这是1926年的战事中，一名躲在屋后的奉军士兵正准备向国民军射击，他的掩蔽物就是屋后堆积的高粱杆子。从这个角度刚好可以看到这名士兵身上的装具，包括帆布弹药带、挎包和军用水壶。

■ 右图是1926年的战事中，两名奉军士兵正在战壕中与国民军战斗。他们手中拿着德制 Gew 88式步枪（也可能是中国仿制的“老套筒”），身上穿着厚厚的絮棉冬装，头上戴着皮毛军帽。得益于张作霖创办的奉天被服厂，奉军可以自行提供充足的军装被服。

■ 下图是1926年的战事中的一个奉军迫击炮组，一名军官正在用望远镜观察弹着点。在其身旁，两名跨立的士兵身穿浅灰色军装，腰间是鼓鼓的皮制弹药袋，貌似其卫兵，据此判断，这名军官可能来自某一级的指挥部。

■ 上图是奉军的一个中型野战炮炮组成员在战斗闲暇时与两名步兵聊天，一个步兵还戴着护耳，另一个则戴着一顶毛织帽，叼着香烟，现场一副悠闲的场景。

■ 下图是奉军的一门野战炮转移阵地，这个炮组的军官也和士兵们一起搬运这门野战炮。这种情况在等级异常森严的中国的旧军队中是非常罕见的。

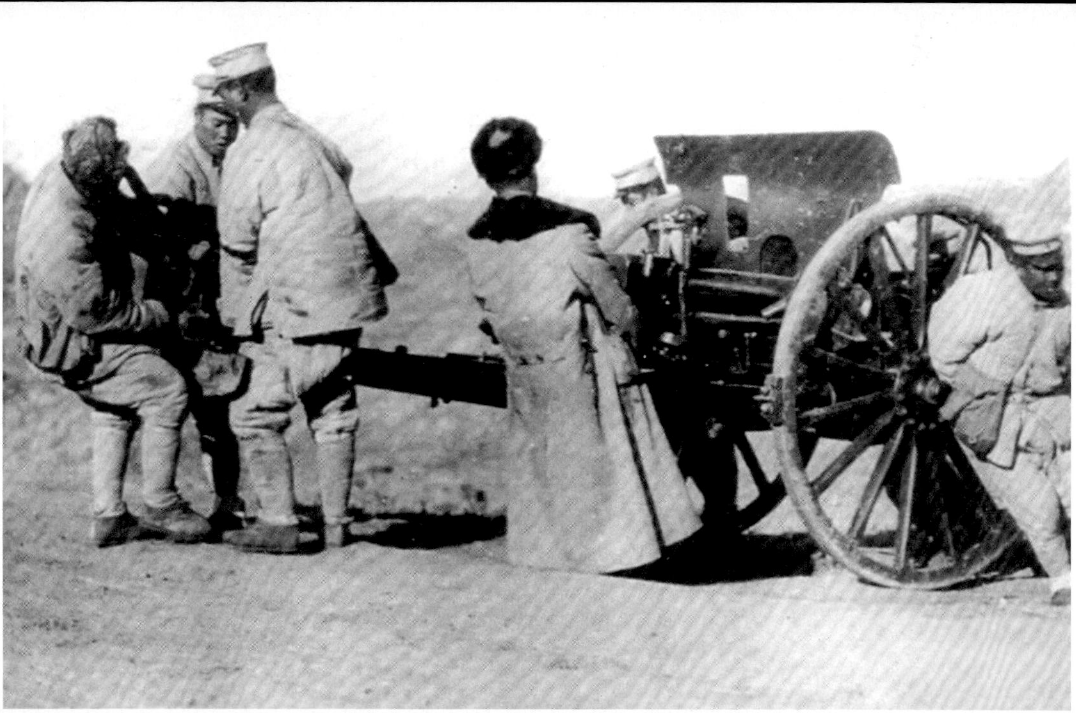

■ 上图是1926年的战事期间，奉军士兵搭建的一个野战炮阵地和掩蔽所。掩蔽所的入口用砖砌成，它可能同时充当该部的指挥部。与其他军阀部队相比，奉军中拥有更多的后勤部队，例如每个师都辖有一个工兵团或工兵连以及一个辎重营，但在西方人眼中，奉军的工兵与列强的部队中的工兵相比还有一段距离。

■ 下图是1926年初，正在奔赴与国民军交战的前线的奉军重机枪组。这场战争从1925年11月郭松龄反奉后便拉开了帷幕，12月底，国民军打败了直隶的李景林。同时，直奉军阀也走向联合。虽然冯玉祥在1926年元旦宣布下野，但并不能阻止直奉军阀联合向国民军开战。

■ 上图是1926年，奉军的3名士兵。他们戴着奉军的袖章，军装各异。左右两位士兵戴着制式大檐帽，中间的士兵则戴着皮毛军帽。注意右边士兵的大檐帽上，还围着一条围巾，同时，他还背着一把大刀。

■ 下图是1926年与国民军的战事中，行进中的一队奉军骑兵。可以看到，他们的军马较为矮小。当时，中国军阀的部队中大多数为步兵，因此行军速度基本上以步兵标准来计算。而奉军是少数拥有大编制骑兵部队的军阀武装，截至1925年9月，奉军中已有10个骑兵旅。

■ 上图是一名正在巡逻的奉军骑兵。从照片上看，他的坐骑比较矮小，在其马鞍后方挂着他的挎包。据当时一位美军军事观察员批评，许多中国骑兵的骑术都不合格，“他们骑马时背部僵硬，通过猛拉马嚼头来控制坐骑，不知道用腿来控制。”“他们很少给战马修理毛发，战马的毛发又长又乱。”

■ 左图是1926年的战事中，奉军的一门斯托克斯迫击炮及其炮组成员。当时是处于战斗间隙，炮手正在给迫击炮清理炮管。该型迫击炮从1922年开始在张作霖的奉天迫击炮厂生产，因为便于操作和运输，且造价便宜，得以大量制造，并从1924年起投入到奉军的各场战事中。

■ 这是1926年初的战事中的一名直军士兵。他腰间戴着皮制弹药袋，还别着一支“盒子炮”，木制枪套就在其右肋处。当时直军分别从鄂北、鲁西、陕东三个方向进攻河南的国民军。

■ 这是1926年时期，直奉联军中的一名手提大刀的士兵。他戴着一顶羊毛圆筒帽，帽子上再戴一顶大檐帽。这种穿戴比较保暖，在当时北方部队中很常见。

■ 上图是1926年的战事中，一名奉军伤员躺在担架上等待向后方转移。可以看到他的身上挂着块牌子，这块牌子可能是用于标注其姓名、单位和伤情等信息。当时，军阀部队的士兵如果阵亡，能够有安葬之所是非常幸运的，而阵亡的军官才会享受“睡棺材”的待遇。

■ 下图是1925–1926年的军阀混战期间，奉军的一队士兵正守卫在铁路旁拦截敌军。这些士兵戴着红－白双色袖标，装备着看不出型号的步枪、伯格曼 MP 18I 式冲锋枪和马克沁 M1895式重机枪。那名冲锋枪手身上前后都挂着50发加长型弹匣的皮制弹药袋。

■ 这是张学良(左)与奉军一名高级军官的合影,他的胸前挂着两枚勋章。其中偏上的那枚是北洋政府的勋五位章。张学良作为奉军"少帅",张作霖的长子,其父对他期望较深。不过这位官二代身上也存在着当时上层军政要员的普遍习气和作风:花花公子,吸食鸦片。1925年底郭松龄的反奉事件对张学良来说并不是一件好事。郭松龄曾是其在东北讲武堂的老师,二人具有深厚的师生之谊,战场上又是张学良的副手,两人从1921年分任奉军第3、第6旅旅长时便开始合作。第二次直奉战争中,张学良是奉军第3军军长,郭松龄为副军长。郭松龄反奉时曾提出张作霖下野,由张学良主政东北的口号,但张学良对此极力推辞。最后在巨流河之战中,张学良担任前敌总指挥,与老师决战。郭松龄战败被杀,张学良亦无能为力。

■ 上图和下图展现的都是一列行驶于京津铁路线上的奉军铁甲列车车厢上的机枪射击孔。可以看到，他们在车厢墙壁上开了个十字形的射击孔，将马克沁机枪伸出射击孔外。在下图中，一名射手掏出自己的毛瑟 C–96式手枪伸出射击孔做射击状。将铁甲列车发扬光大的是张宗昌的部队，而他的铁甲列车都是由白俄雇佣军操纵。但是，在1925年的浙奉战争中，张宗昌的铁甲列车被孙传芳部消灭了2列，车上300余名白俄雇佣军也战死当场。

■ 上图是1925年底，冯玉祥、李景林开战时期，直隶督办李景林麾下的一名将领正在北仓向部下发布命令。下图是1925年底，冯、李战事中，李景林部的一个斯托克斯迫击炮组正在一所农家院子里准备向国民军开炮。李景林与冯玉祥的战争在郭松龄反奉的同一时间打响。起因在于冯、李这伙反奉盟友间利益分配的不均而反目成仇。当时李景林分南北两路部署部队，所部三分之一的部队部署在南路的良王庄、静海、马厂之间，由李爽恺任总指挥，抵御国民军第1军；所部五分之二部署在北路的北仓、汉沟镇、韩家墅、军粮城、杨柳青等地，由马瑞云指挥，抵御国民军第2、第3军。两军在天津及周边区域激战近月，最后以12月24日李景林败退山东结束。

■ 上图是在1925年底的北仓，李景林部的一个机枪组。他们操纵的是一挺德制伯格曼 M15Na 式机枪——来自20世纪20年代初张作霖从德国进口的大批军火。旁边一名机枪手正在啃干粮早餐。

■ 左图是1925年12月的杨村，李景林部的一个75毫米野战炮组正在射击。当时进攻杨村的是张之江的国民军第1军，该军在12月9日兵分三路进攻杨村，李军在运河南岸凭险固守，次日国民军用猛烈炮火支援步兵涉水登岸，攻占杨村，李军退往北仓、汉沟。12日，张之江部围攻北仓，李军猛烈反击。在伤亡巨大的争夺战中，李军击退围攻的国民军，并夺回杨村，攻克落垡。国民军从热河、绥远调来宋哲元、李鸣钟部，于20日发起总攻，经过4天的战斗，彻底击败李景林，占领天津。

■ 下图是1925年底，李景林与冯玉祥的战争期间，一队背负着军火的骆驼队。目前尚不清楚这支骆驼运输队来自李景林还是冯玉祥。当时双方都使用骆驼来运输军备。除了骆驼以外，骡马、驴这些牲畜也是军阀们运输军用物资的工具，如果役畜不足，还会强征当地百姓为其服劳役。

■ 上图及下图展示的是同一场景，1926年1月在天津意大利租界，国民军的机枪手们正在展示他们的俄制索科洛夫 - 马克沁 M1910式重机枪，一旁还有机枪所用冷却水的水壶。在其身后围观的是租界的警察们。从1925年起，冯玉祥从苏联进口了大量武器装备国民军。1925年12月24日，国民军占领天津，第3军军长孙岳被任命为直隶督办。但是，两个月后，直鲁联军便反攻夺回了天津。

■ 上图是1925-1926年的军阀混战时期的国民军第1军军长张之江。他穿着制式冬装，留意其左胸，在左胸口袋上方的小布条上有三颗星，这是国民军军装特有的军衔标志。在与李景林开战时，张之江率第1军从北路发起进攻，与李部在杨村、北仓激战，死伤惨重。冯玉祥下野后，张之江就任国民军总司令，指挥与直奉联军的一系列战事。另外，值得一提的是，张之江和李景林，另一身份都是当时的武术大师，这对昔日的对手在北洋政府垮台后，于1928年分别出任国民政府中央国术馆的馆长和副馆长。

■ 左上图是1926年时的冯玉祥。他穿着一身粗布军装，头顶的大檐帽上还有一副防风眼镜。在击败李景林后，国民军的势力发展到巅峰，在这一时期，冯玉祥受到李大钊等中国共产党人的影响，逐渐倾向国民革命。在冯玉祥的支持下，北方工人运动迅速发展。对此，列强和直奉军阀甚为忌惮，甚至将冯玉祥看做“赤化将军”，直奉军阀的联合，其中一个原因便是“反赤”。面对直奉军阀的联合反扑，冯玉祥于1926年宣布下野，由张家口退居平地泉，3月，冯玉祥出洋，但这并未能缓解直奉军阀对国民军的敌意。

■ 左图是冯玉祥的防弹轿车。和张作霖的豪华防弹轿车比，前者更像是一辆装甲战斗车辆。车身罩着一层装甲板，四周都开有武器射击孔，就连天窗也可供战斗使用。但是，它的轮胎并没有任何防护措施。这辆防弹轿车可能来自苏联。除了这种防弹车，苏联也为国民军提供了铁甲列车的制造技术。

■ 上图是一个名叫格特鲁德 · 巴斯 (Gertrude Bass) 的西方人收藏的一张彩色照片，展现的是1925-1926年的战事时期，一辆列车满载国民军士兵奔赴前线的场景。他们穿着浅灰色的制式冬装和大衣，大檐帽上还带有防风眼镜。最左边那名士兵的左臂上还别着一块臂章，仔细观察，这个臂章应该是一块别在一条深蓝色布料上的白布。西方观察家对这类臂章的认识是：这种臂章可以很快取下或更换，一旦他们的指挥官决定倒戈，那么就可以很快更换臂章。

■ 孙岳 (1878-1928)

左图是国民军第3军军长孙岳。孙岳，字禹行，河北高阳人。1904年考入保定武备学堂，毕业后进入北洋第3镇任职。1913年“二次革命”爆发后，起而反袁，失败后被迫四处逃亡。1917年凭借与曹锟的旧关系，进入第3师任教导团团长。直皖战争后，改任第15混成旅旅长。第二次直奉战争时期，孙岳任北京卫戍区副司令，和冯玉祥、胡景翼联盟，发动“北京政变”，并担任国民军副总司令兼第3军军长。战后，该军驻扎保定、大名，被奉系排挤，11月下旬，孙岳率军进入河南。1925年1月，胡憨之战爆发，国民军第2、第3军打败憨玉琨，占领河南。孙岳将河南的憨玉琨、吴佩孚残部分别收编为3个师，第3军扩充到4个师另3个混成旅。1925年，孙岳率部入陕，占据陕西，并于8月29日出任陕西军务督办。1925年底，冯、李之战中，孙岳留2个师驻陕，亲率主力回师和国民军其他部队进攻天津。攻入天津后，孙岳出任直隶督办，后随着国民军的战败撤出北京，并参加了南口战役，8月退至绥远。1928年，孙岳病故。

■ 这是1926年春，北京附近国民军与“反赤”联盟的战事中，两名手提伯格曼 MP 18I 式冲锋枪的士兵。他们的军装上没有任何识别标志，因此无法判断属于哪一阵营。

■ 上图和下图都是1926年4月15日，国民军余部退出北京的场景。当日，奉军占领通州，北京南苑和西苑也分别被直鲁联军和吴军占领，国民军被迫退往南口。从上图可以看到，这支撤退的部队几乎没有携带任何装备，国民军的众多武器都来自苏联。据说，奉军从缴获的国民军的莫辛－纳干 M1891式步枪中，便发现有“苏联1925”的印记。下图是国民军的一支辎重部队，他们也赶着马车拉运着物资退出北京。当时，军阀部队中鲜有现代化的运输车辆，军备物资的运输多是靠役畜，甚至是人力搬运。因此，每场大战一起，“大帅”们都要征发当地百姓为军队服各种劳役。

■ 上图是击败国民军后，奉军进入天津的场景。这支部队装备齐全，一位美国军事观察者如此描述这些士兵身上的装具："这些士兵把包裹斜背在肩上，包裹中是铺盖卷等物品；身后的腰带上挂着一个帆布套着的军用水壶，腰带左侧挂着刺刀。帆布弹药带围在腰间和斜背在左右肩上，弹药带中约有100发子弹。备用的鞋、雨伞和装着工兵铲的小挎包也背在身上。"1926年3月，直鲁联军在天津以南发起猛烈攻势，关外奉军、河南吴佩孚军、晋军也从不同方向进攻国民军。国民军陷入四面楚歌之中，被迫进行总退却，将余部撤入北京。但是，不到一个月后，国民军又被赶出了北京。

■ 下图是1926年4月16日，在国民军撤出北京后，奉军进入北京城的场景。他们的军容风纪看起来较为散漫，脸上胜利者的笑容显露无余。和他们相比，战败的国民军军容更加不堪。

■ 上图和下图展现的也是1926年4月16日，奉军进入北京的场景。这些士兵穿着厚厚的制式冬装，士兵脸上带着微笑。4月15日，直奉联军从天津向北京进发，占领北京城。直奉军阀占领北京后，对当地的进步知识分子进行了残酷迫害。4月16日当天便查封了《京报》报馆，逮捕总编辑邵飘萍，4月26日将其作为“赤化分子”枪决。此后，军警又搜查了北大、北师大、女师大、中国大学等地，首要目标即为捉拿“赤化”者。这些行径充分暴露了北洋军阀的反动本质。随着国民军的败退，重新控制中央政权的吴佩孚、张作霖两大军阀，为掌握更多权力还进行了新一轮的明争暗斗。而这一时期，南方的国民革命蓬勃发展，北伐战争即将打响。

■ 上图是1926年4月18日北京的一处城门外，正在执勤的奉军士兵。旁边穿着黑色制服的是北京市的警察。照片上这名士兵提着步枪向镜头处跑来，可能是提醒拍照者，“此处严禁拍照”。

■ 下图这张照片拍摄于1926年6月28日北京顺承郡王府，是“讨赤”军阀们的合影。照片前排从左五起依次为张作霖、张宗昌、吴佩孚、张学良。这是直奉联军将国民军逐出北京后，两大军阀巨头在北京的“历史性”会晤。在这场为商讨重组北京政府、讨伐国民军等重大政治、军事问题的会晤中，由于北伐战争在即，虽然彼此间面和心异，但大敌当前，双方迅速确定了联兵攻下南口后，吴佩孚负责消灭南方革命势力，张作霖负责消灭北方革命势力的计划。

■ 本页三幅图都来自1926年的《东方杂志》中的“西北之战事”，展现的是国民军撤出北京后，在南口备战的场景。上图的原注释为：“京绥铁路在大同方面中绝后，西北军运输全赖汽车兵。兵士平日熟练筑路工程，至此乃大得其用。”左图的原注释是：“京绥铁路中断后，西北军在大同附近所筑之汽车路。”这两幅图显示，国民军麾下还有一定数量的汽车，用于运送物资。下图原注释是：“西北军用牛车运输粮秣至兵站。”

北伐烽烟

北伐战争（1926-1927年）

在直奉军阀以“反赤”为共同目标结盟，围剿国民军之时，南方的国民政府发起了北伐战争。

第一次国共合作建立后，南方革命形势迅猛发展。经过两次东征、平定商团和滇桂军阀叛乱，至1926年2月，盘踞在广东境内的军阀和反革命武装已被肃清，广东革命根据地完全统一，为北伐提供了可靠的后方。经过对各种武装的整编，1925年底，国民革命军已编成6个军，1926年3月，桂系李宗仁等宣布广西服从国民政府，所部桂军被改编为第7军。全部军队都置于国民政府军事委员会的统一指挥之下。

当时，北伐所面对的主要敌人分别是：控制两湖、河南、直隶南部、陕西东部及京汉铁路的吴佩孚，拥兵20万；占据东南五省及上海、控制着长江中下游和津浦路南段的孙传芳，所辖兵力20万；盘踞东北并控制京津、直隶和山东一部的张作霖，其实力最为雄厚，拥有35万兵力，同时还控制着京奉、津浦和京汉铁路北段。根据苏联军事顾问加仑的建议，国民政府决定采取集中兵力、各个击破的方针，首先攻占两湖，消灭吴佩孚势力，占领长江中游，控制南北交通要道；再进军东南各省，消灭孙传芳，占据长江下游的富庶之地；最后北上消灭张作霖。

1926年，湖南民众不堪军阀赵恒惕的统治，掀起“讨吴（佩孚）驱赵”运动。3月，湘军第4师师长唐生智驱逐赵恒惕，出任代省长，并表示拥护孙中山三大政策，愿意参加北伐。湖南的“易帜”遭到吴佩孚和部分湘军的反攻，5月初，唐生智部败退衡阳，向国民政府求援。国民政府遂决定，提前发起北伐。5月下旬，第4军第10、第14师和叶挺独立团作为北伐先遣队，入湘增援。唐生智部改编为国民革命军第8军，唐生智任军长兼北伐军前敌总指挥，北伐战争的序幕由此揭开。

6月5日，国民政府发布北伐动员令，任命蒋介石为国民革命军总司令；7月9日，国民革命军在广州誓师，正式出兵北伐。当时，参与北伐的部队共20个师另4个旅共10万余人（大多为三团制的小规模师），在兵力上与北洋军阀相差悬殊；而且，国民革命军还留下了4个师和4个旅，在国民革命军总参谋长李济深指挥下镇守广东，防备侧背的唐继尧的滇军。但是，接下来战事的发展却出人意料。

北伐军首战湖南。当时两湖作为吴佩孚的老巢，所驻各部兵力为10余万，但这些部队主要是地方杂牌，吴佩孚的主力正在北方围剿国民军。这为北伐军早期的顺利进军提供了条件。叶挺独立团作为北伐先锋，进展迅速，至6月初已击败敌军谢炳文部和唐福山部，攻占攸县，不仅为唐生智部解围，更为北伐军开辟了进军道路。在北伐军的打击下，吴佩孚任命的湘军第3师师长、“讨贼联军湘军总司令”叶开鑫率败军退守湖南中部的泗汾、醴陵。

6月16日，吴佩孚制定兵分四路的作战计划，遣军援湘。但是，吴军主力都在北方，援湘部队多为杂牌军，难以抵御北伐军的攻势。7月初，北伐军3个军聚集湖南，于7月上旬先后攻占湘乡、醴陵、长沙。湘军及援湘吴军退守汨罗江北岸。

看到北伐军的胜利进军，7月27日，蒋介石亲率预备队北上。8月10日，蒋介石在长沙召开军事会议，决定趁势直捣武汉。蒋介石将北伐军重新划分为三路部队，唐生智指挥第4、第7、第8军为中央军，分左、右纵队直驱武汉；朱培德指挥第2、第3军及第5军一部为右翼军，监视江西的孙传芳部，掩护中央军侧翼；新收编的第9、第10军为左翼军，以袁祖铭为总指挥，清剿残敌，封锁长江上游。19日，北伐军中央军向敌汨罗江防线发起进攻，于当日进占平江，22日，北伐军攻占岳阳。至此，湖南全境被北伐军攻克。

8月25日，吴佩孚返回汉口，确定了据汀泗桥死守，待河南、直隶援军抵达后反攻；同时孙传芳从江西分袭平江、长沙，切断北伐军退路，南北夹击消灭北伐军的作战方案。但是，北伐军进展迅速，中央军左、右纵队两路并进，其中右纵队的第4军先后于8月27日、9月1日攻克武汉南面的两道门户汀泗桥、贺胜桥，打开了武昌的南大门。在这两场血战中，吴佩孚部损失惨重，纠集残部退守武汉。

9月5日，李宗仁指挥北伐军中央军右纵队向武昌城发起总攻。但是，武昌城高大坚固，易守难攻，守军火力密集，北伐军三次总攻，在付出巨大伤亡后也未能突破，不得不暂停攻城，转而进攻汉阳。另一方面，中央军左纵队也在逼近汉口和汉阳。6日，驻守汉阳的鄂军暂编第2师师长刘佐龙倒戈，北伐军得以攻占汉阳，并从龟山炮击汉口。吴佩孚见大势已去，遂经汉口逃往孝感。北伐军一路追击，连克黄陂、孝感、广水等湖北重镇，并于18日攻占武胜关和鸡公山，吴佩孚狼狈逃回信阳。10月10日，武昌守军投降，北伐军完全攻占武汉。由此，北伐军在两湖战场取得彻底胜利。而经过汀泗桥、贺胜桥、武汉等战役，吴佩孚的精锐损失殆尽，两湖尤其是武汉的失陷，更使他断绝了装备和军饷之源，吴佩孚从此丧失了东山再起的条件。

在与吴佩孚决战的同时，北伐军右翼军挥师东进，目标直指孙传芳的东南五省。两湖血战之时，孙传芳虽陈兵赣边，却坐视吴军失利而不救，想坐收渔人之利。待两湖战场大局已定，9月6日，北伐军兵分左、中、右三路大军入赣，北伐战争的江西战场打响。

面对北伐军的进攻，孙传芳将所部五省联军编为6个方面军，除了周荫人的第4方面军驻守福建外，其他5个方面军由孙传芳本人亲自指挥，入赣与北伐军决战。

9月6日，右路北伐军攻占赣州、萍乡，后在新喻附近大败孙军的邓如琢第1方面军主力，18日攻占高安。中路北伐军则在程潜率领下于9月10日攻占修水、铜鼓，两军于9月中下旬围绕南昌展开激烈争夺战，24日，程潜部失利，被迫放弃南昌。另一方面，蒋介石于9月17日入赣，调整作战计划，两军在江西战场厮杀至10月中旬，北伐军未能达到作战目的，蒋介石下令各部撤退，移师赣北，向孙军主力所在的南浔路发起新的攻势。11月2日，10余万北伐军兵分三路向南浔路发起总攻，经过一周激战，孙军全线溃败，并于8日攻占南昌。江西战场以孙军损失4万余人宣告结束。

北伐军鏖战江西之时，孙军周荫人部也陈兵闽粤边境，准备伺机进攻粤东。北伐军攻闽军在总司令何应钦的率领下主动出击，10月10日，北伐军攻占永定，端掉周荫人的前线指挥部，孙军纷纷溃退回福建。16日，蒋介石任命何应钦为东路总指挥，率第1军第3、第14师和第14、第17军进军福建，开辟福建战场，策应北伐军在江西与孙传芳主力的决战。入闽北伐军长驱直入，于

12月18日攻占福州，福建战事遂以胜利告终。

攻占赣闽两省后，北伐军继续东进，准备彻底扫清江、浙、皖的孙传芳残部。而孙传芳经过赣闽之败，再次拼凑起14个师另4个旅，准备与北伐军进行最后的决战；同时北上投靠张作霖，请求援助。张作霖欲趁机南下扩张地盘，遂答应派遣直鲁联军南下，与孙军共同对抗北伐军。

1927年1月，蒋介石将北伐军重新编为东、中、西3路大军。东路军主要为何应钦、白崇禧部，主攻浙沪；中路军为程潜、李宗仁部，进攻安徽和南京；西路军以唐生智部为主，留守武汉并北上进攻河南。1月初，北伐军东路军分别从赣东、闽北入浙，会攻杭州。1月上旬，赣东方向的北伐军在白崇禧率领下，抵近浙西的龙游、衢州，经过半月激战，该部于2月1、2日先后攻占兰溪、金华，并于18日进占杭州。而闽北方向的北伐军也在何应钦指挥下于1月下旬由仙霞岭入浙，进攻江山、丽水、温州，肃清浙东的孙军。2月23日，两军在杭州会师，浙江战场遂告胜利。何应钦、白崇禧继续率军向松江、上海进发。

另一方向，中路军程潜、李宗仁部也沿长江下游推进，进攻安徽，准备与何、白部围攻江、沪。至3月初，安徽孙军或降或败，安徽被北伐军所攻占。孙传芳仅剩江苏地盘。

3月中旬，北伐军展开新一轮攻势。16日，白崇禧部沿沪杭线发起进攻，在松江大败孙军，并于21日攻占松江、苏州。同时，上海工人阶级在中国共产党的领导下，发动第三次武装起义，孙传芳的上海防线崩溃。26日，北伐军进入上海。另一方面，何应钦部和程潜部也分路进击，连克宜兴、常州、丹阳、镇江等重镇，形成对南京的围攻之势。3月24日，北伐军胜利攻占南京。孙传芳部损失过半，退往苏北。

北伐军占领南京，标志着北伐战争前期取得了决定性胜利。仅半年时间，国民革命从珠江流域发展长江流域，北伐军所向披靡，声威大震。

值得一提的是，北伐战争也得到了北方的国民军的有力支援。国民军兵败南口后，各部土崩瓦解，仅余五六万人，陷入困境。另一方面，于1926年3月出洋赴苏联参观学习的冯玉祥，在国共两党的影响下，接受新的革命思想，决定率国民军全军加入国民党，参加国民革命，并于8月17日协同苏联顾问回国。

9月15日，冯玉祥抵达国民军驻扎的五原，受到部下的热烈欢迎，原来被阎锡山收编的国民军残部也纷纷来投。17日，冯玉祥新组建的国民军联军在五原举行誓师，全军宣布加入国民党，参加国民革命。

五原誓师后，冯玉祥自任国民军联军总司令，以鹿钟麟为参谋长，石敬亭为政治部部长，中共党员刘志坚为副部长，苏联顾问乌斯曼诺夫为政治军事顾问。同时整编军队，将各部编为5个军另5个师、2个骑兵师共五六万人。更重要的是，冯玉祥效仿苏联和国民革命军的建军制度，加强了军队的党务与政治宣传工作，严肃军纪，西北军的面貌焕然一新。

9月下旬，冯玉祥根据李大钊的建议，制定了由陇入陕，进攻西安，并出潼关与北伐军会师中原的战略。10月，冯玉祥以孙良诚为援陕军总指挥，解坚守西安的杨虎城、李云龙部之围。11月中旬，由甘肃东进的孙良诚部、由甘肃固原东进的马鸿逵部、由五原西进的方振武部、由榆林南下的于右任部四路大军在咸阳外围会师，大败刘镇华镇嵩军，并于23日攻克咸阳，而后兵分三路进攻西安。27日，国民军联军收复西安，12月2日进占潼关。镇嵩军全线溃退，被赶出陕西。甘、陕遂平。

1927年1月26日，冯玉祥率国民军联军总司令部进驻西安，积极整顿部队，准备东出潼关，与北伐军会师中原。

■ 这是1926年7月9日，国民政府在广州东较场举行北伐誓师典礼，国民革命军总司令蒋介石进行演讲的场景。叶挺独立团等北伐军先遣部队在湖南的胜利给予了国民政府极大信心，制定了兵分三路的北伐计划：东路军以何应钦为总指挥，率第1军第3、第14师等部，镇守粤东，防备闽军；西路军由第4、第7、第8军共5万余人组成，以唐生智为总指挥，负责两湖正面战事；中路军以蒋介石亲领，率第2、第3、第6军入湘南、湘东，策应西路军右翼和后方安全，监视江西孙传芳部。

■ 上图是1926年6月，一队北伐军奔赴前线的场景，他们的军官在一旁和他们一起步行。这些士兵们肩扛着步枪，背着背囊、铺盖卷、雨伞等装具和粮秣，左臂戴着双色袖章。仔细观察可发现，这些士兵所戴军帽不是大檐帽，而是较为宽松的棉布平顶军帽。

■ 右图是北伐战争期间国民革命军麾下的一名少年士兵，他脖子上系着一条看不出颜色的领巾，左胸贴着他的姓名牌，手中的旗帜表明了他的所属单位——独立第1师政治部。脚下的柳条筐显示，他们可能属于一支运送物资的后勤部队。

■ 20世纪20年代初至大革命时期，苏联派驻了不少政治、军事顾问，帮助孙中山和广东革命政府。其中，哈伊尔 · 鲍罗廷(Mikhail Borodin)是最著名的一个。而黄埔军校总顾问则是化名加仑的苏军名将布柳赫尔(Blyukher)。上图便是鲍罗廷和于右任在广州。1923年，鲍罗廷作为共产国际驻中国代表及苏联驻广州政府全权代表来华，成为孙中山的得力助手，在党政、组织、军事等方面给予了国共两党很大帮助。1925年，广州国民政府成立后，鲍罗廷被任命为政治顾问。1927年大革命失败后，鲍罗廷被国民政府通缉，返回苏联。

■ 这是1926年9月的武昌城下，身穿北伐军军装的苏联军事顾问铁罗尼（左）与北伐军政治部主任邓演达。铁罗尼1924年来华，作为加仑的政治助手，参与创建黄埔军校，任军校的苏联顾问团军事顾问，参加了两次东征及统一广东诸役。北伐战争时，铁罗尼任北伐军总政治部顾问，参加了攻打武昌城的战斗谋划和指挥。

■ 上图是1926年9月，北伐军进入汉口的场景。武汉三镇的战事，负责进攻武昌的是李宗仁指挥的北伐军中路军右纵队的第4军、第7军和第1军第2师；进攻汉阳和汉口的则是唐生智指挥的中路军左纵队的第8军和鄂军第1师。当时，汉阳守军高汝桐部在仙女山、扁担山、蔡家岭、十里铺一带顽强阻击左纵队的进军，9月6日，鄂军刘佐龙师在汉阳倒戈，进攻高汝桐部，北伐军随即得占汉阳，随后攻克汉口。

■ 下图是1926年北伐战争时期，一名负伤的伤员被担架抬走救治的场景。从照片上看，暂时无法分辨出这名士兵究竟属于北伐军还是北洋军阀部队。

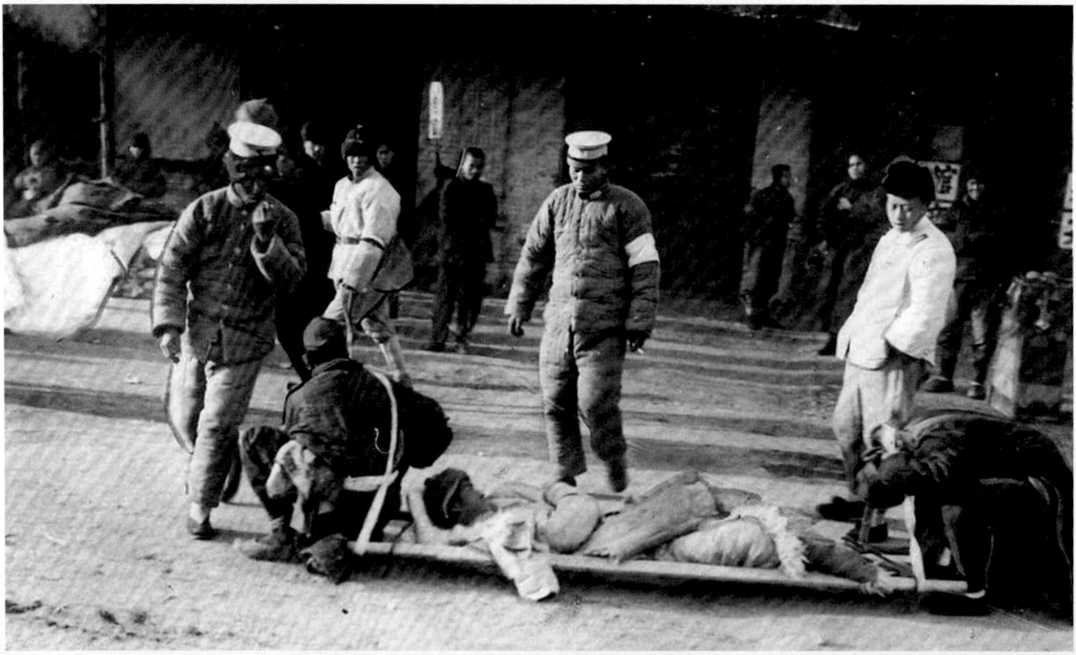

■ 上图是北伐战争时期，一队经过一天的艰苦行军后，在某个临时驻地休息的北伐军士兵。这些士兵穿着国民革命军的灰色制式军装，短军裤下是一双草鞋。所有士兵都背着沉重的私人装具，如斜跨着的干粮袋、挂在腰间的金属口杯等。右边两名士兵腰间扎着皮制弹药包，右二那名士兵，腰间除了弹药包，还有一排裸露的五发装弹夹，显得弹药非常充足。

■ 下图是1927年北伐战争时期，两位身上挂满了个人行李的北伐军士兵正在一个路边饭摊吃饭的场景。他们需要自己掏钱，或者打欠条来支付，欠条兑现的时间较长。由于严肃军纪和政治教育宣传，北伐军官兵的军纪要比北洋军阀部队好很多，加上中共工农运动的协助，北伐军的进军得到广大民众的支持和帮助。

■ 这是1927年1月，北伐军的一名士兵在汉口街道上站岗的情景。他穿着国民革命军的灰色制式军装，手提一支上了刺刀的“老套筒”，腰间别满了“老套筒”的五发装弹夹。留意图片还能发现，他的腰间还挂着一枚英国的菠萝型“米尔斯”（Mills）式手榴弹。

■ 上图及下图是1927年在汉口所拍的国民革命军士兵的照片。可以看到，作为南方部队，这队北伐军的服装和装具非常具有南方特色，背着斗笠，穿着七分裤，有些人把裤脚打入绑腿，有些则干脆穿一双黑色长袜。他们无一例外都穿着草鞋。经过半年的战事，1927年时，由于收编众多败军和投诚的小军阀部队，北伐军的兵力得到了极大扩充，经过战火淬炼的部队的战斗力也有很大提高。1月时，北伐军被编为东、中、西三路大军，经略不同的战役方向，留守武汉并相机北上河南的是唐生智的西路军。

■ 这位北伐军士兵身上挂满了各种物资，包括皮制弹药包、毛巾、粮秣袋、私人挎包、小喇叭等，他肩膀上挂着的各种带子至少有4根，看起来非常繁琐。北伐时期，北伐军也雇佣了大批民夫来运输物资，但士兵的个人装具和行李还是要由自己背负。

■ 这两幅图展现的都是1927年3月22日上海工人阶级第三次武装起义时期，同一地点的不同瞬间。上图是在上海浙江北路的公共租界，军警设置路障保卫租界，向企图闯入租界的工人武装射击。下图是华界的部分北洋军被工人武装击溃，从浙江北路路障逃入公共租界，在租界军警的要求下将武器丢弃在路障处。

■ 上图来自1927年3月意大利杂志《Il Mattino Illustrato》的封面图，图片的原注释为："国民革命军的士兵在前往上海的途中停驻某个村庄小憩。"当时进攻上海的是北伐军东路军白崇禧部，上海作为中国的金融、商业中心，具有极大政治意义。在上海工人阶级武装起义的帮助下，3月26日，北伐军占领上海。而上海各租界的外国人对北伐军的进攻持以防备的态度。

■ 下图是北伐时期，几名在战斗间隙休息的北伐军士兵，他们旁边还蹲着卖东西的小贩。这群士兵的步枪五花八门。墙上各种标语显示当地的工农运动和政治宣传工作颇为"给力"。

■ 上图是北伐战争时期，在上海的蒋介石（左）和白崇禧（右）。作为桂军重要将领，北伐战争时期，白崇禧先后出任北伐军副总参谋长、代理参谋长职务，1926年11月初，在攻打南昌的战事中，白崇禧指挥2个师和1个旅于滁槎附近追歼孙传芳3个军1.5万余人。1927年1月，白崇禧出任北伐军东路军前敌总指挥，从赣东攻入浙江。3月，白崇禧部进攻淞沪，进驻上海。

■ 这是北伐战争时期的某个火车站上，一队等待登车赶赴前线的北伐军士兵。从照片上看，他们的装备非常简陋，而这也是当时北伐军的一贯现象。随着北伐军的节节胜利和缴获的增加，这种现象才得到缓解。但是，随着队伍的扩充，战斗中弹药的消耗也飞速增加，曾有人统计，在一次战役中，国民革命军第3军消耗掉的步枪和机枪弹药就有1800万发，76.2毫米迫击炮炮弹88976发和山炮炮弹4688枚。

■ 王天培(1888 – 1927)

字植之，号东侠，侗族，贵州天柱县人。早年先后在贵州陆军小学堂、武昌陆军第三中学就读。武昌起义时，王天培被战时总司令黄兴任命为凤凰山要塞司令。民国建立后，凭军功被送入保定军校深造。护国战争时期，王天培以少胜多，打败了北洋军第6师师长兼第一路“讨逆军”总司令马继增。1926年5月，王天培率部离黔，加入国民革命军，并被任命为第10军军长兼左翼总指挥，在湖南洪江誓师，参加北伐。两湖战场，王天培率第10军由湘至鄂，攻城略地。进入江西战场后，王天培部已从2.5万人扩编至9万余人，攻占安庆后，王天培率5个军及数个独立师，由镇江、常熟、芜湖向北挺进，协同友军攻占了江、浙、皖。1927年5月，王天培作为北伐军前敌总指挥，率部大败张宗昌直鲁联军，攻取徐州。7月，徐州被张宗昌、孙传芳联兵夺回，蒋介石亲自率军反攻徐州，大败而返。9月2日，王天培被蒋作为“替罪羊”处决于杭州。这张照片中王天培身穿国民革命军制式军装。

■ 上图是北伐战争时期，几名行军途中的北伐军士兵在一个休息点喝水的场景。由于大革命时期工农运动的发展和广泛动员，北伐军所到之处，群众纷纷为北伐军将士提供饮食、带路。而北伐军优于北洋军阀部队的军纪，如不霸占私人住宅住宿、买卖公平等行为，也使其得到了百姓的拥戴。

■ 下图是北伐战争期间，为了鼓舞士气，一支北伐军部队所进行的阅兵仪式现场。这应该是受阅部队的最前列，五名肩扛伯格曼 MP 18I式冲锋枪的士兵在左右和后方护卫着旗手。

■ 上图是一队北伐军士兵的合影，这群士兵年龄各异，前排的士兵还手持步枪摆出造型。这一时期，国民革命军的军装式样与北洋军阀部队大同小异，但前者没有任何军衔标志，而大檐帽上的帽徽则是青天白日军徽。

■ 下图是国民革命军中的一支部队列队的场景，旁边还有一些官兵在围观。照片中最左边两人应该是他们的军官，这两人20出头，在当时的国民革命军中，很多基层军官来自黄埔军校。这些军校出身的基层军官充满了革命热情和牺牲精神，是部队的中坚力量。

■ 这名年轻的北伐军士兵可能是一名卫队士兵，冷、热兵器兼备。他肩上扛着当时流行的伯格曼 MP 18I 式冲锋枪，胸前的皮制弹药袋中装着冲锋枪的50发加长型弹匣，而其右手则拎着一把大刀。

■ 上图是北伐战争时期的某个城池上，北伐军的马克沁式重机枪的阵地。可以看到，右边这个机枪组至少有6名官兵，他们穿着棉军装，头上的大檐帽式样也不统一，右二那名士兵还提着弹药箱。有些士兵的右臂上还有一块蓝色的圆形臂章，臂章上是青天白日军徽。在他们身后监督的，应该是一位高级将领。

■ 右图是北伐战争时期，北伐军的一门75毫米野战炮。这门野战炮可能缴获自北洋军阀部队。照片上看，北伐军的军装与北洋军无甚区别。

■ 下图是北伐军的一队炮兵，上图中的那名高级军官正在检查这队炮兵操纵山炮。留意照片可以发现，有些军官的左胸上贴有显示自己姓名和所属部队的标志。这队炮兵都穿着国民革命军的制式灰色军装，但是，右二那名军官的军装颜色较浅。

■ 上图是北伐战场上的一队呈战斗队形等待出击的北伐军。从图上可以看到，这支部队装备了2挺法国哈奇开斯 M1914式重机枪和日式步枪。这些士兵身上还有配有帆布弹药带，军用毛毯卷成包裹状斜背在肩上。另外，在图中看不到他们是否戴了用于敌我识别的袖标。

■ 下图是北伐军的一支76.2毫米迫击炮部队，远处隐约可见一面青天白日旗。从照片上看，这支部队都戴着两色的识别袖标，北伐军和北洋军阀部队的军装在颜色和款式不好分辨，因此袖标、领巾等便被作为敌我识别标志。

■ 上图是1927年的上海，一队北伐军士兵前往郊外巡逻前检查他们的武器。经过1927年的战事，国民革命军已是一支有相当战斗力的军队。

■ 下图是北伐战争时期，一个正在休息的北伐军机枪连，这个连装备了4挺马克沁式重机枪。因为盖着帆布，很难辨认其具体型号，不过简单看上去有些像马克沁 M1895式重机枪，这款老式机枪在20世纪20年代末仍在使用，对于缺乏武器装备的国民革命军来说，它们可能来源于战败的北洋军阀部队。

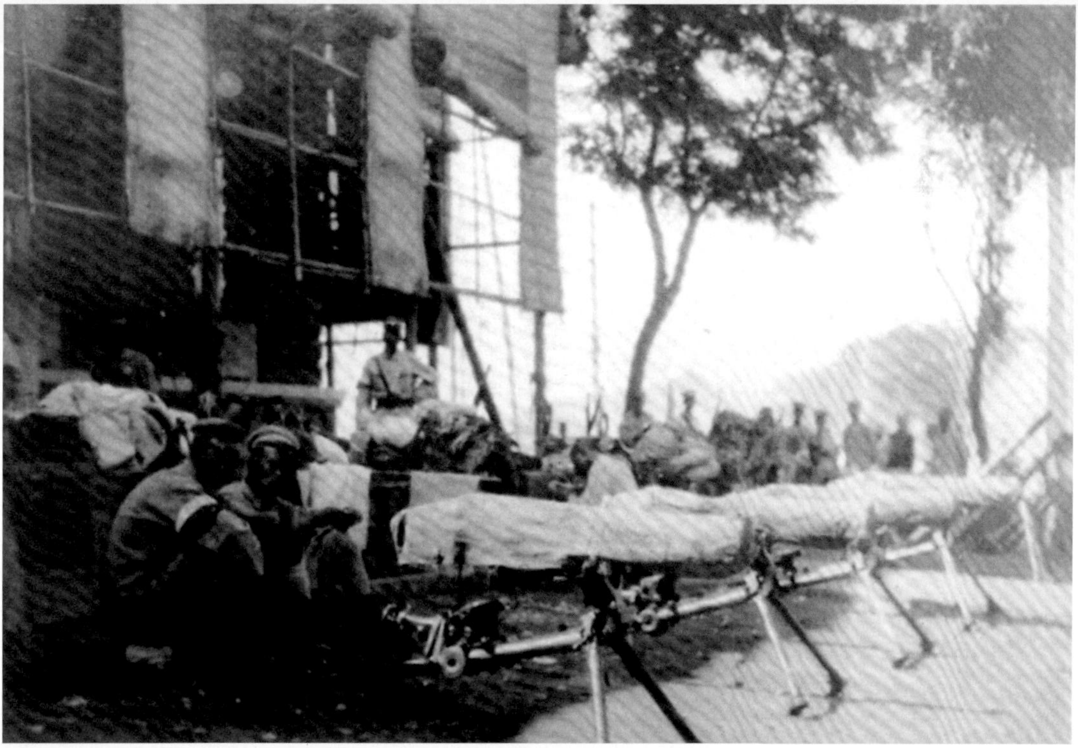

■ 上图是几名面带胜利笑容的北伐军士兵，在他们身后是一辆国民政府的装甲汽车。这辆装甲汽车的顶部添加了炮塔，车身覆盖有装甲板，实际上，这种简易的装甲汽车的作战价值并不高。

■ 下图是1927年，北伐军的一支炮兵在行军途中休息的场景。在北伐战争的大部分时间里，国民革命军的火炮多为这类山炮。而这种现象在当时大多数军阀部队中很常见。不是所有军阀都如同张作霖、吴佩孚那么财大气粗，麾下有自己的兵工厂的。

■ 这两位女兵是北伐军中的政工干部。作为一支在苏联帮助下成立的军队，早期的国民革命军强调政治教育和宣传，激发官兵的革命热情，而在北伐战争开始后，大批充满革命激情的热血青年和学生也加入到北伐军中。同时，中国共产党也派了大量优秀党团员到国民革命军中做政治工作，为北伐战争的胜利做出了巨大贡献。

■ 上图是一队走入刚占领的城镇的北伐军。前面的士兵扛着一面国民政府的青天白日旗，从照片上可以看到，这面旗帜是红底蓝边，中间一个巨大的白日。旗帜一侧还有该部所属编制。

■ 下图是北伐战争时期，一群好奇的百姓正在围观一辆国民政府的装甲汽车，这辆汽车后面的“公安局”三个字表明，它主要是用于日常巡逻和维持地方治安的。这辆汽车全身由薄薄的装甲板覆盖，四周都开有射击孔，车身后部有个巨大的国民党党徽。1924年时，广东革命政府便组建了小规模的装甲部队，装备的都是类似于此的简易装甲汽车。

安国军和1927年的战事

随着吴佩孚、孙传芳的相继战败和国民军联军的崛起，形势对于北洋军阀愈加不利，为保长江以北地盘，1926年11月14日起，在张作霖的组织下，奉系、直鲁联军、孙传芳、阎锡山等北方军阀或其代表齐聚天津蔡家花园寓所召开军事会议，商讨“联合”对抗北伐军和国民军联军，并达成了新一轮的利益瓜分“共识”。会议决定：奉系与直鲁联军之间，由张宗昌率直鲁联军南下援助孙传芳；同时，张宗昌将直隶地盘交给奉系；张学良部由直隶南下协助吴佩孚反攻湖北。直鲁联军与孙传芳之间，前者协助孙传芳从浙江发起反攻，作为回报，孙将江苏和安徽北部划分给张宗昌。组建安国军，由张作霖任总司令。

11月29日，孙传芳、张宗昌、阎锡山、刘镇华等16名将领以15省区的名义，联名通电，拥戴张作霖为安国军总司令，统帅各派军阀部队。12月3日，孙传芳和张宗昌也分别通电，就任安国军副总司令兼五省联军总司令和安国军副总司令兼直鲁联军总司令一职。北洋军阀各派的反革命武装以张作霖为核心，再次联合起来，进行最后的挣扎。

安国军的成立同样得到美、英、日等列强的支持。美国政府向安国军出售了100架飞机和价值1000万美元的军火；英国和日本分别为安国军提供了500万英镑和300万日元的军费。

12月27日，张作霖入京，操纵政局，在其控制下，安国军总司令部不仅仅是一个军事机构，而已出现军政府的色彩。

1927年2月，张作霖利用吴佩孚与靳云鹗的矛盾，派奉军和直鲁联军孙殿英部以“援吴”为名入豫，在一个月内便将吴佩孚排挤出河南，奉系掌控豫省，兵压武汉；另一方面，3月，张宗昌也在“援孙”的借口下进驻沪宁线和上海。但是，随着北伐军的胜利进军，皖北、皖南、上海、南京等地先后被北伐军占领。张宗昌和孙传芳残部撤至长江北岸布防，企图凭江固守。

另一方面，随着北伐战争的不断胜利，国共两党及国民党内部的矛盾斗争也逐渐激化，1927年4月12日，以蒋介石为首的国民党右派，在上海发动了著名的“四一二”反革命政变，15日，广州也发生同样政变。与此同时，北方的张作霖也遥相呼应，在北京逮捕、杀害了李大钊等革命者20余人。大革命遭遇重大挫折。次日，武汉国民政府宣布开除蒋介石党籍，免去其一切本兼职务；18日，蒋介石在南京另立国民党中央党部和国民政府，由此，国民党内部“宁汉分裂”，出现了两个相对立的阵营。

面对奉军的压境和东面蒋介石的威胁，武汉国民政府确定了继续北伐、与冯玉祥会师中原、联合阎锡山共讨张作霖、最后解决蒋介石的方针。4月19日，武汉国民政府在武昌誓师北伐，以唐生智为总指挥，兵分三路进攻河南。与此同时，南京国民政府，受到北方孙传芳残部和直鲁联军的威胁，也祭起“北伐”的旗帜，于5月1日兵分三路渡江北伐。北伐战争进入一个新阶段。

河南战场，武汉北伐军在唐生智的指挥下，激战月余，所向披靡；同时，被武汉国民政府任命为第2集团军总司令的冯玉祥也积极响应，大军由陕入豫，会合唐生智部联合攻击河南奉军。两军先后攻占洛阳、许昌、郑州、开封等重镇，将奉军驱逐出河南。6月1日，两军在郑州会师，北伐军河南之役取得重大胜利。6月10日，为争取冯玉祥倒蒋，汪精卫等经与冯玉祥商议，将北伐军撤回武汉，将河南让于冯玉祥。而武汉部队在回师后，准备“东征”蒋介石集团。

另一方面，南京北伐军也节节胜利。5月15日，蒋介石下达总攻击令，三路大军分别向驻守六安、合肥、巢县、浦口、定远、临淮一线的孙军及直鲁联军发起进攻，激战月半，先后占领扬州、蚌埠、宿州等江北重镇，6月2日，第三路军前敌总指挥王天培部攻占徐州，取得江北战事的重大胜利。孙传芳和张宗昌部败退山东境内。6月20日，蒋介石、李宗仁、白崇禧与冯玉祥在徐州会晤，蒋介石积极拉拢冯玉祥，希望其能配合南京国民政府的“西征”，共同讨伐武汉。冯反对两个国民政府的兵戎相见，同意利用其影响力劝说武汉方面赴南京，在南京建立统一的国民政府，实现“宁汉合流”。至此，蒋介石决定撤回已进展至徐州以北的北伐军，防止武汉唐生智进攻南京，同时派兵进攻鲁南，稳定北方战线。但是，至7月下旬，鲁南战事由于鲁南敌军的奋死抵抗而失败，蒋介石被迫从鲁南撤军，孙、张部趁势反攻，夺回徐州等要地，并沿津浦线南犯。

北伐的胜利也给阎锡山很大威慑，阎锡山继续发挥见风使舵的本色，转投革命阵营，于6月初改悬青天白日旗，改晋军为北方国民革命军。

另一方面，武汉、南京国民政府在长江中下游的对峙，已是国民党内部不同派系间的斗争，7月15日，以汪精卫为首的武汉国民政府发动“七一五”反革命政变，第一次国共合作彻底破裂，大革命最终失败。武汉和南京也趋向合流。

国民党阵营的分裂和不同势力派别的激烈斗争给北方军阀带来喘息之机。6月16日，北方军阀们在北京顺承郡王府召开会议，确定以“讨赤”为名，改组北京政府为“安国军政府”，拥戴张作霖为安国军政府大元帅。18日，张作霖在北京怀仁堂宣布就任“中华民国陆海军大元帅”，成为北洋政府的末代元首。同时，将北方军阀各部一律改编为安国军，下设7个方面军团，由孙传芳、张宗昌、张学良、韩麟春、张作相、吴俊陞、褚玉璞7人分任军团长。为稳定战局，张作霖于6月25日发出“息战令”，力主南北议和。

另一方面，国民党内部宁、汉、粤、桂各派系斗争也不断激化，8月13日，在各方压力下，蒋介石被迫宣布下野，19日，武汉国民政府决定迁都南京。9月中旬，宁汉合流；但一直渴望当上新领袖的汪精卫则被排挤，遂回武汉联合唐生智，却被桂系打败。汪精卫不甘失败，拉拢张发奎的第4军回广州，另立广州国民党中央，国民党内出现“宁粤对立”的新局面。而占据河南的冯玉祥，也在这一时期与投靠国民政府的靳云鹗内讧。

在国民党内部不稳期间，孙传芳趁机反攻，不仅夺回了徐州等重镇，并于8月24日以郑俊彦、刘士林、马玉仁兵分三路在浦口、大河口、扬州渡长江，进军龙潭，偷袭南京。国民党军发起反击，于31日在龙潭彻底击败渡江的孙军。

龙潭之战后，张作霖认为南京方面无力北进，遂决定在津浦路南段采取守势，集中兵力进攻河南，以张宗昌第2方面军团、张学良第3方面军团、韩麟春第4方面军团、褚玉璞第7方面军团入豫，会攻河南冯玉祥部。冯玉祥为摆脱困境，答应以直隶、京津地盘为条件，与阎锡山结盟共抗奉系。9月底，奉晋两军开始交战。起初，晋军长驱直入，攻占张家口等地；10月初，奉军援军抵达，向京汉、京绥线之间的阎锡山部发起反攻，晋军败退，在井陉、娘子关、雁门关等要隘与奉军对峙。值得一提的是，晋奉两军交战期间，还发生了著名的涿州之战，10月11日，晋军傅作义第4师攻占北京外围重镇涿州，在晋军败退后孤军守城3个月，直至次年1月，涿州保卫战以守城晋军接受奉军改编告终。

10月中旬，冯玉祥在陇海线向安国军发起进攻，起初战事于冯不利，张宗昌等部直逼开封，10月下旬，冯军重新部署后转入反攻，在黄河南岸至杞县二百余里的战线上与安国军决战两昼夜，大败张宗昌，11月1日，冯军收复兰封。11月间，冯军一路猛进，攻入山东，并于16日与南面何应钦部攻破徐州，张宗昌、孙传芳北逃。至此，国民政府在长江北岸再次取得胜利。

■ 上图是时任安国军副总司令兼五省联军总司令的孙传芳。孙传芳从江西战场败退后，为挽回败局，急需张作霖的支持，遂于1926年11月19日秘密赴津，向张作霖投诚，参加其在蔡家花园寓所的军事会议。会后，孙传芳和张宗昌领衔通电拥戴张作霖就任安国军总司令。以奉军为主、各路军阀的残兵败将纠集而成的安国军由此成立。根据张作霖制定的军事计划，孙传芳部将继续顶在长江防线的前列，张宗昌率直鲁联军在江北布防，协助孙部防守东南。但是，在北伐军的胜利进军下，孙、张部丢盔弃甲，退守江北，1927年6月更是丢弃徐州。直至国民党各派系内讧，孙传芳和张宗昌方趁机南下收复失地，孙传芳更是在8月底孤注一掷，派兵渡江偷袭南京，最后在龙潭之战中彻底败北。

■ 1926年11月，张宗昌就任安国军副总司令兼直鲁联军总司令一职。作为从奉系中分化出的势力，张宗昌在1926年的军阀混战中，不仅将进入山东的国民军击败，更与李景林率部北上直隶，将国民军赶出了直隶和京津地区，6月29日，张作霖命张宗昌将李景林部缴械，张由此独掌直鲁联军。安国军成立后，张宗昌的直鲁联军已扩编至33个军又3个挺进军，总兵力达到40万人。在1927年的战事中，张宗昌几经胜败。3月，随着孙传芳的连续战败，直鲁联军接防南京、上海，但无法阻挡北伐军的胜利进军，3月中下旬，直鲁联军连失上海等江南重镇，24日，北伐军占领南京，直鲁联军残部溃退江北。6月2日，张宗昌失徐州，退守山东。随着张作霖就任"中华民国陆海军大元帅"，安国军重新整编，张宗昌的直鲁联军被编为安国军第2、第7方面军团。在南京国民政府新发起的北伐中，张宗昌联合孙传芳，据守津浦线，阻截南京北伐军的北上，并相机进攻冯玉祥的第2集团军。10月，冯玉祥在河南大败张宗昌主力，俘敌3万；12月，冯玉祥与何应钦再破徐州城，张宗昌、孙传芳率残部北逃。

■ 1927年2月，张作霖拜访美军在北京的驻地，并与美军驻天津司令康奈尔将军（Connell）及安国军参谋长杨宇霆（左）合影。当时，张作霖趁吴佩孚与部属靳云鹗的矛盾致使河南局势混乱之机，假意“援吴”，派遣奉军由京汉铁路南下、直鲁联军孙殿英部从陇海铁路西进，直指郑州。在张作霖大军压境之下，吴佩孚难以招架，于3月15日放弃郑州南逃，最后入四川投奔川军军阀杨森，张作霖夺取河南，兵锋一路南下，直逼武汉。

■ 上图是1927年2月，张作霖在北京拜访美军驻地的另一场景，张作霖检阅列队欢迎他的美军士兵。在这里，张作霖还与美军驻天津司令康奈尔会面。在就任安国军总司令后的一段时间里，张作霖频繁与美、日、英等列强代表会面，寻求支持。

■ 左图是1927年初，张作霖的三个后辈（儿子或孙子）正在参观一门野战炮。这几个孩子由几名军官陪同，身穿特别定制的军礼服。根据军阀掌控军队的原则，关键位置都是由血缘关系的部属或嫡系掌控。因此，这些孩子长大后，同样会成为奉军中的将领。

■ 上图是张作霖与美军驻天津司令康奈尔会见期间，一名中途离开现场的奉军将领，在其侧后是美军的军乐队。从照片上看，这位奉军将领穿着军大衣，里面的制服胸口挂着各式勋章。和新培养的军校出身的奉军骨干相比，张作霖的老部下多是跟他出身绿林的老兄弟。

■ 右图是孙传芳的五省联军中的一名轻型迫击炮炮手在军官的指导下操纵迫击炮。从图上可以看到二者的军帽有着很大差别，军官戴着一顶类似斯泰森式（Stetson）毡帽的军帽，而士兵戴的则形如南方渔民所戴的渔夫帽的军帽，军帽前端有丝线所绣的标志，后者这款军帽是孙传芳部队的独特标志。仔细观察，还能看到士兵衣领缀有不同于北洋政府制式的领章。

■ 上图是五省联军的两名炮兵。他们正在拧开炮弹的引信。炮弹刚开箱时候并没有装引信，而装引信的螺口上旋着塞子，这两名士兵没有用工具而是用牙咬着拧开塞子。

■ 下图是五省联军的一个65毫米山炮炮组，前面是两名操纵山炮的炮手，后面的炮手负责输送弹药，可以看到，两个炮弹箱已经打开。这几名炮兵都戴着“渔夫帽”，但左后方的那名军官，戴着的却是另一款类似斯泰森式毡帽的军帽。

■ 上图和下图分别是1927年时，五省联军的一队士兵进行射击和正步走训练的场景。从照片上看，他们都装备着德制 Gew 88式步枪（也可能是“老套筒”）。下图最右侧那名带队士兵，左胸上还缝有录着姓名、单位的胸牌。虽然图上的士兵们军容整齐，但据西方观察家的描述，当时更多的五省联军士兵“衣着非常破烂、肮脏，军装松松垮垮地穿在身上，他们用针、胶布和绳子将外衣缝补在一起，用磨损的布条绑在脚上当鞋穿。”

■ 左图是一队正在进行队列训练的五省联军士兵，他们拿着德制 Gew 88式步枪（或者是“老套筒”），头戴“渔夫帽”。看起来军容整齐，精神抖擞。1926年底，安国军成立时，孙传芳的五省联军共有14个师、4个独立旅，但这些部队多是江西之败后孙传芳临时拼凑而成，军心涣散，内部矛盾重重。在1927年初的战事中，这些五省联军部队或战败，或投诚，或倒戈，孙传芳的东南地盘很快损失殆尽。由于国共两党合作的破裂和国民党内部各派系的斗争，使北伐一度中断，孙传芳获得苟延残喘之机，在山东经过补充，孙军又恢复了元气。1927年6月，安国军进行改编，五省联军番号被取消，改为安国军第1方面军团，下辖第1、第2、第3军。8月24日，孙传芳派兵分三路渡江偷袭南京，双方经过五天血战，在龙潭战役中，渡江孙军的总指挥刘士林逃走，孙军群龙无首，除了近万人战死和少部分人渡江逃走，其余皆缴械投降，渡江孙军几乎全军覆没，孙传芳再次元气大伤。

■ 下图是1927年初，保卫上海期间，五省联军麾下的一名军官（穿着浅色军装、未扎腰带者）正在指导部下操作马克沁式重机枪的场景。这些士兵身上都穿着制式冬装，有个甚至还穿着军大衣，戴着特有的“渔夫帽”。随着前线战况的失利，3月，张宗昌的直鲁联军接防上海，但依旧无法阻止北伐军的进攻。

■ 上图和下图都是五省联军士兵练习使用毛瑟 C–96式手枪的场景。可以看到，他们都用木制枪套装在枪柄后抵肩射击，以提高射击的稳定性。这款手枪广泛流行于各军阀部队中，1927年的战事里，孙传芳收到的援助军火中，这款手枪也赫然在列。

■ 上图也是五省联军士兵使用毛瑟 C-96式手枪进行射击训练的场景。可以看到，这些士兵左臂上缠着一条两色袖标。

■ 下图是一名对着镜头微笑的五省联军士兵，他正在进行步枪射击训练。从这张照片上可以看到他的“渔夫帽”上缝制的标志。

■ 上图也是孙传芳麾下的一支部队，但是，他们只装备了中国传统的长矛。这可能是在1926-1927年的北伐战争期间，孙传芳几经战败而不断扩充军队，但又没有足够的武器来装备新部队，只得用传统的冷兵器暂时武装起来。

■ 下图是张宗昌直鲁联军(一说是孙传芳五省联军)中的三名娃娃兵，他们在练习肉搏战。除了左边那名娃娃兵那种上了刺刀的步枪外，其余两名娃娃兵都是使用长矛。军阀混战时期，为了补充兵力，将未及龄的儿童也征入军队是常有的现象。这几名士兵穿着深浅颜色不一的灰色军装，最右侧那位娃娃兵肩上的红底黄星的肩章表示其军衔是一等兵。

■ 这是张宗昌直鲁联军的麾下的一队士兵，他们正在等待向国民革命军发起进攻。可以看到，这些士兵穿着整齐的冬装，左边这位士兵举着一面军旗，旗帜为红底，正中是黑色九角星，九角星中的十九颗小星为黄色，中间最大一颗星中，是其部队指挥官的姓氏；旗帜边缘缀有流苏，靠旗杆一面的汉字表示该部的隶属关系。这是北洋政府陆军的制式军旗——十九星旗，从1912年便确定下来，脱胎于武昌首义时起义军使用的铁血十八星旗。在这面军旗的顶部，还有一小面旗帜和两条长长的流苏。

■ 这是1927年与北伐军的战事中，安国军的一名大型迫击炮的炮手向炮筒装弹的情景。这名炮兵穿着制式冬装，头上的大檐帽上还有两块棉护耳，他身后的军官则穿着一件非常“酷”的黑色皮衣，头戴皮毛军帽。20世纪20年代，各军阀的兵工厂里，有能力的都自行生产各式迫击炮，图上这款迫击炮便是其中一个型号。

■ 上图是1927年冬至1928年间，安国军的一支部队在刚占领的一个村庄里，他们的军官身穿皮衣，头戴皮毛军帽，骑着马从列队欢迎的士兵中走过。军官左手边，一名士兵擘着陆军的十九星军旗。

■ 右图是1927年2月，安国军中奉军第2骑兵旅旅长程志远正在给士兵们演讲的情景。安国军组建后，该旅隶属于奉军吴俊陞部，负责巩固后方。安国军组建之初，张作霖并未将北伐军和国民军联军看在眼里，对己方的胜利充满信心。但是，随着1927年初北伐军的不断胜利进军，张作霖统一全国的美梦破碎，北方各军阀的统治岌岌可危。

■ 这张照片拍摄于1927年5月的河南战场，是安国军中的奉军第17军军长荣臻（正中者）和部下的合影。在地面上还摆放着一挺伯格曼M1915式机枪。自从2月入豫以来，奉军驱逐吴佩孚，占领河南，形成南下湖北之势。4月，武汉国民政府再次北伐。5月上旬，唐生智为总司令的国民革命军第4集团军以张发奎第4军、何键第35军、刘兴第36军，会同新投诚的豫南靳云鹗部，从驻马店分路向北进攻，所向披靡。陕西冯玉祥也积极响应，率军入豫，联合武汉北伐军共击奉军。6月1日，两军在郑州胜利会师，奉军被驱逐出河南。

■ 1927年初，北伐军东路军鏖战苏浙之时，张宗昌直鲁联军于2月27日入沪助孙传芳防御上海，3月16日，东路军白崇禧部沿沪杭线直逼上海，与孙军在沪西松江交战，21日攻占松江、苏州，逼近上海郊区。孙传芳驻沪第9师师长李宝章向北伐军投诚；北洋政府海军长江舰队也倒戈相向，在长江截断了直鲁联军和五省联军的退路；上海工人阶级在中国共产党的领导下连续发动武装起义。在多重打击下，孙传芳的上海防线土崩瓦解，3月26日，北伐军进入上海。孙、张残部沿沪宁线仓皇北撤。上图为1927年4月初，一群从上海撤离的孙传芳五省联军的士兵。这群士兵面带笑容，在他们脸上看不到丝毫战败的表情，他们的指挥官拿着“盒子炮”对着摄影师做“射击”状，这幅照片被拍摄者冠以“无视失败的耻辱”的标题。和车厢里微笑的士兵相比，只能坐在车厢顶部逃难的难民们则是一副哀愁的表情，和下面形成了鲜明对比。这名拍摄的记者最后对此评价道：“上海作为东方最繁华的都市之一，其守军却是如此轻浮无耻，失守是必然的结果！”

■ 上图是1927年2月，张作霖在北方镇压工人运动期间，安国军麾下的一名执法队的军官，他的手中拿着一面传统的令箭，这是捕获逃兵并就地处决逃兵、强盗及政治犯所用，又称之为“大令”。当时，国共两党矛盾斗争已经日趋表面化，而以蒋介石为首的新右派出现了镇压工农运动、排斥共产党的多种行动；北方张作霖也遥相呼应，在北方掀起“白色恐怖”，并于1927年4月28日杀害了中共北方领导人李大钊及众多革命者。

■ 右上图是一名受伤的安国军士兵，他在火车旁向一名兜售零食的小贩讨要一些食物。如果没有钱，也没有武器，这些败兵是很难搞到食物的，而且，出于平时糜烂的军纪，一旦败兵落单，等待他们的往往是百姓的报复。

■ 右图是1927年北伐战争期间，一队北撤的安国军士兵。这些士兵的大檐帽上配有护目镜，左臂缠着不同颜色布料组成的袖标。可以看到，他们把帐篷搭在这列敞篷车上，以此来为自己提供长途“转进”的庇护。

■ 上图是安国军麾下的一队迫击炮炮组，他们操纵的是一门斯托克斯76.2毫米迫击炮。从照片上看，他们穿着新发的浅灰色棉军装，卷起的军毯作为包裹斜背在肩上。

■ 下图是正在战斗的安国军的一个勃朗宁 M1917式重机枪组，机枪手们正在战壕里朝敌军开火。这款重机枪在1921年被汉阳兵工厂成功仿制后，在上海兵工厂等国内几个大型兵工厂都进行了“山寨”。

■ 上图是安国军荣臻麾下的一支卫队，他们手中提着伯格曼 MP 18I 式冲锋枪，胸前都披挂着50发加长型弹匣的皮制弹药袋。在军阀混战时代，伯格曼冲锋枪已经成为军阀精锐部队或卫队的“注册商标”。

■ 下图是安国军遭遇北伐军炮击时的罕见场景，可以看到炮弹爆炸时扬起的尘土。照片近处，几名机枪手正在操纵一挺德制 MG 08/15 型机枪。这款机枪是在将 MG 08 型重机枪三脚架拆卸掉的基础上再装上枪托、消焰器和两脚架而改装成的。

■ 上图是1927年6月18日，张作霖在北京怀仁堂就任“中华民国陆海军大元帅”的场景。6月16日，经过在北京顺承郡王府召开的高级将领军事会议后，由孙传芳领衔，张宗昌、张作相、吴俊陞等八名将领联名通电，推戴张作霖出任安国军政府陆海军大元帅职。张作霖终于如愿以偿，登上国家元首的宝座，这也是北洋政府的末代元首。

■ 下图是安国军的几名高级军官的合影。他们都穿着当时北洋军阀的制式夏装，扎着棕色皮革武装带，头戴缀有五色五角星的大檐帽。他们身后是全副武装的卫兵。

■ 右图是1927年9月，河南前线，安国军的一位炮兵军官正在用炮队镜来为炮兵指正弹着点。他穿着一件夏季常服，腰间挎着私人挎包。北洋军阀的众多军官都有在国内各军校或日本军校学习的履历，军事素养较高。是时，安国军在东南战场战败，转入守势，而河南战场则采取攻势，张作霖派张宗昌第2方面军团、褚玉璞第7方面军团由陇海路西进、张学良第3方面军团、韩麟春第4方面军团由京汉线南下，会攻冯玉祥部。

■ 下图是1927年夏，安国军的两门75毫米野战炮正在向北伐军开火的场景。当时，双方主要战事在东南战场和河南战场。东南战场，安国军孙传芳、张宗昌部向南京北伐军发起反攻，夺回了徐州等要地，但孙军接下来兵败龙潭，一蹶不振。

■ 这是当地战乱结束后，孩子们重返家园的悲惨场景，这是当时中国军阀混战的背景下，百姓们悲惨遭遇的缩影。军阀混战期间，承受最多苦难的还是老百姓，被军阀课以重税以为军费、被征用粮食以为军粮，甚至拉夫入军服劳役。战败的溃兵更是对老百姓烧杀抢掠。这也促使了北洋军阀最终的倒台。但是，新的国民政府成立后，其内部新军阀的混战依旧不止。

■ 上图是1927年时张宗昌直鲁联军的一辆装甲车，从照片上看，这是在一辆汽车车身上覆盖一层装甲板，同时在车厢顶部还加装了机枪炮塔，正面还设计了机枪防护罩。从外形上看，它比大部分军阀所拥有的装甲车要复杂得多，后者顶多是在车身上加装一层装甲板而已。当然，和装甲车相比，张宗昌部队更为出名的是铁甲列车和操纵它们的白俄雇佣军。

■ 下图是1927年时张宗昌麾下的一辆坦克，当时这辆坦克被置于前线的铁路平板拖车上。关于该幅照片和这辆坦克的信息非常少。据报道称，20世纪20年代时，张宗昌的济南兵工厂在捷克人斐迪南 · 豪斯查尔德（Ferdinand Hauschildt）的监督下生产过坦克。从照片上看，这辆坦克的车身履带形似一战时英国的“赛犬”（Whippet）轻型坦克，车身顶部有一个圆形炮塔，前部车身有一挺马克沁机枪。这辆坦克究竟是否是真的，目前仍有不同说法，有人认为这只是张宗昌恐吓敌人的“宣传诡计”，这辆不过是搭建的坦克模型。

■ 上图是安国军褚玉璞部的一些官兵冒着严寒在营地外检查一挺马克沁式重机枪。从照片上看，他们穿着厚厚的棉冬装，有些还戴着皮毛军帽，和周围穿着有些“凌乱”的士兵相比，正在调试机枪的军官穿着一件整齐的浅色军装。他背后的那名军官，灰色大衣里面穿的是直鲁联军的蓝色军装。对于大多数士兵而言，驻地生活非常沉闷，因为在军营里，除了赌博外，他们没有多余的钱去寻找其他的乐子。

■ 左图是褚玉璞部的几辆装满了破损步枪的马车正前往军械所进行修理，对于损毁过于厉害而不能返修的步枪，其零件同样可回收来作为其他步枪的备用配件，大部分高级将领的常驻总部会有军械所，可对武器进行日常维护和检修。褚玉璞部是安国军中张宗昌的嫡系部队，作为张宗昌的铁杆嫡系，褚玉璞同样出身土匪，自1913年便投靠张宗昌，此后一直在其麾下效力。张宗昌出任奉军第2师师长时，褚玉璞为该师第3旅旅长；张宗昌任山东督办、直鲁联军司令时，褚玉璞先后出任第3旅旅长、第6军军长；安国军成立后，褚玉璞任直鲁联军副司令兼第15军军长、第7方面军团长兼第15军军长。直鲁联军覆灭后，1929年，褚玉璞潜回山东收罗旧部，企图东山再起，被当地军阀刘珍年抓获并枪决。

■ 本页三幅图都是直鲁联军将领毕庶澄及与之相关者的照片。毕庶澄与褚玉璞一样，都是张宗昌的嫡系将领。毕庶澄（1894–1927），字莘舫。山东文登市人，早年就读于烟台宪兵学校，辛亥革命时期曾参加文登辛亥革命学生军，1914年初转入江苏军官教育团学习，结识了时任军官教育团监理的张宗昌。张宗昌转投奉系后，毕庶澄也一同跟随，在张宗昌麾下历任奉军第2师第32旅旅长、直鲁联军总参谋长兼第8军军长等职务。1927年北伐战争时期，毕庶澄同时兼任渤海舰队司令，并于2月底3月初，率直鲁联军的陆海军部队接防上海。北伐军逼近上海时，蒋介石派毕的同乡崔唯吾劝降。进退维谷的毕庶澄对蒋介石委任的第41军军长之职并不表示拒绝。3月21日，上海工人第三次武装起义，占领了毕庶澄的司令部，第8军悉数缴械投降，毕躲入英租界，于3月24日只身逃回山东。由于在上海战役时毕的投蒋活动被褚玉璞、吴光新报知张宗昌，在张宗昌的授意下，4月4日，毕庶澄被褚玉璞击毙于济南火车站。左图是1927年4月9日新闻媒体中刊登的毕庶澄的照片，当时他已殒命；上图是1927年3月，毕庶澄麾下的两名军官正在沪宁线上的火车车厢里商议关于上海的防御计划。下图是毕庶澄（左）在制定上海防御计划。

■ 左图是张宗昌的铁甲列车“山东”号的白俄雇佣军正在观察炮击国民革命军的场景。这辆铁甲列车产于1926年，是张宗昌在浙奉战争中惨败后重新研制的6列铁甲列车之一(其余5列为“泰山”号、“北京”号、“河南”号、“长江”号和“长城”号)。上述各列车分编为铁甲车第1、第2、第3旅，每旅两列，都由白俄雇佣军操纵。其部下褚玉璞就任直隶督办后，也建立了自己的铁甲车队，装备两列铁甲列车“直隶”号和“湖北”号。1927年2月，北伐军进占浙江，张宗昌的白俄军操纵铁甲列车将北伐军阻于嘉兴一带，杭州闸口铁路机修厂的工人在3天内改装出一列6节的铁甲列车支援北伐军，使北伐军顺利攻占松江等地。张宗昌、孙传芳北退后，在陇海路归德附近，张宗昌再次大败，“湖北”号、“长江”号、“长城”号也被北伐军缴获。直至徐州战役，张宗昌反攻得手，这三列列车才失而复得。

■ 右图和下图都是1927年7月的徐州战役后，张宗昌部所缴获的南京北伐军的铁甲列车。其中右图那名头戴法式凉帽的外国人是丹麦记者克拉鲁普 · 尼尔森，他与缴获的北伐军“中山”号铁甲列车合影，两旁是直鲁联军的军官；下图是白俄士兵正在看守缴获的北伐军“中山”四号铁甲列车。国民革命军的铁甲列车最早起源于1924年9月，孙中山在苏联的援助下，组建了陆海军大元帅府铁甲车队，铁甲车队隶属于大本营航空局，装备铁甲列车1列、铁甲汽车4辆。这列铁甲列车难以与同时期张宗昌的铁甲列车相比肩，主要担任广九铁路的护路工作。北伐战争中，北伐军得到杭州工人改装的一列铁甲列车的援助，加上在浙北与沪南缴获的孙传芳部“吴淞”号与“嘉兴”号铁甲列车，组成了自己的铁甲列车队，以蒋毕为铁甲车队司令，上述三列铁甲列车则被改名为“中山”一、二、三号。占领南京后，北伐军继续向北追击，又缴获了直鲁联军的三列铁甲列车，改名为“中山”四、五、六号。但是，在7月的徐州战役中，北伐军失利，“中山”四、五、六号又丢失给了张宗昌。在8月的龙潭战役中，“中山”一号铁甲列车倾覆。不久，上海兵工厂对国民革命军的三列铁甲列车进行翻新，并新制造了一列“中山”四号铁甲列车，1928年，这四列铁甲列车都参加了“二次北伐”。

■ 上下两图展现的都是张宗昌“山东”号铁甲列车。从图上看，这应该是该列车的炮台车厢，下图的这节车厢上有一个75毫米野战炮的旋转炮塔。张宗昌的铁甲列车，是津浦路大厂用机车、客车和载重40吨的货车，覆盖7厘米厚的钢板制成。每列共有8节车厢，其中，前三节和后三节相同。第1节为搭载钢轨、枕木和修路器材的材料车，采用平板货车；第2节为货车覆盖装甲板改造而成的炮台车，分三层，分别装备重炮、山炮、迫击炮和重机枪，并安装了旋转炮塔，可以四面射击；第3节是机枪车，同样是货车改造，车厢两侧开数个射击孔；第4节为机车；第5节为带有餐车的指挥官车厢。另外，在第8节车厢后，还加挂一节闷罐车，搭载步兵2个排，作为掩护部队。

■ 上图是1927年时，正在车厢内向外观望的张宗昌“河南”号铁甲列车的白俄雇佣兵。可以看到，这节车厢两侧覆盖有弧形的装甲板，可以提高其避弹性能。车厢顶部是一个75毫米野战炮炮塔。“河南”号是张宗昌麾下一辆命运多舛的铁甲列车，在1927年北伐战争期间被北伐军击伤，10月在河南战场上被冯玉祥缴获。成为冯玉祥部的铁甲列车。而“河南”号在张宗昌的铁甲列车车队中，曾先后重建了二三次。

■ 下图这列铁甲列车同样隶属于张宗昌部，从照片上看，它的前后各有一个75毫米野战炮炮塔，顶部是两个机枪炮塔，车厢两侧还有机枪射击孔。堪称一个移动的战斗堡垒。张宗昌非常热衷于铁甲列车，据统计，整个张宗昌军阀集团所造的全部铁甲列车，多达20列次左右，在全国首屈一指。

■ 这是张宗昌白俄雇佣军中的一名上了年纪的老兵，这些参加了一战和苏俄内战的老兵组成了张宗昌的白俄雇佣军。从照片上看，他穿着北洋军的制式军装，左臂上戴着一个双色袖标。自俄国十月革命后，不愿意在苏维埃政权下生活的俄国人和支持前政权的战败俄军陆续流落到中国东北，张作霖在1919年便雇佣了300余人的白俄官兵。1923年，张宗昌开始收编白俄军人，并在第二次直奉战争中组建了白俄军铁甲车队，1926年，张宗昌将麾下的白俄雇佣军扩编为第65独立师，由2000余名白俄官兵组成。白俄军军纪极差，山东百姓深受其害，对这群强盗恨之入骨。1928年，张宗昌兵败退出山东，将白俄军遣散，平时为非作歹的白俄官兵被百姓殴杀者众。

■ 上图和下图都是张宗昌的铁甲列车上，正在操纵迫击炮的白俄雇佣军。在铁甲列车上，迫击炮炮位都是放在顶部。张宗昌的铁甲列车装备有各型野战炮和山炮7门、迫击炮2门、重机枪24挺，每列有白俄官兵百余人，车上设大队长、炮兵队长、机关枪队长、工程队长、掩护队长各1人，也均由白俄军官担任。

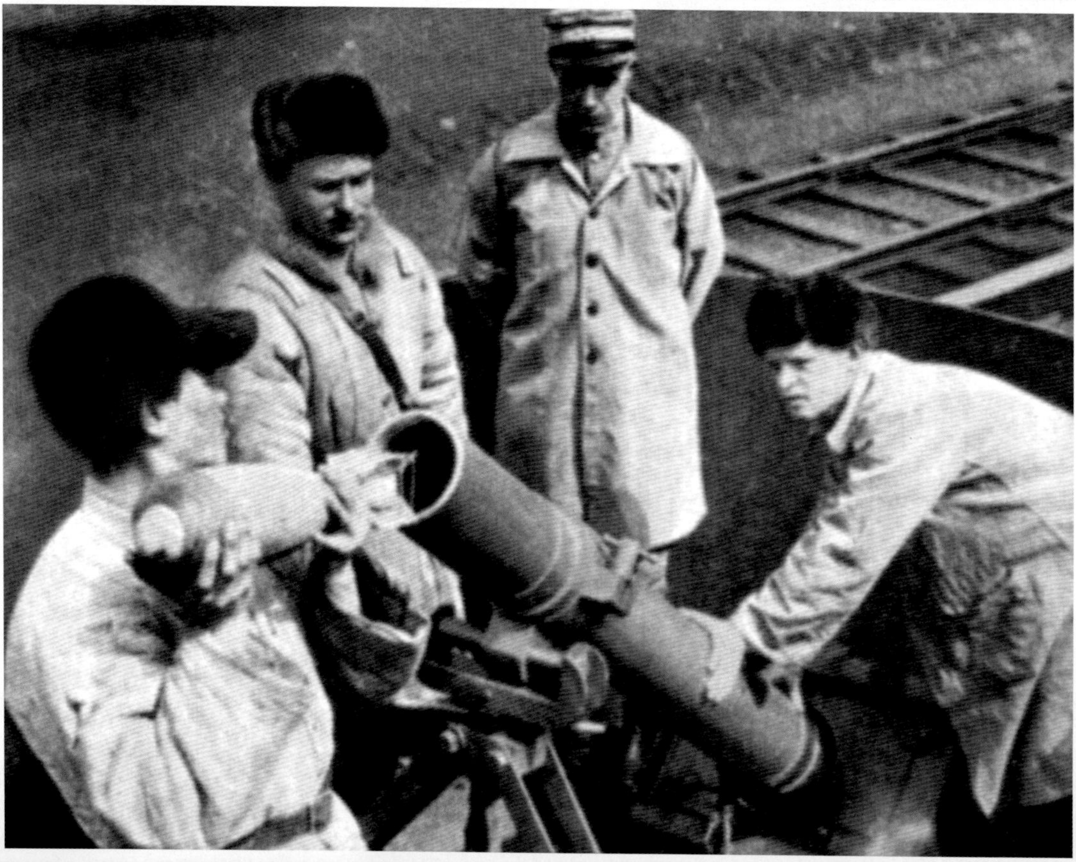

■ 上图及下图是张宗昌麾下的白俄部队在训练，照片可能摄于1924年，最初这支雇佣军只有300多人，后逐渐发展至1500人。

■ 左上图是张宗昌麾下一些白俄军官的合影，前排居中的是康斯坦丁 · 彼得罗维奇 · 涅恰耶夫（Konstantin Petrovich Nechaev）。涅恰耶夫在苏俄内战时期是远东白军的一名上校，1920年是赤塔卫戍司令及满洲里第1骑兵师师长，1921年被晋升为中将，当年底移居哈尔滨成为一名出租车司机，1924年被张宗昌授予上校军衔，并接过其麾下白俄部队的指挥权。1924年9月28日第二次直奉战争中在滦河平原的战斗结束后，涅恰耶夫被张宗昌晋升为少将。右上图是张宗昌麾下白俄部队在山东成立的一个军校的旗队。下图是张宗昌麾下白俄部队军官与士兵在一列装甲列车前的合影。

■ 上图是张宗昌的一列铁甲列车上，几名白俄官兵正在操纵一门77毫米野战炮，这些白俄雇佣军都穿着中国军队的军装。在1927年的战事中，白俄雇佣军多次战败，损失的白俄官兵难以补充，1928年，白俄第65独立师被遣散，白俄雇佣军在中国的历史走到尽头。

■ 下图是1927年夏，张宗昌麾下的几名白俄雇佣军在战斗间隙晒太阳。组成白俄雇佣军的多为参加过一战和苏俄内战的老兵，但也有很多是不愿生活在苏维埃政权下的俄国难民，他们流落中国后，被张宗昌等军阀所雇用，和老兵相比，他们缺乏丰富的战斗经验。

■ 图为“山东”号铁甲列车的指挥官车厢内，悬挂在车厢墙壁上的末代沙皇尼古拉二世像。作为一群背井离乡、故土难回的难民，这群俄国人只能通过出卖自己丰富的战斗经验在异国他乡换取活命的机会。但是，这些人极度败坏的军纪，对于中国百姓来说，是巨大的灾难，这也是白俄军兵败后，被百姓甚至是中国同袍殴杀的原因。

■ 不仅张宗昌本人热衷于铁甲列车，张宗昌军阀集团中的将领也效仿上峰，建立了自己的铁甲车队。上图和下图展现的便是张宗昌部将褚玉璞麾下的“湖北”号铁甲列车。从上图可以看到车上的旋转炮塔和75毫米野战炮。该车是1926年夏，时任直隶军务督办的褚玉璞令京汉铁路长辛店大厂参照张宗昌的铁甲列车而建造的,与“湖北”号同时建造的还有一列“直隶”号。和张宗昌任命白俄军全权负责铁甲列车不同，褚玉璞以中国军官任列车大队长，白俄军官为副队长，以便于控制。直隶铁甲车队总司令先由刘世安担任，刘去职后，由“直隶”号大队长孙寰洲升任。作为张宗昌的铁杆嫡系，褚玉璞任张部的前敌总司令，统一指挥前线军队，因此直隶铁甲车队也常与山东铁甲车队协同作战。褚玉璞赴前线指挥，也会以“直隶”号或“湖北”号作为开道车。张作霖改编安国军、取消各派系部队番号后，山东、直隶的两个铁甲车队分别改称第2、7方面军团铁甲车队。 而张宗昌麾下的另一员大将毕庶澄，也令青岛四方机车厂制造了一列铁甲列车——“胶东”号。

■ 这两幅图展现的也是“湖北”号铁甲列车。仔细观察，可以发现这列铁甲列车的75毫米野战炮旋转炮塔上有一个在战斗中留下的弹孔。“湖北”号在1927年北伐战争中被南京北伐军缴获，直至7月徐州战役后才被夺回。1928年“二次北伐”期间，张宗昌败逃，该系军阀集团也“树倒猢狲散”，6月下旬，“湖北”号铁甲列车等掩护张宗昌残部在向秦皇岛撤离时，“湖北”号原大队长杨连庆约集副大队长刘廷相和20余名中国官兵密谋倒戈，打死白俄大队长寿马果夫中校，将该车开往塘沽车站向阎锡山部投诚。该车随即被晋军接收，成为晋军的铁甲列车。

■ 本页及以下6页，展现的都是1927年初上海的状况。上海是国民大革命出现转折性变化的关键之地。从北伐军攻占上海、大革命迈向高潮，到“四一二”反革命政变爆发、大革命遭遇严重挫折，仅近月时间。历史转折角度之大，令人感慨。右图是1927年初，孙传芳五省联军的一名士兵正在以搜捕“匪谍”之名，检查一个上海市民的物品，所有可疑人物都会被逮捕审讯。

■ 下图是1927年初，北洋政府的官员在向上海市民们宣传南方的北伐军和国民政府有多“恐怖”，从墙上那张名为“赤化之祸”的宣传画可知其宣传内容。但是，上海工业发达，是工人运动蓬勃发展之地，上海工人的武装起义便有力地协助北伐军摧毁了孙传芳的上海防御。

■ 上图和下图展现的都是1927年初，安国军的军警在上海街头巡逻的场景。走在前列、穿着黑色制服的是上海当地的警察，身后的是安国军的士兵，他们都戴着彩色的袖标。从上图还可以看到，走在队伍一侧的两名警察，手里拿着可以就地处决政治犯、逃兵、土匪的大令。当北伐军兵锋临近上海，上海市内的局势非常紧张，张宗昌、孙传芳以恐怖手段加强上海的防务，镇压异己，中国共产党领导的上海工人运动也风起云涌，积极配合北伐军的战斗。

■ 上图是1927年的上海，安国军当众审讯几名被捕的学生。他们将学生中的左翼分子视为为北伐军刺探情报的“敌对分子”，这些人的下场往往是惨遭处决。

■ 下图是1927年的上海，安国军当众处决一名罪犯，使用的是残忍的斩首，以此来震慑暗中与之作对的反政府分子。安国军在1927年的上海以“通匪”的罪名先后处死了数以百计的市民。

■ 上图是1927年初一个意大利画报的封面，展示的是当时安国军在上海镇压政治犯的场景。北伐军步步逼近，上海各界群众反对北洋政府的斗争时起彼伏，上海工人阶级先后发动了两次武装起义，虽然以失败告终，但上海工人运动不断发展。为维持上海防线，张宗昌和孙传芳在上海进行了残酷的镇压活动。

■ 中国革命的迅速发展引起列强的恐慌，为维护在华利益，列强特别是英国多次进行武装挑衅，干涉中国革命。1927年1月3日和6日，英国水兵先后在汉口和九江制造了“一三”惨案和“一六”惨案，引发了中国民众大规模的反英游行示威和要求收回汉口和九江英租界的斗争。在武汉国民政府的严正交涉和和声势浩大的反帝爱国运动下，2月19日和20日，国民政府收回汉口和九江英租界。为了确保上海租界不再重蹈覆辙，英法政府向上海派遣了大批陆海军部队，防止北伐军进攻、收回租界。上图便是上海某个租界口外，严阵以待的外国武装士兵，旁边穿黑色制服的是一名上海警察。下图则是上海的安国军部队与日本、英国、意大利等国部队一起阅兵的场景，以此来威慑北伐军。

■ 本页三幅图展现都是1927年3月，上海工人阶级第三次起义时期的工人武装。自北伐战争开始后，在中国共产党的领导和组织下，上海工人先后进行了三次起义。第一次起义在1926年10月23日，次日以失败告终，十余名工人牺牲，百余人被捕。第二次爆发于1927年2月22日，由于起义计划被泄，各部配合不力，起义再次失败，工人、学生、市民等牺牲、被捕六七百人。第三次起义爆发于3月21日，由中共中央军委书记兼江浙区军委书记周恩来任总指挥，与中共江浙区委负责人罗亦农、赵世炎一起负责领导工作。此次起义吸取了前两次失败的教训，上海区委组织5000人的工人纠察队，秘密进行政治、军事训练，提高其军事素质；同时加强对广大市民、特别是贫苦市民的政治宣传；并根据敌人所在地区力量的强弱，划分了七个作战区域，规定了各区工人纠察队的任务，将敌人兵力较强的闸北区作为起义进攻的重点区域。起义前十天，铁路工人中断了铁路运输，使直鲁联军第8军军长兼上海警备司令毕庶澄部3000人和当地警察2000人处于孤立无援的境地。3月21日，上海工人大规模罢工，并转为武装起义。起义以工人纠察队为先锋，按照预定计划攻打各警署和兵营，占领武器库获取枪支弹药。市民群众也主动帮助纠察队筑街垒、运弹药、送食品。当晚，各路起义武装先后占领南市、沪东、沪西、浦东、虹口、吴淞六个区， 只有闸北仍在激战。次日晚6时，起义工人攻占上海北站，消灭了闸北最后据点。这次武装起义牺牲工人300余人，负伤1000多人，缴获枪械5000余支。上海工人武装起义的胜利，使北伐军不费一枪一弹得到上海。3月26日，北伐军进入上海。上图是正在训练的上海工人纠察队。右中图是在街上游行的上海起义者。右下图是工人武装攻占警署和兵营、获得武器弹药后奔赴战场的场景。

■ 上图是上海“四一二”反革命政变时期被关押的群众。随着革命阵营内部国共两党矛盾斗争的表面化和帝国主义的拉拢，以蒋介石为代表的国民党新右派从革命阵营中分离出来。3月26日，蒋介石进入上海后，策划“清党”政变，4月12日，全副武装的上海青红帮流氓在军队的保护下进攻市内工人纠察队驻地，打死打伤工人300余人，揭开了“白色恐怖”的序幕，次日，上海总工会被查封，许多革命团体被“改组”，白色恐怖很快遍及东南各省，赵世炎、陈延年等大批共产党人和革命群众被屠杀。

■ 下图是1927年广州“清党”时期的残酷场景。蒋介石在上海发动“清党”后，按既定方针，4月15日凌晨，广东国民党当局也下令进行“清党”。国民党军队搜查和封闭了中共广东区委、广州工人代表大会等200多处革命团体，逮捕共产党员和革命群众2000多人。100多位著名共产党人不幸牺牲。

■ 1927年7月15日，以汪精卫为首的武汉国民政府也进行了“分共”和大屠杀，工农运动被残酷镇压。当时中共控制的武装，除了部分国民革命军，更多的是如上图所示的农民武装。面对白色恐怖，1927年，共产党人先后进行了南昌起义、秋收起义、广州起义等武装起义活动，开始了武装反抗国民党反动派的斗争。

■ 下图是1927年4月20日，南京国民政府成立后的纪念摄影。这张照片中囊括了吴稚晖、胡汉民、蔡元培、邓泽如、陈铭枢、蒋介石、何应钦、张静江、李石曾、蒋作宾、戴季陶、陈果夫等南京国民政府要员。此时蒋介石集团的统治仅仅覆盖江苏、浙江、福建、安徽四个省和上海。1927年9月，武汉国民政府同意“迁都南京”后，国民政府统治区域扩大到广东、广西、湖北、湖南和江西的局部地区。其他省份仍由北洋政府和地方军阀控制。1927年4月14日，国民党中央执监委员蒋介石、胡汉民、吴稚晖、李石曾、张静江、邓泽如、陈果夫等，在南京举行二届四中全会预备会议，并致电武汉：15日开四中全会。南京方面最后通过以下决议：取消武汉国民党中央党部，成立南京国民党中央政治委员会和军事委员会；建都南京，成立国民政府；取消武汉国民政府；取消跨党分子党籍。4月16日，蒋介石主持召开中央政治委员会与军事委员会联席会议。推选谭延闿为政治委员会主席，蒋介石为军事委员会主席。17日，南京方面复推选胡汉民为中央政治会议主席。4月18日，南京国民政府在南京举行成立典礼。26日，南京国民党集团发出通电：“所有汉口联席会议及中央执行委员会会议产生之机关所发命令，一律否认。”国民党集团就此分裂。

■ 上图是1927年4月的武昌，武汉国民政府为新一轮北伐招募新兵在江边游行造势。当时，国民党“宁汉分裂”，而奉军已驱逐河南的吴佩孚势力，占据豫省，兵临湖北，准备直取武汉。面对奉军的大兵压境，武汉国民政府在加大对蒋介石集团的声讨力度的同时，将新一轮的北伐放到了“东征”蒋介石集团的前面。4月19日，武汉国民政府在武昌誓师北伐。5月，武汉北伐军在唐生智的指挥下，与冯玉祥第2集团军协同将奉军驱逐出河南，北伐中原取得重大胜利。为了拉拢冯玉祥对抗南京蒋介石集团，武汉方面在地盘和军队分配方面对冯进行了较大让步，通过6月12日的郑州会议，确定了陇海路东、京汉路以北由冯做主，原河南的军队靳云鹗部编入冯第2集团军，该集团军编成8个方面军等决议。

■ 左图是1927年，蒋介石向欢迎北伐军的群众挥帽致意。在这年里，蒋介石的真面目逐渐暴露，通过“四一二”反革命政变等“清党”手段，建立了南京国民政府，与武汉国民政府分庭抗礼。

■ 图为1927年夏，北伐军第3路军总指挥兼第10军军长王天培（右）与其副官的合影。5月1日，南京国民政府也进行北伐，南京北伐军兵分三路，第一路以何应钦为总指挥，由镇江进攻扬州，第二路由蒋介石亲任总指挥，负责津浦路正面的战事，第三路以李宗仁为总指挥，由芜湖渡江进攻津浦路北面，向皖北进军。5月15日，三路大军按计划发起总攻击，势如破竹。6月2日，第三路军前敌总指挥兼第10军军长王天培率部攻克徐州，取得北伐的重大胜利。但是，在接下来的鲁南战事中，北伐军连遭挫折，被迫撤出鲁南，7月下旬，孙传芳、张宗昌等部趁北伐军后撤之机反攻，重占临城、徐州、枣庄等重镇，并沿津浦路南犯，8月，北伐军反攻徐州失利，其中王天培的第10军的撤退是一个重要原因，而徐州之败也直接导致了蒋介石第一次下野，更为王天培埋下杀身之祸。

■ 这是1927年5月的上海，国民政府外交部驻沪机构的大楼外，两名国民革命军的守卫，他们的武器直接拎在手中。当时，上海正经历着“白色恐怖”，而武汉国民政府正发起新一次北伐，驻沪的英国、意大利、法国及美国等国代表正向国民政府提出，北伐战事不能危害外国侨民的生命和财产安全。

■ 图为1927年6月21日在徐州，冯玉祥（左）与蒋介石（右）的合影，可以看到二人的穿戴截然不同，蒋介石军装笔挺，穿着高筒马靴；冯玉祥一身粗布军装，打着绑腿，这也是西北军的一贯风格。自“四一二”反革命政变后，国民党内部“宁汉分裂”。武汉北伐军占领河南后，拉拢冯玉祥共同对抗南京蒋介石集团。面对武汉国民政府军队即将进行的“东征”，蒋介石也对冯玉祥进行拉拢，邀请冯至徐州召开会议，商议共同对付武汉国民政府。当时蒋介石主张，暂停北伐，先行“西征”，并希望冯玉祥能率部沿京汉线南下，会攻武汉。冯玉祥对此提出反对，他答应动员其影响力，促成“宁汉合流”。

■ 上图和下图都是1927年战事中被俘的国民革命军士兵。上图这名俘虏被捆猪似地抬进营房内审讯，军阀混战时期，战败的军阀部队不是被收编就是遣散，但在北伐战争中，被俘虏的北伐军将士往往会被枪决。下图是7月下旬，在山东临城被张宗昌铁甲列车打败的部分国民革命军俘虏正步入战俘营。1927年6至7月，南京北伐军在鲁南战事的失败，主要是由于张宗昌、孙传芳等部的拼死抵抗，打乱了蒋介石短期内结束鲁南战事的计划，加上武汉方面唐生智部"东征"的威胁，致使蒋介石仓促退兵，张、孙趁机反攻南下，重占临城、徐州、枣庄。

■ 这是2011年10月发现的陈绍宽于1927年7月在上海的留影，照片由一名犹太人所拍摄。陈绍宽字厚甫，1889年生于福建省闽县，少时曾就读于江南水师学堂。1914年任北洋政府海军总司令部少校副官。1915年12月5日，陈绍宽因指挥“海琛”、“应瑞”两舰截击企图夺取“肇和”舰的革命党人有功，被破格提拔为“肇和”舰代理舰长。1917–1919年，陈绍宽被派往欧洲学习游历。回国后，陈绍宽任“通济”舰舰长。1925年调任“应瑞”舰舰长。北伐战争时，陈绍宽任北洋政府海军第二舰队少将司令，以“楚有”舰为旗舰，泊在南京下关。1927年3月，北伐军逼近长江，陈绍宽率舰起义加入北伐军，并参与了对孙传芳的战事。1928年12月，南京国民政府设立海军署，陈绍宽任中将署长。

“二次北伐”

“二次北伐”和北洋政府的垮台

1927年，国民党内部各派系的斗争，使国民党一度四分五裂，派系间严重的对立和斗争给下野的蒋介石得到了东山再起的机会，1928年2月2日至7日，蒋介石在南京国民党二届四中全会上被推举为中央政治会议主席、军事委员会主席兼国民革命军总司令，并决定继续北伐，“完成国民革命”。2月9日，蒋介石在徐州召开军事会议，商议北伐大计，同时将国民革命军编为4个集团军共百万人，以蒋介石、冯玉祥、阎锡山、李宗仁分任第1、第2、第3、第4集团军总司令。根据制定的作战计划，第1集团军将沿津浦路北上，循泰安、济南、沧州，直捣天津。第2集团军将清扫京汉线以东、津浦路以西之敌，沿新乡、彰德、大名、顺德北上，与其他各路北伐军会攻京津。第3集团军则兵分两路北上，与友军会师北京。第4集团军为总预备队，驻守两湖，另派一部以白崇禧为总指挥，沿京汉路从郑州、新乡北上，集结于正定、望都，直驱保定、北京。国民政府发起的这场北伐声势浩大，战线长达二千余里。但是，其性质已不再是国共两党合作领导的大革命，而是国民党新军阀取代北洋旧军阀的战争。

另一方面，此时的北洋军阀，可控制的区域只剩下东三省和山东、直隶、热河、察哈尔几个省区。在南方发动新一轮北伐期间，2月，张作霖也召开军事会议制定相应作战方案，确定了防守津浦线、先集中奉军精锐消灭实力较弱的冯玉祥和阎锡山部，再回头与蒋介石集团决战。

4月7日，蒋介石下达总攻击令，“二次北伐”正式打响。国民革命军第1集团军的当面之敌是防守山东的孙传芳第1方面军团、张宗昌第2方面军团和褚玉璞第7方面军团，该部敌军已是强弩之末，兵员组成复杂，士气低落，第1集团军势如破竹，连克鲁省重镇，于5月1日占领济南。但是，在此期间，日本为阻止北伐战事，帮助奉系，直接出兵济南，酿造了死伤4700余人的“济南惨案”。但是，蒋介石集团却不敢正面抵抗与反击，反而为求日本谅解而绕道北攻。

另一方向，冯玉祥、阎锡山部在2月徐州会议后，也各自兵分两路，与奉军打响。奉军在与冯、阎的战场上集结起优势兵力，采取主动攻势，于4月初攻占井陉、大同，将阎锡山部逼回山西境内；又在安阳、彰德一线向冯玉祥部发起猛烈进攻，战况极为惨烈。为援助冯玉祥，蒋介石令阎锡山改变作战计划，向正太路出击，窥探奉军后路。奉军仓皇北撤，冯、阎两部趁机反攻，于5月初先后攻占顺德、大名、石家庄等地，11日，第2、第3集团军在石家庄会师。

面对两面战事的挫折，张作霖于5月9日下令安国军全线后撤至保定、河间、沧州一线，重兵部署，以期依靠所筑坚固工事，与北伐军决战。北伐军继续进军，各部推进至直隶境内，主力于5月25日进至庆云、南皮、交河、武强、晋县、正定一线，两军决战一触即发。

5月28日，各路北伐军发起总攻，血战至6月2日，北伐军占领了保定、高阳、肃宁、河间、沧州。安国军退守琉璃河、固安、永清、马厂一带，北洋政府在关内仅余北京、天津等地。

面对北伐军的大军压境，张作霖等认为大势已去，遂于6月3日离京，退往关外，以期卷土重来。6月4日，张作霖专列在沈阳附近的皇姑屯被日本关东军炸毁，张作霖重伤殒命。

张作霖之死给安国军内部带来极大恐慌，京津一带的奉军纷纷溃逃。6月6日，第3集团军进入北京。11日，京津卫戍总司令阎锡山与第4集团军前敌总指挥白崇禧入京。12日，傅作义部进占天津。统治中国17年的北洋政府宣告覆灭。奉军张学良、杨宇霆部和直鲁联军张宗昌、褚玉璞率残部撤至滦县；孙传芳余部尽失，只身逃往关外。6月15日，南京国民政府宣告北伐取得最后胜利。20日，国民政府将北京改名为北平，直隶省改名为河北省。北洋军阀仅剩东三省地盘。

■ 右图是1928年，孙传芳麾下的士兵正在搜捕“通敌”者，这些士兵仅拿着长矛，看起来武器较为匮乏。“二次北伐”时，和张宗昌防御山东的孙传芳第1方面军团编制未乱，仍按北洋军制，颇有战斗力，但该部已在龙潭战役之败中丧失了士气，为强弩之末。

■ 下图是1928年5月，孙传芳在天津的“长江”号铁甲列车。从图片上可以看到75毫米野战炮炮座和车厢一侧的机枪射击孔。实际上，这辆铁甲列车是张宗昌派给他使用的。早在1925年浙奉战争时期，孙传芳便击毁过张宗昌的“长江”号和“长城”号铁甲列车，歼灭车上的白俄雇佣兵数百人。1926年底，为对抗北伐军，孙传芳命沪宁铁路局在上海吴淞改制出三列铁甲列车，分别取名“吴淞”号、“嘉兴”号和“南京”号，张宗昌驻防上海，孙传芳将这三列铁甲列车交由张使用。上海、南京之战，“吴淞”号和“嘉兴”号被缴获，“南京”号被击毁。孙传芳再也没有自己的铁甲列车，只能使用张宗昌派给他的“长江”号和“长城”号。“长江”号后来在塘沽北塘也被傅作义缴获，和“湖北”号一起组成了晋军的铁甲列车队。

■ 上图是1928年春，“二次北伐”打响后，安国军一队撤退的骑兵经过山东某地街道的场景。当时，驻防山东的是孙传芳、张宗昌、褚玉璞部。张宗昌军阀集团在安国军中兵力最多，但编制混乱，战斗力低下，当国民革命军第1集团军发起进攻后，一触即溃，丧师失地。4月底，张宗昌率直鲁联军残部离开山东，撤入直隶德州、天津至滦县一线。5月1日，随着北伐军占领济南，张宗昌永远失去了山东地盘。

■ 下图是1928年的战事中战死的一名白俄雇佣兵。白俄雇佣军自1919年便存在于北洋军阀部队中，张宗昌广泛收编流落中国的白俄残军，并雇佣白俄难民，组成了直鲁联军旗下的一支白俄部队。1928年，随着张宗昌的失败，其麾下的白俄雇佣军烟消云散，平时残害百姓的白俄官兵也难逃一死。

■ 本页及右页的四幅照片都是1928年撤至秦皇岛地区的张宗昌部的一列铁甲列车的照片。1928年4月，张宗昌部在北伐军的打击下退出山东，一路北逃，剩余的7列铁甲列车——“直隶”号、“长城”号、“长江”号、“湖北”号、“湖广”号、“云贵”号和“闽浙”号也一同北上。其中，“湖北”号和“长江”号为晋军所缴获。其余5列在白俄军铁甲列车队司令马来见的率领下逃往秦皇岛地区。9月，张学良和白崇禧联合解决滦县的张宗昌残部，这5列铁甲列车被白崇禧所缴获，除了“闽浙”号留在北平外，其余4列被运往武汉，编入李宗仁第4集团军序列。自此，张宗昌直鲁联军显赫一时的铁甲列车消亡殆尽。上图显示的是一名中国士兵正从一节机枪车厢中出来，侧面多个不同武器的射击孔清晰可辨，顶部还有两个重机枪旋转炮塔。

■ 下图显示的是这列铁甲列车的4节车厢，最左边是敞篷的平板拖车，这是装载各种工具的材料车。材料车右侧是炮台车，可以看到前后各有两个75毫米野战炮旋转炮台，顶部是两个旋转机枪炮塔。炮台车右侧依次是半敞篷的货车和牵引机车。

■ 上图是这列铁甲列车半敞篷的货车车厢，前面半节可装载各种物资，后面用装甲覆盖的车厢上有一个机枪炮塔，两侧开有轻武器射击孔。

■ 下图是这列铁甲列车的牵引机车，机车位于整列车的中央位置，可以看到，机车用装甲板整个覆盖。

■ 上图是1928年“二次北伐”时期，张宗昌的一列铁甲列车。可以看到这节炮台车厢上的75毫米野战炮旋转炮塔和顶部的重机枪、迫击炮炮台，列车下是三名白俄雇佣军官兵。中间那名军官腰间还挂着一把沙世卡－哥萨克(Shaska Cossack)军刀。

■ 下图是1928年“二次北伐”时期，位于天津的安国军的一列铁甲列车。从时间和地点上判断，它可能是张宗昌军阀集团褚玉璞部的“湖北”号铁甲列车，6月下旬，该列车在大队长杨连庆等人的率领下倒戈，投靠占领天津的晋军傅作义部。

■ 本图及下页上图是1928年，安国军保卫天津的部队乘坐列车抵达天津的场景。5月中旬，在津浦路、京汉路方向皆失利的安国军后撤至保定、河间、沧州一线，力保京津。张作霖将剩余部队部署在津浦路、河间、高阳、京汉路、京绥路五个方向，占领阵地，构筑工事，企图孤注一掷，做困兽犹斗。

■ 下图是1928年张作霖麾下的某支奉军部队，他们正在一个火车站等待前往南方前线。这些士兵脸上表情各异，他们还不知道，等待他们的将是战败的命运。

■ 右图是1928年，一支等待乘坐列车撤退的安国军士兵。在1928年的“二次北伐”中，安国军所能控制的地盘越来越小，士气低落。当张作霖在皇姑屯殒命后，关内奉军各部更是四下溃散。

■ 下图是1928年，一支安国军的部队在守卫某个村庄的场景。从照片上看，以土墙为掩体的两名士兵使用的是伯格曼 MP 18I 式冲锋枪。旁边这三名士兵操纵的是日本的大正十一年式37毫米平射步兵炮。这款步兵炮应该是在1922年引进的，射程5000米，重90公斤，四名炮手可轻松搬运。该炮原型是法国的 Mel 1916型37毫米步兵炮，日本人引进该炮后，作为日军中最早的反坦克炮使用。张作霖从日本引进这款步兵炮并装备奉军。

■ 上图是与前页下图同期在同一地点拍摄，这些是安国军的迫击炮手和卫兵。最左侧的这名卫兵也是装备 MP 18I 式冲锋枪。旁边的几名炮手操纵的是 81 毫米迫击炮。他们身后的水壶可能是用于冷却打得通红的炮管的。

■ 下图是一名手提伯格曼 MP 18I 式冲锋枪的安国军士兵。原装的 MP 18I 式冲锋枪采用的是 32 发 P 08 "蜗牛" 式弹鼓，在中国则是 20 发盒型弹匣。

■ 上图是是奉军的两辆法制“雷诺”FT-17轻型坦克伴随步兵前进的情形。奉军是军阀部队中最早装备坦克的军阀部队。1922年张作霖便从英法订购了36辆“雷诺”FT-17轻型坦克。1924年，首批10辆该型坦克运抵大连。奉军用这些坦克编成中国最早的战车部队，下设6个中队，每个中队6辆坦克。1926年的南口之战，奉军为突破国民军阵地，张学良从沈阳调来一个战车中队参战，被国民军击毁4辆。1927年底的涿州之战，为攻破傅作义坚守的涿州，奉军再次调来6辆坦克参战，被击毁3辆。1928年“二次北伐”期间，奉军在河南战场投入战车部队，被击毁6辆，余下坦克随奉军的撤退而一同被运回东北。下图是1928年在河南战场上的奉军坦克与步兵协同作战的场景。

■ 上图是1928年6月拍摄的一张照片，展现的是几名在火车车厢旁休息的安国军士兵。他们应该在撤退的路上，可以看到，这里面有不少士兵甚至还未成年，这些娃娃兵穿着明显大一号的军装。多年的军阀混战使很多未成年的男丁都被强征入伍。

■ 下图是1928年安国军士兵撤退过程中，日本海军在中国北方港口帮助安国军运送士兵的场景。作为支持者，在北伐战争时期，日本对奉系给予了或明或暗的援助，甚至直接出兵干涉中国革命。但是，随着张作霖的战败和奉、日矛盾的激化，日本对奉系的扶植力度逐渐减弱，日本一方面通过“皇姑屯事件”干掉张作霖，企图搅乱东北政局，从而坐收渔利；一方面转而在国民党军阀中寻找新的代理人。

■ 这两幅照片都是1928年6月4日，皇姑屯三洞桥张作霖专列被炸现场。上图是被炸毁的一节车厢，下图是奉军士兵在清理被炸现场，周围可见不少围观的百姓。张作霖和奉系的崛起与日本的扶植密不可分，随着奉系实力的壮大，二者关系日趋恶化，其中“蒙满”问题成为双方矛盾的焦点。随着张作霖的战败，日本决定清除张作霖，以此在东北制造混乱，进而挑起巨大的武装冲突，然后寻机出兵占领东北。关东军司令长官村冈长太郎和高级参谋河本大作直接策划了暗杀阴谋。6月4日，张作霖专列经过沈阳附近的皇姑屯三洞桥时，被关东军预先埋设的炸药炸毁，同车的第6方面军团长吴俊陞当场死亡，张作霖被甩出车外，重伤不治殒命。

■ 本页三幅照片展示的都是1928年冯玉祥第2集团军的铁甲列车。上图是“北平”号，下图是“河南”号，左图是“河南”号的车组成员。这两辆列车都缴获自张宗昌。冯玉祥的铁甲车队可追溯到1925年，当时，冯玉祥在张家口利用苏联援助的武器，在苏联顾问维赫列夫、科尔金的指导下先后建造了5列铁甲列车。这支部队在1925年底参与了对李景林的天津之役。国奉战争及南口之战后，国民军的铁甲列车损失殆尽。1927年10月下旬，冯玉祥率第2集团军主力在河南与张宗昌部血战，在兰封之役中，冯部俘虏直鲁联军3万余人，枪支2万余支，火炮40余门，直鲁联军的5列铁甲列车也被缴获或击毁。经过修复，剩余的4列——“北京”号、“泰山”号、“河南”号、“山东”号被编入冯军中作战。冯玉祥还命郑州铁路厂新制造了4列铁甲列车:“平等”号、“自由”号、“民权”号和“民生”号，并把以上8列铁甲列车编为钢甲车部队，以刘自珍为司令，下辖钢甲车第1、第2两团，并参加了1928年的“二次北伐”。1928年秋，冯玉祥还派“北平”号(即改名后的“北京”号)、“河南”号、“民生”号等铁甲列车支援白崇禧和张学良解决滦县的直鲁联军残部。

■ 上图是北伐时期的一队国民革命军。军官穿着颜色较深的呢料军装，士兵们则穿着灰色的棉军装，精神抖擞，前排的士兵举着青天白日旗。经过一年多的战事，1928年“二次北伐”前，国民革命军已发展至百万之众，编为4个集团军，下辖56个军，另附属27个杂牌军。蒋介石为国民革命军总司令，张群为总参谋长，白崇禧为参谋次长。这支军队中，很大一部分是收编战败军阀的队伍扩充起来的。

■ 下图是1928年，正在快速进军的北伐军，从照片上看，他们背着各种装备，穿着短军裤。自4月开战以来，北伐军势如破竹，分别在津浦线和京汉线战场击败安国军，将战线推进到直隶境内。

■ 北伐时期的两名年轻的国民革命军军官合影，右边那位穿着浅色军装未打绑腿的是一名政工干部。

■ 上图是1928年4月的山东青岛，当地警察在帮北伐军从火车上卸下弹药的场景。下图是1928年5月1日，北伐军进入济南泺源门，济南民众于城门处高悬标语欢迎北伐军进城的场景。津浦路方向的作战，孙传芳第1方面军团防守济宁一带，张宗昌第2方面军团防守鲁南，褚玉璞第7方面军团防守大名、鲁西，遏制第1集团军的北上，并相机切断第1、第2集团军的联系。但是，自第1集团军北上以来，所向披靡，在4月间连占山东各重镇，孙、张全线溃退。5月1日，北伐军进入济南，祸鲁三载的张宗昌在山东的统治宣告结束。

■ 上图是1928年5月3日，“五三惨案”中，被日军俘虏的国民革命军士兵。下图是“五三惨案”时期，在济南街头垒筑阵地的日军士兵。北伐军占领济南后，日本为阻止北伐，延缓北洋政府的政治生命，以保护侨民为借口，于5月3日对驻守济南的北伐军进行武装挑衅，枪杀济南军民，同时践踏国际公约，虐杀国民政府战地政务委员会派驻济南的外交处长兼山东特派交涉员蔡公时等外交人员十余人。5月5日，日军进攻驻扎在济南城外党家庄的蒋介石第1集团军总部，两军相持至9日，北伐军不敌退走。同时，从5月8日起，日军炮轰济南城，直至10日，济南军民死于炮火下者达4000人以上。11日，中国军队撤出济南，日军占领全城。整个事件中，日军屠杀济南军民4700余人，致济南方面财产损失2962万余元。惨案发生后，日方否认屠杀中国军民，并要南京国民政府道歉、赔偿、惩凶。而蒋介石集团对于日军暴行不但未予正面抵抗和反击，反而为获日本谅解而绕道北进。

■ 上图是1928年6月，北伐军进入北京的情景。6月4日，安国军第3、第4方面军团在张学良、杨宇霆的率领下撤出北京，退往滦县。6日，阎锡山第3集团军孙楚、商震两部进驻北京。8日，阎锡山在保定就任京津卫戍总司令一职。11日，阎锡山、蒋介石、白崇禧共入北京。12日，第3集团军傅作义部进驻天津。20日，南京国民政府宣告北伐胜利。京津的易帜，标志着北洋政府的覆灭。

■ 左图是1928年12月，北平街道上，一队用役畜驮着分解的火炮行进的国民革命军炮兵。“二次北伐”的胜利，国民革命军从安国军处缴获大量重型武器。另外，在1928年的战事中，蒋介石集团还从德国军火商处订购了168门野战炮、370挺机枪和2.2万支步枪。

■ 北伐胜利后，1928年7月6日，国民党众人赴北平香山碧云寺孙中山陵寝安置处举行祭祀典礼，告慰孙中山在天之灵。主祭为蒋介石，襄祭为冯玉祥、阎锡山、李宗仁。与祭者有国民党和国民政府多位代表、各部高级将领、北平各界代表数百人。上图便是蒋介石等在碧云寺的场景。前排从左至右依次为蒋介石、冯玉祥、李宗仁、阎锡山。这四位也是当时国民党中实力最为雄厚的军阀。右页图是祭祀时的蒋介石。可以看到其左胸上“主祭”的标志。

■ 上图是1928年，停放在淞沪警备司令部门前的蒋介石的防弹轿车。这也是美国的帕卡德豪华轿车，该车进行了许多改动，两侧的脚踏板更宽，左右可以搭载四名卫兵。车尾添加了座椅，可以搭载两名卫兵。可以看到，车门踏板上的两名卫兵，手里提着“盒子炮”。

■ 下图是1928年，北伐胜利后，正在听其总司令蒋介石进行关于北伐胜利结束的演讲的国民革命军官兵。这些官兵是2年多的残酷战争中的幸存者之一。据统计，北伐战争期间，黄埔军校毕业生共牺牲303人（另一说法为353人）。从照片上看，这群多出身于黄埔军校的军官们都穿着笔挺的呢料军装，身后的士兵们则穿着灰色的棉军装。这种明显的官兵区别，在战场上会很危险。

■ 这是北伐时期的蒋介石，根据外国人对这幅照片的介绍，这是1928年蒋介石在庆祝北伐胜利时检阅部队的情景。北伐的胜利除了广大北伐军将士的英勇作战、北洋军阀的不得人心外，国民党广泛收编了闻风而投的各地军阀队伍，缩短了战争的时间也是其中一个因素。但是，这样带来的消极影响也非常明显，快速扩充的队伍良莠不齐。很多军阀只不过是从北洋的旧军阀转身变为了国民党的新军阀。北伐战争的任务并未完成。

东北易帜和新旧军阀的变迁

张作霖死后，张学良临危受命，接掌东三省军政大权。面对日本的拉拢和威胁，张学良以大局为重，积极回应南京国民政府关于政治解决南北统一的建议。9月中下旬，张学良与白崇禧联合，肃清了盘踞滦县的张宗昌、褚玉璞直鲁联军残部。12月29日，张学良宣布东三省及热河“易帜”，服从国民政府。张学良出任东北边防军司令长官。北洋军阀集团的奉系转变为国民党东北军派系。北洋军阀彻底消亡。

东北易帜标志着南京国民政府在形式上统一全国。但是，国民党内部各派军阀的斗争仍在继续，蒋介石、冯玉祥、阎锡山、李宗仁等派系割据一方。1929－1930年间，先后发生了两次蒋桂战争、蒋冯大战、中原大战等新军阀间的混战。中国仍未摆脱军阀混战、外敌窥伺的局面。

■ 上图是1928年11月，张学良(中)与两位奉军将领的合影，其中右一为黑龙江军务督办万福麟。他们此时还穿着北洋政府的军装。张学良与国民政府商议，原打算7月22日宣布“易帜”，但因日本的极力干涉，张学良被迫将易帜延后三个月。

■ 右图是1928年11月，张学良带孝检阅部队的场景。张作霖死后，张学良就任东三省保安总司令，日本欲将其扶植为新代理人。张学良毅然选择易帜，实现南北统一。12月29日，东北易帜。

■ 左图是1929年时期的东北军骑兵巡逻队，可以看到，他们几乎可以用“衣衫褴褛”、“乌合之众”来形容。张作霖死后，奉军内部各派系的矛盾非常激烈。1929年时期，这些部队已经是国民革命军中的一员，但也只是换了一身“皮”，所效忠对象仍是继承张作霖权力的张学良和原来的奉军将领们。

■ 这是1928年时期，在奉天督军府门前的张学良与奉军元老杨宇霆（左）。张作霖死后，主政东北的张学良要面对奉系元老不听号令的挑战，杨宇霆便是其中之一。当时，杨宇霆自恃元老身份，与主政东北的张学良发生激烈矛盾，反对“东北易帜”，并与黑龙江省长常荫槐相勾结，尤其是在东北重大问题上，企图以元老身分左右政局，与张学良背道而驰。加上日本人的暗中离间，二人间的矛盾愈加难以调和。1929年1月10日晚，杨宇霆、常荫槐被张学良以吞扣军饷、贻误戎机、图谋不轨等罪名枪杀于帅府会客厅东大厅。

■ 右图是“东北易帜”前后，奉军的一队官兵。可以看到，他们戴着奉军的皮毛军帽，最前面的那名军官穿着一件皮毛大衣，这些官兵的军装还未更换为国民党军制服。在“东北易帜”后，这些基层官兵继续效忠原来的将领，和过去没什么不同。

■ 下图是1929年一场庆祝北伐胜利的阅兵仪式上，一队高呼口号的国民革命军官兵。北伐虽然结束，但国民党新军阀之间的混战在这一年随即展开。

■ 1929年1月，国民政府在南京召开全国编遣会议，整编全国军队。蒋介石藉此消弱地方实力派，独揽军事大权。编遣会议和整编全国军队激化了国民党内部各派系之间矛盾，各派军阀开始了一轮新混战。上图为1929年1月，参加编遣会议的全体委员在南京的合影。前排左五为冯玉祥、左八为蒋介石、左九为阎锡山、右三为李宗仁。1929–1930年的新军阀混战便是在这几个大军头之间展开。

■ 1929年初，蒋桂战争开始，在蒋介石的一系列策划下，桂系很快败北。下图是当时《国民日报》的相关报导。

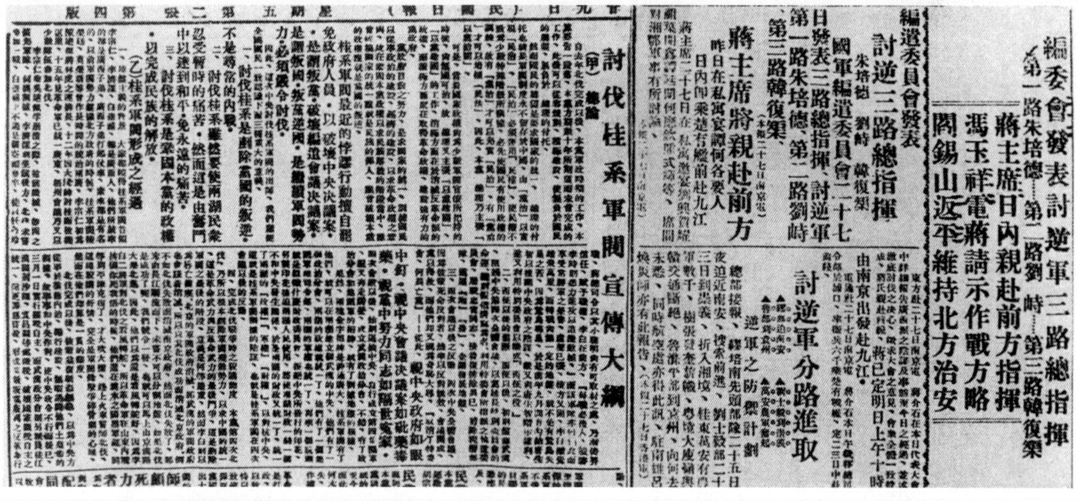

編委會發表討逆軍三路總指揮
第一路朱培德…第二路劉峙…第三路韓復榘
蔣主席日內親赴前方指揮
馮玉祥電蔣請示作戰方略
閻錫山返平維持北方治安

編遣委員會發表討逆三路總指揮
朱培德 劉峙 韓復榘
國軍編遣委員會二十七日發表三路總指揮、討逆軍第一路朱培德、第二路劉峙、第三路韓復榘（本報二十七日南京電）

蔣主席將親赴前方

討逆軍分路進取

討伐桂系軍閥宣傳大綱

■ 1929年5月，蒋冯大战爆发，很快便以西北军的战败告终。10月10日，蒋、冯两军再次爆发激战。在蒋介石对西北军内部将领的收买和蒋军的强大攻势下，最后西北军再次败北。下图为当时《国民日报》的相关报导。

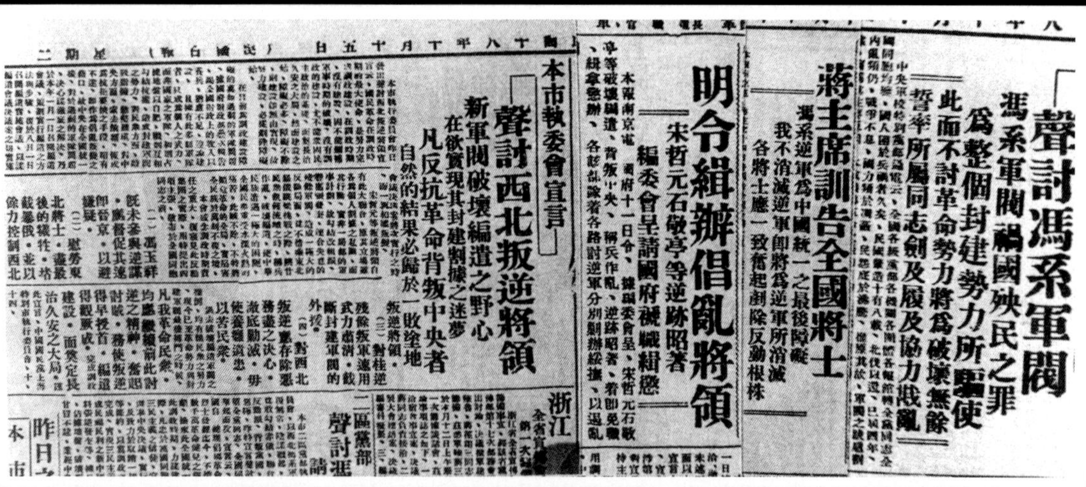

聲討馮系軍閥
馮系軍閥禍國殃民之罪
爲整個封建勢力所驅使
此而不討革命勢力將爲破壞無餘
誓率所屬同志劍及履及協力戡亂

蔣主席訓告全國將士
馮系逆軍爲中國統一之最後障礙
我不消滅逆軍即將爲逆軍所消滅
各將士應一致奮起剷除反動根株

明令緝辦倡亂將領
宋哲元石敬亭等逆跡昭著
編委會呈請國府褫職緝懲

本市執委會宣言
聲討西北叛逆將領
新軍閥破壞編遣之野心
在欲實現其封建割據之迷夢
凡反抗革命背叛中央者
自然的結果必歸於一敗塗地

浙江全省宣傳

二區黨部 聲討

■ 上图是国民政府1929年完工的浅水炮舰“永绥”号，上海江南造船厂建造，武器为150毫米主炮一门，120毫米舰炮一门，76.2毫米火炮三门，机枪四挺。舰上官兵146人。北伐战争结束后，国民政府决定编遣全国军队，裁减人员，蒋介石以此削减其他派系的军队，并扩充自己嫡系，更新武器装备。

■ 下图是昔日北洋政府海军的一艘军舰，1928年后已经改悬青天白日旗。随着北洋政府的倒台，众多军备也被国民政府接收。这艘军舰便是其中之一。军阀混战时期，中国海军分化严重，北京政府、奉系、直系、南方军政府都有自己的海军舰队，海军将领也常在军阀间改换门庭。军阀开战之时，所属海军也参与其中，如第二次直奉战争，直、奉海军都深入参与了该役。

■ 上图是1929年中苏“中东路事件”中，苏军缴获的东北军军旗，从照片上可以看到，这些旗帜分别是东北陆军第15旅督战队和步兵第5团的旗帜。下图是“中东路事件”中，在前线休息的苏军官兵。1929年，中国国民政府和东北地方政府，因为中东铁路归属问题，与苏联发生长达5个月的大规模武装冲突。最后，以东北军的失败告终。1929年12月22日，东北地方政府与苏联签署《伯力协定》，维持中东铁路原状。

■ 上图及下图是1929年8月，在南京召开全国编遣实施会议期间，冯玉祥、蒋介石、阎锡山的合影。1928年底，蒋介石便计划召开编遣会议，编遣全国军队，企图以此压缩其他派系的军队，同时扩充自己嫡系部队，由此进一步激化了各大军阀间的矛盾。1929年3月-6月的第一次蒋桂战争以桂系战败李宗仁下野告终。5月的蒋冯大战冯军也很快战败，27日冯玉祥下野。1930年5月-11月，冯玉祥、阎锡山、李宗仁联合与蒋介石开战，这便是中国近代史上规模最大、耗时最长的军阀混战——中原大战。此役以蒋介石的胜利告终。

■ 上图及下图是中原大战前，冯玉祥的部队在潼关红场整装待发，冯玉祥在潼关红场向讨蒋部队进行演讲。

■ 这是1930年中原大战期间，蒋介石与次子蒋纬国在河南的商丘车站的合影。当时，蒋介石在商丘的柳河车站指挥作战。5月31日，西北军骑兵郑大章部于夜间奇袭柳河机场，烧毁飞机12架，俘虏机师和地勤人员50余名。这支部队并不知道蒋介石就在旁边的柳河车站，蒋介石逃过一劫。

■ 上图是讨伐冯、阎的中央军云集柳河的场景。下图是蒋介石在河南商丘的柳河行营接见各国记者时的场景。

■ 1930年5月中原大战爆发后，湖南省再次成为兵灾最严重的地区之一，内战造成许多家庭流离失所，上图是当时湖南的难民。

■ 下图是中原大战时期，蒋介石集团制作的宣传海报，海报旁有“陆海军总司令部行营”的字样。海报中的冯玉祥手提板斧，脚下尸骨累累，一副魔王模样。其实混战的军阀都是“一丘之貉”。

1930年9月，经过蒋介石的拉拢，张学良接受其给予的陆海空军副总司令一职和华北地盘的许诺，出兵助蒋。9月18日，东北军入山海关。上图为入关后进入天津站的东北军。张学良东北军的支持增强了蒋介石集团的实力，中原大战以冯玉祥和阎锡山的失败告终。

下图是在中原大战后，战败的西北军被迫自力更生，自织篾笼。随着冯玉祥和阎锡山等人战败下野，晋军和西北军大部也被蒋介石和张学良收编。

北洋政府空军

鸦片战争之后，西方的航空知识传入中国，而中国近代最早用于军事的航空设备是气球。1905年，湖广总督张之洞从日本购买了两个山田式侦察气球，在武昌阅马场东兵营操场演放。1908年，湖北陆军第8镇、江苏陆军第9镇和直隶陆军第4镇相继成立了气球队，这是中国最早的航空部队。同年10月，第8镇气球队参加了太湖秋操。光绪末年，陆军大学曾编译过一本名为《气球学》的教材，培训陆军的侦察气球部队。另一方面，清政府也开始关注飞机的研制和发展。1909年3月后，清政府陆续派人到英、法等国学习飞机制造和驾驶技术。1910年8月，清政府在北京南苑试制飞机，1911年成立飞行器研究所。

近代中国军事航空的真正起步是在中华民国成立前后。辛亥革命爆发后，在掌握近代航空技术的华侨和留学生的参与下，湖北、广东、上海军政府航空队和华侨革命飞机团先后成立。民国建立后，上海军政府航空队把仅有的2架奥地利“鸽”式(Etrich Taube)单翼机移交给南京临时政府，组成了南京卫戍司令部交通团所属的飞行营(营长李宝浚)，这是中国第一支有正规建制和番号的飞机部队。北洋政府建立后，湖北军政府航空队的飞机和人员被袁世凯接收，广东军政府航空队和华侨革命飞机团则被解散。飞行营也于1913年3月被袁世凯调至北京，归驻南苑的陆军第3师节制，并附设随营教练班和一个小规模的修理厂，以早年赴英国学飞行的飞行家厉汝燕为飞行教练兼副厂长。北洋政府空军建设由此萌芽。

北洋政府空军的正式筹建是在1913年9月，当时，在法国顾问白里苏(Balliso)的建议下，袁世凯在南苑成立了航空学校，隶属参谋本部，为未来的空军培养飞行人才。这是中国近代第一所正规的航校。该校以秦国镛为校长，聘请中国、法国飞行教官、法国技师各两人，并从法国购买了高德隆(Caudron)飞机公司的“高德隆”式双翼教练机12架。原有2架“鸽”式也一同并入航校。

办起航校后，北洋政府从陆海军中挑选了50人作为第一期学员，1914年初开始训练，一年学制，分为“寻常”和“高级”两个班，第一期毕业人数为41人。第二期于1915年3月开学，但由于一战因素，飞机和器材难以补充，第二期在1917年5月才毕业了45人。1919年底，段祺瑞为抓住航空大权，将南苑航空学校改隶属国务院航空事务处，并改名为航空教练所；同时，与英国签订航空借款180万英镑，大量购置飞机、航空器材等，共订购“阿弗罗”(Avro)、“大维梅”、“小维梅”等大小飞机135架及一批发动机。次年3月，航校招收第三批学员50人，同时改用英国阿弗罗公司的504K式教练机和维克斯公司的“小维梅”式教练机，学制两年。1923年3月，曹锟掌握北京政府大权，将航校改名为国立北京航空学校，并调自己的嫡系——保定航空队副队长赵云鹏任校长。4月，航校毕业第三期学员40人，此时该航校已有211人编制，高级班划分为轰炸、侦察、驱逐三个组。5月，航校招收第四期50名学员，至1925年11月，该期毕业35人。1926年张作霖入京后，因多年军阀混战，航校飞机多次被军阀瓜分，加之经费短缺，这所著名航校终于停办。

南苑航空学校的建立，本意是为北洋政府筹建空军，但拖拖拉拉折腾了十几年，四期共毕业161名学员，却始终未能建立正式的空军。第一、第二期学员们毕业后或是留校“待业”，或是回到原来的陆海军单位。而军阀的不断混战，也让航校卷入其中。在混战中胜利的“大帅”们则将航校设备据为己有，从国外购买的飞机被军阀们瓜分组建自己的空军。

20世纪20年代，随着飞机的日益普遍，各地军阀发现飞机在战争中的作用，几乎每个省的军阀都组建了自己的航空学校和规模不等的空军，航校的四期毕业生也纷纷被军阀们拉拢，成为各地航空机构的骨干。在中央政府空军酝酿十余载却难产的情况下，各地军阀的航空力量却遍地开花，这也是北洋军阀时期的一大景象。

各路军阀中，空军力量建设的成就首推张作霖。1920年直皖战争后，张作霖将南苑航校的教练机、修理厂的设备、甚至是家具搜刮搬回关外，组建自己的航空力量。1920年7月，张作霖在沈阳东塔成立东北航空处，内有4架“大维梅”双翼360马力旅客运输机，4架“小维梅”单翼360马力侦查教练机。次年4月，东北航空处改为东三省航空处，以乔赓云为处长。

第一次直奉战争中，直系飞机在长辛店轰炸奉军，张作霖对此耿耿于怀。退回关外后，张作霖大力整军，其中对空军的发展不遗余力。1922年9月，张作霖成立东三省航空学校，由乔赓云兼任校长，聘请中国、英国、白俄飞行教官，装备“阿弗罗”、“高德隆”、“布雷盖”（Breguet）教练机。飞行训练分为高、中、初三级，学制2年。1924年8月，第一期毕业飞行学员41人。1925年，奉系从东北陆军讲武堂教导队挑选学生作为第二期飞行学员，这一期学制改为一年。次年8月，第二期15名学员毕业。此外，1923–1926年间，奉系还选派优秀青年赴法国、日本学习飞行。

在自办航校和选派人员留学的基础上，奉系培养了自己的航空人才，以此为基础，奉系空军开始组建。1923年9月，张学良出任东三省航空处总办兼航校校长后，大力支持空军的建设。至第二次直奉战争前，奉军空军已有飞机50余架，飞行员数十人。同时，从1924年起，奉军空军建立起5个飞行队：飞龙队、飞虎队、飞鹏队、飞鹰队、飞豹队（其中张学良兼任飞鹏队队长）。第二次直奉战争中，直奉两军都投入飞机数十架参战。在山海关战场，奉军空军在飞机性能上占据了很大优势，猛烈轰炸直军阵地，给直军造成极大打击。

第二次直奉战争后，张作霖看到空军的作用，加大了对空军的扩充和整编力度。1925年10月，张学良将东三省航空处改编为东北航空处；1926年2月，奉系在北京成立航空司令部，由张学良兼任司令，并改组北洋政府航空署。在此期间，奉军组建了水上飞机队。装备上，除了原有飞机，还先后从意大利、德国、英国、日本等国购进侦察机9架、水上飞机8架、轰炸机9架、战斗机5架、教练机8架。虽然在军阀混战中，奉军空军担负的基本是侦察、对地扫射、小规模轰炸等任务，但与大多数航空力量孱弱的军阀相比，却已占有极大优势，是军阀部队中首屈一指的空军力量。

1928年，奉系败退关外，但仍保持着较强的空军力量。回到关外后，张学良缩编奉军，东北航空处也被缩编为东北航空大队，以徐世英为大队长，飞龙队等5个航空队改称为第1至第5航空队。航空学校则被并入东北陆军讲武堂，改为航空教育班。“东北易帜”后，张学良成立东北边防军航空司令部，亲任总司令，撤销航空大队的编制，并将航空教育班改为航空教导队，聘请日本教官任教，学科分为侦察、轰炸、战斗三科，装备日、法、德等国各式飞机。此时东北军空军仍是国民党军阀派系中实力最强的空军部队。但是，随着“九一八”事变和东北沦陷，张氏父子10年心血所建的空军灰飞烟灭。

和奉系相比，直系军阀的空军建设稍有不及。直皖战争后，直奉军阀瓜分了南苑航校的飞机和设备，1921年，与奉系同一时期，直系也组建了自己的空军——保定航空队（队长敖景文，副队长赵云鹏），装备英制“亨德里 · 佩奇”式（Handley Page 0/7）720马力双发双翼大型运输机3架。同时，将1919年北洋政府大规模采购的各式飞机20架搜刮至保定航校。但是，1922年3月31日，一架“亨得里 · 佩奇”式运输机发生空难，给直系空军带来严重损失。第一次直奉战争中，直奉两军都投入空军作战，与仅能进行侦巡任务的奉军空军相比，直军空军兵力占优，并曾轰炸长辛店的奉军，给其带来严重损失。1923年，直系保定航空队迁往北京，次年4月，曹锟以此成立中央航空司令部。江浙战争爆发后，保定航空队直接参战，支援齐燮元的航空队。第二次直奉战争中，直系空军装备有“大维梅”、“小维梅”、“阿弗罗”、“寇蒂斯”（Curtis）等型号飞机数十架，但其性能不如奉军空军的“布雷盖”Br.14式轰炸机。直系战败后，直军飞机被冯玉祥和张作霖瓜分。直至1926年，吴佩孚东山再起，夺回了一些失去的飞机，并在保定成立直隶航空司令部，但好景不长，吴佩孚被张作霖赶出河南后，其麾下的飞机也被安国军第7方面军团褚玉璞部夺占。

值得一提的是，在孙中山倡导“航空救国”、发展军事航空和在广大爱国华侨的参与下，广东航空业起步之早冠于全国，空军建设也有声有色。

早在辛亥革命前，孙中山等革命党人便筹备发展自己的航空事业，并结交了冯如等中国早期航空事业的先驱。辛亥革命爆发后，革命党人先后成立了四支航空队。其中，广东军政府航空队装备飞机2架，以冯如为队长。华侨革命飞机团以著名飞行家谭根为首，华侨李绮庵、余夔等23人为团员，装备飞机6架，是这四支飞行队中装备飞机数量最多的。湖北军政府航空队则装备2架法制“桑麻”式（Sommer）飞机，以刘佐成为队长。上海军政府航空队以厉汝燕为队长。但是，这四支航空队都未参加实战。民国成立后，它们或被解散，或被北洋政府收编。

1915年4月，孙中山在日本成立了中华革命党航空学校，该校共招收了40名学员，其中飞行班30人，机械班10人。此外，孙中山还委派林森赴美筹划培训飞行人员事宜，在美国加利福尼亚州成立了美洲飞行学校，学员均为华侨子弟，其中杨仙逸、张惠长、陈庆云等成为后来国民革命军中空军力量的种子。

护国战争爆发后，1916年初，中华革命党航空学校全体人员迁回山东潍县，改编为中华革命军东北军华侨义勇团飞机队，以胡汉贤为飞机管理主任，共有飞机3架，编为3个队，多次执行侦察敌情、散发传单、投弹轰炸等任务。讨袁战事结束后，1916年9月，这支航空队解散。

1917年，护法运动爆发后，孙中山在广东大元帅府下设航空处，1919年6月，又组建了援闽粤军飞机队。1920年11月，孙中山回广州重建大元帅府，成立航空局，任命朱卓文为局长。下辖第1、第2航空队，由张惠长、陈应机分任队长。1922年，孙中山重回广州后，由杨仙逸重组航空局，并在广州成立飞机制造厂，由杨仙逸兼任厂长（1923年5、6月间成功制成第1架飞机，被命名为“乐士文”号）。同年，孙中山还派遣杨仙逸赴美招募参加过飞行训练的爱国华侨回国参加革命军空军，同时购得飞机12架。截至1922年，广东革命政府已拥有水陆飞机十余架。

1924年，国共实现第一次合作，苏联为广东革命政府提供了飞机、弹药和培训教官，其中飞机主要为苏制R-1轻型轰炸机。广东政府用这批飞机组成了“中山航空队”。7月，在苏联的帮助下，广东航空局（局长为苏联顾问李糜）在广州大沙头创办航空学校，培养革命飞行人才，至1928年4月，共毕业学员三期。在此期间，1925-1927年，革命政府还先后派遣30余人赴苏联学习航空。

国民政府成立后，军事委员会下设航空局。北伐战争开始后，航空局缩编为国民革命军总司令部航空处，负责指挥航空队作战。最初参加北伐的仅有中山航空队，战争中，北伐军缴获不少敌军飞机，于1927年5月编成第1、第2两个飞机队，主力战机为R-1式轰炸机和Br.14式轰炸机。“二次北伐”开始后，北伐军拥有2个飞机队和1个水上飞机队。国民政府统一全国后，整合全国航空力量，航空处改为航空署，直属军政部；飞机队改为航空队，下设4支航空队。中原大战时，蒋介石的中央军已有5个航空队、1个侦察队。

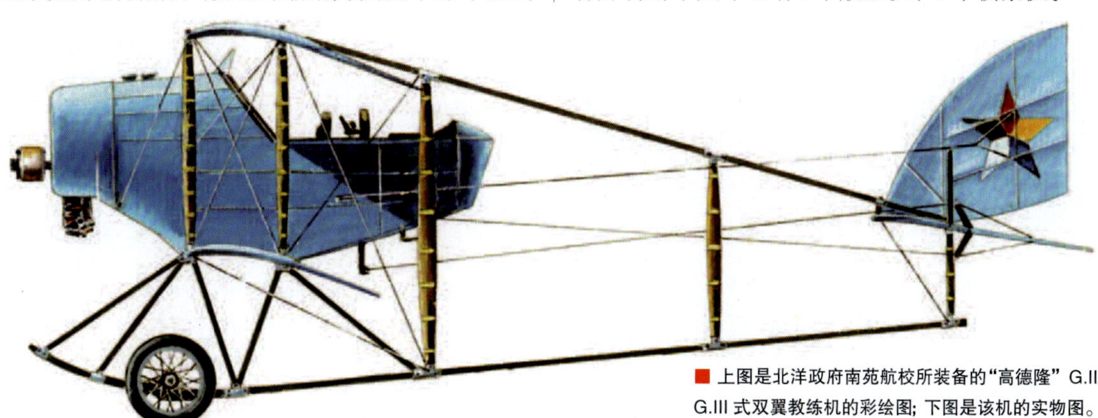

上图是北洋政府南苑航校所装备的“高德隆”G.II/G.III式双翼教练机的彩绘图；下图是该机的实物图。从两幅图上都可以看到北洋陆军的五色五角星军徽就漆在垂尾上。这款教练机由法国高德隆飞机制造公司生产，是南苑航校装备的第一款飞机，驾驶容易，飞行平稳，速度缓慢，极为安全，故深受欢迎。1913年北洋政府共引进了12架。由于教官只进行地面教学，学员们学习理论知识之后便自行进入地面滑行，随后独立飞行，这非常危险。至1914年春，12架“高德隆”除了法国教员的自用机外，11架都已受损停飞。一战爆发后，法国人陆续回国，飞机零件补充困难。1920年，随着英制“阿弗罗”和“维克斯”飞机的引进，“高德隆”被其取代。除南苑航校外，云南航空处也于1924年采购“高德隆”G.III式教练机6架，后来又采购“高德隆”C.59教练机6架。1925年，奉系也购买了高德隆G. Ⅲ教练机10架，用于航校训练，至1929年始停用。

左下图是南苑航校的“高德隆”飞机和法国教员。“高德隆”G.II/G.III式教练机在中国使用时间长达17年，除了用于教学训练，还参加过多次军事行动。1913年冬，1架G. Ⅲ由潘世忠等驾驶，协助平息内蒙古部落骚乱，主要执行侦察活动，并对叛军投掷炸弹。1914年4月6日，南苑航校派遣3架G. Ⅲ和1架G. Ⅱ式飞机，驻洛阳、西安协助镇压华北的白朗农民起义，法国教员博发中尉（Boffa）也参与了此次行动。护国战争爆发后，6架“高德隆”随曹锟部进驻川、湘，参与对护国军的战事，但因袁世凯身死而未参战。1917年7月11日，在参与讨伐张勋复辟时，航校校长秦国镛亲自驾机对紫禁城投掷炸弹。

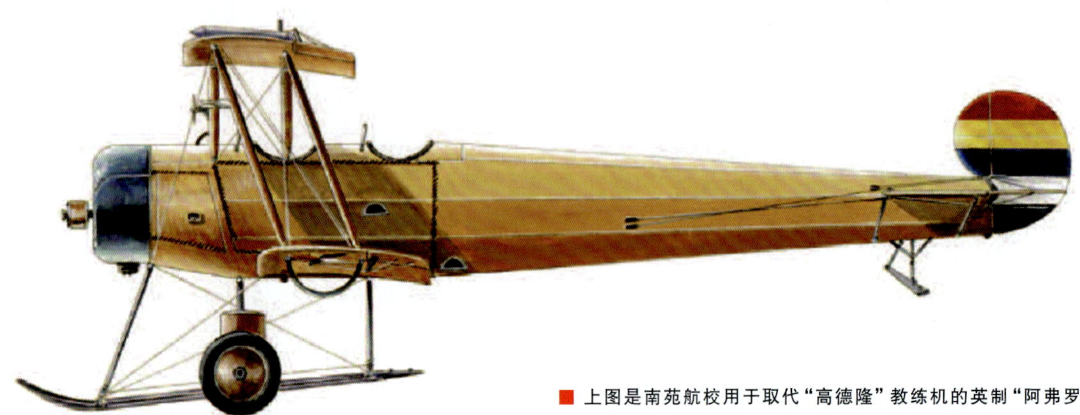

■ 上图是南苑航校用于取代“高德隆”教练机的英制“阿弗罗”504K式教练机的彩绘图。该机研制于1913年，属于双翼单发活塞式教练机，一战初期曾作为侦察/教练/轰炸机使用，1914年11月，英国皇家海军航空队曾用“阿弗罗”504C空袭德国腓特烈港（Friedrichshafen）的齐柏林飞艇基地。504K是504系列的终极型号，是英军的标准教练机，一战末期，一批504K被改装为夜间单座战斗机，防卫伦敦以北空域。战后，英国大力推销战时剩余飞机，1919年，北洋政府交通部在购买6架“亨德里·佩奇”0/7式运输机的同时，也购买了6架“阿弗罗”504J式教练机。而后，陆军部又追加订购了60架504K。1920年，新机陆续抵达，6架504J全部调拨给南苑航校，同时第三期学员入学。次年12月，第一批504K亦到货，也交由航校使用。这两款504式教练机，除了发动机及机架在构造上不同外，其他部分完全相同，同属标准的双座教练机。在20世纪20年代的军阀混战中，南苑航校的504K数次遭军阀们抢夺瓜分，如直系的保定航校便获有该型机；1922年张作霖也夺走了6架，后又自行向英国购买了20架。由于多架流失，除了南苑航校，保定航校、东三省航校、山西航校等军阀们自行开办的航校均以此机培训飞行员。军阀混战中，这款飞机亦多次参战，但因该机并无武装，在实战中仅担负侦察及示威性飞行。1923年5月，鲁南土匪孙美瑶劫持津浦铁路列车中外旅客200余人，山东地方政府剿匪时，南苑航校及保定航空队各派出2架504K助战，抛撒传单招降众匪。1925年苏联援助广东革命政府时，也为广东航校提供了1架自行仿制504K的У-1式教练机（换装了苏制M-2型120马力发动机）。

■ 上图是奉军空军装备的一架“阿弗罗”504式教练机，当时是冬天，机身上包裹着白布，防止发动机被冻坏。北伐战争时，奉军空军曾对冯玉祥的国民军联军作战。奉军空军飞行员中，除了自行培养的飞行员外，也有白俄飞行员。其中，飞龙、飞鹰队的队长都是白俄人。

■ 下图地点是北京南苑航校，外国飞行教官与受训学员的合影，他们旁边的飞机便是“阿弗罗”504式教练机。

■ 上图是北洋政府航空筹备处所装备的“亨德里 · 佩奇” 0/7式双发运输机的彩绘图，机身上的“京汉”二字是其机名。1919年，为加强对西北边陲广阔领土的控制，北洋政府交通局在京绥铁路局成立西北航空事宜筹备处，这是中国最早的民航管理机构，以丁士源局长兼任处长，南苑航校前校长秦国镛任提调，并在航校第一、第二期毕业学员中遴选10人，在南苑航校由英国教员进行培训。同时购买了6架英国亨德里 · 佩奇公司的0/7式双发轰炸机改装的运输机6架，准备开通西北民用、军用航线。这款运输机属于双翼双发活塞式运输机，除了2名机组成员，还可搭载14名乘客，并可以装备7.62毫米机枪1挺和少量炸弹。至1919年底，首批3架运输机陆续到货并组装完成，首机在12月16日进行了满员试飞。这6架运输机分别以我国6条铁路干线命名，分别是“京汉”号、“京奉”号、“京绥”号、“津浦”号、“陇海”号及“道清”号。直皖战争后，奉军将南苑航校的家当几乎一扫而空，其中便包括3架组装完成的“亨德里 · 佩奇”运输机。直军则将还未组装的另外3架该型机运往保定。这批飞机成为直奉两军空军的种子。在第一次直奉战争中，直军空军的一架“亨德里 · 佩奇”运输机由邓建中、赵步墀、周到戡3人操纵，搭载3枚90公斤炸弹轰炸长辛店奉军的弹药、给养、车辆等军用物资，显示了巨大的威力；而这场轰炸也让张作霖耿耿于怀，在败退东北后大力发展航空力量。

■ 1920年4月24日，“京汉”号运输机由英国飞行员麦卡锡上尉（Mccarthy）驾驶试飞京津线，该航线于5月8日正式开航，这是中国的第一次民航飞行，左图便是正式开航当天的场景。但是，军阀混战，该航线难以维持，不久即停航。直皖战争后，西北航空计划也随之搁浅。

■ 下图是1920年2月7日在北京所拍摄的照片，图上飞机是其中一架“亨德里 · 佩奇” 0/7式双发运输机，该机虽为运输机，在战时亦可改装成轰炸机使用。1922年3月31日，直系保定航空队队员马毓芳驾驶的一架该型机在空中游览降落时坠毁，机上14人全部罹难，这是我国近代航空史上最惨重的一次空难。

■ 本页展示的是北洋政府购自英国维克斯公司所产的商用维梅双翼双发活塞式运输机（Vickers Vimy Commercial，又称之为“大维梅”）。上图是1922年第一次直奉战争时期，直军的“舒雁”号“大维梅”正准备执行轰炸任务。下图是“玄鹤”号“大维梅”运输机的彩绘图。“大维梅”运输机是由维克斯公司F.B.27式重型轰炸机改装而来，装备2台罗 · 罗“鹰”Ⅷ型（Rolls-Royce Eagle VIII）直列活塞式发动机，航程可达1770公里，除了2名机组成员，还可运载10人。1919年，北洋政府航空大采购，除了购买6架“亨德里 · 佩奇”0/7式运输机和60架“阿弗罗”504K式教练机，还以单价11500英镑的价格订购了40架“大维梅”运输机，以及35架“小维梅”（Vickers Instructional Machine）F.E.2C式高级教练机。为了这批飞机，北洋政府甚至在北京清河建立一所飞机修理厂。1921年2月以后，“大维梅”陆续交付中国，由清河飞机厂接收组装（由于当时军阀混战，这批飞机被军阀们相互争夺，究竟交付了多少架不得而知；实际上，很多架都存放于包装箱中，并未拆箱装配）。6月，首批7架“大维梅”成队，分别被命名为“乘风”号、“大鹏”号、“正鹄”号、“舒雁”号、“摩云”号、“玄鹤”号和“腾鸿”号。7月1日，北洋政府航空署举行北京－济南航线开航典礼，以“正鹄”号首航。8–12月，北洋政府还用“正鹄”号开辟北京－北戴河客/邮短程旅游航线，但在军阀混战中，这不过是昙花一现。1922年第一次直奉战争后，曹锟将陆续到货的1919年所订飞机20架拨给保定航校，并于同年10月11日在清河成立“大维梅”运输机高级训练班，以赵云鹏为主任，英国飞行教员施教，参训者均为资深飞行员。1924年4月，曹锟将“大维梅”和“小维梅”各2架交付齐燮元，助其建立江苏空军。江浙战争中，这4架飞机在保定航空队的支援下参战。第二次直奉战争中，直奉空军数十架飞机参战，直军除了派遣3个战斗、侦察机队，分驻北戴河、昌黎、建昌营等三个机场外，清河高级训练班还派出10架“大维梅”担任运输及轰炸任务。9月17日，直军空军参谋长赵步墀便驾驶一架“大维梅”飞往山海关战场轰炸奉军，但返航时被奉军高射炮击中迫降。直军战败后，中央航空司令部解散，直系在各地参战的飞机也被冯玉祥和张作霖瓜分，国民军第3军在接收保定航校后甚至成立了国民军第3军航空队。1925年胡憨之战时，北京政府派遣了2架“大维梅”赴河南助冯军作战。北伐战争中，奉军将战败的直系的各式飞机包括大批1919年所订购的未组装的飞机接收，一并运回关外。“东北易帜”后，张学良将麾下的“大维梅”编为东北航空队第1重轰炸机队。随着东北军航空力量的继续发展，所装备的“大维梅”逐渐被新购机型取代。

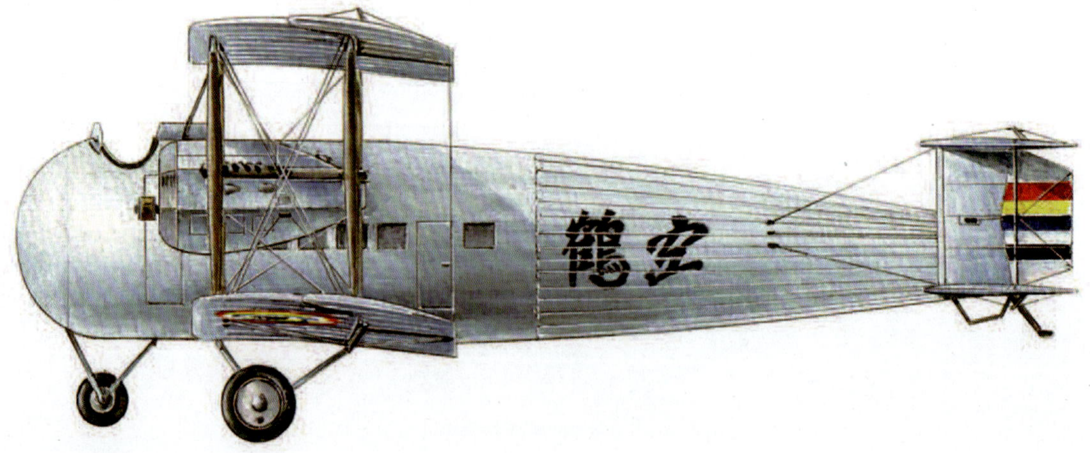

■ 本页两幅图都是北洋政府1919年时采购的“小维梅”双翼单发活塞式教练机，上图是彩绘图，下图是实物图。这款飞机是在英国“维克斯”F.E.2D式战斗机主要结构基础上改进而成的教练机，保留了机上武器，装备1台罗·罗“鹰”VIII液冷V-12活塞式发动机，航程可达402公里。F.E.2D式战斗机为一战名机，战后，维克斯公司将其改造为“大维梅”运输机的过渡教练机。1919年，北洋政府以单价4550英镑的价格订购了35架“小维梅”，1921年，这35架“小维梅”（编号X-41至X-75）陆续交付中国，由清河飞机厂组装，并由英国飞行教官在清河成立训练小组，培训在南苑航校完成“阿弗罗”504K式教练机基础培训的学员。第一次直奉战争后，曹锟将20余架飞机运往保定，成立保定航空队。“小维梅”构成了直系空军的主力。1923年，曹锟贿选总统后，为加强直系势力，将航空队调往北京，成立中央航空司令部，还将“大维梅”和“小维梅”各2架拨付江苏军阀齐燮元，助其在南京建立江苏航空队。江浙战争爆发后，曹锟命南苑航校组成中央临时航空队，率4架“小维梅”前往江苏助阵。江浙战事平息后，这4架飞机北返途中停驻济南时，直系已在第二次直奉战争中战败，4机被山东督军郑士琦扣留。战后，冯玉祥国民军在天津缴获30架直军飞机，其中多为“小维梅”。1925年，孙岳率国民军第3军占领陕西时，便配有2架“小维梅”助战；同时，被第3军接收的保定航校也一并迁入陕西。国奉战争爆发后，吴佩孚东山再起，夺回部分飞机，但随着1927年奉军南下河南，驱逐吴佩孚，这批飞机又被奉军夺取。而国民军败走南口后，先将剩余飞机撤往张家界，后又将其拆卸运往归绥，行至集宁时，接到命令将飞机卸下转往平地泉机场组装备战，但突遭冰雹，露天存放的飞机全部损失。由此，1919年所购的35架“小维梅”，除了被奉系占有的部分外，全部损失殆尽。

■ 上图是北洋军阀和国民政府都装备的“布雷盖”Br.14 B2/A2式轰炸/侦察机的彩绘图。该机是法国布雷盖飞机制造公司研制，为单发双座双翼活塞式侦察/轰炸机，航程451公里，装备3挺7.62毫米机枪和300公斤炸弹。我国最早引进该机是在1922年，浙江督军卢永祥通过上海洋行，购买了一批法制飞机，其中有5架Br.14 B2式轰炸机（B2为全武装昼间轰炸型），3架Br.Tbis沙龙型客机。同年11月，云南航空处处长刘沛泉在越南与法国订购了一批飞机，其中也有6架Br.14 A2式侦察机。1923年，这款飞机开始大批进入中国。1924年，卢永祥在江浙战争中战败，先前所购飞机被孙传芳接收。1925年山西军阀阎锡山亦订购了2架Br.14式飞机。与其他军阀相比，奉系装备的“布雷盖”最多，为其空军的主力战机。在1923年，奉系便进口了12架，2架为Tbis式运输机，2架为A2式侦察机，B2式昼间轰炸机和BN2式夜间轰炸机各4架。除了两架运输机用于民用航空，其他10架均编入奉军空军。同年，第二批18架Br.14 B2式轰炸机交付。1925–1926年，第三批“布雷盖”飞机——400式侦察轰炸机运交奉系并编成5个空军中队。此外，奉军中还有一批最新式的Br.19 B2式轰炸机。“布雷盖”作为奉军空军的主力，先后参加了第二次直奉战争、国奉战争、北伐战争等战事。国民革命军的“布雷盖”多来自战场缴获。北伐战争时期，1927年，北伐军占领杭州，孙传芳的航空队起义，麾下的“布雷盖”被北伐军接收；同年4月，北伐军在南京俘虏奉军支援张宗昌部所派的空军1个中队，该中队的“布雷盖”飞机也为北伐军所有。国民革命军将这两批飞机组成2支飞机队，参加了“二次北伐”。1928年，北伐军进入北京后，奉军的12架战机被接收，其中有数架Br.19 B2式轰炸机。另外，1927年冬，国民政府在法国也购买了一批旧飞机，其中有9架Br.14 B2式昼间轰炸机，2架Tbis式运输机。至1928年，国民政府统一全国后，“布雷盖”是国民革命军空军的主力机种；至1932年“一·二八”淞沪抗战时，该机仍服役中国空军。Br.14式飞机在华十余年，在军阀混战中多次显露头角，堪称中国航空史上的名机。

■ 下图是来华展销的法制Br.14式飞机。1919年，国际上对华进行武器禁运，战斗机无法交易，军火商将战机武器拆卸作为民用飞机卖给中国，只要稍加改装便可用于军事。1923年，法国政府正式出售70架Br.14式飞机给中国，打破了这一限制。多个军阀都购买了这款飞机。

上图是1927年的战事中，安国军中的一架 Br.14 B2式轰炸机，一名机组成员正向摄影师显示飞机携带的炸弹。机身上北洋军的五色圆形标志清晰可辨。

下图是奉军的一架被损坏的 Br.14 B2式轰炸机，它正被铁路平板拖车拖往后方修理。可以看到，机身上的法国空军三色标志在引进后还未来得及去除。

上图和下图都是1927年的战事中，北伐军缴获自孙传芳的Br.14式轰炸机。孙传芳部共装备了8架该型飞机，都来自于江浙战争中缴获卢永祥的空军。可以看到，机身已经被涂上青天白日军徽，并被命名为“中山”某号，说明它已被编入北伐军的作战序列中。北伐军在江浙战事中，分别从孙传芳和张宗昌部缴获多架Br.14式轰炸机，南京国民政府成立后，这些飞机被编为两个飞机队，继续参加北伐。此外，值得一提的是，孙传芳于1925年所组建的五省联军航空队也装备有多架各式型号的飞机，除了Br.14式战机外，还有9架“大维梅”和“小维梅”，3架“阿弗罗”504K式教练机，5到8架“高德隆”C.59式轰炸机，2架“莫拉纳－索尔尼埃”（Morane-Saulnier）MS35式教练机和3架“施莱克”（Schreck）FBA 17 HMT2式水陆两用侦察机。

下图是“东北易帜”后，东北军空军中装备的Br.19式轰炸机。该型机由Br.14式发展而来，同样派生出A2侦察机型和B2轰炸机型。张作霖组建奉军空军时，便购入了一批Br.19，这在当时中国来说算是最先进的战机。据美国的资料披露，中国各地军阀先后购入74架Br.19式轰炸机，但中国方面的资料并没有详细记载。这款飞机在1928年奉军撤出北京时，有数架被北伐军缴获。“东北易帜”后，东北军的空军继续装备这款飞机。

■ 上图是国民革命军中装备的苏制"波利卡波夫"(Polikarpov)R-1/M-5式单发双座活塞式侦察/轰炸机的彩绘图。从图上可以看到机身上"中山1号"的标志，说明这架飞机隶属于中山航空队。R-1飞机来自苏联仿制缴获白俄空军的英国"德 · 哈维兰"(de Havilland) DH-9A式轻型轰炸机，可装备1-2挺7.62毫米机枪，最大外挂重量336公斤。由于换装了苏联的M-5型400马力发动机，因此该机又称为R-1/M-5型机，这是苏联第一种大批生产的军用飞机，先后生产了2800架。国共第一次合作开始后，苏联帮助广东革命政府建立空军，派遣军事顾问、飞行员、技术人员来华，并援助了15架R-1式飞机、1架 У-1式教练机和2架德制"容克"(Junker) F-13式水上飞机，这些飞机分三批于1925年6月至1926年6月间抵达广东(实际上R-1仅到了6架)。北伐战争爆发后，R-1战机编入中山航空队，随军北上参战，由苏联和中国飞行员共同维护和使用。1926年9月，北伐军攻打武昌期间，苏联飞行员塞尔戈耶夫、克拉楚夫和北伐军飞行员驾驶R-1每天轰炸武昌敌军，武昌之役期间共投弹200余枚，投弹总重量达3.1吨。国民政府迁至武汉后，1927年4月，苏联帮助其运送留在广东的5架R-1和1架"容克" F-13式水上飞机至武汉，但是，随着"宁汉分裂"，这5架R-1有2架投奔南京，其余3架返回广东。"二次北伐"开始后，国民革命军第1集团军攻入山东，1架由李文禄、杨郁文驾驶的R-1在轰炸泰安时，在丰县上空失事坠毁。"济南惨案"时期，驻守济南的北伐军被日军围困城中，5月11日，飞行员高在田、张廷孟驾驶一架R-1奉命飞往济南，空投命令，命济南驻军撤出。北伐军进入直隶后，R-1多次侦巡安国军阵地。南京国民政府统一全国后，R-1飞机渐被新战机取代。

■ 下图是国民革命军中山航空队的一架"中山"5号R-1式轰炸机。机旁这两人，左边的是飞行员。苏联援助的这款飞机，和后来在北伐战场上缴获的Br.14式轰炸机构成了北伐军航空力量的主力。R-1在北伐时执行侦察、投掷传单、轰炸敌军等任务。

这两幅图都是20世纪20年代中山航空队使用的R-1式轰炸机，上图是“中山”1号，下图是“中山”2号。

■ 这两幅图是国民革命军装备的法制“施莱克”FBA 17式水上侦察机。上图是一架国民革命军的坠毁的被安国军缴获的FBA 17式水上侦察机。下图是国民革命军装备的名称为“中山7号”的FBA 17式水上飞机的彩绘图。这款飞机为双翼单发活塞式，一战法国海军航空队将其用于巡逻和反潜，可装备1挺7.62毫米机枪和少量炸弹。FBA 19则是FBA 17的放大轰炸型。这款飞机在军阀部队中装备较广泛。1923年，浙江督军卢永祥便向法国购买了2架FBA 17HT2型教练机。1926年9月，张作霖为其航空队曾向法国波索－拂瑞斯公司（Boixo–Freres）公司购买了1架装备了推进式180马力发动机的FBA 17 HMT2型教练机和7架装备拉进式310马力发动机的FBA 19 HMB2型侦察/轰炸机，分别部署沈阳、葫芦岛、青岛三地，并在葫芦岛成立了水上飞机队。该批机到达后，厂方代表罗曼纽（Lomenu）试飞FBA 19，却不幸失事身亡。1927年1月间，奉系又订购了FBA 17 HMT2型30架，其中转售给阎锡山的山西航空队4架。此外，张宗昌所办的山东航空教练所，所购飞机也有7架FBA 17/19，但亦不排除有东北航空署调拨的可能。北伐战争时期，1927年，中山航空队中也有3架FBA 17 HT2型水上飞机参战。1928年2月，阎锡山部缴获过1架奉军的FBA 17式战机。“东北易帜”后，该型机继续在东北军空军中服役。“九一八”事变发生后，除了在青岛的6架FBA 17式侦察机和2架FBA 19式轰炸机外，东北军中其余的该型机全部落入日寇之手。

■ 上图是1927年，张宗昌麾下的一架“高德隆”G.59式教练机正在装弹准备轰炸国民革命军阵地。下图是国民革命军中装备的一架G.59式教练机的彩绘图。该机是法国20世纪20年代初期研制的双翼单发活塞式中/高级教练机，与战斗机性能相当，共生产了1800余架。1921年，法国高德隆公司曾赠送一架G.59给北洋政府航空署。该机进入中国后，在20世纪20年代，多个军阀部队中都有引进装备。奉系在1923年购入12架Br.14式战机的同时，还分两批购入了30架G.59式教练机。第一批6架交付训练单位使用，第二批24架装有炸弹挂架，可挂载2枚50公斤炸弹或4枚25公斤炸弹。这两批飞机在1925年接收完毕后，与Br.14式战机混合编组为飞虎、飞鹰、飞鹏、飞豹四队。此后，该型机参与了与其他军阀的多次混战及北伐战争多场战事。“东北易帜”后，该型机仍服役于东北航校。其他如浙江、云南、山西等地军阀也引进过G.59式教练机。1923年，浙江督军卢永祥在杭州成立航空教练所后，通过上海洋行，订购了4架G.59式教练机和2架FBA 17式水上侦察机，在上海龙华成立浙江航空队。江浙战争后，卢永祥败逃，这批飞机被孙传芳接收，改名为浙江陆军航空队。浙奉战争中，孙传芳驱逐南下的奉系势力，在上海成立五省联军航空队。这批战机亦为主力。1926年12月，孙传芳在北伐战场上战败，投靠张作霖，张学良拨付了一批战机给孙传芳的航空队，其中便有2架G.59。孙传芳将航空队扩编为航空司令部，以顾荣昌为司令，下设2个飞行队，每队配置3架G.59和2架FBA 17。但是，这批飞机很快被北伐军所缴获，成为国民革命军的装备。另一方面，滇军也装备有该型机。1922年，云南航校成立，聘请法国教官，采购新机，其中便有6架G.59式教练机。该机于次年交付使用。1924年，滇桂军阀混战，唐继尧令航空队增援前线，5架G.59在法国教官弗朗西斯的率领下开赴开远(即今文山)参战，但2架G.59在昆明编队起飞时相撞，机毁人亡。

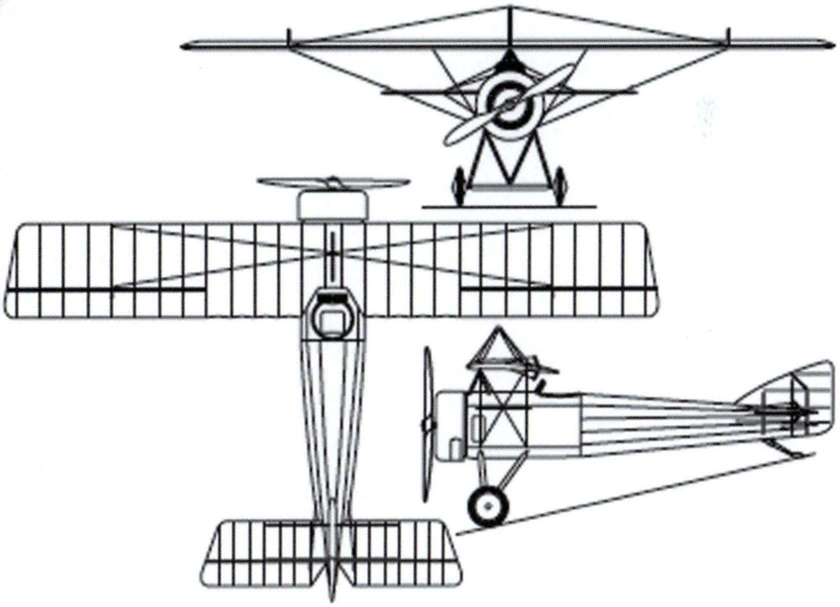

■ 最上图是北伐战争期间，国民革命军装备的“莫拉纳－索尔尼埃”MS35式教练机中的一架——“中山12号”的彩绘图，上图则是该机的三视线图。该机是北伐军占领南京时缴获孙传芳的MS35而来，下图展示的便是被缴获的MS35式教练机，它已被漆上了国民革命军的青天白日军徽，并命名为“中山12号”。MS35式教练机由法国莫拉纳－索尔尼埃飞机制造厂生产，属于单发双座活塞式战斗/教练机，可装备1至2挺7.62毫米机枪。1920年时，北洋政府南苑航校曾拥有2架该型飞机；阎锡山筹备陕西航空队时，购入3架；江苏航空队也引进过4架。北伐战争时期，国民政府也曾派人赴法国购买过该机若干架。

■ 上图是南京国民政府引进的德制“容克”F-13式运输机“欧亚四号”的彩绘图。F-13式运输机的原型为一战后期德国容克飞机公司研制的全金属波纹蒙皮的CL.1式单翼攻击机，战后，受《凡尔赛和约》的限制，容克公司便在CL.1式攻击机的基础上发展出这款4座水陆两用民航运输机。F-13式运输机为单翼单发活塞式，除了2名机组成员，还能搭载4人。1925年，山西军阀阎锡山向德国订制F-13式运输机和A-20式快速邮机各1架，但这两架飞机在当年运抵天津时，被张宗昌据为己有（1926年7月，这两架飞机在济南毁于飓风）。1927年，容克公司再补送F-13及A-35各1架给阎锡山，但于2月份在天津再次被张宗昌抢走。为避免此类情况再次发生，4月，由外国飞行员直接驾驶F-13和A-35各一架飞抵太原。阎锡山将F-13式运输机编入陕西航空队，并作为其本人专机，由德国飞行员担任驾驶。时隔不久，1927年8月，该机在更换发动机后，于太原上空试飞时坠毁，机上3人全部遇难。此次空难还使阎锡山取消了与容克公司的后续8架飞机的订单。除了山西，广东方面也拥有这款运输机。1925年11月，苏联援助了两架水上型的F-13式运输机，协助训练飞行员。北伐战争中，北伐军的1架F-13由两名苏联飞行员驾驶执行作战任务时，因迷航迫降于南京附近，被安国军所缴获。直至北伐军攻克南京，方夺回此机。1927年“宁汉分裂”后，武汉国民政府的2架R-1式侦察/轰炸机和1架F-13式运输机投奔南京（另1架F-13则返回苏联）。这架F-13于此期间执行侦察任务时，在湖北鄂城因机械故障迫降水面，被炮火击毁。1928年，南京国民政府再次订购了陆上型和水上型F-13式运输机各一架，出厂编号分别为2038、2039。水上型F-13在1932年淞沪抗战中被日军炮火击毁；陆上型在抗日战争爆发前报废。此外，1931年2月时，中德合资成立的欧亚航空公司也引进了2架F-13L式运输机，航空公司编号为“欧亚三号”、“欧亚四号”，这两架飞机也在抗战前后损毁。

■ 下图展示的是山西航空队中的“容克”F-13式运输机，机上坐着的一位是德国飞行员冯 · 福劳顿（Von Vloten）。阎锡山在1925年时，花费有限资金购买了F-13和A-20各一架，Br.14式轰炸机和中国自行制造的“舒特勒尔”式（Schoettler）飞机各两架（后者型号，1架为B3式，1架为S4式）。

画中北洋

北洋军阀统治期间的社会百态，除了海量的照片等影像资料的记录，国内外杂志、报刊、明信片、宣传海报、烟画烟标和火花……其上的插图绘画，也生动记录了当时军阀混战的种种历史瞬间。这一章节摘选的便是国内外一些比较有代表性的杂志刊物的插画和烟标火花图片，以馈读者。

■ 下两页的五幅彩图都是来自法国刊物《小日报》(Le Petit Journal) 中关于中国的报道的题头图和插画。左上图是1909年8月29日关于中国新军的报道，标题为《中国新军》，展示的是北洋新军的训练场景。右上图是1911年10月20日关于武昌起义的报道，身穿新式军装的新军和身穿传统服饰的清军正赶赴武汉镇压革命。左下图是1912年3月3日关于袁世凯就任中华民国大总统的报道，标题为《袁世凯剪下他的辫子》。7日后，袁世凯在北京正式宣誓就任临时大总统一职，窃取了辛亥革命的果实。这幅插图以袁世凯剪辫表示拥护共和的场景来预示新、旧时代的交替。右下图是1911年某期的一幅插画，标题为《中国的第一架飞机》。1911年，中国航空先驱冯如从美国回到中国，还带回了两架自己制作的飞机。这是中国人自己制造的飞机，但中国人自己制造的飞机第一次在自己领空上飞行是在1912年8月25日，冯如在广州燕塘进行的公开飞行表演。

■ 左图是1911年之前一份美国杂志上刊登的一张颇具讽刺意味的漫画，描述的是清政府所编练的新军非常强大，震慑了西方列强的场景。在经历了甲午中日战争和八国联军侵华战争的失败后，清政府大举编练新军的举动自然深受列强关注。但是，当时亚洲诸国真正令欧美列强刮目相看的，还是在日俄战争中击败"北极熊"的日本，西方列强通过这场战争感受到了日本的威胁和野心。

Le Petit Journal

ADMINISTRATION 61, RUE LAFAYETTE, 61 — 5 CENT. — SUPPLÉMENT ILLUSTRÉ — 5 CENT. — ABONNEMENTS

20me Année — Numéro 980

DIMANCHE 29 AOUT 1909

LA NOUVELLE ARMEE CHINOISE

Le Petit Journal

ADMINISTRATION 61, RUE LAFAYETTE, 61 — 5 CENT. — SUPPLÉMENT ILLUSTRÉ — 5 CENT. — ABONNEMENTS

22me Année — Numéro 1.093

DIMANCHE 29 OCTOBRE 1911

A PROPOS DU MOUVEMENT INSURRECTIONNEL EN CHINE

L'évolution de l'armée chinoise

Soldat du Régiment des Tigres Il y a cinquante ans — Un Général Il y a cinquante ans — Un Général Il y a vingt ans — Officier Chinois faisant un stage aux Hussards en France

Le Petit Journal

ADMINISTRATION 61, RUE LAFAYETTE, 61 — 5 CENT. — SUPPLÉMENT ILLUSTRÉ — 5 CENT. — ABONNEMENTS

23me Année — Numéro 1.111

DIMANCHE 3 MARS 1912

YUAN-SHI-KAI FAIT COUPER SA NATTE

Supplément illustré du Petit Journal

LE PREMIER AÉROPLANE EN CHINE

Le Petit Journal

ADMINISTRATION
61, RUE LAFAYETTE, 61
Les manuscrits ne sont pas rendus
On s'abonne sans frais dans tous les bureaux de poste

5 CENT. SUPPLÉMENT ILLUSTRÉ 5 CENT.

22me Année —— Numéro 1.055

DIMANCHE 5 FÉVRIER 1911

ABONNEMENTS

	SIX MOIS	UN AN
SEINE et SEINE-ET-OISE..	2 fr.	3 fr. 50
DÉPARTEMENTS...........	2 fr.	4 fr. »
ÉTRANGER	2 50	5 fr. »

LA CHINE SE MODERNISE

A Shanghaï, des chinois font en public le sacrifice de leur natte

1911年11月4日，上海光复，社会面貌为之焕然一新，国人开始冲破束缚，剪掉辫子。这幅展现的是上海光复后，张园的剪辫运动。

■ 这是1912年2月15日的法国画刊《我什么都知道》(Je Sais Tout)的封面，采用的是孙中山的照片，标题为《孙中山，中华民国的总统》。画刊中还有关于中国辛亥革命的报道。这是目前已知孙中山最早的彩色肖像照。当时，孙中山正式提请辞去中华民国临时大总统一职，同时举荐袁世凯接任。

■ 1912年1月6日，英国媒体发表的一篇关于革命军攻占南京的报道，所用标题为《在中国建立共和？南京的陷落》，文中猜测孙中山将在上海或南京就任共和国的第一任总统。图为报道中的插图，描绘的是1911年12月2日，一支革命军从南京太平门入城的场景。

■ 这幅彩图是1928年5月意大利《周日信使报》(La Domenica Del Corriere)中的一张插图，描绘的是“济南惨案”中，日军将领佐佐木到一被北伐军方振武部抓住且险些被枪毙的场景。从图上看，这些官兵们军装上的肩章与实际并不相符。佐佐木到一是日本陆军士官学校第18期毕业生，1922年被日本参谋本部以武官身份派驻到广州，先后担任孙中山和蒋介石的顾问。在中国工作期间，佐佐木对华有较深刻认识。“二次北伐”时期，佐佐木作为蒋介石的顾问，随军北上，“济南惨案”发生前后，佐佐木负责北伐军与日军之间的交涉，日本人认为他是帮助国民革命军的“国贼”，中国人则认为他是日本人的奸细，因此差点被济南卫戍司令方振武的士兵枪毙。后来，佐佐木在侵华战争中担任日军第16师团步兵第30旅团旅团长，是南京大屠杀的主犯之一。战后，佐佐木在东北战场被苏军逮捕，后移交给中国政府，1955年病死在抚顺日本战犯监狱。

■ 这是意大利《周日信使报》中的一张插图，描绘的是1927年的北伐战事中，北伐军与安国军的铁甲列车之间的战斗。

■ 美国《时代》周刊创刊于1923年，每一期封面都会选择一个主题，以人物为主。20世纪20年代，军阀混战时期的中国共有4人登上《时代》周刊封面。左上图是1924年9月8日的《时代》周刊封面，封面人物为吴佩孚。这是中国人第一次登上《时代》封面，其下还有“吴将军”“中国最强者”两行注释。颇具深意的是，当时《时代》周刊并未挑选直系首领曹锟，而是地位次于曹的吴佩孚。此时正值江浙战争期间，第二次直奉战争一触即发，吴佩孚正极力推行“武力统一”政策。但是，两个月后，这个“中国最强者”便战败下台了。右上图是1927年4月4日的封面，人物是时任北伐军总司令的蒋介石。其下注释为“蒋介石总司令”“在孙中山逝世后崛起”，这一期描绘了蒋介石率部进入上海的场景。左下图是1928年7月2日的封面，人物为国民革命军第2集团军总司令冯玉祥，当时周刊对于他的介绍是“基督将军”、“拥有世界上最多的私人武装——19.5万人”、“中国的最强者”。右下图是1930年5月19日的封面，人物为山西军阀阎锡山，给予的介绍是“中国下一任总统”。当时中原大战已经开始，从这个注释看，西方人看好阎锡山一方，但结果却恰恰相反。

■ 上图是辛亥革命后发行的一张明信片，展现的是革命军攻克南京太平门的场景。

■ 下面两幅图是两枚以辛亥革命为主题的日本火花，以铁血十八星旗为背景，身背步枪的革命军号手吹响革命的号角。

■ 本页几幅图都是民国成立后，以辛亥革命为主题的火花。左上图是来自广东佛山巧明公司的“旗唛”火柴的火花，以中华民国的五色国旗和铁血十八星旗为主要内容。右上图是上海泰益火柴厂生产的“国宝为记”的火柴的火花，其图片内容与左上图大同小异。

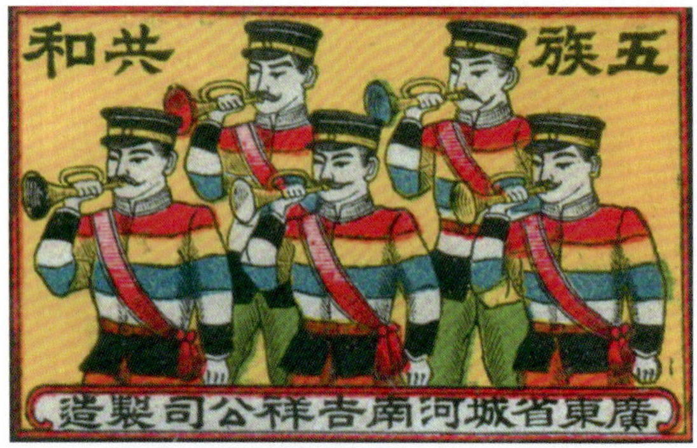

■ 左上图是广东省城河南吉祥公司生产的“五族共和”火柴的火花，5名号手穿着象征五族共和的五色旗制服。右上图是来自日本的火柴的火花，展现的是中华民国“共和四杰”，这四人从姓氏上看一目了然，分别是袁世凯、孙中山、黄兴、黎元洪。

■ 左上图是一枚日本火柴的火花，同样以辛亥革命为主要内容，分别是象征“五族共和”的五色国旗和与国旗颜色一致的战鼓。右上图是以“爱国”、“伟人”、五色国旗、国民党的青天白日满地红旗为主要内容的“伟人”火柴的火花。左下图和右下图也是日本火花，以“共和万岁”为主题。

■上图这张华美火柴厂所产的火柴的火花上，展示的是一门被马匹牵引的重炮，前面的士兵高举着陆军的十九星旗。下图这张日本顶上牌火柴的火花，将民国陆海军的素材融合在一起。当时北洋政府陆军以十九星旗为军旗，海军以国民党的青天白日满地红旗为军旗。

■左上图是广东文明火柴厂生产的“文明进步”火柴的火花，主要内容是一名手掣着“文明进步”大旗的士兵，火花上“振兴土货”的字样表示自家产的火柴不比“洋火”逊色。

■上图是20世纪20年代初一枚以孙中山为主题的火花，这个火柴被命名为“中山牌”。这一时期孙中山正在广东继续开展护法运动。

■ 上图同样是一枚以孙中山为主题的火花。图片上方是交叉的国民党青天白日满地红旗和当时中华民国的国旗。

■ 上图这张富强唛火柴厂的火花以青天白日满地红旗、步枪、军刀和中国通宝为主要内容，展示的主题与广东革命政府相关。

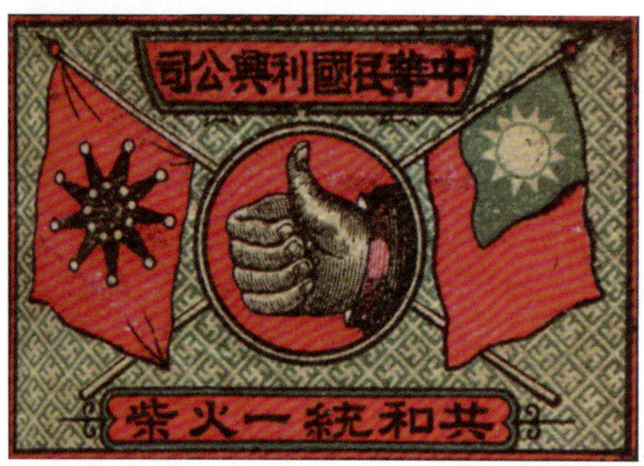

■ 左上图这张“共和统一”火柴的火花来自利兴火柴厂，十九星旗和青天白日满地红旗交叉，表现的应该是赞扬北洋政府陆海军的主题。右上图是反映北伐战争的海报，图片左上方是北伐军攻打长沙的场景，右上方是北伐军攻打武昌的场景，下方是北伐军誓师出征的场景。

■ 左上图是西方国家的一枚烟标，以20世纪20年代的中国士兵为主题。中上图是20世纪20年代末上海的一张火花，赞扬北伐战争的胜利，图片最上方是“征服”的英文单词，左下方是蒋介石的英文名。右上图是一枚“安全”火柴的火花，一名水手在一个港口升起一面南京国民政府确定的中华民国新国旗——青天白日满地红旗。

■ 右图是20世纪20年代末，东信祥面粉包装袋上的彩色图片，国民革命军的一名骑士手擎着“马到成功”的青天白日满地红旗，表达的是对北伐成功的祝愿。

■ 下图是20世纪20年代香港火柴厂生产的“将军”火柴的火花，展现的是北伐的胜利。

制服、徽标与装备

晚清新军陆军制服（1906-1911年）

清朝传统的军装俗称“号衣”，自1840年以来，已逐渐落后时代。袁世凯编练北洋六镇时期，近代新式训练的实施，作战方式的改变，国际交往的加强，促使清军的旧式服制迫切需要变革。因此，军服改革便是编练新军中的一项重要内容。练兵处成立后，1904年夏，袁世凯拟定了一套《练兵处奏定陆军营制饷章》，在“军服制略”一项中，明确提出了改革军服的方案（实际上就是照搬西方军队服制）。1905年3月，练兵处和兵部制定《中国陆军官弁服章》，对近代军官制服和军衔标志进行了初步规定；1911年3月，陆军部在《奏定陆军军队学堂服色章记图章》中进一步规定了各级士兵的军衔标志和服装式样。至此，中国近代陆军新式军服终于成型。

此次新军服制改革有如下特点：

1. 新旧并存。新军军官上朝公谒仍穿旧式官服，带顶戴花翎。

2. 等级分明。以军服上各种附加装饰（肩章、领章、袖章、裤章）来区分衔级，并以不同颜色区分兵种。

3. 衔级制定上，军官分为三等九级，由高至低分别为上等、中等、次等，每等由高至低分为第一、第二、第三级。除了作战军官，另设“军佐”，范围包括军需、军医、军乐、军法、兽医等文职人员，与作战军官合称“官佐”，同属军官阶层。但是，军佐只有中等和次等共六级。士兵的衔级不算规范，至1911年3月时正式划分为二等六级，由高至低分别为上士、中士、下士；正兵、一等兵、二等兵。此外，在军官和士兵之间还有一级“额外军官”，相当于准尉。

4. 军服分礼服和常服，除了军官和目兵、马弁（军官身边的随从）、护兵（即卫兵）等跟随军官抛头露脸的士兵有礼服和常服外，普通士兵仅有常服。

5. 1911年成军的禁卫军的军服，陆军大臣廕昌等另起炉灶，使其军服与北洋新军亦有明显区别，以显示皇家亲军的“特殊地位”。

晚清新军的官兵服制大体如下：

军官分礼服和常服，且均有冬装、夏装之别。军官礼服为呢子面料，对襟式，颜色上蓝下黑，冬季加配双掩襟式外套。领章、肩章、袖章、帽徽、衣扣等均以金色为主体（军佐以银色为主），以不同式样加以区别衔级，其中第二、第三等的军官的礼帽帽墙和袖章上加军种色。裤章以三至一道不同粗细的红色条纹区别三等级别。同时，礼服帽顶部通过缀以不同颜色的蟒珠区别三个等级。军官常服，冬季常服为青灰色呢料，夏季常服为青灰色和土黄色毛布料或斜纹棉布料，着黑色皮鞋。冬装肩章与礼服同，但没有领章，袖章也与礼服有异，同时袖章加不同兵种色。裤章同样以不同数目、粗细的红色条纹区别衔级。夏装则没有肩章和领章，仅有袖章。

目兵等相当于军士的高级士兵也分礼服和常

服。礼服冬、夏装均为天青色，冬装为企呢，夏装为细布，肩章底色为其兵种色，且左右肩章分别标明所属单位、职务和号数。常服，冬装为蓝色，夏装为土黄色，右臂上还有一至三道“V”型臂章，代表其军衔高低。

普通士兵的常服，冬、夏装均为斜纹棉布料，冬装为青灰色，夏装为青灰色和土黄色，着黄色皮鞋。没有裤章。肩章式样与目兵等同。官兵常服帽徽亦相同，皆为黄、蓝、红三色圆形帽徽。

禁卫军同样分为冬、夏装的礼服和常服。礼服为呢制，上蓝下黑，肩章以金、银色为主，不同衔级以不同数目的六角星加以区别（作战军官为金色六角星，军佐为银色六角星；新军的则是团蟒）。袖章和领章仅分为三等（新军则分为三等九级），礼帽则采用类似清朝前期的将帅头盔的形制。禁卫军官兵常服冬装为瓦灰色，夏装为土黄色，其肩章和领章也与普通新军部队大不相同。

1911年3月，新军军装再次进行了调整，礼服上繁复的领章、袖章被取消，而常服的军衔袖章移至礼服上，同时，新礼服上衣的左右两侧各有三道黑色粗横边；常服上则取消了袖章，改用新式的军衔领章。

由于积弊过深，且过于复杂，新军军装并未完全实施，加上经费等原因，各地新军军服颜色虽以灰色为基本色调，但各有不同。随着辛亥革命的爆发和清王朝的倒台，这一系列具有近代意义的新式军装也随之终结。但是，新军军装的众多特色则被北洋军阀继承下来，在中华民国的北洋政府军队中继续实施。

■ 这名年轻的军官穿的是一件双掩襟式的清末新军礼服。从军衔袖章上看属于上等第一级，正都统。他至少是有贝勒称号的皇族子弟。这套礼服上衣为蓝色，左右7颗镀金纽扣（军佐为银色）；礼裤为黑色，两侧是三道红边，左右两道宽3厘米，中间一道宽0.2厘米。若是中等军官，则是两道3厘米宽的红边，次等军官则是一道4.5厘米宽的红边。除此之外，最明显的军衔辨识标志当属其华丽的袖章，袖章由金线编成，最上方是盘花金边，上等军官为三道，中等军官为二道，次等军官为一道。盘花金边下方是三道横缀金边，这是代表每等的级别，三道金边为第一级，二道为第二级，一道为第三级。如果是中等和次等军官，在横缀金边下方还会有一道0.6厘米宽的代表其兵种色的横边。另外，若是参谋官，袖章上还会加上金、银、红三色套环。军佐只有中、次两等，袖章色为银色。头戴的大檐帽上，帽墙是象征上等军官的红色（中、次等军官，帽墙为其军种色），还有三道金边（军佐为银色），代表第一级。另外，军官礼帽顶部还会加缀珊瑚珠，红、蓝、白分别代表上等、中等、次等，这一形式在1911年3月军装再次改革时被取消。

■ 左图是袁世凯头戴传统的黑色操帽（相比大檐帽，很多高、中级军官更喜欢戴传统的操帽），身穿上等第一级，正都统的对襟式礼服的彩色照片。除了袖章、纽扣和腰带扣，肩章和领章也是金色。领章为金色飞蟒，上等军官的飞蟒抱红珠，中等军官则是抱蓝珠，次等军官的抱白珠；每等的三个级别以飞蟒上的金边数目来区别，第一级为三道，第二级为二道，第三级为一道。若是军佐，飞蟒和镶边则为银色，且比作战军官少一道边（即中等第一级军佐的领章的银边为两道）。肩章则是以三条金边交缠编成牌状，上缀三颗金色团蟒（第二级两颗，第三级一颗），若是中等军官，肩章则是两条金边加一条红边编成，次等军官的是一条金边加两条红边。

■ 上图是1911年时的一位新军军官，他身穿的是改革后的礼服，礼服上增加了六道横边，取消了肩章和领章，保留了袖章，但改用常服袖章。礼帽顶部的珊瑚珠也被取消。从其军帽上三道横边、礼裤上一道红边等衔级标志上看，他应该属于次等第一级，正军校。

■ 左图这名年轻的新军军官穿着双掩襟式新军礼服大衣，从军衔袖章和肩章上看，他属于次等第三级，协军校。袖章上的所属兵种色横条看不清，难以分辨其所属兵种。若是额外官佐，肩章与次等第三级，协军校的肩章一样，但袖章上除了一条盘花金（银）边外，仅有一道代表兵种色的横边。军帽帽墙上也仅有兵种色，没有横边。

上图是1910年新军第2镇炮队进行操炮训练的场景；下图是1910年新军第1镇的一些目兵进行沙盘演习的场景。从这两幅图可以看到，军官穿土黄色夏季常服，除了军衔袖章外，没有领章和肩章。新军军官的冬、夏季常服的军衔袖章由黑色横边和金色团蟒组成（军佐为蓝色横边和银色团蟒）。三颗团蟒代表上等军官，二颗代表中等，一颗代表次等；三道横边代表第一级，二道代表第二级，一道代表第三级。中、次等军官的横边下方，还有一道代表兵种色的细横边。从袖章上辨认，下图正中手执铅笔的军官应为中等第二级，副参领；旁边那位军官应为中等第三级，协参领。另外，军官常服的裤章，上等军官为三道红边，中间一道宽0.2厘米，左右两道宽3厘米，中等、次等军官和军士皆为一道红边。士兵的肩章则是上圆下方式样的肩牌，长14.2厘米，宽6厘米。普通士兵的肩章底色为其所属兵种的兵种色，左肩章标着所属镇、协或标的番号，右肩章上部标着所属营、队或棚的番号，下部标着该士兵的个人编号。若是镇直属的马弁、目兵、护兵，肩章则为红底黄边，左肩章为所属镇的番号，右肩章上部为其职务，下部为其个人编号。协、标属的马弁、目兵、护兵，左肩章是所在协的番号，右肩章上部是所属营的番号，下部是其个人编号。从下图的目兵中可以看到，其军装右臂上部还标有不同数目的“V”字臂章。三至一道依次代表第一至第三等。此外，军帽上，军官的军帽帽墙上都是两道金边（军佐为银边），士兵的是紫边，且按军衔高低从三道到零道依次递减。

这是1912年，身穿禁卫军上等一级军官常服的爱新觉罗·载涛，他是禁卫军的编练者之一。从照片上看，载涛身穿的是冬季常服，头戴大檐帽，红色帽墙上的帽徽为八角星。黑绒红边的衣领上缀着紫铜制圆领章。瓦灰色底色的肩章上，象征上等一级军衔的三颗星呈品字形排列。禁卫军作为清室皇家亲军，在服制上另辟蹊径，与新军军服有很大不同，以显示自己的“独一无二”。根据其服制，禁卫军官兵的冬季常服为瓦灰色，夏季为土黄色。军帽使用黑色帽檐；帽墙颜色，上等官佐为红色，中等、次等官佐的为其兵种色。帽徽使用的是珐琅制八角星，内铸两条团蟒。军帽上的帽绊，军官为金色，军佐为银色，目兵为黑色。夏季常服的衣领，官兵都用与服装同色的底色；冬季常服的衣领，官佐为黑绒红边，目兵则是本色红边。无论官兵，衣领上缀同样的紫铜制圆领章，领章上錾飞鹰，下錾洋荷花。中等以下官佐，右衣领添缀拉丁数字表示的所在营番号。肩章方面，上等军官统一使用瓦灰色底色，中等、下等官佐和士兵肩章底色则为其兵种色，中等官佐肩章加缀红杠两道，次等为一道。其上以三至一颗星代表不同衔级，一级三颗呈品字形排列，二级两颗星呈一字型排列，三级一颗星。

■ 左图是1910年出访布达佩斯时的禁卫军高级军官哈汉章。他身穿禁卫军冬季常服，肩上的军衔标志说明他的军衔为上等三级。禁卫军的常服，无论官兵，衣袖和军裤两旁都加缀红边一道，这也是禁卫军军装与新军军装的一个不同。

■ 上图是两名身穿蓝色冬季常服的清末新军军士。可以看到他们肩章上标着所属单位和个人编号，从右侧士兵袖章上所表示的衔级来看，应属中士，较左侧军士为高。军士的冬装常服上没有“V”字形臂章，取代之横杠袖章。另外，他们的肩章底色都为红色，说明他们都属于步兵。而且，这两名士兵较为稀罕地穿着高筒靴，而不是普遍装备的白色绑腿套和皮鞋。

■ 左图是1911年武昌起义爆发后，统帅清军第1军南下镇压起义的冯国璋，从照片上看，此时新军的军装上已更换了军衔领章。冯国璋佩戴的是上等第一级，正都统的领章。军装上还配有饰绪。

上图是1908年太湖秋操时期，几名穿着新军深色冬装呢大衣的军官和两位平民的合影。新军的冬装大衣外套采用双掩襟式，其上缀两排各6颗镀金衣扣（军佐镶银），其衔级标志除了一至三道金边（军佐为银边）外，并无表示其具体军衔的标志。军士则为一道红边，普通士兵没有边。从图片上看，这些军官应该都为次等军官。

下图是清末的几位新军官兵，从右三那名士兵手捧的黄龙大令可以看出，他们应该属于军法队。中间的军官穿着没有具体标明级别的深色大衣。两旁的士兵穿着灰色冬季常服。士兵的肩章底色应为代表军法的橄榄色。士兵的帽墙上的紫色镶边数目不一，有一道或二道，二道为二等，一道为三等。另外，可以看到他们的脚上还穿着传统的武靴，可知当时新军服制的改革并不完善，新旧服饰并存。

清末新军礼、常服帽徽

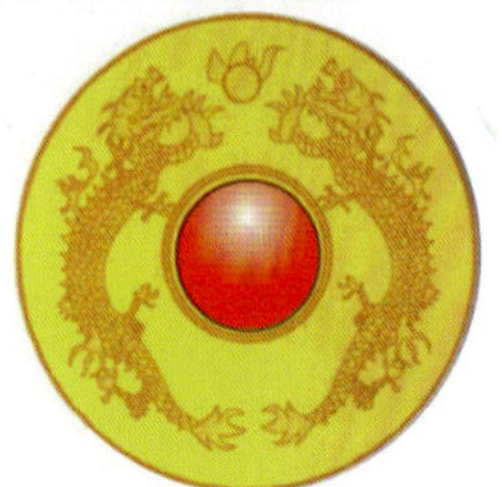
都统级军官礼服帽徽

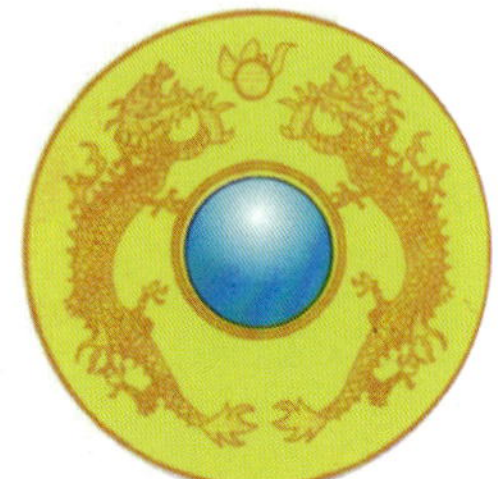
参领级军官礼服帽徽

军校级军官礼服帽徽

参领级军佐礼服帽徽

军校级军佐礼服帽徽

清末新军官兵常服帽徽

1911年新军礼、常服肩章

上等第一级 正都统

上等第二级 副都统

上等第三级 协都统

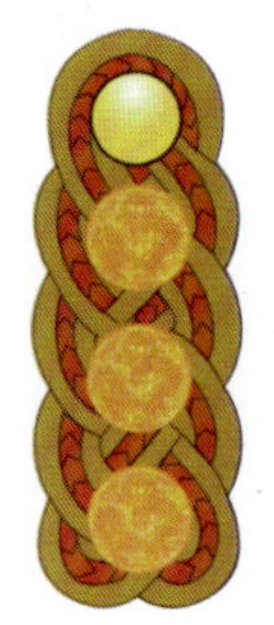
中等第一级 正参领

中等第二级 副参领

中等第三级 协参领

次等第一级 正军校

次等第二级 副军校

次等第三级 协军校

军士肩章

普通士兵肩章

陆军中学学堂学生肩章

陆军小学学堂学生肩章

■ 1911年新军服制变革时，军官的礼服、常服肩章并没有什么变化。值得注意的是，士兵的肩章不再标注其所属单位番号和个人编号。这些信息改标在领章上。

1911年新军领章

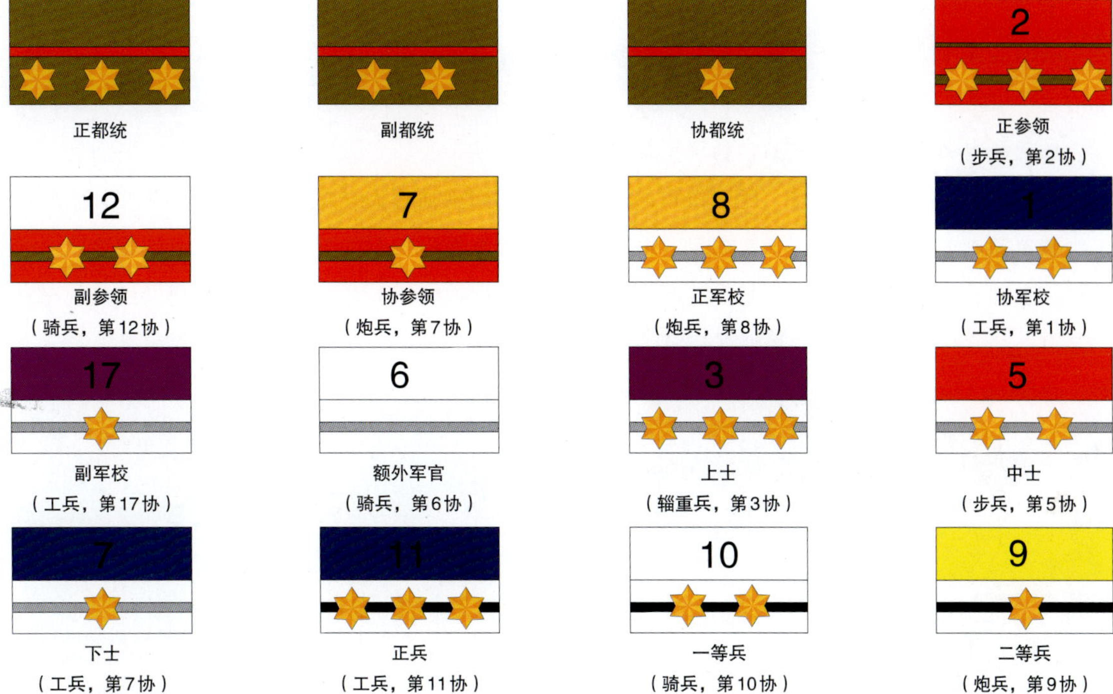

正都统　副都统　协都统　正参领（步兵，第2协）

副参领（骑兵，第12协）　协参领（炮兵，第7协）　正军校（炮兵，第8协）　协军校（工兵，第1协）

副军校（工兵，第17协）　额外军官（骑兵，第6协）　上士（辎重兵，第3协）　中士（步兵，第5协）

下士（工兵，第7协）　正兵（工兵，第11协）　一等兵（骑兵，第10协）　二等兵（炮兵，第9协）

1911年新军军佐领章

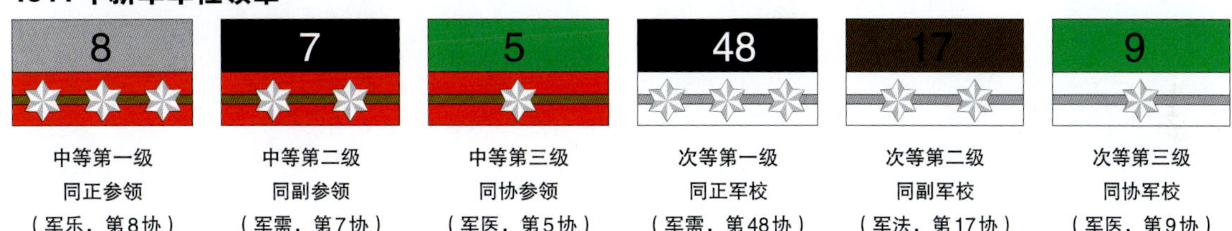

中等第一级 同正参领（军乐，第8协）　中等第二级 同副参领（军需，第7协）　中等第三级 同协参领（军医，第5协）　次等第一级 同正军校（军需，第48协）　次等第二级 同副军校（军法，第17协）　次等第三级 同协军校（军医，第9协）

■ 1911年3月9日，晚清新军常服上采取了新的军衔领章。领章统一分为上下部分，上等军官均以金色为领章底色，中间一道红色横杠，以三至一颗金色六角星代表第一至第三级。中等、次等军官的领章，上半部分为其军种色，加所在镇或协的番号；下半部分，中等军官为红底金杠，次等军官为白底银杠，均加缀三至一颗金色六角星，额外军官不缀星。士兵领章，军士的表现形式同次等军官，白底银杠；普通士兵的则是白底黑杠。军佐的领章，除了金色六角星改为银色，其他一切与作战军官相同。

晚清新军兵种色

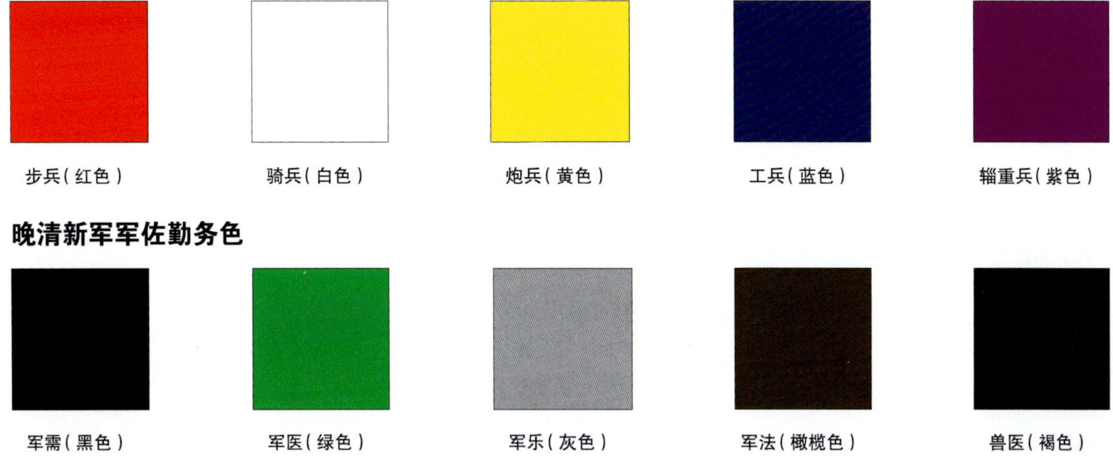

步兵（红色）　骑兵（白色）　炮兵（黄色）　工兵（蓝色）　辎重兵（紫色）

晚清新军军佐勤务色

军需（黑色）　军医（绿色）　军乐（灰色）　军法（橄榄色）　兽医（褐色）

辛亥革命前后的军服

辛亥革命爆发后，各地武装纷纷投入反清行列，四起的民军团体，除了胳膊上所缠的一条白毛巾大致相同外，军装杂乱无章，各行其是。

如武昌起义后的革命军官兵，新军系统继续穿着晚清新军的陆、海军军装，臂缠白布，军官军帽镶着铁血十八星帽徽，士兵军帽用白布裹着帽墙。军官有些戴肩章，有些不戴。有些革命党人穿自制的效仿日本的军装，戴竖式肩章，军帽镶铁血十八星帽徽，帽墙裹一至二道白边。有些官兵的左胸还戴一块白布。上海商团起义后，一些民军穿自制的黄色军装，帽徽是个白铜的“商”字。还有更多地方的民军穿的是平民服饰或旧清军的号衣。

南京临时政府成立后，陆军部规定，全国陆军军服在制式上应予以统一。但是，南京临时政府仅存在3个月便被北洋政府取代，所设规定基本停留于表面。

■ 上图是1911年辛亥革命时期的汉口民军。他们穿着一身类似晚清警察新式制服的黑色军装，头上的大檐帽上没有任何标志。有些戴的还是学生的大檐帽。可以从远处的几位士兵身上看到左臂上所缠的白布。这是当时较为正规的民军的着装。下图同样是武昌起义时期的汉口民军。他们的军装上除了白色袖标，胸口还有一块白布。

上图是中华民国刚成立时的柏文蔚将军，辛亥革命期间，柏文蔚曾任南京革命军第1军军长，民国成立后任安徽都督。“二次革命”时与李烈钧等共举讨袁大旗，失败后逃亡日本。从照片上看，他穿着一身形制类似于晚清新军的灰色军装，军帽上是十八星帽徽，帽墙缠有白布。肩上佩戴着竖式军衔。但是，领章还维持着晚清新军的式样，结合肩章来看，应该为上等第二级（中将）。这身军装各式混搭，可见当时军装式样的混乱。

下图是民国初年，晋军的两名士兵，右边士兵还提着一支澳大利亚的曼利夏M1886式步枪。他们穿着松垮的灰色棉军装——军装的上下颜色甚至不一致，打着白色绑腿，帽徽已使用十八星帽徽，但右边士兵仍佩戴着晚清新军的肩章形式。

上图是清末民初时期的黎元洪。他穿着一件除了饰绪外没有任何标志的深色外套，头戴一顶镶着十八星帽徽的大檐帽。当时的革命党人（包括混进革命队伍的伪革命党人）多是这种打扮。

下图是1912年的天津，两名提着“老套筒”和军刀的革命军骑兵。当时正值清末民初，他们的混搭着装同样反映了时代巨变中的过渡阶段：身上的军装还是晚清新军的冬季常服，左边士兵的袖口上还有代表军士级别的横杠，军帽帽徽已换成了八星帽徽，这是革命军早期的帽徽，象征当时独立的省的数量，很快便被十八星帽徽取代。

■ 这张照片是1912年法国人阿尔伯特 · 卡恩（Albert Kahn）在华拍摄的，照片中这名主角是清末民初时期的中国士兵，有人介绍说这是一名革命军士兵。从着装上看，他的制服比较混搭，身穿土黄色夏装，军帽上的八角星帽徽和红色帽墙为清廷禁卫军所特有，代表的是禁卫军步兵，而其衣袖上的花纹则是新军礼服上才有的军衔袖章图案。这种混搭着装出现在当时历史大变更的时代背景下并不稀奇。

北洋政府陆军服制和装具(1912-1928年)

民国初年，各地军阀割据，派系林立，全国军队没有统一的制式。袁世凯掌握政权后，对南北混乱的军队服制进行了初步统一。1912年8月19日，袁世凯公布《陆军官佐士兵等级一览表》，划分官兵等级。10月，参议院公布陆军服制，开始对混乱的军服进行统一规范。

沿袭清末惯例，北洋政府陆军军官依旧分为作战军官和军佐两类，继续使用清末三等九级制度，一等军官改称为将官，二等军官改为校官，三等改为尉官，每等分为上、中、下三级(军佐不设一等一级)。尉官之下另设准尉一级。士兵继续分为军士和兵卒二等六级(上士、中士、下士；上等兵、一等兵、二等兵)。军装式样上，较为接近当时的日式军装。类别上，军装同样分为军官礼服、军官常服、士兵常服三类。

军官礼服，将官礼服为青呢，校官为黄呢，尉官为蓝呢，对襟式，冬装为呢布料，夏装为宁绸布料，较常服长7厘米，礼服不置口袋，军帽、肩章、领章、袖章、腰带、裤章等均以不同华丽装饰标明各自衔级。同时，在礼服的级别上，除了三等九级，还增加了一个陆海军大元帅礼服的标准，服色为上蓝下黑。在穿戴礼服时，还需按陆军部规定的各种勋章、奖章条例佩戴勋章和奖章。1917年1月30日，陆军部又对陆军常礼服做出新规定。值得一提的是，可能是军费原因，北洋政府时期，鲜有将官以下的军官穿礼服。

军官常服，以呢料为主要面料，冬、夏装以灰色和黄色为基本色调。早期的黄色冬装在1914年改为地绿色。上衣有四个无袋盖的明口袋，左肋下留18厘米的长口，以便佩戴指挥刀。军帽采用缀有五色五角星的大檐帽。袖口和裤缝加缀一条红线。着高筒靴。常服领章为长方形，将官领章为金色，校官、尉官的领章则以其兵种色为底色，并缀所在团、营番号。肩章则采用了日本的竖式肩章，以不同的金、银色区分其衔级。常服没有袖章。

士兵常服，布料采用斜纹布，冬、夏装同样以灰色和黄色为主，和官佐的一样，1914年黄色军装改为地绿色。上衣只有胸口有两个无袋盖明口袋。除了骑兵、炮兵、宪兵穿高筒靴外，其他兵种的士兵打绑腿，穿高腰皮鞋。外套式样与军官同，但左肋没有留长口。士兵同样佩戴领章，大小与军官同，但所在部队番号的表现形式不一。士兵常服肩章与军官同，但均以红色为底色。

此外，官佐的随从分为马弁、护兵、私仆三种。其中，马弁穿下士制服，护兵穿一等兵或二等兵制服。

袁世凯死后，北洋军阀集团分裂，各省的“大帅”们相互攻伐。混战初期，各部队的军装和军衔仍采用北洋政府确定的式样，军装还是呈报陆军部批准后，从北京、天津的被服厂购置，但由于经济基础不同，所依靠列强不同，“大帅”个人的喜好不同等多种原因，割据混战之势激化后，各地军装颜色开始五花八门。如吴佩孚的直军以灰色军装为主，段祺瑞的皖军还保留着北洋政府军的地绿色军装。即使是一支军阀部队内部，由于被服厂的技术水平不同，服色都有差异。

军装最为典型的要数奉军。奉军在关外有自己的经济基础，被服厂等后勤机构一应俱全，同时受日军影响较深，自第一次直奉战争战败后，张作霖重新整编部队期间，耗费巨资向国外采购质地优良的布料制作军服，如1922年斥资90万美金向美国购买军装布料；1923年向丹麦购买25万美金的军服。当时，虽然军阀们多有自己的被服厂，但都是用当地布料进行生产，外购军装布料这种大手笔，张作霖属于独一无二的。奉军的军装式样以日本军装为蓝本，采用呢制黄色军装，肩配竖式军衔，冬装加穿黄色呢制毛领军大衣，戴皮毛军帽。士兵打黄色绑腿，穿翘尖布鞋。

孙传芳的五省联军，由于控制了东南富庶之

地，军装式样上和其他部队也有很大不同，军服以灰色为主，式样类似于后来国民政府的童子军军服，军帽则形似当时江南的“渔夫帽”。

冯玉祥的国民军在1925年间坐拥数个省区，兵力达到20余万，但是军饷奇缺，因此军服非常简陋，面料多为土布染色，军官与士兵服制基本一致。冯玉祥及其师长们的夏装是头戴八角军帽，身穿对襟四个口袋的粗布军装，脚穿布鞋。冬装则是戴三块瓦帽子，穿军棉袄和中式宽腰棉裤。

张宗昌割据山东一省，同样有自己的被服厂、军工厂等后勤机构，鲁军还有具备自己特色的蓝色军装，军官蓝色常服外穿灰色大衣，士兵打灰色绑腿。

由于北洋政府时期，政府军的灰色军装是军队最基本的着装，混战的军阀军装式样、颜色差别并不大，为了辨别敌我，袖标成为最常用的工具。最原始的袖标就是辛亥革命时期的民军在左臂所缠的一道白布。此后，袖标在混战中开始流行。但是，袖标没有统一规范，多是临时制作应付战事。最常见的袖标就是一块单色的布料（多为红色、蓝色、白色）制成。也有的是二至三种颜色的布料组成；或是在一种底色上带另一种颜色的圆形或方形图案，有些图案中还会标明所属部队番号及指挥官；有些袖标就直接标最高统帅的姓名。这种袖标并无统一规范，战争结束后便取消了。总之，袖标的使用就和当时的服制一样混乱。

以下便是1920—1928年的军阀混战时期，军阀部队曾使用过的部分典型的袖标。

纯红色袖标：直军在1922年的第一次直奉战争中佩戴；江苏军在1924年的江浙战争期间佩戴；国民军在1925年的国奉战争中佩戴。

红－白双色袖标：1925—1926年的国奉战争中和1928年的“二次北伐”时期的奉军佩戴。

红底白圆袖标：1924年国民军在进入北京后佩戴。

蓝－红－蓝三色条袖标：1928年安国军在“二次北伐”的战事中佩戴。

纯蓝色袖标：1920年直皖战争中的直军佩戴。

蓝底白圆袖标：国民军在1925—1926年的军阀混战中佩戴；部分浙军在1924年江浙战争中佩戴。

蓝－白双色袖标：安国军在1927年北伐战事中佩戴。

纯品红色袖标：1924年直军在北京时以及在第二次直奉战争期间佩戴。

黑－红－黑三色条、中间加白圈的袖标：部分奉军在1924—1925年间的战事中佩戴。

白－红双色袖标：1928年，安国军部分部队在北京时佩戴。

白色袖标：在1922年第一次直奉战争期间，直军冯玉祥部佩戴。

士兵的个人装具在北洋政府时期也进行了初步统一规定，这些装具同样沿袭晚清新军。据1912年5月的陆军第2镇（此时还未改为师）一份清单显示，官兵的各种军服及相关装具有：青呢操帽、清呢礼服、夏布军帽、蓝布棉衣裤、土黄呢风衣、雨衣、肩章、领章、灰呢军帽、灰布单衣裤、灰布夹衣裤、皮靴、皮鞋、绑腿、单帐篷、军毯、背包（军官背包与士兵背包不同）、水壶、饭盒、干粮袋。此外，还有帆布弹药带、武装带、工兵铲、雨伞、金属口杯、挎包等。南方部队还装备当地特有的斗笠或草帽。但是，这些装备并非都能完全满足。特别是军阀混战时期，由于军阀的经济基础不同，有些军阀部队如奉军、五省联军等，占据资源丰富、经济发达的省份，个人装具齐全；国民军、川军、黔军这些所盘踞的地区的经济较为落后，军费缺乏，官兵的军服和装备都较残缺，有些军阀部队除了一身破破烂烂的军装和一杆老式步枪外，装具就剩下一条帆布弹药带了，军容和占山为王的土匪没什么区别。

这是袁世凯身穿大元帅大礼服、披红色大绶、佩戴各式勋章的相片。从照片上看，大元帅的礼帽采用了红羽缨柱，不同于其他三个等级的官佐的白羽缨柱，帽徽为金色菊花环绕的五色五角星，帽墙上为金地金花的背景，相比其他级别，将官的礼帽帽墙为三道金边，校官的是两道金边夹一道银边，尉官为两道银边夹一道金边，这是1914年新确定的形式。礼服肩章为金盘金穗，上缀4颗金色五角星，这是大元帅才有的特殊标志；将官的肩章色与大元帅同，级别由高至低用三至一颗金星表示；校官、尉官的肩章底色为兵种色，区别在于校官的肩章穗为三分之二金色流苏和三分之一银色流苏，尉官的则是三分之一金色流苏、三分之二银色流苏。准尉的肩章与三等官佐同，但无星。领章上，袁世凯的大元帅领章为金地金花，花为荷花；其他等级，花为菊花，将官为金地金花，校官为金地银花，尉官为银地金花。袖章上，大元帅和将官都为三道金边和金地金花图案，相比较，校官为二道金边和金地银花图案，尉官则是一道金边和银地金花。就连腰带，各等级也泾渭分明，大元帅和将官为金地金花，校官金地银花，尉官则是银地金花。此外，大元帅的礼裤为黑色，这也是这一等级的特殊之处。而且，大元帅和将官的礼裤裤章上都为三道红色镶边，左右两道宽3厘米，中间一道宽0.3厘米；校官则是两道宽3厘米的红色镶边；尉官是一道。

这是北洋政府时期，广东军阀龙觐光（左）和龙济光（右）兄弟身穿北洋将官大礼服的全身照。可以看到，他们的礼帽缨柱都是白羽，帽墙和袖章上都带有象征将官等级的三道金边，礼裤上缀有红边；同时，按陆军部关于礼服穿戴的相关规定，二人都穿着低腰皮鞋。龙济光礼服上还戴有饰绪和一枚勋位章（左）和一枚武昌起义纪念章。

这是1927年时任"中华民国陆海军大元帅"一职的张作霖的骑马戎装像，张作霖所穿的是陆海军大元帅大礼服，胸口还佩戴有一枚勋位章。但是，这件礼服非常特殊，北洋政府时期只此一件，这是为张作霖出任安国军政府元首而特别制作的。从照片上看，礼帽缨柱没有使用制式大元帅礼帽上的红羽缨柱，而是继续使用白羽缨柱。礼服上，绣满了北洋政府时期文官礼服上才有的嘉禾图案，这种文武合体的礼服图案不在北洋政府的礼服服制的规定中，现实中也仅此一例。袖章上的图案从颜色深浅上看，更不是大元帅和将官的金地金花，倒像是尉官和准尉的银地金花。黑色礼裤上是两道红色镶边。这身大礼服如此不合北洋政府的礼服服制，也许是为了凸显当时张作霖独一无二的权势地位，但这个"独一无二"很快也灰飞烟灭了。

上图是1912年，被袁世凯任命为陆军第27师师长的张作霖。他穿着一件北洋政府陆军上等军官的灰色夏季常服，手执指挥刀，头顶大檐帽，帽上缀五色五角星军徽，足蹬高筒马靴。这套军装的上衣上下各有2个明口袋，佩戴竖式肩章。按相关规定，将官领章应为金色。

上图是在1918年的重庆，美国摄影师西德尼·戴维·甘博(Sidney·David·Gamble)拍摄的两名川军士兵。他们穿着粗布灰军装，打着灰色绑腿，脚上穿着当地士兵常穿的草鞋。但是，他们没有佩戴军衔肩章，领章看不清颜色和所属单位番号，身旁可能是他们的行李，他们还配有一把雨伞。

左图是1918年11月，北洋政府出兵西伯利亚期间，各国宪兵的合影，照片最右侧的便是中国军队的宪兵。从照片上看，这些来自皖军精锐的宪兵们精神抖擞，穿着一身制式呢料灰军装，打灰色绑腿，足蹬皮鞋，大檐帽上是五色五角星，左臂上戴着宪兵袖标。但是，他们肩上的军衔肩章却不是常见的竖式肩章，而是横式肩章。这身军装可能是北洋政府为出国的官兵们特别制作的。

■ 这是1920年陕军的一名军官。他穿着一件皱巴巴的冬季常服，颜色难以分辨。可以看到，袖口和裤腿都有一道红边，这是军官常服的标志。其军帽帽墙上也有一道1.5厘米宽的金边，这也是军官的标志，军士以下帽墙不镶金边。观察其肩章，为两杠银边夹一道金边，上面三颗金色五角星，说明他的军衔为上尉。他的领章用别针扣在一起，看颜色可能是代表步兵的红色；校官和尉官的领章底色为其兵种色，同时领章上标明其所在团的番号。但是，这名军官的领章上并未标出番号。

■ 上图和右图是1920年的一份杂志上刊登的照片，展现的是当时孙中山的广东护法军政府的军队的士兵着装和单兵装备。从这两幅图来看，这名士兵的装具和右上图的士兵相差无几，应该也是日式装具。他穿着制式夏季常服，颜色并不明确，穿军短裤，打深色绑腿，大檐帽上仍是五色五角星。腰间左右各挂着一个皮制弹药盒。左腰还佩着刺刀。从当时广东护法军政府的薄弱的经济基础来看，能装备这身行头的应该是精锐部队。

■ 上图是某支较为优良的军阀部队中的一名士兵全副武装时的背面景象，从这里可以大致了解当时实力较为强大的军阀的单兵装具。从照片上看，可以看到，他背着一个棕色日式背包，背包上捆扎着一条军毯、一个金属饭盒和一个工兵锹。背包下的武装带上挎着一个皮制弹药盒，两旁是刺刀和私人挎包、军用水壶。这完全是20世纪20年代日军的标准装具。当时能有这些装具的只有奉军和直军麾下的精锐部队，这些装具来自从日本的进口或日本的军援。而其他省份的军阀队伍中，能装备得起这身行头的非常有限，有些则是当地仿制的日式装具。

■ 左图是1920年时的一名南方士兵。他穿着一身单衣，没有穿军外套，赤脚穿着草鞋。除了一支步枪，身上唯一的装备只有腰间的皮制子弹带，子弹还裸露在外。在经济基础落后的军阀部队中，士兵的装备和打扮往往就是这种类型，看起来和土匪差不多。

■ 上图是身穿国民军粗布军装的张之江将军，由于军费不足，后勤供应落后，国民军的军装基本为土布染色，土气十足，军官和士兵的服制无甚差别。这张照片就呈现了这一点。另外，他戴的并不是制式大沿帽，而是一顶取掉了缨柱的军礼帽，这是北洋政府规定的常礼服的礼帽式样，礼帽上的三道金边表明了其将官衔级。军装上还佩戴了三枚勋章和一枚奖章。左臂还戴着一个蓝底白圆的袖标，这是1925-1926年的军阀混战时国民军所佩戴的袖标。

■ 左图是1923年广东革命政府剿匪平叛期间的一名粤军士兵，他手中提着一支"汉阳造"步枪，穿着一件松垮的棉军装，军装颜色应该是卡其色，打着和军装同一颜色的绑腿，高腰皮鞋连鞋带都没有。他的装具非常少，就只有一把刺刀和一条帆布弹药带。这种场景在当时广东军队中并不罕见。

■ 左图是安国军中的一名列车警卫，他穿着灰色夏装，左臂上戴着一条缎带，作为内部识别标志。他佩戴着一支毛瑟 C-96式手枪，腰间挂着皮制弹药袋。这种装束是当时警卫部队的典型装束。另外，在20世纪20年代，军阀的警卫部队还会装备伯格曼冲锋枪。

■ 上图是一位炮兵军官，他穿着一件灰色夏季常服，下身是深色马裤和长筒皮靴，衣领缀蓝色的炮兵领章，从其军衔肩章上看，两道银杠夹着一道金杠，中间没有五角星，说明他是一名准尉。在其右腰别着一支“盒子炮”，枪柄上还缀着流苏。左臂上简单地缠着一块布料作为袖标，袖标上标明了其所属单位或指挥官的名字。这种袖标在军阀混战时期很常见。

■ 左图是一名炮兵军官正在用测距仪来检查弹着点。这名军官穿着一身制式棉冬装，下身则是一条皱巴巴的宽腰棉裤。但是，其脚上穿的则是骑兵所穿的军靴，显得有点不伦不类。仔细观察还能发现，其左臂戴着一个红底或蓝底白圈的袖标，说明他可能是1924–1926年期间的国民军军官。

■ 上图是1926年时期的一名奉军士兵，这张照片很好地展示了他所戴的一顶奉军的制式皮毛军帽，护耳下有两条系在下巴的带子。这里还能很清晰地看到其领章式样及上面的编号，从左领章辨认，他应该是第1团第6营的士兵。实际上，在领章上加缀所属部队番号的制度执行得并不严格，很多军阀部队的士兵的领章上空空如也。

■ 左图是穿着灰色军装的白俄雇佣兵，除了军帽上的五色五角星，军装上没有任何标志标明其军衔和所属单位。

■ 下图是1925-1926年的国奉战争期间，奉军的两名参谋在前线视察的场景。可以看到，戴皮毛军帽的那名军官佩戴着上尉的军衔肩章。更重要的是，这两名参谋的左领章上都缀着参谋特有的交叉符节标志，但正确的佩戴方式是，符节标志的领章佩戴在右衣领，左衣领是其所在团的番号。领章底色为其所在兵种色。此外，参谋军官所戴大檐帽的帽墙为红色。同时，他们还戴着红－白双色袖标。

■ 上图是身穿土黄色冬装大衣的奉军炮兵，大衣上挂着竖式肩章，戴着奉军的制式皮毛军帽。从这套军装上可以看到十足的日式军装范儿，奉军军装对日军的模仿程度很高。

■ 下图是一张手工染色的玻璃片，展示的是几名滇军士兵的形象。这些士兵穿着灰色的制式军装，打着黄色或灰色绑腿，两名士兵还披挂着土黄色帆布弹药带。他们的左臂上都戴着一块黑底白色三角形的袖标。这些士兵的大檐帽帽墙为红色，这是滇军服制有别于其他军阀部队的一个特征。还有其他一些军阀队伍中用的是白色帽墙，这种五花八门的现象在军阀混战时期很常见。留意他们的领章和肩章，红色领章代表他们都是步兵；但肩章却与军装同色，这可能是这张照片染色有误。

这是1927年时期，孙传芳的五省联军中的一名士兵。这名士兵拿着两支“盒子炮”，他所穿的军装和所戴军帽的式样都是五省联军所特有的，军装类似于后来国民政府的童子军制服，军帽形似江南当地的“渔夫帽”。军帽正中还有一块彩色饰带。最特别的是其领章，不同于北洋政府军队的制式领章，后者领章式样为长方形，外端呈尖头状，士兵领章以其兵种色为底色，左领章上标有所在团、营番号（营番号用罗马数字），右领章则标士兵个人编号；而前者是完全长方形的领章，左领章上用汉字缀着士兵所属单位，从照片上看，这名士兵隶属于第9师。

北洋政府陆军军徽、军旗

■ 上图是北洋政府军1912年至1928年统一佩戴的五色五角星帽徽，和北洋政府确定的中华民国国旗同色。

■上图是北洋政府军的陆军军旗——十九星旗，是武昌起义时使用的铁血十八星旗的变体。该旗于1912年5月被参议院确定为陆军旗。十九星旗由红黄黑三色组成，红底与黑九角象征“血”与“铁”，黑九角内外两圈各九颗共十八颗圆星代表当时关内的汉族十八个行省。中间的圆星则表示中国的统一。1928年12月，国民政府废除十九星旗，以青天白日军旗作为国民党军军旗。

北洋政府陆军领章式样

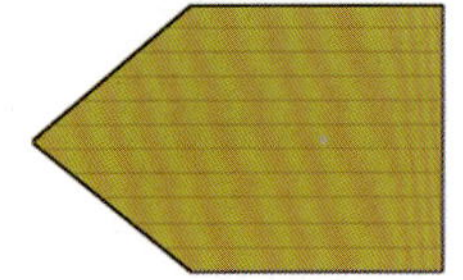

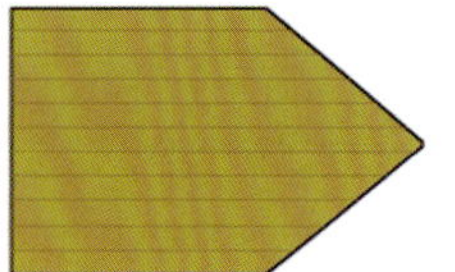

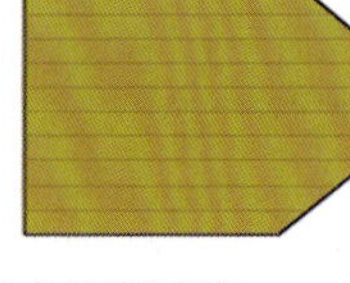

■ 上图是底色为金色的将官领章。

■ 校官、尉官的领章底色为其所在兵种兵种色，并标明所在团番号。上图表示的是工兵第58团。

■ 参谋军官的领章同样以其所在兵种的兵种色为底色，左领章是所在团番号，右领章是金色的交叉符节。上图表示的是骑兵第8团参谋。

■ 士兵的领章底色同样为其兵种色，左领章用罗马数字分别标明其所在团、营番号。右领章用阿拉伯数字标明该士兵的个人编号。上图表示的是步兵第1团第4营的8号兵。

北洋政府陆军兵种色

步兵——红色

骑兵——黄色

炮兵——蓝色

工兵——白色

辎重兵——黑色

军乐——杏黄色

军医——绿色

军法——深灰色

军需——紫色

宪兵——淡黄色

测量——灰色

北洋政府陆军常服军衔

■ 北洋陆军官兵的军衔采用竖式肩章，肩章为长9厘米，宽3厘米的长方形。将官的肩章底色为金色，校官肩章为两道金边夹一道银边；尉官的则为两道银边夹一道金边。士兵肩章底色为红色，军士的肩章正中加一道5毫米宽的金杠。官兵的衔级高低都以三至一颗金色五角星来表示。准尉肩章则不缀星。

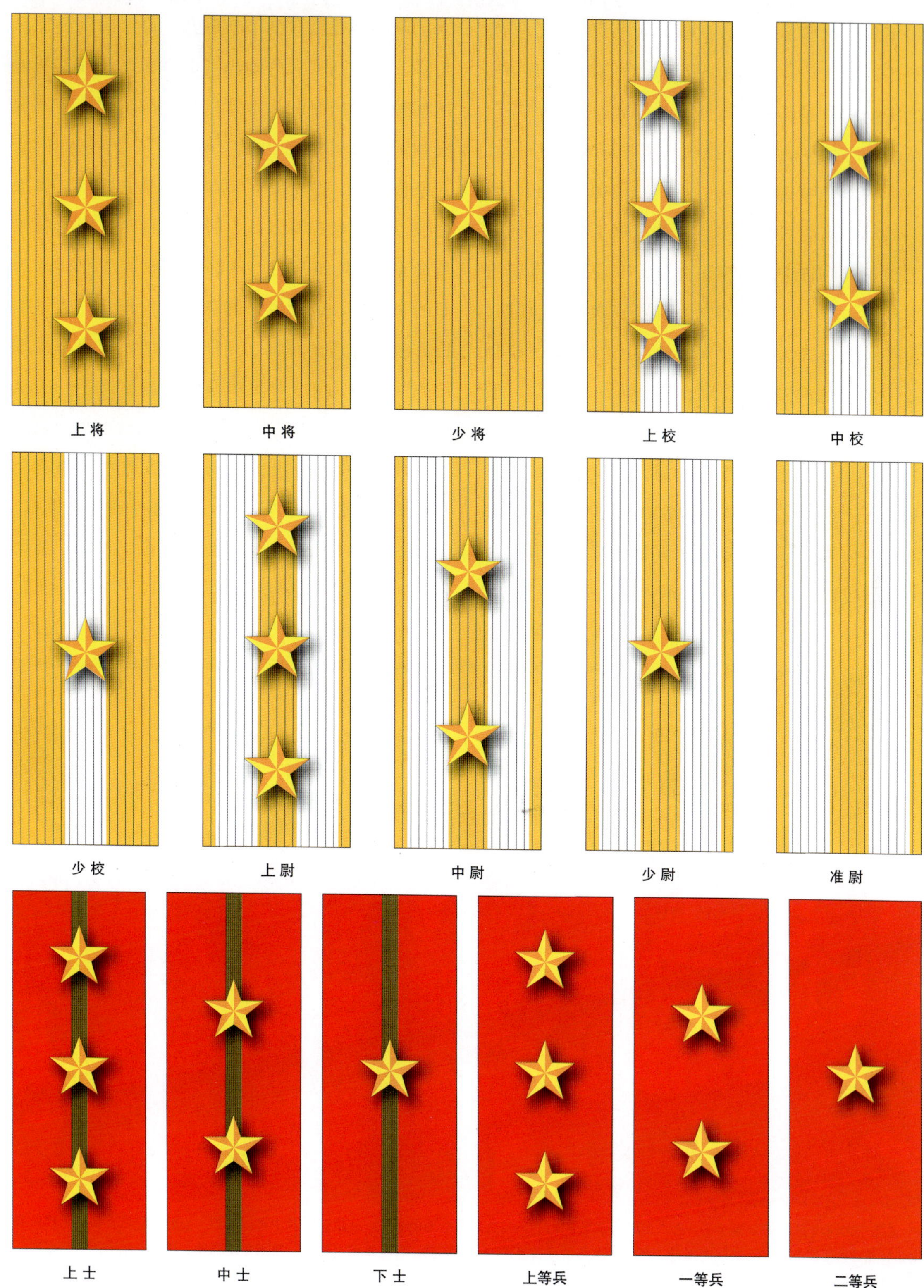

国民革命军早期军服（1924-1928年）

广东革命根据地建立后，孙中山麾下聚集了多支南方军部队，如滇军、黔军、粤军、湘军、川军等，这些军队不仅武器装备差别巨大，军装更是五花八门。有的有军衔肩章，有的没有；有的军衔肩章是竖式，有些则是横式。而当时广东革命政府经济拮据，无法统一所属部队的服制。

1924年黄埔军校成立后，军校师生内部，统一采用中山装式样的灰色军装，除了日式大檐帽上缀青天白日十二角星军徽外，军装上没有任何军衔标志。1925年2至3月，第一次东征时期，为了区别旧军阀部队，军校教导团的官兵一律佩戴一条红色的领巾。7月，国民革命军成立，采用的仍是没有任何军衔标志的灰色军装，

1926年，北伐战争打响后，国民革命军的军装没有什么改变，无论官兵，依旧是一身灰色军装，没有任何军衔标志。军官制服多为呢制，根据后方、前线等不同分工，有些军官腰扎皮制武装带，脚穿高筒马靴；有的打绑腿，穿皮鞋。各种着装并不统一，制服上也看不出上下等级。士兵的更为单一，仅是灰布单军装，打绑腿，穿草鞋，背上还有个可以遮阳挡雨的大斗笠。

随着北伐战争的节节胜利，许多旧军阀望风而降，在不断壮大的国民革命军中，新旧部队混在其间，在当时的战事背景和经济基础上，军装根本无法统一，反而更为“多样化”。如冯玉祥部，五原誓师后，国民军联军穿着褴褛的旧军装参加北伐，直至1927年5月，国民军联军改编为国民革命军第2集团军后，该部军装或为原北洋政府军的灰军装，或为原来的黄色土布军装，戴该部特有的布制八角军帽。同样，新加入国民革命军行列的阎锡山第3集团军，也只是更换了一下旗号，除了军帽上的青天白日军徽，其他一切照旧。

此外，1924-1928年间，在黄埔军校和蒋介石的嫡系部队中，小范围地使用了一种军衔臂章，但这些军衔并未得到国民政府的正式授予。直至1929年全国编遣会议召开后，国民党军才开始初步统一军装和军衔式样。

■ 这是1927年6月20日，蒋介石（右二）集团与冯玉祥（左一）在徐州会面的场景。从这张照片中可以看到，当时蒋介石及其嫡系部队和冯玉祥第2集团军在着装上的巨大差异。蒋介石等将领穿着笔挺的灰色军装，灰色军帽上除了一根黑色帽袢外，就是一颗青天白日军徽。冯玉祥则穿着土布军装，戴八角帽，右臂戴着蓝底白圈的袖标。

■ 上图是国民革命军麾下的一名年轻士兵，他穿着一件破旧且皱巴巴的灰色冬装棉外套，下身却穿着一条单裤和一双凉鞋。右臂上戴着一块貌似红黑双色的简易袖标。拿着一支日式有坂步枪。早期的国民革命军因为经济拮据，武器装备落后，军装土气，这名士兵的打扮在当时的国民革命军中很常见。

■ 左上图是1925年时期的蒋介石。他穿着一身笔挺的灰色呢料军装，扎皮制双孔武装带。这身军装采用的是中山装式，上衣上下各两个明口袋，上面两个口袋为日式内八字斜口袋，单尖袋盖。下面两个口袋为四方形带盖衣袋，这一口袋式样一直延续至今。军装上没有任何领章、肩章、袖章等表示衔级的标志。这是当时国民革命军的军官的统一着装。

■ 左图是1928年时，任淞沪警备司令的钱大钧。可以看到，他的左臂上戴有一个军衔臂章，这是国民革命军早期在极小范围内短暂实行的军衔式样。这款军衔臂章为长方形，底色为黄色，分左右两部分，左边是一个青天白日军徽，右边以三至一颗金色三角星由高至低区分衔级，从图片上看，钱大钧所戴的是中将军衔的臂章。

西方人画下的军阀武装

近现代西方人同样以绘画的形式描绘了清末民初的中国军队的种种形象，当然，其中还加入了自己的想象，这一章节选择了部分具有代表性的画作，以馈读者。其中，晚清新军的官兵形象来自当时西方人的手绘；北洋政府时期的各军阀部队官兵形象则大多来自英国的“鱼鹰”（Osprey）出版社的插画。

晚清新军（1905-1911年）

本页和下页都是一位名为哈布纳（E.Hubner）的西方人1910年时手绘的晚清新军形象，本页是1904-1911年时期的新军形象图，下页是1908-1911年时期的禁卫军形象图。这些图片较为形象地反映了当时的新军制服装备，但出于西方人的视角，在某些细节上与真实的新军服制有所出入。

■ A1：这是一名新军护号兵，他穿着制式蓝色冬季常服，裹着白色绑腿套，穿黄色皮鞋。袖口的一道红边和帽墙上的一道镶边表示其军士身份；红色肩章意味着他属于步兵。但是，红色的大檐帽帽墙与实际不符，新军官兵的常服军帽帽墙与军帽色同；只有中等、次等官佐的军礼帽帽墙为其所在兵种的兵种色。而且，在新军惯例中，护号兵应与马弁、目兵等同一级别，即袖口应镶三道红边。

■ A2：这名新军中士穿着一件土黄色制式夏季常服，打着白色绑腿。因为是背面，看不清其肩章，无法得知其所属兵种。右臂上的两道“V”字形臂章表示其军士军衔。观察其背上的个人装具，有背囊、军毯、工兵锹、军用水壶、私人挎包等，充满了日式风格，这也是当时新军受日本军制影响较深的一个体现。

■ A3：这是新军的一名一等军乐兵，他穿着蓝色冬季常服，帽墙上的三道镶边和衣袖上的三道红边都显示其一等乐兵身份。淡蓝色帽墙和淡蓝色底色肩章则不准确，军乐的勤务色为灰色，因此其肩章底色应为灰色，而且，帽墙并不显示兵种色，而是与军帽色同。

■ A4：这是一名新军的一等兵，他穿着土黄色的夏季常服，裹着白色绑腿套，腰间左右各装备着一个皮制弹药盒。黑色底色的肩章代表其隶属军需，黑色帽墙与之前的错误同。

■ A5：这是新军的一名军士，奇怪的是，淡蓝色不存在于新军兵种色和勤务色中，只有工兵的兵种色——蓝色与之接近，因此判断他可能是一名工兵军士。淡蓝色帽墙同样犯了之前的错误。另外，这5个新军士兵的形象图中都忽视的一个细节是，他们的大檐帽帽顶边缘应有一圈红色镶边。

清末禁卫军（1908-1911年）

■ B1：这是禁卫军骑兵第1标的骑兵，他穿着禁卫军的瓦灰色制式冬装，足蹬棕色长筒马靴。白色底色的肩章显示了其兵种为骑兵。左肩章上的阿拉伯数字“1”代表其所在部队番号。实际上，禁卫军士兵的肩章上，是使用拉丁数字来代表其所在部队番号的。另外，目兵等高等士兵的肩章上，还会有一至三道黑色横杠代表不同等级。还可以看到，这名骑兵的帽墙为白色，这也是禁卫军服制的一个特立独行之处——常服军帽的帽墙采用官兵所在兵种的兵种色，而非普通新军的与军帽色一致的帽墙。

■ B2：这名禁卫军军士穿着一件瓦灰色冬装常服，下身却穿着土黄色的夏季常服裤子，显得很混搭。肩章和帽墙的红色底色显示这名士兵的兵种属于步兵。衣领上缀着紫铜制圆形领章。

■ B3：这是禁卫军的一名炮兵军官，冬装常服的衣袖和军裤上都镶有红边。大檐帽上的黄色帽墙显示了其炮兵身份。和士兵相比，禁卫军军官的冬季常服衣领为黑底红边，加缀紫铜圆领章。但是，这名军官的肩章底色为瓦灰色，这是一个失误。上等官佐的常服，使用的是瓦灰色肩章和红色帽墙，从这名军官的黄色帽墙上看，他应属于中等或下等军官，其肩章底色应为和帽墙一样的黄色。这也是禁卫军服制标新立异的一个地方。

■ B4：这名禁卫军军官身穿瓦灰色双排扣大衣外套，蓝色的大檐帽帽墙表示他是一名工兵军官。但是，禁卫军军官大衣袖口应有的一道红边却未表现出来。

各路军阀部队（1916–1920 年）

■ C1：这是1917年护法运动时期，滇军唐继尧组建的云南“靖国军”中的一名士兵。这名士兵穿着一身制式灰色常服，一身日式装具，手提一支日本三十年式步枪，从其肩章上看，他至少是一名下士，红色帽墙是滇军部队特有的标志。

■ C2：这是1917年7月，张勋复辟期间，“辫子军”的一名旗手。这名士兵头戴一顶礼帽式样的军帽，脑后留着的辫子是张勋部队的“注册商标”，穿着深色军装，身上扎着土黄色帆布弹药带，手提一支曼利夏 M1886式步枪，肩上扛着前清的龙旗。

■ C3：这名士兵来自1920年直皖战争时期，皖军的中央第13师的一名军士。他的灰色制式军装上，佩戴着红色领章，说明他是一名步兵。皖系得到日本的大力扶持，特别是段祺瑞编练“参战军”时期，得到了大批日式装备，这名士兵的日式三十年式步枪和皮制弹药盒都很好地展示了这一点。另外，他手中还提着一个标着所在师番号的白色灯笼。

■ C4：这是1920年黔军刘显世麾下的一名士兵。他头上戴着一顶当地的斗笠，身上穿着卡其色衬衣和挽着裤腿的棕色军裤，足蹬草鞋，身上挂着三排子弹带，手中的步枪还是清朝时期进口的美制雷明顿 · 李 M1882式步枪。从其着装上看，充满了贵州本土风格。

各路军阀部队（1920–1924年）

■ D1：这是1920年孙中山重建广东护法军政府时期的一名粤军士兵。他身穿的是一套新旧式样并存的土黄色夏季常服，头上军徽还是五色五角星，打着灰色绑腿，足蹬棕色皮鞋，提着一支日式步枪，身上的背囊、皮制弹药盒等单兵装具都是日式。这身行头是当时军政府的精锐部队才能穿着的。红色领章代表其是一名步兵，但领章上没有任何表明其单位的标志。肩章表示其至少是一名二等兵。

■ D2：这是1920年直皖战争时期皖系徐树铮麾下的西北边防军的一名上等兵旗手，他穿着当时最常见的灰色军装，左臂上戴着蓝底白圆的定国军袖标，肩上扛着当时北洋政府的陆军旗——十九星旗。旗上最正中的星中标示着他们这支部队的最高指挥官徐树铮的姓；旗帜一侧的白底上标示的是具体部队番号。在十九星旗的上方，还有一面小的五色旗，以及三条绦带。

■ D3：这名川军二等兵来自1923年川军内战时期熊克武第1军麾下。他穿着当时南方军队典型的土黄色夏装，身背斗笠，肩挂帆布弹药带，腰间连武装带都没有，仅以一条草绳替代。左臂上用一块标明所属单位的白布作为袖标，手提一支老式的温彻斯特–哈奇开斯（Winchester–Hotchkiss）M1883式步枪，足蹬草鞋。这一形象充分显示当时西南军阀部队装备匮乏的窘境。

■ D4：这是1924年江浙战争时期浙军的一名医护兵，绿色的领章显示其军医的身份。他手上举着红十字旗，左臂戴着医护兵的红十字袖标，就连帽徽都是红十字。

两次直奉战争中的部队（1922–1924 年）

■ E1：这是第二次直奉战争时期，吴佩孚麾下第 13 混成旅的一名士兵，他的黄色领章和红底带杠肩章表明他是一名骑兵军士。和吴佩孚的"钢盔旅"一样，他也戴着法制阿德里安式钢盔，这种现象在美国军事观察者笔下有所记载。他的左臂上戴着一块红底黄圆的袖标。实际上，直军在第二次直奉战争中还带过纯品红色袖标。他手中的是一柄清军的 M1890 式马刀，背上是一支"老套筒"。

■ E2：这是 1924 年"北京政变"后，进入北京的一名奉军的宪兵，他手中提着一支伯格曼 MP 18I 式冲锋枪，左臂上缠着蓝 – 红 – 蓝带白圆的袖标，白圆上是所属部队指挥官的名字。右臂上戴着粉红色袖标，这是他作为奉军宪兵的标志。

■ E3：这是一名奉军骑兵，隶属第一次直奉战争时期黑龙江的部队。此时他还穿着灰色的棉军装，戴着奉军制式皮毛军帽，左臂上戴着红色袖标——实际上，这款袖标是当时直军所戴，但不排除同一时期奉军中也有佩戴。除了一柄 M1890 式马刀外，他还有一支日式步枪。

■ E4：这是"北京政变"时期，曹锟麾下的一名卫兵。他穿着直军的灰色制式军装，腰间扎着帆布弹药带，左臂上戴着褪色的品红色袖标，手中提着一支曼利夏 – 卡尔卡诺（Mannilicher–Carcano）步枪，这款步枪是 1919 年直系引进的众多步枪中的一款。

各路军阀部队（1924–1925 年）

■ F1：这是1925年时的甘肃骑兵，他戴着当地特有的羊毛军帽，还使用着一支老式长矛，肩上背着一支毛瑟M1891式步枪，绿色的袖标上还带有穆斯林的标志。

■ F2：这是1924年江浙战争中浙军卢香亭第2师的一名士兵。这名士兵头上戴的不是常见的制式大沿帽，而是一顶灰布圆顶棉军帽。他的肩上还扛着一挺雷克斯式（Rexer）轻机枪，这是丹麦麦德森式（Madsen）机枪的一个未经许可而"山寨"的版本。

■ F3：这是1924年"北京政变"时的一名国民军士兵，他手中提着一支苏制莫辛－纳干M1891式步枪——这款步枪在1925年以后苏联通过蒙古更大规模地供应给国民军，左臂上戴着红底白圆的袖标，肩上交叉背着两条帆布弹药带，大檐帽上还有一副护目镜。

■ F4：这是1925年时的国民军士兵，他戴着一顶粗糙的宽沿布帽，身上穿着土布染色的军装，没有任何军衔标志，右臂戴着一块蓝底白圈的袖标，白圈中标着一些标语口号，手中还提着一支"汉阳造"。

各路军阀部队（1926–1928年）

G2

G4

G1

G3

■ G1：这是1928年退出北京时的一名安国军军士，这一形象是根据当时的一幅照片所描绘的。这名士兵戴着红－蓝－红三色袖标，右手提着一支红－白－红三色军旗，军旗上有三颗红星，这款军旗可能是其所属部队的旗帜。

■ G2：这是1926年的一名晋军士兵，这一时期的晋军参与了围剿冯玉祥国民军的国奉战争。这名士兵穿着灰色军装，深色军裤，还围着一条浅蓝色的围巾，手中提着一支山西军人工艺实习厂仿制的美国汤普森式冲锋枪，和美国原版相比，晋造汤普森的枪管长达395毫米，远超原版。

■ G3：这是1927年上海战役期间，孙传芳五省联军麾下的一名士兵。他手中提着一支长矛，胸前又挂着一支“盒子炮”，这种装备说明当时连经败仗后孙传芳部队的窘境。他头上戴着五省联军特有的“渔夫帽”，左臂上戴着蓝－白－红三色臂章。

■ G4：这是1927年时，张宗昌麾下的“山东”号铁甲列车上一名白俄雇佣军士兵。他身上穿着一件没有军衔标志的制式灰色军装，手中是一支“老套筒”，身上也没有任何表示其国籍的标志，这是当时白俄雇佣军的普遍形象。

国民革命军（1926–1928年）

■H1：这是1927年是国民革命军中的一名旗手，他装备着一支“盒子炮”，手中提着一杆国民革命军军旗，军旗边的白底上的字样表示他来自国民革命军总司令部。但是，他身上的土黄色军装比较罕见，当时国民革命军的军装基本上都是灰色。值得注意的是，他的左胸上缝制着一块白色胸章，上面标有其所属单位，这在当时同样非常罕见，只有小范围流行。

■H2：这是国民革命军第2军中的一名高级军官，他身上穿着一套呢制土黄色军装——这同样非常罕见，下身穿着马裤和高筒皮靴，手拎马鞭。他的左臂上缝制着当时小范围使用的军衔臂章，一颗金色三角星表示其军衔为少将。

■H3：这是北伐战争时期著名的“铁军”——第4军中的一名步兵，他穿着一套国民革命军的制式灰军装，足蹬草鞋，除了一支瑞士产的MP 18I式冲锋枪外，身上的个人装具屈指可数，为一个军毯捆扎成的背囊、一个私人挎包和一把雨伞。

勋章和奖章

勋章、奖章制度，作为一种精神激励机制，对功勋卓著和品德高尚者进行奖励，以达到维护政治制度、社会风尚等目的，中外皆有。北洋政府成立后，结合前代勋赏制度和国外赏功制度，逐步建立了一套自己的赏功制度。从1912年至1916年间，北洋政府颁布一系列法案，逐步设立了勋位章、白鹰勋章、文虎勋章、嘉禾勋章、宝光嘉禾章等主要的勋章，以及陆海军奖章、“功绩、学术、射击”奖章。各种勋章的授予多集中在10月10日国庆节，以大总统令颁布，北洋政府的勋奖章体系逐渐形成。

1912年7月29日，袁世凯颁布《勋章令》和《颁给勋章条例》，规定普通勋章分为大勋章和九等嘉禾勋章共十种：大勋章为大总统佩带和由大总统特赠外国元首；一至九等嘉禾勋章分给“有勋劳于国家者”和“有功绩于学问及事业者”。1916年10月8日，北洋政府又增添了五等宝光嘉禾章，并对勋章绶制、佩戴规则、章绶图式等进行调整，明确颁授对象兼及文武官员。

除了普通勋章，在军队勋章方面，1912年12月7日，北洋政府颁布实施《陆海军勋章令》，将陆海军勋章分为白鹰勋章和文虎勋章两种，均为九等，颁发给战时、平时有卓越贡献的陆海军军人。此后，又进一步修正官兵等级与勋章级别的对应。1925年10月，段祺瑞临时执政府又新增了一款金狮勋章，但这款勋章流行时间很短暂。

除勋章之外，还有勋位章。1912年8月9日，北洋政府颁布《勋位令》，规定“凡民国人民，有勋劳于国家或社会者，授与勋位”；勋位分为六级，分别为大勋位、勋一位至勋五位，由大总统亲授；凡受有勋位者，发给徽章和证书，除依刑法受褫夺公权外，终身保有；凡受有勋位者，依法律受一定之年金。

在颁布各种勋章的同时，北洋政府还对勋章的授予和佩戴进行了规范化。

根据相关规定，各种勋章在穿着军礼服和常服时都可佩戴，但常服上佩戴一、二等勋章时，不佩戴大绶。陆海军勋章中，一、二等勋章均为大绶，三等为领绶，四等至九等为襟绶，均佩于上衣左襟之上。已被授予一种勋章后，又得受同种上级勋章者，其下级勋章缴部核销。

一、二、三等白鹰勋章佩戴于衣领下，与第一颗纽扣相接。白鹰勋章与文虎勋章及嘉禾章同时佩戴时，依次为白鹰勋章、文虎勋章、嘉禾章，排列方向自右而左。勋位章、文虎勋章、嘉禾章均佩戴于左胸下第3、第4颗纽扣之间。勋位章与一、二等勋章同时佩戴时，勋位章居上，勋章居下。各等文虎勋章、嘉禾章同时佩戴时，等级高者居上，同级别者则以文虎勋章居上。有大绶的勋章佩戴于大绶之上。各种勋章同时佩戴，以高级者排列于上，不能并列则排列两排。各种奖章佩戴于勋章之左；褒章、奖牌、纪念章则佩戴于奖章之左。外国勋章应佩戴于本国勋章之左；被授予外国大绶勋章者，其绶带除了必须的外交场合外不得佩戴。

勋章的授予，依据规定，勋位章由大总统亲自授予；宝光嘉禾章由大总统特令颁给；嘉禾勋章和陆海军勋章的授予则有两种，除由大总统特令颁发外，一是由铨叙局呈请，大总统以命令形式颁发；一是陆（海）军总长呈请，大总统批准。

北洋政府时期的赏功制度特点很明显。首先，赏功与政治风向密切相关，还反映南北两方、北洋军阀内部各派军头势力的消长。在勋赏对象的选择以及褫勋、复勋等事件上表现得最为明显。每年双十节期间，往往会产生一批新的“勋贵”。一旦被勋赏者与执政者政见不合，所受勋赏有可能被褫夺。但是，一旦政治风向逆转，被褫夺的勋赏又可能失而复得。如“二次革命”后，袁世凯下令褫夺孙中山、黄兴、柏文蔚等一切荣典；1916年6月袁世凯死后，凡系国民党人勋位勋章经袁世凯褫夺者，黎元洪均一律复还。赏功制度在实际操作过程中，变成大总统对各方势力笼络和牵制的一种工具。一方面，赏功对象不论是否有功，均被无限制地增多；另一方面，被勋赏者一旦与执政者政治立场不同，便有可能遭到褫夺。

其次，各种勋章的授予阶层倾向非常明显。一方面，勋章的颁布非常广泛，手握实权、执掌一方、具有较大社会影响的人物均被纳入勋赏范围，获勋者众。另一方面，在人数众多受勋者中，高等文武官员占较大比例，普通文官和士兵很少受勋。虽然有明文规定，普通勋章授予对象包括普通文官，陆海军勋章授予对象包括初等官佐和士兵，但在实际操作过程中，却鲜见他们的身影。北洋政府所授予的嘉禾勋章和文虎勋章几乎均为四等以上级别，适用于普通文官、士兵的六等以下的勋章却很少被颁发。这种勋赏分配和倾向在北洋政府时期一直被延续。此外，“大帅”们对勋章的佩戴方式也是随心所欲，五花八门。

1928年底，随着北洋政府的垮台，其赏功制度被南京国民政府废除，代之以新的赏功制度。

勋位章和大勋章

勋位章是北洋政府于1912年8月通过《勋位令》而设立的一种终身荣誉，其褒奖级别要高于其他勋章。1913年1月13日，北洋政府又颁布了《勋位授予条例》，对勋位徽章、证书的样式，佩戴，颁授仪节等作了具体规定。

勋位章共分为六级，由大总统亲自授予，获得勋位者除依法律享受一定年金外，不附带其他特权。勋位章可终身拥有，获得者身故后，其勋位章要由其子孙或亲族缴还。勋位章的佩戴位于左胸，在各种勋章之前。勋位证书由铨叙局撰文呈请，大总统签名盖印。

勋位章为银制，圆形，底座是牡丹花叶纹（其中大勋位章至勋三位章的牡丹花叶纹底座上还有4朵对称的粉红色牡丹花，勋四位章和勋五位章则无牡丹花）；中央为红色圆形，正中镶嵌一颗由一束嘉禾环绕的珍珠；红色圆形周围环绕着四个下底对外的等腰梯形，呈十字状排列，其颜色依次为黄、蓝、黑、白，加上中间的红色，正好与北洋政府的五色国旗同色。勋位章的级别则由十字上镶嵌的珍珠数量来区别。具体如下：

大勋位章：镶嵌12颗珍珠，上下左右各3颗。

勋一位章：镶嵌10颗珍珠，上下镶嵌3颗，左右镶嵌2颗。

勋二位章：镶嵌8颗珍珠，上下左右各2颗。

勋三位章：镶嵌6颗珍珠，上下各2颗，左右各1颗。

勋四位章：镶嵌4颗珍珠，上下左右各1颗。

勋五位章：镶嵌2颗珍珠，上下各1颗。

此外，在授予勋位章的同时，还会授予与勋位相应的年金。这在北洋政府的勋章制度中是非常罕有的，除了勋位章，仅陆海军的白鹰勋章和财政部的鹤章拥有年金制。根据《勋位年金法》的相关规定，经参议院同意后，得有勋位章者，大总统需给予其终身年金。其中，大勋位章为1万银元，勋一位章为8000，勋二位章为6000，勋三位章为5000，勋四位章为4000，勋五位章为3000。若勋位被依法褫夺，其年金也被取消。若勋位章获得者死亡，在其死后一年内，其遗族仍可获得年金。

从1912年至1918年，北洋政府共授予各等级勋位章数百枚；其中大勋位章最少，仅颁发了11枚，分别授予袁世凯、孙中山、黎元洪、冯国璋、徐世昌、段祺瑞、曹锟、张作霖等10人（孙中山分别在1912年和1916年获授）。这10人中，还包括一个外国元首：日本大正天皇（1915年获授），一个宗教领袖：外蒙古的哲布尊丹巴呼图克图汗（1916年获授）。

北洋政府的最高荣誉则是大勋章，这是大勋位章的特殊形式，仅大总统可佩带，或赠与外国元首；总统卸任后不再佩戴，改佩大勋位章。大勋章包括主章、红色大绶带和坠在大绶花结上的副章。主章直径为105毫米，银镏金分四层打造。中心层是用珍珠、珊瑚、宝石浮雕镶嵌而成的12种中国传统物象图案：日、月、星、辰、山、龙、华、虫、宗彝、藻火、粉米、黼黻。外圈再环以36颗珍珠，极其华丽。外层三层呈八角形状，由内至外分别是蓝色珐琅层、红色珐琅层及外圈金色光芒层。副章直径74毫米，银镏金分三层打造。正面图案与主章一致，背面垂直篆刻着“大勋章”三字。

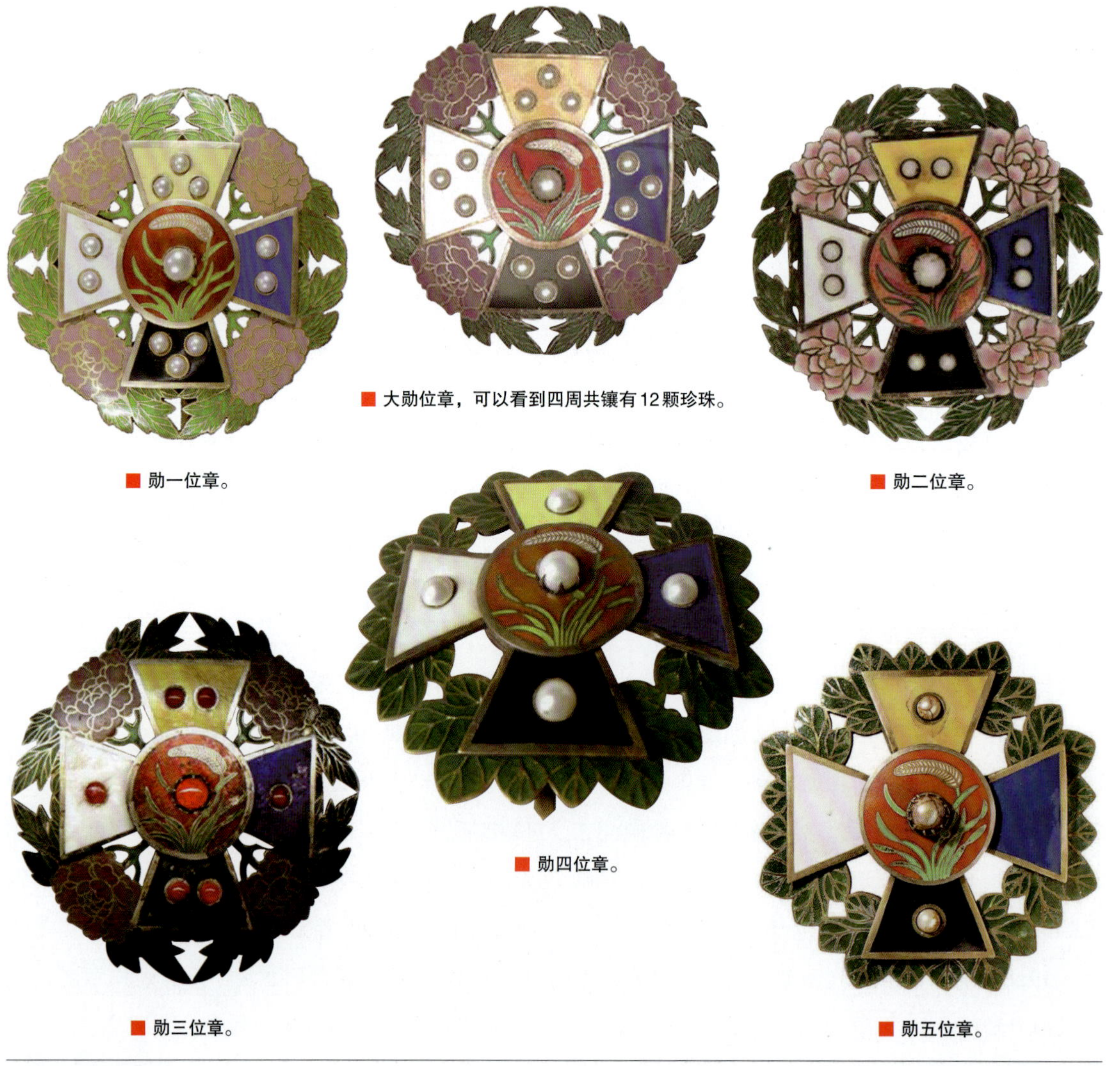

■ 大勋位章，可以看到四周共镶有12颗珍珠。

■ 勋一位章。

■ 勋二位章。

■ 勋四位章。

■ 勋三位章。

■ 勋五位章。

■ 左图是黎元洪墓中出土的大总统勋章。勋章正中是12种中国传统物象，周围是36颗珍珠环绕，可见其华丽精致。

■ 这是身穿北洋上将大礼服、肩披红色大绶，佩戴大勋章的黎元洪总统，这枚勋章只能以总统身份佩戴。

这是1917年出任代理大总统的冯国璋，他身着北洋上将大礼服、披红色大绶，佩戴大勋章（左胸最上）、一等文虎勋章（第二排左）、一等大绶宝光嘉禾章（第二排右）和二等嘉禾勋章（下）。从其勋章的佩戴上看，较为符合北洋政府关于勋章佩戴的相关规定。

这是出任大总统一职后，佩戴大勋章的徐世昌。他的绶带披在外套里。

这是1918年，张作霖担任东三省巡阅使时期，身穿北洋上将大礼服、身披大绶、佩戴勋位章（可能是勋五位或勋四位章）、文虎勋章和各种奖章、纪念章的照片。从这张照片上可以看到，张作霖对于勋章的佩戴较为随意，勋位章戴在右胸，各种纪念章戴在左胸。六个等级的勋位章，张作霖于1913–1927年间先后都被授予过。按相关规定，如果获授勋位，获得者要开具履历送铨叙局注册；而在获得勋位后又获得更高级勋位的，获得者应将原有徽章交还铨叙局，但证书无需缴还。注意其左胸最左边的那枚奖章，应该是陆海军一等金色奖章。

北洋政府颁授各等勋位章名录表（1912–1927年）

时间		大勋位章	勋一位章	勋二位章	勋三位章	勋四位章	勋五位章
1912年	10月	袁世凯、孙中山、黎元洪	唐绍仪、伍廷芳、黄兴、程德全、段祺瑞、冯国璋	孙武			吴俊陞
	11月			徐绍桢、陈其美、刘公			
	12月			蒋翊武、张謇、汪兆铭	邓玉麟		
1913年	1月			蔡济民	唐牺之、蔡汉卿、季雨霖、吴兆麟、杜锡钧、王安澜	王文锦、徐达明、吴醒汉、李作栋	杨玉如、刘英、熊炳坤
	2月			梁士诒、胡惟德、姜桂题、段芝贵	谭学衡、熙彦、王占元、曹锟、陈光远、李纯、倪嗣冲	蔡廷干、刘承恩、靳云鹏、赵倜、卢永祥、周符麟	徐树铮、吴光新、蒋廷梓、王金镜、李厚基、何丰林 马继增、施从滨 张锡元、程克
	3月				顾忠深、洪承点	王隆中	
	4月			尹昌衡	吕公望	余钦翼	叶颂清、顾乃斌、王正雅
	5月			章炳麟			
	7月			张勋		马继增	孟效曾、葛应龙、米振标、张作霖、张文生、方玉普、鲍贵卿、张敬尧
	8月				李鼎新、郑汝成、苏慎初	臧致平	孟恩远、马联甲、殷恭先
	9月		张勋	刘冠雄	雷震春、施从滨、张文生	何丰林、殷恭先	陈廷训、白宝山、陈德修、方更生、王怀庆、李钦、李际春、杨善德、吴长植、刘起垣、潘鸿钧、张克瑶、徐宝珍、覃师范
	10月		世续、徐世昌、赵秉钧	朱瑞、蔡锷、胡景伊、唐继尧、阎锡山、张凤翙、张锡銮、倪嗣冲、张镇芳、周自齐、陈宧、汤芗铭	蒋尊簋、孙毓筠、庄蕴宽、杨增新	张绍曾、陆建章、蒋雁行、马毓宝、周骏	夏炎甲、屈映光、张殿如、黄士龙、张载阳、徐乐尧、张毅、刘存厚、彭光烈、孙兆鸾、陈廷杰
	11月				米振标、吴俊陞	张殿如	陈镇藩、孙发绪、常德盛、蒋作宾、史久光、王汝贤、康永胜、尹凤山、赵清衢
	12月			赵尔巽			申保亨、张建功
1914年	1月				阮忠枢	唐在礼、蓝天蔚	梁士讦、李燮和、梅馨、向瑞琮、陈文运
	2月						谢汝翼
	4月						萧良臣
	6月						李绍臣
	8月						刘镇华、宝德全

注：表中人物姓名，蓝色代表"晋授"。

北洋政府颁授各等勋位章名录表（1912–1927年）（续上表）

时间		大勋位章	勋一位章	勋二位章	勋三位章	勋四位章	勋五位章
1914年	9月						韩麟春
	10月					王揖唐、杨度、张作霖	
	11月						王纯良
1915年	1月					张弧	傅良佐、陆锦、章遹骏、袁乃宽、马存发、田作霖
	2月			赵倜			田中玉、周金城、朱泮藻、龙觐光
	6月						徐尚武
	10月				陆征祥、廕昌、田文烈	曹汝霖、施愚、顾鳌、江朝宗、崑源、马龙标	张士钰、吴炳湘、王廷桢、李进才、李耀汉
	11月	日本大正天皇				白宝山	
	12月			杨善德		萧良臣	胡令宣、徐国樑、崔振魁、王桂林、邓瑶光
1916年	1月						张树田、卓特巴扎普、谭庆林、殷贵、刘友才
	2月	哲布尊丹巴呼图克图汗		杨增新	周骏		戴桢、刘虎臣、阎相文、张鹏舞
	3月				张敬尧	李文富、齐燮元	杨起元、刘湘、黄鹄举
	4月					周文炳、马福祥	刘一清、杜文泳、张庆云、卢金山、李福林、王陵基、吴恒瓒、宫邦铎、张中和、黄国樑、赵戴文、管云臣、熊祥生、吴新田
	5月			靳云鹏	萧良臣、张作霖	陆宗舆、冯德麟	田树勋、王承斌、马鸿宾、马廉溥、姜占元、王学彦、马良
	7月			李烈钧			
	10月	孙中山	蔡锷、唐继尧、陆荣廷、梁启超、黄兴、岑春煊、世续	廕昌、曹锟、刘显世、王占元、吕公望、柏文蔚、吴俊陞、张敬尧、胡汉民	罗佩金、戴戡、朱庆澜、张怀芝、朱家宝、任可澄、陈炳焜、陈树藩、李根源、李长泰、周文炳、钮永建、陈炯明	李厚基、孟恩远、毕桂芳、张广建、王廷桢、刘存厚、熊克武、李耀汉	陈文运、刘庆恩、莫荣新、谭浩明
	11月					龙觐光	
	12月				刘祖武、庾恩暘、黄毓成、叶荃、张子贞	由聪龙、刘云峰、王文华、熊其勋	邓太中、杨蓁

北洋政府颁授各等勋位章名录表（1912–1927）年　（续上表）

时间		大勋位章	勋一位章	勋二位章	勋三位章	勋四位章	勋五位章
1917年	1月	冯国璋					
	2月				洪承点（还给）		范国璋
	3月						曾继梧
	4月			张怀芝		张树元	刘人熙
	5月			马福祥		马安良	莫擎宇、马麒
	10月		段芝贵、倪嗣冲、张敬尧	陈光远、李长泰		范国璋、吴长植、王承斌、阎相文、刘启垣、萧安国、张树元、吴炳湘	张永成、蔡成勋、冯玉祥、王汝勤、张九卿、张怀斌、刘金标、吴佩孚、张纪、汪学谦、商震、孔繁蔚、李奎元、岳兆麟
	11月				隆世储		
	12月					童保喧	刘询
1918年	1月					李品嘉	舒荣衢、陈洪范、刘成勋、汪可权
	2月						李炳之
	4月		曹锟		吴佩孚、王承斌		赵玉珂、曹锳、张学颜、萧耀南、张福来、彭寿莘、陈清源、董政国、王用中、王起贵、杜锡珪、刘锡广、张敬汤
	5月						吴庆桐
	6月				吴鸿昌	丁效兰、冯玉祥	王馀庆、马孟骧、刘玉崑、赵学涛、朱廷灿、王都庆、张宗昌、王正雅、殷本浩、龚汉治、阎治堂、杨清臣、陈德麟、穆文善、崔魁文
	7月						熊炳琦、徐鸿宾
	10月	徐世昌	姜桂题	张作霖、杨善德	王揖唐、卢永祥	鲍贵卿	曲同丰、张联陞、何佩瑢
	12月				熊希龄		陆洪涛
1919年	1月						王懋赏、陈乐山、王宾
	5月			王揖唐	童保暄（追赠）		
	8月						张焕相
	9月	段祺瑞	李纯		白宝山		马玉仁
	10月		张作霖			王桂林、徐国樑	师景云
	12月				吴光新		张景惠
1920年	1月		王士珍、靳云鹏、刘冠雄、张怀芝、王占元、赵倜、阎锡山	陈树藩、徐树铮、傅良佐	汪大燮、李厚基、孟恩远、蒋雁行、曹汝霖、陆宗舆	田中玉、曲同丰、马良、陈文运、张士钰、林长民、范源濂、张国淦、章宗祥、曾毓隽、张志潭、蓝建枢、刘传绶	王家襄、罗开榜、卫兴武、丁锦、丁士源、萧俊生、刘冠南、吴振南

北洋政府颁授各等勋位章名录表(1912-1927)年 (续上表)

时间		大勋位章	勋一位章	勋二位章	勋三位章	勋四位章	勋五位章
1920年	2月					孙烈臣、张载阳	张作相、夏超
	3月		陆征祥、卢永祥		鲍贵卿、屈映光	许世英	
	4月					张宗昌	蒋拯
	7月					陆洪涛	
	10月			鲍贵卿、马福祥、吴佩孚、王承斌	孙烈臣、蔡成勋、齐燮元、王怀庆、阎相文、张景惠	曹锐、陈毅、张作相、曹锳、赵玉珂、萧耀南	汲金纯、孙传芳、许兰洲、秦华、何恩溥、邹芬、张学良、刘梦庚、杨文恺、倪文汉、殷鸿寿、杨以德、王迺斌、潘复、王毓芝、于冲汉、李馨、朱熙、黄振魁
	11月						边守靖
	12月				顾维钧、熊克武、谭浩明	刘湘、李静诚	
1921年	1月					颜惠庆、丁乃扬	
	2月			李厚基			崔肇琳、王崇文
	3月				孙传芳	王都庆	
	5月				何丰林		蒋松林、荣道一
	6月						赵荣华、刘佐龙
	9月		吴佩孚			杜锡珪	
	10月		杨增新				阎书堂、陈兆锵
	12月					蒋拯	盛恩颐
1922年	2月				周符麟		潘矩楹、钱广汉
	4月					林建章	
	7月					王毓芝、刘冠南	吴毓麟
	8月		程璧光(追赠)、章炳麟				
	10月		吴景濂、董康、靡昌、李烈钧	张绍曾、李鼎新、蒋雁行、冯玉祥、蔡成勋、萧耀南、何丰林、汪大燮、谭浩明、熊克武、孙烈臣、朱庆澜、孙洪伊 谭延闿、赵恒惕	陆洪涛、江朝宗、张锡元、蔡廷干、王廷桢、莫荣新、蒋作宾、孙宝琦、饶汉祥、马龙标、萧安国	江庸、袁祖铭	陈籙、汪荣宝、黄开文、夏维崧、瞿瀛、徐邦杰、薛之珩、袁得亮、申振林、车庆云、李殿臣、卢凤书、方本仁、陈调元、杨春普、张仁奎
	11月		赵尔巽、张謇	熊希龄、田文烈、杜锡钧、孙传芳	刘成勋	卢金山、张福来、张联陞、赵荣华、刘佐龙、常德盛	孔繁锦、张兆钾、张允明、孟昭月、张俊峰、刘跃龙、刘建章、李济臣、靳云鹗、郑士琦、马廷勷、沈鸿英、沈荣光、李易棻、胡恩光、周兆瑞、甘联璈、杨敬修
	12月						李鸣钟、张之江

北洋政府颁授各等勋位章名录表(1912–1927)年 （续上表）

时间		大勋位章	勋一位章	勋二位章	勋三位章	勋四位章	勋五位章
1923年	1月				吴新田、丁槐	魏明山	全永炎、潘玉田
	2月					刘恩源	潘国纲、王桂林
	3月				赵玉珂	陆锦、蒋廷梓、董政国、边守靖、刘富有、憨玉琨	赵玉珊、孙岳、赵俊卿、孙清山、冯鸿泽、李振东、吴文铠、刘德抡、曹士杰、高在田、敖景文、陈源亭、李荣殿、金孝悌、赵会鹏、张察
	4月			曹锐	刘镇华、殷恭先	潘鸿钧	
	5月						曹永祥、曹景桐、王维城
	7月					刘玉珂	
	10月	曹锟					
	11月		萧耀南				
1927年	6月	张作霖					
	7月					褚玉璞	许琨
	8月		孙传芳、张宗昌			韩德铭(追赠)	徐源泉、沈鸿烈、祝祥本
	9月						郑俊彦
	10月				张学良、韩麟春	汲金纯	毓麟、林宪祖、于国翰、杨毓珣、李藻麟、全寿良、于芷山、臧式毅、邹作华、翁之麟、戢翼翘、王树常、荣臻、万福麟、胡毓坤、鲍文樾、汤玉麟
	11月				王永江(追赠)		

注：1924–1926年停授。

白鹰勋章和文虎勋章

1912年12月7日，北洋政府颁发《陆海军勋章令》、《陆海军叙勋条例令》，将专门授予陆海军的勋章分为白鹰勋章和文虎勋章两种。颁布标准为："凡民国陆海军人于平时、战时著有勋劳，或非陆海军人及外国人于陆海军特别任务中著有勋劳者，皆得分别给与。"

白鹰勋章为三层图案组成，外两层是光芒线组成的八角星，中间镂刻展翅的白鹰图案。白鹰勋章分为九等，以标于白鹰头顶上方的五角星数量来区分等级。一等为三颗，二等为二颗，三等为一颗。四等至六等、七等至九等的五角星数也是如此划分。

文虎勋章外形与白鹰勋章略同，主章直径7.8厘米，副章直径7厘米。主图案也分三个层次，第一层是与五色旗颜色相同的五色八角形组成的光芒线；第二层是八角形立体银色光芒；第三层是一个直径约2厘米的圆圈内，坐着一只老虎，背景是绿地蓝天，故称之为"文虎"。文虎勋章也分为九等，以勋章第二层正上方的立体五角星的数量代表等级高低，等级区别方式与白鹰勋章相同。

根据《陆海军勋章令》的相关规定，白鹰勋章和文虎勋章，一、二等授予将级军官，三至六等授予校级、尉级及准尉军官，七至九级授予士兵。而在《陆海军叙勋条例》中，则对战时、平时35项勋绩进行分类，分为"殊勋"和"武功或劳绩"，有"殊勋"者授予白鹰勋章，"武功和劳绩"则授予文虎勋章。1913年4月10日，北洋政府又进一步修正《陆海军勋章令》中关于官勋对应级别的内容，一、二、三、四等授予将官，三、四、五等可授予校官，四、五、六、七等可授予尉官和准尉，六、七、八、九等授予士兵。

根据相关规定，白鹰勋章的级别要高于文虎勋章，两种同级别的勋章同时佩戴时，白鹰勋章在前，且白鹰勋章应佩戴于衣领正下方。同时，获授白鹰勋章者，同时享有一定的年金。

■ 这是来自外国拍卖行的一枚二等白鹰勋章的主章（右图）和副章（左图），可以看到白鹰上方是两颗五角星，代表二等，一等白鹰勋章则是三颗星，三等是一颗星。白鹰勋章的四等至六等、七等至九等也都是以三至一颗星区别等级，而每一等级的具体区分需要通过不同颜色的绶带和徽章上的五角星数量来辨别。白鹰勋章实物在国内极其罕有，几乎从未出现，对照历史照片，这枚勋章真伪度还有待考证。

这是身穿北洋上将大礼服、佩戴勋三位章、一等大绶宝光嘉禾章（左胸第二排左）、文虎勋章（第二排右）、白鹰勋章（第三排左）、嘉禾勋章（第三排右）和各种奖章、纪念章的曹锟。可以看到，曹锟对绶带和各种勋章的佩戴较为符合规范，红底黄缘的大绶带从左肩至右肋，勋章在左胸，奖章在右胸，勋位章位于最上方，其他勋章应该是按等级高低进行佩戴。其中，白鹰勋章上有二颗五角星，曹锟曾有荣获二等白鹰勋章的记录，故这枚是二等白鹰勋章。文虎勋章上有三颗五角星，而且佩戴于白鹰勋章之前，这应是一等文虎勋章。红底黄缘的大绶带和佩戴于绶带上的大绶一等宝光嘉禾章，符合"有大绶的勋章佩戴于大绶之上"的相关规定。另外，左胸上的纪念章，可分辨出的有一枚八角星型的武昌起义纪念章、一枚袁世凯就任大总统纪念章和一枚徐世昌就任大总统纪念章。

这是身穿上将大礼服、披红色大绶的王占元。从照片上看，他所佩戴的勋章中，衣领正中的是一枚白鹰勋章（鹰首上方隐约可辨两颗五角星，由此判断可能是二等或四等白鹰），下方是一枚勋一位章，再下是文虎勋章（左）和嘉禾勋章（右），白鹰勋章旁边，还有两枚奖章或纪念章。其中，八角星型那枚是武昌起义纪念章。从王占元佩戴勋章的顺序来看，稍显凌乱。

■ 上图是全套大绶一等文虎勋章，包括主章、副章、红底黄缘的大绶和勋章盒。可以清楚看到，勋章第二层正上方有三颗代表一等的五角星。

■ 下图是全套大绶二等文虎勋章，绶带为黄底绿缘，勋章上有两颗五角星。由于年代久远，黄底已经褪色。

大中華民國大總統茲贈與
大日本國海軍少將小林研藏
二等文虎章用敦睦誼
大中華民國十二年三月二十三日令行
黎元洪
大中華民國十二年四月三日頒發
海軍總長李鼎新
海字第一百零八號

■ 这是1923年4月大总统黎元洪授予日本海军少将小林研藏的大绶二等文虎勋章，正、副章、绶带、勋章盒、证书一应俱全。留意勋章颁发证书，其上有颁发者黎元洪和时任海军总长李鼎新的签名。

■ 上图是三等文虎勋章的正面和背面。可以看到，勋章正面正上方有一颗五角星，背面红底内有“文虎勋章”四个篆体文字。下图是带绶带的三等文虎勋章及其包装盒，三等文虎勋章使用的是领绶，绶带为绿底红缘。

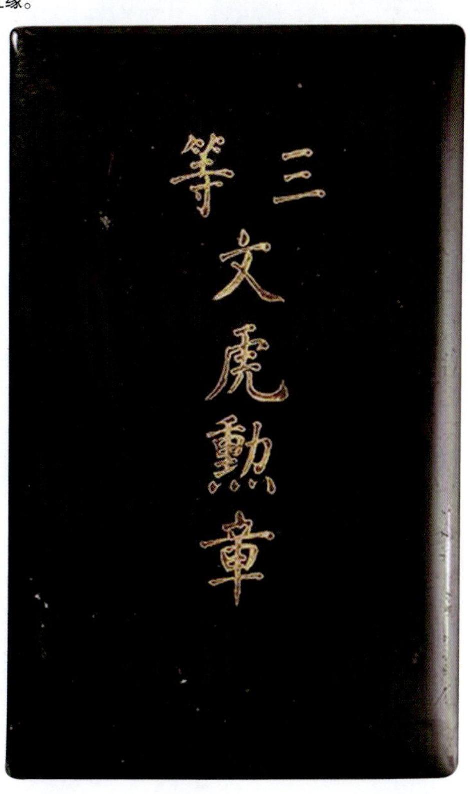

■ 左上图是四等文虎勋章，右上图是六等文虎勋章，下图是五等文虎勋章及勋章盒，四至六等文虎勋章为襟绶，使用的是绿底红缘的襟绶带。

■ 左上图是七等文虎勋章，右上图是八等文虎勋章，左图是九等文虎勋章。七至九等文虎勋章使用的也是襟绶，绶带为蓝底白缘。

这是1913年担任陆军第27师师长时期的张作霖，他穿着北洋中将大礼服，左胸是文虎勋章和一些奖章、纪念章，右胸是勋五位章，佩戴的是黄底红缘的大绶带，由此判断，其文虎勋章应该是二等章。左胸的奖章、奖牌、纪念章中，还有一枚陆海军奖章。

嘉禾勋章和宝光嘉禾章

嘉禾勋章设立于1912年，是年7月29日，北洋政府在颁布的《勋章令》和《颁给勋章条例》中，将大勋章和九等嘉禾勋章列为区别于陆海军勋章的普通勋章。1916年2月，二等嘉禾勋章改设定为二等大绶和二等无绶两种。由此，嘉禾勋章共分为九等十级。同年10月，北洋政府又增加了五等六级的宝光嘉禾章。

嘉禾勋章主要颁发给“有勋劳于国家者”和“有功绩于学问及事业者”，文武官员均可获授，授予等级按授予对象的功勋大小及职位高低酌定。一等、二等嘉禾勋章分为主章和副章，主章第一层是金色宝剑组成的八角形，第二层为白色宝剑组成的八角形，第三层是圆形，圆形中心为白底金色嘉禾图案，下端是五色彩带，圆形边缘为蓝底，其上镶缀有30颗五色珍珠，背面圆形中心为红底篆书“嘉禾勋章”字样。副章则略小于主章，仅有两层，外层为白色宝剑组成八角形，内层圆形图案与主章相同。三至九等的嘉禾勋章外形同一、二等的副章。此外，不同等级的嘉禾勋章，采用不同的绶带，一等为黄底红缘的大绶，二等为黄底白缘的大绶，三等为红底白缘的领绶，四等至九等均为襟绶，四等绶带为加结红底白缘，五等为红底白缘，六等为加结蓝底红缘，七等为蓝底红缘，八等为白底红缘，九等为黑底白缘。

而新增的宝光嘉禾章，外形与嘉禾勋章大不相同，更为华丽。这款勋章的二等同样分为大绶和无绶，一等绶带为红底黄缘大绶，二等则为红底蓝缘大绶，三等为领绶，黄底蓝缘，四等和五等为襟绶，绶带分别为加结白底蓝缘和白底蓝缘。

■ 左下图是全套一等嘉禾勋章，包括主章、副章、黄底红缘大绶和勋章盒。右下图是一等嘉禾勋章主章和副章的特写。

■ 这是全套二等大绶嘉禾勋章，包括主章、副章、黄底白缘大绶带和勋章盒。左上图是全套勋章放置在盒中的形象，盒中主章的白色外层已经褪色；右上图是副章（上）和主章（下）的特写。

■ 下图是1921年由黎元洪大总统签名颁发给总统府顾问谢济沂二等大绶嘉禾勋章的证书，该证书由黎元洪大总统于3月12日签署，5月6日颁发。注意证书正上方，有二等嘉禾勋章的图案。

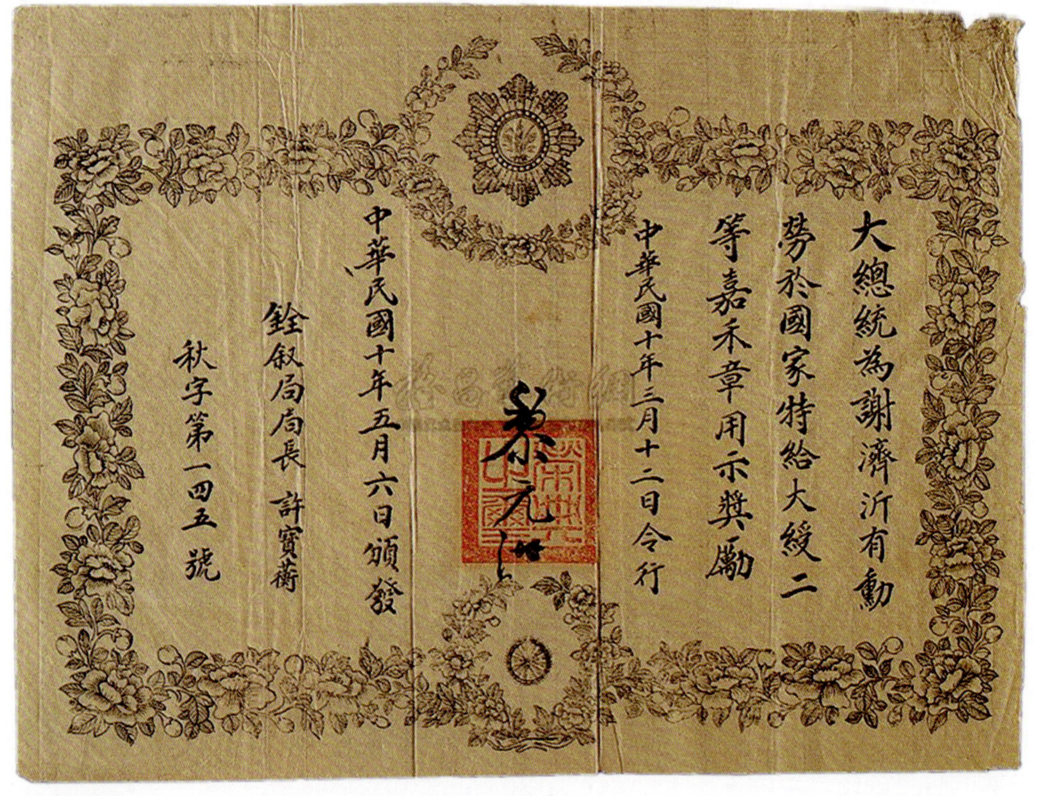

大總統為謝濟沂有勳
勞於國家特給大綬二
等嘉禾章用示獎勵
中華民國十年三月十二日令行

中華民國十年五月六日頒發
銓敘局局長 許寶蘅
秋字第一四五號

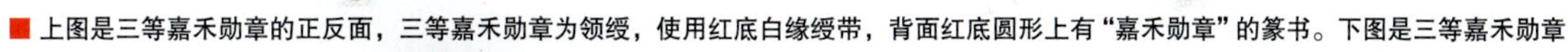

■ 上图是三等嘉禾勋章的正反面，三等嘉禾勋章为领绶，使用红底白缘绶带，背面红底圆形上有“嘉禾勋章”的篆书。下图是三等嘉禾勋章及其勋章盒。

■ 四等嘉禾勋章，绶带为加结红底白缘。

■ 五等嘉禾勋章，绶带为红底白缘。

■ 六等嘉禾勋章，绶带为加结蓝底红缘，时间久远，结已不知所终。

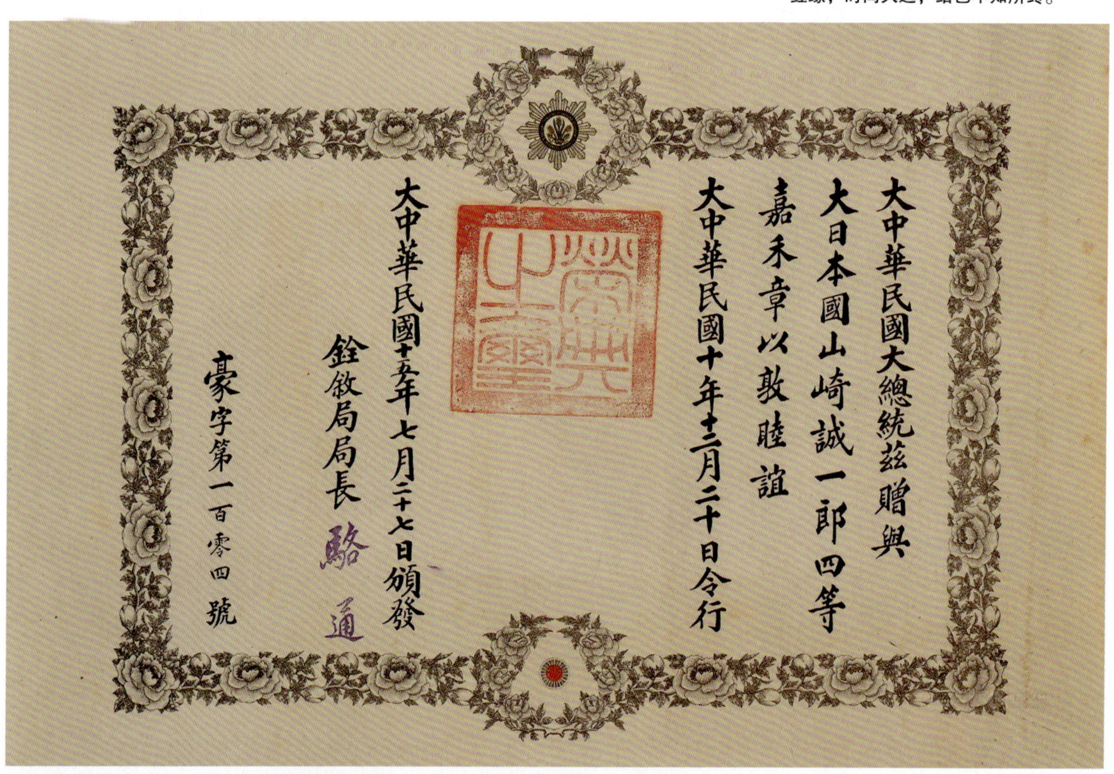

大中華民國大總統茲贈與
大日本國山崎誠一郎四等
嘉禾章以敦睦誼
大中華民國十年十二月二十日令行

大中華民國十五年七月二十七日頒發
銓敘局局長 駱通
豪字第一百零四號

■ 这是1921年北洋政府大总统颁发给日本驻齐齐哈尔领事山崎诚一郎四等嘉禾勋章的证书，但是，上面并没有大总统的签名，而且，铨叙局实际颁发的时间为5年后，即1926年7月27日。

■ 左图和右图是七等嘉禾勋章的正面和背面。可以看到，由于年代久远，这枚勋章的蓝底红缘的绶带褪色得非常严重，绶带正面几乎褪成了白色。

■ 左图是八等嘉禾勋章，使用的是白底红缘的襟绶绶带。

■ 右图是九等嘉禾勋章，从图上可看到，这一等级的勋章外观特别简陋；而且所用绶带也非原绶带，九等嘉禾勋章的绶带本为黑底白缘。

■ 这是身穿北洋上将大礼服、佩戴勋一位章的赵秉钧，注意看其大绶尾部，悬挂着一枚嘉禾勋章的副章，从其绶带颜色判断这应该是黄底红缘的绶带，因此，这枚嘉禾勋章应为一等章。

这张照片中，身穿上将常服的张作霖佩戴着勋位章、宝光嘉禾章、嘉禾勋章和文虎勋章，第二排右侧的那枚勋章，从外形和模糊的图案上判断，应为日本的旭日大勋章。

■ 上图是全套一等大绶宝光嘉禾章，包括主章、副章、红底黄缘的绶带和勋章盒。左图是主章的特写。一等大绶宝光嘉禾章最外层是金色的尖锐宝剑八角形，第二层是银色宝剑八角形，第三层外端是四个红底黄缘的梯形，呈十字状，正中央圆形中是白底镂刻一茎五穗的嘉禾图案，红色结绳，正中镶嵌红色宝珠一颗，圆形边缘为黄底镶嵌17枚红色宝珠。副章除了大小，外形与主章完全相同。整枚勋章看起来非常华丽。

■ 这是全套二等大绶宝光嘉禾章，绶带为红底蓝缘大绶，外形与一等宝光嘉禾章也有所不同，第二层是五色八角光芒线，中间圆形为白底红缘，镶18颗白色珍珠。二等宝光嘉禾章又分为大绶和无绶两种。

■ 左图是三等宝光嘉禾章，绶带为领绶，黄底蓝缘，三等宝光嘉禾章外形与二等的相同。

■ 左图是四等宝光嘉禾章，右图为五等宝光嘉禾章，四等章和五等章均为襟绶，四等绶带为加结白底蓝缘，五等绶带为白底蓝缘。

■ 这是身穿北洋上将大礼服、披红色大绥、佩戴一等勋位章（左胸最上方）、文虎勋章和一等大绥宝光嘉禾章的段祺瑞。左图是一枚一等大绥宝光嘉禾章主章的特写。

陆海军奖章

1912年，在确定陆海军勋章的同时，北洋政府还确定了陆海军奖章。12月6日，袁世凯颁布《临时大总统公布陆海军奖章》命令，规定“凡是民国陆海军人于平时战时著有劳绩，或非陆海军人于陆海军特别任务中著有劳绩者，分别给与之”陆海军奖章。

根据规定，陆海军奖章分为四等：一等为金色奖章，二等为银色奖章，三等为蓝色奖章，四等为白色奖章。其中一等和二等奖章颁给官佐，三等和四等颁给士兵。法令中确定了两款七条颁发原则，根据官兵在战时和平时的表现颁发不同等级的奖章。另外，非陆海军军人在战时有相应贡献，亦可得授奖章。

这款奖章为银制，外为五瓣，各瓣间联以梅花，中间是蓝底圆形，镌刻“中华民国陆（海）军奖章”八字。其中，一、二等奖章上冠花叶三枚，三、四等则上冠一环。奖章绶带为襟绶，战时授予时，襟绶带为国旗色，平时则为蓝底白缘。佩戴方式为上衣左襟，各纪念章之左。

■ 右上图是北洋政府的一等金色奖章及勋章盒，下图是二等银色奖章及勋章盒。这两等奖章颁发给军官，三等蓝色奖章和四等白色奖章颁发给士兵，现存数量很少。

奖章、纪念章

和有制可循的勋章相比，北洋政府颁发的褒章、奖牌、纪念章等，则显得更为混乱。有很多甚至是割据一方的“大帅”们自行制作颁发。从很多历史照片中都能看到“大帅”们的大礼服上挂满了琳琅满目的各式勋、奖章，但真正有价值者不知几何。以下的褒章、奖牌、纪念章便是从北洋政府时期多如牛毛的各种奖章中所选取的部分。

■ 这是武昌起义后，湖北军政府自行制作颁发的一套武昌起义纪念章，全套共六枚，分为金质、银质、铜质三个等级，每个等级均两枚。正面是时任湖北军政府都督黎元洪头像，背面分别是双旗图案和红十字图案，分别颁发给参加武昌起义的革命军将士和医护人员。这是辛亥革命最具标志性的纪念章。右上图是这款纪念章的正面图。

■ 上面四枚是1913年北洋政府制作颁发的袁世凯就任大总统纪念章，前两枚为内宾版的正面和背面，正面是袁世凯戎装像，周围红底环绕着“中华民国二年十月十日第一任大总统袁世凯就任纪念章”字样，外延为麦穗状，背面是交叉的五色国旗和嘉禾图案。第三、第四枚为海军版的背面和正面，头像周围为蓝底，外延为齿轮状。而且，其襟绶带应为蓝色。北洋政府的国家元首，被冠以总统职称的先后有袁世凯、黎元洪、冯国璋、徐世昌、曹锟五人，这五人就职后都颁发了就职纪念章。其中，黎元洪1922年第二次就任大总统时并未颁发。

■ 上图四枚是1916年黎元洪第一次就任大总统职位后，北洋政府制作颁发的就职纪念章。左边两枚是黎元洪戎装像版本的正面和背面，右边两枚是黎元洪文官像版本的正面和背面。

■ 上图是1917年张勋复辟被粉碎后、冯国璋就任代理大总统一职时，北洋政府制作发行的纪念章。纪念章造型特立独行，为罕见的钟状，正面是冯国璋戎装像，背面是“民国六年代权总统”的篆体文字。

■ 这是1918年徐世昌就任大总统一职后，北洋政府发行的一枚纪念章，正面是徐世昌头像，周边环绕“中华民国七年十月十日第二任大总统徐世昌就任纪念章”字样，背面是嘉禾环绕的交叉的五色国旗图案。

■ 下两图是1923年北洋政府发行的一枚曹锟就职纪念章。正面是被“中华民国十二年十月十日大总统曹锟就任纪念章”字样环绕的曹锟戎装像，背面是嘉禾、国旗、陆军旗环绕的“纪念章”字样。

■ 上图这三枚纪念章是直皖战争后，被直系和奉系控制的北京政府为庆祝胜利而制作颁发的一套纪念章。左上是曹锟、张作霖双头像纪念章，曹锟和张作霖的头像周围环绕着“四省经略使曹”、“东三省巡阅使张”、“赠”的字样。中间的是张作霖纪念章，右上是曹锟敬赠纪念章。其中，曹锟、张作霖双头像纪念章是北洋时期最为大型厚重的北洋人像纪念章，也是中国首次将两个名人头像一起印制在纪念章上。此枚双头像纪念章仅赠送给北洋政府的高级将领，另外两枚则颁发给直系将领或奉系将领。

■ 上图是1918年一战胜利后北洋政府制作颁发的战胜纪念章，正面是“战胜纪念”四字，周围环绕“中华民国七年十一月二十八日大总统徐世昌颁给”字样，背面是五色国旗和北洋政府的陆军的十九星旗和海军的青天白日满地红旗。

■ 这是1914年北洋政府颁发的山东水灾义赈二等奖章，银质镶珐琅，从内容上看，应该是颁发给赈灾的社会贤达的。

■ 上图这两枚纪念章形状基本一样，左边这枚中央是段祺瑞戎装像，右边这枚模糊不清，貌似徐世昌的头像，这可能是徐世昌、段祺瑞执政时期北京政府颁发的。

■ 从外形上看，上面这两枚纪念章也可能来自同一时期，左上这枚正中是1924年出任陆军总长吴光新的戎装像，周围还有“陆军总长吴”的字样，右边这枚头像貌似徐世昌，但当时徐世昌已下台了。

■ 北洋政府时期，中央政府部门或全国性机构、地方政府、地方机构也会自行制作颁发各种奖章、奖牌、纪念章，以下5页便是其中一些五花八门的奖章。上图是北洋政府海军部颁发的优学奖章。

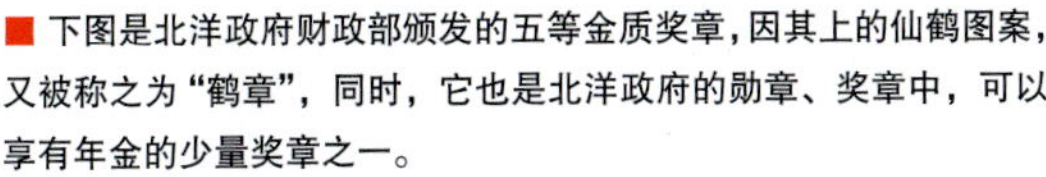

■ 下图是北洋政府财政部颁发的五等金质奖章，因其上的仙鹤图案，又被称之为“鹤章”，同时，它也是北洋政府的勋章、奖章中，可以享有年金的少量奖章之一。

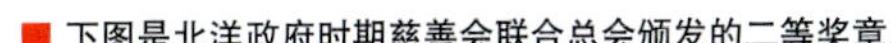

■ 上图是北洋政府交通部颁发的奖章。

■ 下图是北洋政府时期慈善会联合总会颁发的二等奖章。

■ 这些是地方政府自行制作颁发的一些奖章、纪念章。左上是陕西督军公署奖章的正面和背面，其外型明显与北洋政府颁发的陆海军奖章雷同。右上图是山西督军公署二等奖章，外形为一个九角星，奖章正上方三角形中的两个蓝点，意味着其二等级别。

■ 以上是1912年云南地方政府颁发的两枚奖章的正面和背面。左上是瑞麦奖章，右上是禁烟奖章，奖章背面都有“云南督军兼省长给”的字样，这是时任云南督军兼省长唐继尧颁发的。

■ 上图是1916年云南地方政府颁发的拥护共和纪念章，正面是唐继尧戎装像，其上是“拥护共和纪念”字样，背面是“中华民国五年云南都督府制”字样。

■ 这是联省自治运动时期，湖南地方政府于1921年6月颁发的湖南省宪纪念章，纪念当时正在制定的湖南省宪法，颁发者是当时掌握湖南军政大权的湘军军阀赵恒惕。

■ 上图是1916年由京兆守备队总司令处颁发的一等奖章，颁发者为该处处长冯梦云。

■ 上图这枚是四川督军纪念章。

■ 上图三枚都是是1917年护法运动爆发后，广东护法军政府颁发的护法纪念章。左边的护法纪念章，正中人物为护法军政府元帅陆荣廷。右边的则是带有广东督军莫荣新头像的护法纪念章，纪念章背面是“中华民国七年”和“广东督军莫荣新赠”字样环绕的“护法”二字。

■ 北洋政府时期，地方政府还会颁发一些奖章以褒奖维护地方治安之人，上图四枚奖章，从左至右依次是某地方政府颁发的“保我黎民”奖章、上海政府颁发的保卫奖章和奉天省公署颁发的保卫乡里银制奖章的正面和背面。

■ 上图是1912年新疆省政府发行的纪念章。

■ 上图是江苏省财政局授予的五等功绩奖章。

■ 上图是1913年2月颁发的民主党各省代表大会纪念章。

■ 上图是1922年汉口慈善会制作颁发的一枚纪念章的正面和背面。正面是“汉口慈善会建树黎公铜像纪念”字样环绕着黎元洪头像；背面是“中华民国十一年”、“纪念章”字样，注意背面与五色国旗交叉的是带有佛教“卍”字标记的旗帜。

■ 上图是汉阳兵工厂银制奖章，正面是交叉的五色国旗和青天白日满地红旗，周围环绕着“中华民国陆军部汉阳兵工厂”字样。这枚奖章可能是兵工厂内部颁发的。

■ 军阀混战时期，各方大佬自行颁发勋章奖章是司空见惯的现象，本页都是曹锟军阀集团自行制作颁发或以政府名义颁发的奖章和纪念章。以上两枚便是1916年曹锟出任直隶督军后，于次年自行颁发的一枚纪念章，正面是“直隶督军曹锟”、“纪念”字样，背面是交叉的双旗和“中华民国六年”字样。

■ 上图是张勋复辟丑剧被粉碎后，担任讨伐张勋的“讨逆军”西路军总指挥曹锟发行的银制纪念章，以纪念自己在讨伐张勋的战事中的“卓越贡献”。可以看到，这枚纪念章正面是“西路司令曹锟”、“纪念”字样，背面是双旗图案。

■ 上图是曹锟发行的一枚奖章，上书“直鲁豫巡阅使曹”、“奖章”二字。

■ 这两枚是1921年曹锟六十岁生日时自行颁发的纪念章。第一枚外形如盛开的荷花，花瓣上书“直鲁豫巡阅使曹锟敬赠”，正中是“六十寿辰纪念章”字样。

■ 上面是1922年曹锟发行的一枚奖章，整体呈八角形，正面是交叉的国旗和飞鹰图案，背面是“直鲁豫巡阅使曹锟”、“民国十一年五月”、“奖”的字样。

■ 下图是1922年曹锟颁发的另一款奖章的正面和背面，正面“奖”字周围是“直鲁豫巡阅使曹锟”、“民国十一年五月”字样。从时间上判断，这枚奖章可能是为庆祝第一次直奉战争胜利而发行的。

■ 下图是1923年为纪念中华民国宪法颁布，曹锟发行的银质纪念章。正面是曹锟戎装像，背面是交叉的国旗和陆军十九星军旗，并镌刻“纪念”二字，襟绶带为五色国旗色。

■ 作为直系大军阀，1922年以后，吴佩孚“吴大帅”也自行制作和颁发了各种荣誉奖章，而且范围横跨军事和民政。本图和下图都是吴佩孚颁发的各种荣誉奖章，外形多有不同，但正面基本是吴佩孚戎装像，周围环绕“孚威将军两湖巡阅使直鲁豫巡阅副使陆军第三师师长吴佩孚赠”字样，背面则是交叉的北洋陆军十九星军旗和五色国旗，一些奖章背后还会刻有所褒奖的主题。右图便是其中一枚，这枚奖章的外层是八角形五色光芒线。

■ 吴佩孚颁发的“热心公益”奖章，背面图案为蓝底，十九星旗和五色国旗交叉，上书“热心公益”四字。

■ 吴佩孚颁发的“不为回利”奖章，背面交叉的双旗周围上书“不为回利”字样。

■ 吴佩孚颁发的“军学优长”奖章，背面有“军学优长”的字样。

■ 吴佩孚颁发的“技术擅长”奖章，背面上书“技术擅长”字样。

■ 吴佩孚颁发的圆形奖章，奖励主题不明，正面最外层为蓝底嘉禾环绕图案，中间是吴佩孚的戎装像，背面是双旗交叉图案。

■ 吴佩孚颁发的“射击名誉奖章”奖章，背面是菊花环绕的两支交叉的步枪，上书“射击名誉奖章”。

■ 吴佩孚颁发的六角型奖章的正面和背面，银质镶珐琅，奖励主题不明。

■ 吴佩孚颁发的另一枚奖章，银质鎏金镶珐琅，正面外层为六边形，内层为六角星形，奖励主题不明。

■ 下面是黑龙江督军鲍贵卿颁发的纪念章的正面和背面，正面是鲍贵卿头像，背面是双旗交叉图案。

■ 下面是黑龙江督军吴俊陞纪念章的正面和背面。

■ 下面是孙烈臣纪念章的正面和背面，由奉系将领、时任黑龙江督军兼省长的孙烈臣颁发。

■ 下面是湖南督军兼省长张敬尧特别亲颁铜质奖章的正面和背面，正面是张敬尧像，背面是国旗图案。

■ 以上两枚都是湖南督军张敬尧自行颁发的另两款奖章。左上铜章上刻有“湖南督军张敬尧”字样。右上的名誉章，被麦穗环绕的五角星中是张敬尧的戎装像。

■ 上图是银制湖北督军萧耀南敬赠纪念章，其上有“萧耀南敬赠”、“纪念”字样。

■ 上图是萧耀南发行的五序纪念章，其上有“两湖巡阅使萧耀南五秩纪念”、“甲子二月十六日”字样。

■ 上图是萧耀南纪念章，其上刻有“两湖巡阅使萧耀南敬赠”字样。

■ 上图这枚也是萧耀南颁发的奖章，外形是八角星上两颗交叉的十字星，上书“两湖巡阅使兼湖北督军萧”、“奖章”字样。

■ 这枚奖章由张宗昌麾下将领毕庶澄颁发，其上是北洋政府陆、海军军旗和军舰、步枪环绕的毕庶澄头像，以及“毕庶澄”赠字样。

■这是山东督军田中玉颁发的银质纪念章。其上有“中华民国十二年五月山东督军田中玉特赠纪念章”字样。

■ 上图是河南督军赵倜自行颁发的纪念章，其上有“河南督军赵赠”、“纪念章”字样。

■ 上图是赵倜自行颁发的另一枚纪念章，其上有“河南督军赵赠”、“特等奖牌”字样。

■ 上图是冯玉祥颁发的“救护伤兵”纪念章。

■ 左图是蒋雁行纪念章。其上有“靖威上将军蒋”的字样。

■ 左图是冯玉祥颁发的另一枚纪念章。

■ 上图是时任直隶督办的李景林颁发的奖章，其上有“督办直隶军务李”、“奖章”字样。

■ 上图是一枚由江西军阀陈光远颁发的纪念章。其上有“江西督军陈光远纪念章”字样。

■ 上图是张学良颁发的纪念章，外形如十字，正中是张学良1925年时期的戎装像。

■ 这是陕西督军陈树藩颁发的纪念章，正中是陈树藩的戎装像。

■ 上图是王汝勤颁发的忠义纪念章。

■ 上图是王承斌颁发的纪念章，其上有“匡武上将军直鲁豫巡阅副使督理直隶军务直隶省长二十三师师长王承斌赠”字样。

■ 左图是1917年绥远都统蔡成勋发行的奖牌，上面刻着“绥远都统第一师长蔡”的字样，这里的“蔡”就是1917年时任绥远都统兼北洋陆军第1师师长的蔡成勋。

■ 上图是察哈尔都统颁发的一等奖牌。

■ 上图是绥远都统李鸣钟为战斗负伤人员颁发的受伤奖章。

■ 上图是绥远都统蔡成勋颁发的另一枚奖章。

参考资料

[1] Phillip Jowett. The Armies of Warlord China 1911–1928. US: Schiffer Publishing Ltd, 2013

[2] 陈志让．军绅政治：近代中国的军阀时期．桂林：广西师范大学出版社，2008

[3] 齐锡生．中国的军阀政治（1916–1928）．杨云若 萧延中．北京：人民大学出版社，2010

[4] 来新夏，焦静宜，莫建来，张树勇，刘本军．北洋军阀史．天津：南开大学出版社，2000

[5] 中国第二历史档案馆 编．民国军服图志．上海：世纪出版集团上海书店出版社，2003

[6] 徐平．中国百年军服增补版．北京：金城出版社，2009

[7] 陈克，岳宏．新军旧影：清末新军照片文献资料选．天津：天津古籍出版社，2008

[8] 戚厚杰，刘顺发 王楠．国民革命军沿革实录．石家庄：河北人民出版社，2001

[9] 张民金，刘立勤．中华民国历史上的20大派系军阀．北京：解放军出版社，2008

[10] 张宪文．中华民国史第一卷．南京：南京大学出版社，2005

[11] 魏刚，陈应明，张维．中国飞机全书第一卷．北京：航空工业出版社，2014

军阀之国

Warlords of China

从晚清到民国时期的中国军阀影像集

1911-1930

【上册】

编著·骆艺 黄柳青

人民日报出版社

图书在版编目（CIP）数据

军阀之国 ： 1911～1930 ： 从晚清到民国时期的中国军阀影像集 ： 全2册 / 骆艺， 黄柳青编著. -- 北京 ： 人民日报出版社， 2015.12
ISBN 978-7-5115-3481-1

Ⅰ. ①军… Ⅱ. ①骆… ②黄… Ⅲ. ①军阀—史料—中国—1911～1930—图集 Ⅳ. ①K825.2-64

中国版本图书馆CIP数据核字（2015）第290083号

书　　名：军阀之国 1911-1930：从晚清到民国时期的中国军阀影像集【上册】
作　　者：骆艺 黄柳青 编著

出 版 人：董　伟
责任编辑：周海燕
封面设计：崎峻文化
策划制作：崎峻文化·左立

出版发行：人民日报出版社
社　　址：北京金台西路2号
邮政编码：100733
发行热线：（010）65369509 65369527 65369846 65363528
邮购热线：（010）65369530 65363527
编辑热线：（010）65369518
网　　址：www.peopledailypress.com
经　　销：新华书店
印　　刷：重庆共创印务有限公司

开　　本：787mm×1092mm 1/16
字　　数：300千字
印　　张：19
印　　次：2015年12月第1版　　2015年12月第1次印刷

书　　号：ISBN 978-7-5115-3481-1
定　　价：159.60元（全2册）

Contents 目录

前言

说起北洋军阀，中国人的脑海中多能蹦出几个“如雷贯耳”的大名：袁世凯、段祺瑞、冯国璋、张作霖、吴佩孚、孙传芳、张宗昌……这些代表人物及他们身后庞大的北洋军阀集团，在中国近代史上留下了极为浓重的一笔。在中国近代史上，北洋军阀统治时期，是一段黑暗的历史。

1912年，中华民国成立，这个具有“近代亚洲第一个资产阶级共和国”之称的政权，从建立初始，便被北洋军阀所篡取。1912年至1928年间，中国都处于北洋军阀控制的北京政府统治之下，军阀政治充斥于社会每个角落。中央政权操纵于大军阀手中，地方势力为当地督军所掌控，这些“大帅”们活跃在社会政治生活各领域，一方面以武力维护、扩张自身地盘，另一方面操纵中央或地方政权养军扩军。而这一时期，更为典型的特征是军阀之间的混战，“大帅”之间的战事贯穿了整个北洋政府始终。以1916年袁世凯身死、北洋军阀集团分裂为界限，从1916年开始，军阀间的混战规模从小到大。据统计，1917年讨伐张勋复辟，交战双方投入兵力为5.5万人，战事波及一省；1918年第二次南北之战，交战双方总兵力为10万人，战事波及五省；1920年直皖战争，参战人数达到12万，波及三省，另有三省受影响；1922年第一次直奉战争，22.5万人参战，四省被战火波及，另有六省受战事影响；1924年第二次直奉战争，45万人在五个省区之间厮杀，同时另有九个省区受影响；1926年国奉战争，国民军、奉军、直军、直鲁联军、晋军在八个省区交战，五个省区被影响；1926—1928年的北伐战争，大半个中国卷入其中，战火绵延至十二个省区，另有八个被影响。初期的军阀混战，一次战争伤亡数百人，到了北洋政府统治后期，“大帅”们的战争，一次战役便有数千士兵殒命沙场。更不用说受战火波及的无辜百姓。虽然在当时西方众多媒体中，中国“大帅”们的名字和各种生活、战斗习惯充满了异国情调，这些素材常常充斥于各种媒体的头条。但是，在彼岸的中国，这些掌握着地盘上的百姓的生死大权的军阀们，给民众带来的是缴不完的税、服不完的兵役和劳役。“大帅”们顶着“讨逆”、“共和”等冠冕堂皇的理由为地盘、政治权力，甚至是鸦片而开战时，战火波及的地区带来的却是民生凋敝，百姓无辜惨死、流离失所。

本书结合中外资料，收集近千张历史图片，以时间为脉络，通过对北洋军阀从攫取辛亥革命胜利果实，到建立北洋政府的独裁统治这段时期的各地军阀及其武装势力的展现，旨在向读者展示那一段充满了战乱、但其中又孕育着冲破黑暗的光明的历史。由于时间和篇幅有限，且才疏学浅，难免有所遗漏和失误，还请读者朋友和专家不吝批评指正。

骆艺
2015年7月于广西柳州

序章

近代中国军阀概述

“军阀”一词，最早见诸于史册是在《新唐书·郭虔瓘传》：“郭虔瓘，齐州历城人。开元初，录军阀，迁累右卫骁将军，兼北庭都护、金山道副大总管。”这里的“军阀”指的是军功显赫的军人世家。近代中国的“军阀”，其定义多种多样，但无一不是贬义。本书中所提到的“军阀”一词，指的是北洋政府时期，充斥于中央或地方的军事统帅们，这些人拥有只效忠自己的私人军队，控制地方政权，自成派系，且实际上独立于中央政府之外、甚至可以操控中央政府。这些军阀的兵员或多或少，统治区域也有大有小。一些小军阀麾下可能只有一小撮士兵且只控制几个村镇——或许称之为土匪更合适；而一些大军阀则兵员过万，统治地域横跨数省，治下百姓数以百万计。一些小军阀只有简单的轻武器如步枪、手枪等，甚至还充斥着大刀长矛等冷兵器；与之对比，大军阀往往机枪、火炮、装甲车齐全，甚至飞机都有所装备。据不完全统计，自1916年袁世凯死后，北洋军阀集团分裂，全国各地涌现的大小军阀多达2000人，而公认的最低数据也不会少于1300人。近代中国多如牛毛的军阀，给国家和民族带来深重灾难。

近代中国的军阀，溯源可至清朝晚期。鸦片战争之后，古老的中华帝国如黄昏夕阳，内忧外患，其原有的军事结构和军事力量，对外无法抵御列强入侵；对内难以压制时起彼伏的农民起义。1851太平天国起义爆发，早已腐朽的八旗和绿营兵不堪再用，清朝统治者只能依靠地方汉族大地主、大乡绅自建的武装力量——团练来镇压起义，而这些团练武装中，又以曾国藩的湘军和李鸿章的淮军最为著名。

曾国藩，湖南长沙府湘乡县人，初名子城，字伯涵，号涤生，道光十八年（1838年）中进士，入翰林院，为军机大臣穆彰阿门生。累迁内阁学士，礼部侍郎，署兵、工、刑、吏部侍郎。太平天国起义初期，他因母丧在家。咸丰三年（1853年），面对已席卷半个中国的太平天国运动，清廷任命湖南等十省在籍大官僚共40余人为督办团练大臣，曾国藩由此开始编练本省团练，组建起后来著名的“湘军”。

鉴于原来绿营的腐朽，曾国藩建立湘军的指导思想为：摒弃行伍出身的旧军官，实行乡土结合，建立严格的封建依附关系。曾国藩直接物色水陆各军将领，各将领再利用宗族、师生、亲友、同乡关系各去物色所属下级军官，湘军各级将领如江忠源、罗泽南、彭玉麟、曾国荃、左宗棠等都是湘中本地的读书人，层层隶属关系之下，整个湘军“兵为将有”，曾国藩层层节制各级将领。在士兵的招募上，湘军采取募兵制，主要招募湘乡人，大部分从亲朋好友、门生故旧中挑选，“以一族之父治一族之子弟，以一方之良民办一方之‘匪徒’”。因此，湘军是一支极具宗族和土著色彩的封建地主武装，在其内部，军、政、财、人

■ 李鸿章（1823–1901）

四权集于曾国藩一人，尤其是“营官自招”的成军原则和军饷自筹（湘军军饷来自纳捐和厘金）的财政原则，保证了曾国藩在湘军中的牢固统帅地位和军队归他私人和部属所有的性质，也正是这一点，使曾国藩成为了近代中国大大小小军阀的鼻祖，其后辈李鸿章、袁世凯、段祺瑞、吴佩孚……无一不照搬此模式建军养军。

咸丰十一年（1861年），曾国藩命其得意门生李鸿章返回安徽原籍操办团练，再编新军。次年二月，李鸿章以湘军营制为基础，改编安徽本省的团练，这便是“淮军”。淮军将领与湘军类似，以李鸿章为核心，乡党亲朋、父子兄弟构成军中骨干，形成一支“李家军”。

太平天国起义被镇压后，清政府大办洋务运动，出现了所谓的“同治中兴”。但随着中国在甲午中日战争中的失败，旧式军队已完全不堪一用，清政府决定以西方列强军制和武器为模板，命胡燏棻于1894年底在天津小站编练中央政府掌控的新军——定武军。袁世凯借此东风，于1895年10月取代胡燏棻获取了编练新军的权力，通过“小站练兵”，逐渐建立起自己的军事势力。八国联军侵华战争后，清廷下决心大规模编练新军。1901年袁世凯擢升为直隶总督兼北洋大臣[注]，全面负责编练新军，且所练新军统归其节制，这支军队便是北洋军。凭此实力，袁世凯逐渐窃据高位，而其控制下的北洋系也成为清廷中最大的实力派和军阀集团。1911年辛亥革命爆发后，袁世凯凭借强大的政治军事实力，窃取了革命果实，取代孙中山成为中华民国临时大总统，中国进入北洋政府统治时期。直至1928年“东北易帜”之前，中国都处于北洋军阀集团的统治之下。袁世凯死后，北洋军阀集团分裂为直、皖、奉三个主要派系，各派系拥军自立，割据一方。从此，中国陷入了“有军就有权”、“有枪就有势”的军阀混战阶段。军阀之间为了争权夺利而开战，在拼杀中侥幸获胜者，也往往是元气大伤，只能建立起一个虚弱的政府。他们唯恐自己的武力不足以压众，一面寻找帝国主义作靠山，一面无节制地征兵。而战败者亦不甘心，也都做着这两件同样的事。于是，战端再起，烽火连天。这样循环往复，无休无止，政权更迭频繁。在北洋军阀集团操纵中国政局的17年中，北京政府先后更换了7位13任国家元首、46届内阁，有些内阁存在时间甚至不足一个月。军阀派系间的政治斗争和混战带来了无序黑暗的政治生活和百姓流离、生灵涂炭的社会惨状。

■ 北洋政府时期中华民国使用的国旗：五色旗。最初来自清朝海军的将领旗。1912年1月，南京临时参议院将其确定为临时国旗，被北京政府所沿用。旗帜由红、黄、蓝、白、黑五色横条组成，表示汉、满、蒙、回、藏五族共和。1928年，五色旗被青天白日满地红旗所取代。

北洋政府时期，军阀统治充斥于社会方方面面。单从军事制度来看，当时军制的特点如下：

首先，军阀专政是当时军制最大的特征。袁世凯统治时期，限制大总统权力的责任内阁制形同虚设，军权集于袁世凯一身，军政、军令实权被袁世凯特设的“陆海军大元帅统率办事处”掌握，内阁的陆军部、海军部、参谋本部无所事事。段祺瑞当政时期，也是设军务院总揽军权。张作

注：“北洋”之说最早出现在宋朝，主要指黄海、渤海朝鲜半岛附近区域，后来在清朝1791年到1821年间，以上海吴淞口为界，长江以北的均为北洋。包括江苏、山东、直隶等各口岸的地域概念。

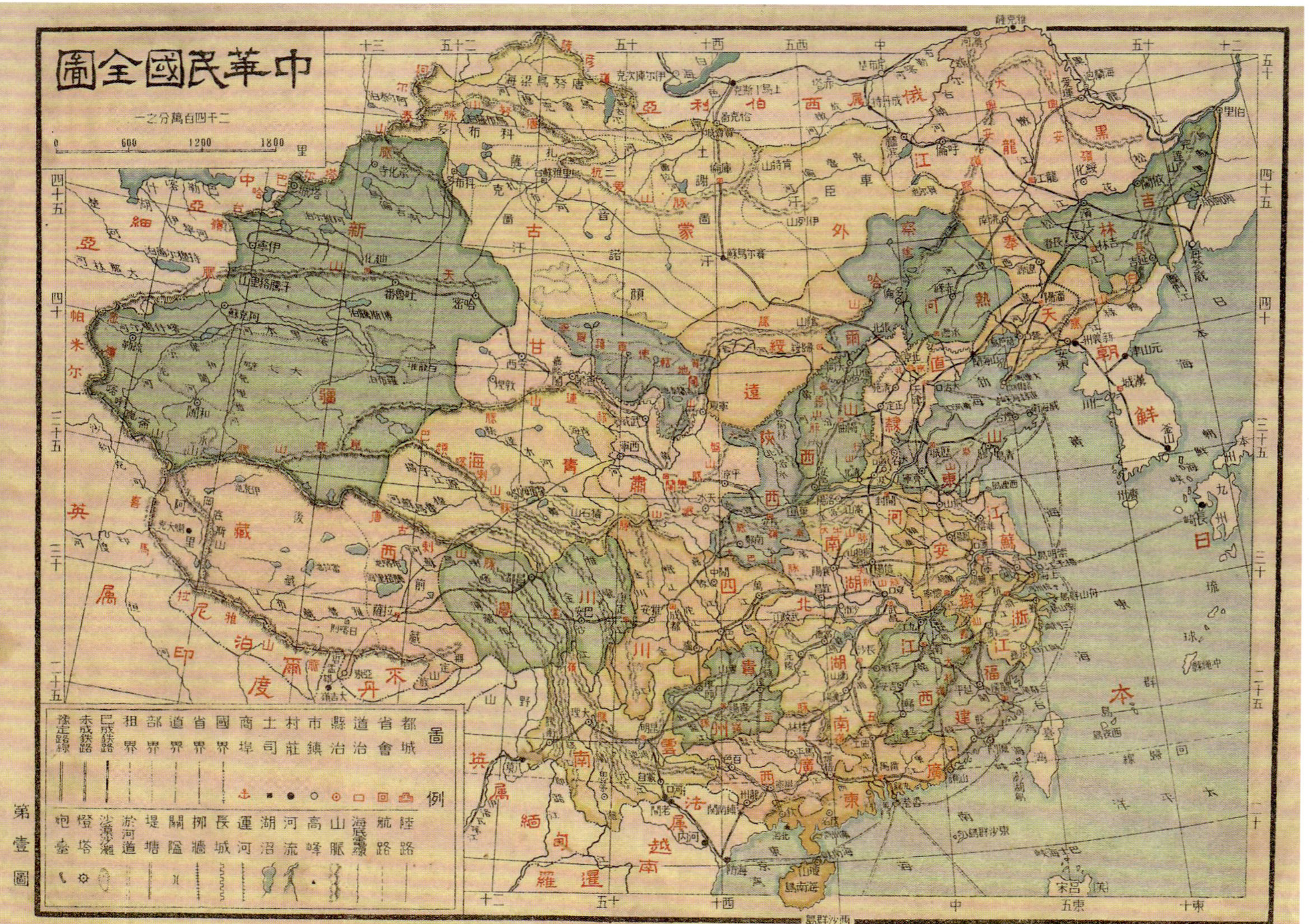

1926年中华民国疆域地图，此时台湾还被日本所占据。

1912–1928年中国最高政治军事领导人年表

职务	姓名	任职时间
总统	袁世凯	1912年3月–1916年6月
总统	黎元洪	1916年6月–1917年7月
代理总统	冯国璋	1917年7月–1918年10月
总统	徐世昌	1918年10月–1922年6月
总统	黎元洪	1922年6月–1923年6月
总统	曹锟	1923年10月–1924年11月
临时执政	段祺瑞	1924年11月–1926年4月
大元帅	张作霖	1927年6月–1928年6月

1916–1928年内阁总理及其内阁任期年表

姓名	任期时间
段祺瑞	1916年4月22日–1916年6月29日
段祺瑞	1916年6月29日–1917年5月22日
李经羲	1917年6月24日–1917年7月1日
段祺瑞	1917年7月4日–1917年11月22日
王士珍	1917年11月30日–1918年2月20日
段祺瑞	1918年3月23日–1918年10月10日
钱能训	1918年12月20日–1919年6月13日
靳云鹏	1919年11月5日–1920年7月2日
靳云鹏	1920年8月9日–1921年5月10日
靳云鹏	1921年5月10日–1921年12月18日
梁士诒	1921年12月24日–1922年8月5日
颜惠庆	1922年6月11日–1922年8月5日
唐绍仪	1922年8月5日–1922年9月19日
王宠惠	1922年9月19日–1922年11月29日
汪大燮	1922年11月29日–1922年12月11日
张绍曾	1923年1月4日–1923年6月6日
孙宝琦	1924年1月10日–1924年7月2日
颜惠庆	1924年9月14日–1924年10月30日
黄郛	1924年10月30日–1924年11月24日
段祺瑞	1924年11月24日–1925年12月31日
许世英	1925年12月26日–1926年3月4日
贾德耀	1926年3月4日–1926年4月20日
颜惠庆	1926年5月13日–1926年6月22日
顾维钧	1927年1月11日–1927年6月16日
潘复	1927年6月20日–1928年6月3日

■ 下图是1918年10月10日徐世昌完成就任总统仪式后与众官员的合影。前排中握手套者即为徐世昌，左七为国务总理钱能训，左九为外交总长陆征祥，左十为曹汝霖，左十一为海军总长刘冠雄。徐世昌是北洋政府时期的第5任总统，其上台是皖直军阀政治斗争的结果。

霖控制北京政府时期，更是将陆军部、海军部、参谋本部和航空署合并为军事部，实行个人的军事独裁。

其次，混乱无序是当时军制的另一个显著特征。民国初年，在各省区设立了都督一职，为省区的最高军事长官。1914年袁世凯改之为将军，1916袁世凯死后又称为督军。这些督军都是当地驻军长官，掌握一省区军权，进而控制本地政权、经济和民生，说是本地的“土皇帝”也不为过，这也就造成了军阀拥兵自重，割地而据，祸国殃民。而且，袁世凯死后，北洋军阀内部分裂，各地军阀们随心所欲设立各种统率机构和军队编组，全国各地的军制开始了“百花齐放，纷乱繁杂”。割据数省的大军阀，有巡阅使、经略使、××联军总司令等名称；省级的军阀，则是督军、都统等；省下的还有镇守使。军队的编制，民国初期沿袭清末新军，新旧混杂，以师为战略单位，还有一些混成旅和独立旅，同时还有警备队、巡防营等旧军编制。袁世凯死后，各地军阀的部队，有的以师为战略单位，有的则是以旅为战略单位。还有一些省防军之类的地方部队编制。而在军阀的混战中，“大帅”们还会根据需要编组“讨贼军”、“讨逆军”、“新建军”等等冠冕堂皇的名号。师以下的编制，更是杂乱不堪，有的一师二旅，有的一师二团或数团。每连兵额，多至百余人，少的仅数十人。北洋政府时期军制混乱之根源，在于孱弱的中央政府和割据地方的军阀这种大背景下，割据军阀为了生存发展，争夺地盘而竞相扩充军力，然后根据自己的喜好建立统率机构、封赏部下和编组部队。这种现象在袁世凯死后尤为严重，各地军阀的混战激烈化，“大帅”们争先募兵拉丁扩军（仅皖、直、奉三大派系的军队，番号一时高达200个师，兵力达百万以上。其他中小军阀，兵力少则数万，多则20余万），凭军自立，割据一方，自我“加封”。

最后，半殖民地色彩浓厚也是当时军制的一大特征。近代中国军阀的一个独特之处在于，军阀是帝国主义在中国的利益代言人。二者互相勾结，军阀以列强为后台，通过其支援的军费、武器来维持、发展军队；列强通过网罗军阀，间接

■ 这是1910年校阅演习中，北洋陆军第2镇的士兵正在操纵火炮，这些士兵制服笔挺，背上背着自己的装具，从图上看，有背囊、鞋子、饭盒等，其军容也较为整齐。该镇是北洋军最先成立的6个镇之一，为袁世凯之嫡系。

掠夺中国人民。奉系、皖系都是以日本为后台，接受日本的军事援助，聘请日本军事教官进行训练。如段祺瑞的“参战军”中充斥了大量的日本教官。张作霖能够赢得第二次直奉战争，也多靠日本的军备支持。列强对“大帅”有很大影响力。

另外，值得一提的是，在这一时期的军制下，兵种非常单一。局势的混乱，国家的孱弱，以至于北洋政府统治时期，海、空军等现代化军种难有发展，得到扩充和发展的仅限于陆军。而且，陆军发展的也多是步兵；即便是步兵，重机枪等重火器也不足。其他技术性兵种诸如炮兵等更是举步维艰。一些军阀部队虽有各种兵种番号，也是有兵缺装备，技术兵种当步兵用。同时，由于军备缺乏，很多军阀部队是兵多于枪，枪多于弹。

提到军备，这一时期的军制下的军备状况，最大特点便是频繁外购，且不说飞机大炮这些技术含量较高的军备，就是步枪、手枪这类轻武器，也基本依靠进口，只有少数军阀如张作霖、阎锡山、吴佩孚等，其治下的兵工厂可以少量仿制一些轻武器。连年的混战，也让这一时期的中国成为各国军火商倾销军火的“乐园”。

以北洋军阀为例，在袁世凯执掌北洋集团时期，从最早的1895年小站练兵开始，便外购军备武装新军，当时袁世凯曾通过德国人汉纳根购入奥地利的斯太尔－曼利夏(Steyr Mannlicher) M1895式8毫米步枪6500支，M1895式短步枪700支，左轮手枪1000支，格鲁森M1893式57毫米野炮40门。至1905年北洋六镇成军后，其装备已基本是洋械，有奥地利的曼利夏步枪、德国的毛瑟(Mauser)步枪等，火炮则有德国的克虏伯和格鲁森厂的山炮和野炮。北洋军阀集团分裂后，滋生出的大小军阀们为了扩张地盘，也掀起了扩军备战、外购军火的新高潮，更多的洋械由此涌入中国。且不说英、法、美、德、俄、日、意等列强的装备，就连瑞士、捷克、丹麦、荷兰等欧洲小国的武器都有所涉及，种类囊括火炮、飞机、坦克、步枪、机枪、手枪、炸弹等。

除了军阀专政色彩浓厚的军制、土匪作风的士兵及其手中“万国牌”的武器，北洋政府统治给人最直观的印象，便是军阀混战了。在军阀混战中，也充斥了种种军阀统治特有的黑暗现象。

军阀混战的第一现象便是各地大大小小的战争。从袁世凯死后到“东北易帜”的12年间，北洋军阀内部为争夺中央政府的领导权而进行了一系列战争，其中最主要的战争有四场，分别是1920年的直皖战争，1922年的第一次直奉战争，1924年的第二次直奉战争，1925–1926年的国奉战争。而南方的大小军阀们，也为了争夺地盘进行了一系列混战，如两次粤桂战争、滇桂战争、滇黔川混战、川军内战等。南北军阀间的战争也打得不可开交。护法运动时期，南北军阀以湖南、四川为主战场，湘川百姓流离失所。除了这些大规模战事，小规模的战争更多，估计不下500场。有时候军阀间数百人甚至数千人的“武装冲突”，都因“太微不足道”而难见诸于报刊媒体。无论战争的规模大小，遭受兵灾的都是当地百姓。

在军阀混战时期，另一个社会现象是中国军队总人数的节节攀升。据外方统计，1916年时，中国军队总兵力约为50万人，一年后增长到70万。两年后，也就是1919年，士兵人数已达到100万，其中正规军为84万，南方各省的军队为30.4万，北方各省则有53.6万人。南方诸省中，当时受孙中山节制的军队大约有13万人，但这些军队实际上并不效忠于他，而是本地军阀；其他几个大军阀，滇军头目唐继尧，麾下约7万人马；桂系大佬陆荣廷的桂军有4.2万人，另一两广实力派岑春煊则坐拥2.9万兵马。另外的3.3万部队则归其他地方实力派所有。北方诸军阀中，皖系段祺瑞拥兵21.2万人，其余的32.4万则多属于直系冯国璋和奉系张作霖等。1922年第一次直奉战争打响后，中国军队的总兵力增长到120万人；在1923到1924年间，兵员甚至升到150万人。

当然，兵员也并非会一味增加，随着战争或武装冲突的结束，士兵的数量有时也会因为败军被解散而一度缩减，如1912年，全国总兵员达到120万人，袁世凯有目的性地裁军，裁减对象都是南方革命党人的军队，却保留自己的嫡系，至1916年时，全国50万兵员，袁世凯的部队占了一半以上。1925年，中国军队的总人数也随第二次直奉战争的结束从150万人下降到145万人。当然，这一数字随着1926年国奉战争的激化和北伐战争的爆发而飙升至约160万人，在1928年北伐战争结束后，全国兵员甚至高达200多万人。然而，这只是纸面上的数字，有战斗力的、真正能上前线的只是其中一小部分。例如，在1924年，直系军阀的兵力高达48万人，在这个数字中，有大约38万人是真正效忠于这一派系的；然而，在这38人里只有13万人才是真正可靠的部队。其实当时几乎所有的士兵都被视为可上一线的部队——不管有没有战斗力。但是由于不能真正为军阀所用，这48万人中有35万人往往处于被闲置的状态。

也正是因为过于追加“数量大于质量”，军阀们往往宁愿有一支5万人的二流部队，也不愿只掌握一支5000人的精锐部队。乱世之中，军队便是一切，一旦军队损失过重，军阀便失去了安身立命的资本。得到最大的物质利益和避免最小限度的战争损失，是军阀们的一致选择。在战争中，一些军阀会采用金钱收买的手段瓦解敌方阵营，以便以最小代价赢得战争。这种“银弹攻势”在古代中国并不鲜见，而在整个战乱的民国时期，更是司空见惯。1922年之前，一些军阀在战斗打响前，他们便对敌军的一些指挥官进行“银弹攻势”，让其在战斗中率部退出战斗，或者在战斗中不对自己部队开火，甚至倒戈相向。他们并不需要贿赂所有人，只要一两支部队拒绝参战，全军都会军心动摇，那么己方便可轻易取得胜利。这种方式哪怕在北伐战争中也不罕见，在1926年的武汉战役中，北伐军也采用了“银弹攻势”，主要针对汉口和汉阳守军，守卫这两处的吴佩孚部队在被收买后，只进行了简单的抵抗便举手投降并倒戈相向了。这对北伐军攻克武昌城起了重要作用。

在民国军阀混战时期，当兵吃粮是穷人的一条谋生之路。这也是当时社会的普遍现象，而在此现象背后，是百姓无尽的苦难。军阀部队里的普通士兵通常来自目不识丁的穷苦农民或者是生活难以为继的城市贫民。这是当时军队中士兵的两大主要来源。在穷苦农民方面，民国时期的社会学家陶孟和在1930年6月号的《社会科学杂志》上曾发表过一篇名为《一个军队士兵的调查》的文章，以20世纪20年代晋系阎锡山在太原的警卫旅5000人中的1000人为对象，分析其社会背景。在这1000名士兵中，87.3%来自农民或无业家庭，其余是小手艺人、商人、医生、教师。而这些来自农民家庭的士兵，如果家里有耕地，且耕地面积低于27.74亩，那么这些耕地就无法养活自家，需要当兵来补贴家里。值得注意的是，这1000名士兵中，21.3%的是家中独子，大部分父母健在。在中国传统社会中，独子是异常宝贵的，征兵时，独子家庭宁可出一大笔钱找人替丁也不愿从军，但如此高的独子比例从军，说明这些家庭已到了极度赤贫的状态，当兵成了唯一出路。另一方面，在清末民初这个大变革的时代，传统小农经济破产，大量绝望的农民离开土地，纷纷涌入大城市寻找谋生的机会。但是，中国近代工业的稀缺，无法吸纳如此众多的农民进入工人队伍，破产农民进入大城市后，也沦为城市贫农。在19世纪末到20世纪初的30年时间里，由于外来人口的大量涌入，上海的人口数量增长了300%，与此同时，北京的人口数量也增加了一倍。伴随着人口暴增的，是失业率的提高。在这种情况下，城市

失业贫农涌入为增强实力而猛力扩军的军阀军营当兵，以求餐饱饭，这也是自然而然之事。

当时中国军队这种兵员构成自然也导致了兵员素质的低下，据统计，当时在一支部队中，90%的人都是文盲，其他人也多是只认识几个字的半文盲。那种为了摆脱自己“吃喝等死”的生活或者立志改变时代而从军的人只能以“凤毛麟角”来形容。正因为贫穷和愚昧，底层士兵里有很多愚昧行为。如1924年时，川军的一些士兵居然还迷信洋枪是长眼睛的，只会打死“坏人”。奉军里也是符咒和巫术流行，以此来稳定军心。张作霖便请过两个算命的“大仙”到军营里给士兵灌输冯玉祥是魔鬼转世，西北军必败的意识；甚至在士兵遭遇“诅咒”时请巫师解咒。

大多数人都是为了填饱肚子、养家糊口而扛枪。在这种从军目的下，加上军纪的普遍松弛甚至颓废，战场劫掠，过兵如过匪也是再正常不过的现象了。当兵的战斗时贪生怕死，对待百姓却穷凶极恶。1918年福建的北洋军在本地抢掠妇女，绑架勒索赎金，罪行罄竹难书，老百姓一度逃入山中躲避兵灾。1918—1919年，在北京政府与西南军阀组成的护法军政府的第二次南北之战中，张敬尧的北洋军第7师在主战场湖南烧杀抢掠，引起极大民愤。1920年滇川军阀混战，滇军在成都烧毁数千间民房，有计划地掠夺居民区和商业区，无数百姓无辜惨死。1922年时，一名西方记者曾采访张作霖麾下的一名骑兵，在这篇报道中，记者把这名士兵描述为“穿着军装的苦力”(a coolie in uniform)。当这名士兵被问到为什么参军时，他答道：“我也不知道，我只知道战争结束后我们可以得到抢掠战利品的机会。”战后劫掠也成为军阀们鼓舞士气的手段，粤军将领黄业兴便曾这样激励心无斗志的部属：“弟兄们，再不快点前进，‘浮财’就归别人了！”

总之，对于军阀部队里的大多数士兵而言，从军只是一种谋生手段，或者是有机会“发洋财”的渠道。有些士兵退伍后，又加入另一支军阀部队继续扛枪吃粮，或者沦为团丁、土匪，这种现象直至20世纪20年代末都非常普遍，尤其在贫瘠的山区更是司空见惯，有些士兵甚至在3—4个军阀的部队中服过役。

对于军阀来说，麾下士兵数量的多少便代表着自己实力的大小，而为了在混战中生存和发展，军阀们都痴迷于尽可能多地扩充军力，各路“大帅”到处招兵买马便是当时社会一景。

军阀扩军主要有五个手段。一个是募兵，招收青年贫农和城市失业贫农当兵。其中一个方法是，地方长官奉当地军阀之命招募兵员，找几个无兵而失业的下级军官，让军官去找“募兵贩子”去募兵，“募兵贩子”由地方长官出报酬。成军后发枪发饷发装备，训练一下，便算是一支军队了。而在交通便利的大城市，也往往招外乡人当兵，上文提到的城市失业率暴增为军阀提供了大量的兵源，如陶孟和调查的太原警备旅中，只有42.3%是山西人。招外乡兵的一个好处是比较听话，最好是招长官同乡人，没有语言隔阂，又可以依靠乡土观念团结部下，叛变逃亡的事故也会相对较少，但相对的，外乡兵容易与驻地百姓引发矛盾冲突。军阀在外乡招兵的情况很多，如福建督军兼省长李厚基，便到江苏徐州招兵；孙传芳驻福建时，也到济南招兵；直系军阀、江西督军蔡成勋也在河南招过兵。冯玉祥在陕西任第16混成旅旅长时，也曾派人到冀、鲁、豫偏僻农村招收大量贫农子弟入伍。

军阀们另一个扩军的手段是实行征兵制，计丁抽兵，定额分配入伍名额，“强征入伍”，这种方式从清末新军建立时便开始实行，延续至民国。军阀们将招兵名额分配给治下的地方官后，地方官为完成配额任务，采用“拉壮丁”的方式招兵拉人，穷苦百姓是首当其冲的目标，年龄、

■ 这是北洋政府统治晚期，张作霖的安国军的士兵们。当时为了抵御节节胜利的北伐军，张作霖等军阀进行了大规模扩军，并与孙传芳、张宗昌等军阀组成安国军，联合起来对抗北伐军，但依旧无法挽回失败的命运。

身体健康条件往往被忽视，逃跑则家人被连坐惩处。当然，一些地主或家庭较富有的农民可以向地方官行贿从而躲过被“拉壮丁”的劫难。

军阀令人痛恨的一个原因是“兵匪同源”。由于军阀们想方设法地扩充实力，很多地方土匪都被他们收编入伍。而这就是军阀扩军的又一个通用手段。据何西亚《盗匪问题研究》中的估计，1916年前，中国土匪的数目达到11.4万人，1916年后更多。许多土匪就是溃散的军队，在战争中战败的军官，带着遣散费和败兵，暂时“落草为寇”，一旦整出事来，还有受“招安”的机会。1923年，山东临城发生了一起火车大劫案，因为车上有外国人且被绑架而演化为国际事件，经查这是在军阀混战中被打败的赵倜、张敬尧、张勋等的旧部为匪而做的案，如此一来，这些土匪又被“招安”重新为兵，由土匪头子孙美瑶为旅长。土匪作为地方军阀们的兵源之一，如四川北部的土匪，在反对袁世凯称帝的护国战争中加入护国军；闽西北卢兴邦的军队、湘西周朝武的部队都是由土匪组成。黎元洪1922年在一份通电中称：“遣之则兵散为匪，招之则匪聚为兵。”虽然早在1918年9月，总统府的军事机关参陆办公处便有不准招土匪为兵的命令，但事实上几乎没有一支军阀部队中没有土匪出身的官兵，张作霖的奉军、张宗昌的鲁军、倪嗣冲的安武军、赵倜的豫军、刘镇华的镇嵩军可说是当时著名的收编土匪而成的军阀部队，更勿论那些小军阀了。1920年，张作霖便征召了大量土匪入其麾下为骑兵，并发以崭新的武器弹药，使其势力得以大肆扩张。而且，这么做还有一个好处：避免这些土匪被直系吴佩孚所拉拢，当时吴佩孚已在秘密收编奉系统治区域的土匪，以补充自己在直皖战争中的兵员损失。1916年后，陕西、福建、广西等地区的民军、自治军等非正规军，其性质与土匪无异。大量土匪的存在，造成军纪极度败坏，烧杀抢掠奸淫是家常便饭。

当然，部队中土匪数量太多，也会是一个危及自身的“定时炸弹”，如1922年时，吴佩孚麾下由土匪改编而来的一部因不愿移防四川而闹兵变，重新上山为匪，后又再次“反水转正”。“土匪大户”张作霖部也发生过土匪哗变之事，曾有250名土匪士兵因暴动而被杀。1920年时，奉军中甚至发生了1500名土匪士兵兵变之事，兵变平息后，为了减少兵员损失，张作霖只得枪毙几个领头的土匪了事。

军阀扩军还有一个手段，即收编败军，这个手段是北洋政府时期最常见的扩军方法。在军阀混战中失败的部队和地盘，会被胜者收编，以增加自己的军力和收入。因此，一场军阀混战后，各军阀的势力对比就会发生巨大变化。1919—1924年刘镇华的镇嵩军在陕西河南的膨胀便是如此。此外，湖南赵恒锡收编张敬尧的败兵、川滇之战中川军收编滇军的败兵、1923年桂系沈鸿英收编粤军李福林的败兵都是如此。第二次直奉战争后，奉系和国民军实力的暴增，也是由于对直系败军的大量收编。哪怕是在北伐战争中，也有大批北洋军阀的败兵被收编入国民革命军中。但是，收编败军对于军阀来说，其价值并不高，因为作为失败一方，军心一时还难以融入新部队，这只能是纸上的数字，用来唬人的。另外，作为被收编的一方，军饷的发放往往不在于这支部队有多少人，而是有多少条枪，因此被收编者往往会尽力保证武器，以便可以“卖个好价钱”——这个道理和军阀收编带枪的土匪一样，哪怕没有经过正规训练，只要带有枪，那就有点价值。但是，由于军阀间的混战和相互收编，各部队的利益关系、渊源错综复杂，因此，只要“银弹攻势”够强，临阵倒戈比比皆是。

此外，军阀部队的扩充，还有一个较为特殊的手段，那就是聘请外国雇佣军，但这种现象非

常少见。最有名的当属山东军阀张宗昌，他的麾下便有一支由十月革命后流亡中国的白俄士兵组成的雇佣军部队。

虽然“大帅”们不遗余力地扩军，但扩军效果往往适得其反，部队急剧扩张带来的一个影响是，原本更好的训练和齐全的装备因为士兵的暴增而难以有效分配，如前文所述的，“兵多于枪，枪多于弹”。虽然北京政府在1913年颁布了照搬自清末《新定步兵操法》的《步兵操典》，规定了主要的训练科目（战斗一般之要领、攻击、防御、追击、退却、夜战、持久战等），但在物资奇缺的情况下，士兵们往往只能进行最低水平的训练，而且并不是每一个新兵都能够配备一支步枪，部队的战斗力也自然下降。

穷人当兵吃粮，军阀养兵自重。军费自然是军阀部队的一个核心问题。但是，北洋军阀统治时期，军阀们的军费就是一笔乱账。中央和各省的正规部队、民兵、团防，需要的军饷、给养、装备，一部分由中央和地方负担，一部分则由军队各单位就地筹集，一有战事还要征发兵差甚至抢劫，实际需要多少军费，支付多少饷银谁也不清楚，而在这些军费背后，是社会各阶层的劫难。

军阀们以各种手段敛财，搜刮民脂民膏来筹措军费，其过程和手段充满了残暴。在1924年第二次直奉战争前，冯玉祥问及吴佩孚关于部队的粮饷问题，吴佩孚的回答是：“统由各本军随地筹办。”“兵站是用不着办的，走到哪里吃到哪里，不但自己省却许多麻烦，地方上官绅也是万分欢迎的。”吴佩孚提到的“兵站”是随地筹办军费物资的机关，办事手续简单粗暴，看上了一地的粮仓、房舍或交通工具，贴上纸条，上书“××师查封”，派几个人把守，不准他人动用。然后兵站负责人与财物所有人交涉，如果查封的是当地大官僚或地主豪绅的财物，通过交涉，对方以当地权势来解除查封，兵站另寻他处筹措物资；如果是工商业主，一般要花一笔钱来送走这些“瘟神”。层层转嫁之下，这些负担都由中小地主、农民来承受。这是军阀筹集军费的一个便利之法，也深受各阶层之痛恨。

虽然军阀的军费大部分由农民负担，其他行业如工、商、银行业等，都逃脱不了军阀的压榨勒索，军阀往往会向驻地的商会摊派2–3个月的军费，一旦被拒绝，军阀们的常用对策便是“饥兵闹事”，甚至纵容部下自由抢劫。面对这种情况，当地商会和企业或者乖乖地忍受其勒索，或者支付一大笔“送军”或“请军”费把这群匪军“礼送出境”。有时候，抢劫地方甚至也成为军阀们筹措军费的手段。1916年，山西的一个城镇便遭遇了4次纵兵抢劫之祸。

在军阀的控制下，地方的行政机构很大一个功能便是为军阀筹集军费，以下便是北洋政府时期，军阀通过地方政府筹集军费的几个主要方式，这也是其军费的主要来源：

1. 增加田赋，手段有预征赋税和附加赋税。这是普遍适用于全国的“潜规则”。在20世纪20年代的中国，被征收的田赋已高达673项。其中，预征税最多的是四川，20世纪20年代初的安徽的预征税也征到了15年之后；附加税较高的是江苏，其附加税是正税的25倍。

2. 增加其他附加税和杂税。屠宰税、印花税……往往被附加了两三倍；并且通过加设关卡来增加厘金杂税。四川省的厘金在北洋政府时期便比清末增加了20多倍。

3. 增收鸦片税。泛滥的鸦片是军阀收入的普遍来源，军阀往往鼓励当地农民种植鸦片，若违反命令，还会征收“闲置税”。以四川为例，涪陵是四川最主要的鸦片之地，这里也是川军第21军的防区，因此鸦片税是该军最主要的收入，1930年以前，涪陵一地的鸦片税为1300万，分别是田赋的5倍和盐税的2倍。再如福建，20世纪20年

代初，福建的鸦片贸易的税收可以支撑一支7000人的部队的军费。一些军阀不种植贩卖鸦片，也会对本地鸦片销售克以税收，某些鸦片销售渠道甚至成为一些军阀开战的理由。1925年，时人评论:“这几年许多次的战争，固然说不到因为主义，并且还不配说是争兵权，实在是争鸦片税与包卖鸦片烟。”唐绍仪甚至说：“民国十四年来之数次战争，均为鸦片，故可称为十四年之鸦片战争。”

4. 截留税款。这也是通行全国的“潜规则”，军阀截留关税以外的所有属于中央或省政府的税收，导致中央和省财政收入大减。1920年后，列强掌控的关税和盐税也被军阀截留。有正式防区的省份如湖北、湖南、四川等，当地的军阀截留中央和省政府的税收，而掌控铁路运输的军阀如吴佩孚、冯玉祥等将铁路的收入也截留搜刮。

5. 发行货币。对军阀来说，通过发行货币来充实军费是一个简便之法。民国时期，由于军阀并起，中央政府的权威旁落，导致本来在清朝就五花八门的货币发行，在民国时更为分散混乱，光是四川，在1928—1929年间本省银行、钱庄、商店、军队发行的货币高达几百种。张作霖在东北也发行名为奉票的纸币来筹集军费。

6. 发行公债。以带有军阀势力为背景的地方财政厅向乡绅发行公债，带有强迫借款的意味。

军阀疯狂敛财养军，那么士兵的军饷又有几何？当时，不同军阀的部队，军饷也有所不同。还是以陶孟和调查的阎锡山太原警卫旅为例，士兵每月军饷在6元3角至9元之间，他们多数能寄一些钱补贴家里。1914—1919年的粤军士兵收入也不多，1914年时，其平均月薪为12元，可以有9元养家，1917年部队扩充后，收入减至6元至7元5角。北伐战争前，国民革命军的士兵，平均每月收入也在10元至11元之间。另外，战时和平时的军饷发放也不一样，上战场时的军饷是平时的三倍。按照当时的物价水平，一个耕种100亩地的5口之家的四川自耕农的月收入为8元，因此从纸面上看，当兵确实是一项不错的职业。但是，这其中的黑暗现象举不胜举。

在军阀部队里，当兵实际并非一项美差。军阀头子就像“血汗工厂”的厂长，下级军官就像工头，底层士兵如同“包身工”，受军官和老兵的压榨和虐待。在军阀部队里，能反映出一支部队的真实面貌的，往往不是普通士兵，而是他们的军官；而且所反映出来的都是负面形象。清末科举制的取消和西方文官制度的引进，断绝了很多贫寒人家的子弟的从政之路，在这种情况下，很多处于社会下层的年轻人唯有选择从军来改变自身的社会地位。这让很多军官把从军作为职业来坚持，但对于更多的军官来说，从军不仅是职业，还是上升的阶梯，由此取得财富、地位、权力。以民国初年中央直属的部队为例，一个连长每月有60两银子，还有20两办公费用；一个团长每月100两，另有140两办公费；师长则是400两月薪和600两办公费，还没算上克扣军饷的收入，以及各种“灰色收入”。大军阀在数年间都能通过不正当途径集聚巨大身家，像张作霖、曹锟这样的大军阀，敛财数千万，投资于地产、高利贷、近代实业等，富可敌国。小军阀也是富得流油，福建带民军的陈国辉贩卖鸦片，敛财800余万；贵州军阀侯之担，也有上百万的身家。

在军阀部队中，当官的富得流油，底层士兵的日子却并不好过。他们当兵为了吃饭，但是，贪墨军饷、吃空额、私赏军械自古代中国便是“悠久传统”，士兵拿到手的军饷往往已经被上级军官克扣掉很大一部分，军需保障品也非常缺乏。例如，1923年时，桂军士兵几乎丧失了所有用来购买食物、制服、毯子、和其他生活用品的4元钱军饷。即便如此，养兵对于军阀来说依旧是最大的花销，西方人曾做过计算，1926年时，民国军阀一支1万人的部队一年军费为183757美元。

因此，正如前文所述，能干的军阀除了中央和地方拨款外，还能筹款养兵，没办法筹集军饷的，只有拖欠军饷。就算是中央下拨的军饷，也不会按实际数目支付，吴佩孚的嫡系第3师，从1918年至1923年，每年都要追索欠饷。据统计，1918年6月这一个月，北京政府欠发的军饷为1千万元。截至1921年11月，北京政府共欠各种军政费用14573万余元。据1923年《中国年鉴》（China Yearbook）的估算，全国欠饷高达1.8亿之巨。浙江军阀卢永祥、滇军将领唐继尧、直系大佬吴佩孚都有拖欠军饷的“光荣历史”；驻福建的王永泉部，在1920–1921年时甚至欠饷11个月之久。有些军阀甚至拖欠军饷至部队哗变才下发。拖欠军饷会严重打击军心，欠饷的军队不能开拔到其他地方，没有军饷和开拔费，士兵是不会听指挥的，更别说打仗了，甚至会使部队发生临阵倒戈的危险。在军饷被拖欠的情况下，官兵只好自己找活路，抢劫、自设关卡收税、哗变、逃亡、卖掉所能卖的一切物资，甚至包括武器在内。1917年时，一名士兵就把他的步枪卖了80元，这相当于自己一年的军饷。1920年，桂军李宗仁部因军饷不济，士兵以200元一支的价格出卖自己的枪支，李宗仁劝阻无效，不得不出售部分枪械来换取军饷。

士兵对于欠饷的应付方法，常用的是哗变，哗变的士兵往往已经沦为土匪，他们抢劫民财，扰乱地方，奸淫妇女，给百姓带来严重的兵灾，因此，民间所谓的“兵匪一家”，指的就是这种化兵为匪的军阀部队。1921–1922年，由于列强对华借款的减少，军阀欠饷也成为了严重的问题，由此导致了兵变的频繁发生。据不完全统计，在1908–1936年间，全国兵变次数高达300次，其中以1919–1929年间最多，达206次，这十年尤以1919–1921年和1926–1929年为甚，兵变次数分别达到68次和84次。兵变的地域，湖南41次，湖北、河北各34次，四川26次，这几个地方是北洋政府统治时期的28年中兵变最多的省份。绝大多数的兵变都是经济原因——欠饷引发的。

此外，士兵在军阀部队里，还会承受严酷的军法，如：不听命令开枪会被责以杖刑或100皮鞭；未经上级允许而去嫖妓，则会挨上600皮鞭，此外还得关禁闭；引发兵变那只有死路一条了。同时，部队中还充斥着残忍的肉刑，鞭笞、棍打、烙刑……1922年，哈尔滨发生士兵暴动，张作霖处死了其中的82人，并将其他的700人以烙铁在胸口烙上印记，驱除回山东老家。另外，军官们还使用鸦片来控制士兵。没有什么比军队上下吸食鸦片更损害战斗力和士气的了。但是，军官们却故意怂恿士兵们吸食鸦片，因为士兵一旦染上烟瘾，就会为了继续吸食鸦片而留在军队，为其卖命。当然，鸦片买卖也是军阀养军筹集军饷的一大助力，在这里面最为有名的当属云贵军阀，且不说贵州著名的“双枪兵”，在滇军中鸦片是可做为货币的硬通货，作战时，上级往往发放鸦片作为粮饷来激励士兵。鸦片烟瘾进一步使军阀部队的道德败坏，难以遏制。

造成上述多种黑暗现象的原因很大程度来自军阀将领自身，北洋军阀将领基本上是旧式军人。这里有必要谈一下当时的军事教育制度和军阀派系的内部关系。当时的军事教育制度沿袭清朝，1905年时，清廷下令建立三级军事学校，初级是在每个省的省会建立三年制初级军校训练军官；中级是分别在北京、西安、武昌和南京建立4个二年制中等军校，培训初级军校毕业的军官；最高一级是二年制的保定军官学校。在辛亥革命爆发后，初级学校只毕业了四班学生，中级学校毕业了一班学生，很多初级军校都关闭了，有些则是勉强维持。但是总体上，民国基本维持了清朝军事教育制度的原样。因此，北洋政府时期，军阀将领中鲜有受过近代军事教育的人才，更多的是清末的旧式军人，如冯国璋、吴佩孚、段祺瑞、徐树铮，这些人是典型的旧军人；而张宗昌之流的“大帅”，则是典型的文盲兵痞或土匪出身。根据陈志让在《中国军阀和他们的派系》中，对1912−1928年间1300个旅以上军官的传略后，得出的结论是“受过教育的军阀不超过总数的30%，其余大都是出身非常穷困的文盲或半文盲。”这些将领生活作风腐朽，贪污军费，欺上瞒下，营私舞弊，是造成军队战斗力和纪律持续堕落的重要原因。哪怕其中有曾接受过先进军事教育的军官，若一本正经，很难与同僚打成一片，在部队中也往往会成为异类而难以容身。部队的训练、军备和后勤，军官都要一手负责，以保证自己对麾下的绝对控制。腐朽无能的军阀不可能赢得士兵的信任和尊重，西北的军阀，甚至被士兵以“三金五皮”来形容：“三金”是金框眼镜、金戒指、金手表，“五皮”是皮腰带、皮制弹药带、皮靴、皮鞭和皮手套。军阀及其部下们的敛财之道，真是五花八门。吃空饷是最为司空见惯的手段，一个师或一个旅通常只有70%或50%的实际兵力，有些战死的士兵的名字还躺在花名册上，继续“领”军饷；一些视军队为发财之地的老兵，为了把未成年的子侄塞入军队，需要把这些子侄的军饷分一些给上官；技术兵种如炮兵的维修经费也会流入私人腰包，据西方人的记录，滇军的炮兵军官每月有1万美元的维修经费去维护麾下的2门旧式山炮和7挺机枪，这些费用往往会被中饱私囊，但那些由此造成经费不足而缺乏维修保养的装备，就不在这些军官的关心范围之内了。

在军阀派系里，部属、同僚的构成通常以私人关系为基础，包括亲族、姻亲、父子兄弟、师生、僚属、结拜兄弟、同学、同乡等传统的私人关系，这种关系是传统的主从、长幼、尊卑等不平等的封建裙带依附关系。在派系中，血缘关系处于核心地位，内部的核心集团往往与该军阀有浓厚的血缘关系；其次是联姻关系，再次是师生关系。上官施以恩惠来团结从属之人，从属则以尽忠之势来依附派系首脑。因此在军阀派系中，大军阀以金钱、地盘、官位来维系小军阀和底层军官们的忠诚；小军阀们则为其效死（当然，这种效死在利益足够时也可出卖给他人）。总之，军阀内部的从属关系就是一种交换或收买关系，任人唯亲、非嫡系不用是最基本的一条人事关系。

以张作霖的奉系为例，张作霖崛起之时，其组成班底便是与其并肩混迹绿林的马贼土匪兄弟，张作霖以施恩来团结部下，扩充军队。1920年统一东北后，其子张学良逐渐进入奉系核心，隐隐成为奉系新一派领导核心，与老派的出身绿林的叔伯们分庭抗礼。1922年第一次直奉战争后，战败的张作霖大整军，奉军得到扩充，内部分化出“新派”和“旧派”。当然，在奉系里，传统的结拜兄弟关系在利益面前也并非可靠，如冯德麟反对张作霖，吴俊陞与张作霖争夺吉林督军的位置便是如此。亲戚关系、师生关系同样不牢靠，吉林督军孟恩远与其侄子高士傧的冲突，1925年奉军郭松龄倒戈也是这样。

同时，在派系内部，即便存在各种依附关系，军阀也不会完全相信部属的忠诚，手下各将领也经常调换岗位，以防止在其手下出现另一派系或集团势力，如在袁世凯的北洋新军中，段祺瑞便先后调任过第3、第4、第6镇的统制。

总之，在1912−1928年的北洋军阀统治时期，从中央到地方充斥的大大小小的军阀们，大者窃国，小者掠地，在中华大地上混战不休，给百姓造成深重灾难。军阀混战带来了饥荒和贫困，还有无数的死亡，据不完全统计，这一时期的战乱造成的民众伤亡高达百万人，此外还有不计其数的军人死伤。直至1928年“东北易帜”，中国才在形式上统一于南京国民政府旗下，但这也只不过是国民党新军阀对北洋旧军阀的取代而已。

1916-1927年各省最高军事长官年表

省份 / 时间	1916	1917	1918	1919	1920	1921	1922	1923	1924	1925	1926	1927
奉天	张作霖	–	–	–	–	–	–	–	–	–	–	吴俊陞
吉林	孟恩远	田中玉	孟恩远	鲍贵卿	–	孙烈臣	–	–	张作相	–	–	–
黑龙江	毕桂芳	许兰州 鲍贵卿	鲍贵卿	孙烈臣	–	吴俊陞	–	–	–	–	–	万福麟
直隶	曹锟	–	–	–	–	–	–	王承斌	卢永祥	李景林 孙岳	褚玉璞	–
河南	赵倜	–	–	–	–	–	冯玉祥 张福来	张福来	胡景翼	岳维峻	冠英杰	无
山东	张怀芝	–	张树元	田中玉	–	–	–	郑士琦	–	张宗昌	–	–
山西	阎锡山	–	–	–	–	–	–	–	–	–	–	–
陕西	陈树藩	–	–	–	–	阎相文 冯玉祥	刘镇华	–	–	孙岳 李云龙	李云龙	–
甘肃	张广建	–	–	–	蔡成勋	–	陆洪涛	–	–	冯玉祥 刘郁芬	李鸣钟 刘郁芬	刘郁芬
新疆	杨增新	–	–	–	–	–	–	–	–	–	–	–
江西	李纯	陈光远	–	–	–	–	蔡成勋	–	方本仁	–	邓如琢	无
福建	李厚基	–	–	–	–	–	–	孙传芳	周荫人	–	–	无
江苏	冯国璋	李纯	–	–	–	齐燮元	–	–	韩国钧	卢永祥 杨宇霆	孙传芳	–
安徽	张勋	倪嗣冲	–	–	–	张文生	马联甲	–	王揖唐	姜登选 邓如琢	陈调元	–
浙江	吕公望	杨善德	–	卢永祥	–	–	–	–	孙传芳	卢湘亭	陈仪 孟朝日	–
广东	陆荣廷	陈炳焜	–	莫荣新	–	陈炯明	许崇智 陈炯明	许崇智	国民党	–	–	–
广西	陈炳焜	谭浩明	–	–	–	–	刘震寰	无	无	李宗仁 黄绍竑	黄绍竑	–
四川	戴戡	刘存厚	无	无	熊克武	刘湘	刘成勋	邓锡侯 刘湘	刘存厚 杨森	刘湘	无	无
贵州	刘显世	–	–	–	–	卢焘	刘显世	–	–	袁祖铭 周西城	周西城	无
云南	唐继尧	–	–	–	–	卢焘	–	–	–	–	无	无
湖南	谭延闿	傅良佐 程潜	张敬尧	–	谭延闿 赵恒惕	赵恒惕	唐继尧	–	–	–	无	无
湖北	王占元	–	–	–	–	萧跃南	–	–	–	–	陈嘉谟	无
热河	姜桂题	–	–	–	–	汲金纯	–	–	阚朝玺	宋元哲	汤玉麟	–
察哈尔	田中玉	张敬尧	田中玉	–	张景惠	–	王怀庆 谭庆林	张锡元	张之江	–	鹿钟麟 高维岳	–
绥远	蒋雁行	蔡成勋	–	–	马福祥	赵恒惕 马福祥	张锡元 马福祥	–	–	李鸣钟	刘郁芬 蒋鸿遇	商震

主要军阀派系或地方势力（1911-1928年）

民国成立后，中国开始形成以北洋军阀集团为主要统治者、地方实力军阀割据本省或数省区的政治局势，这一局势自袁世凯身死、北洋集团分裂而愈演愈烈，北方各大军阀彼此间混战不休，南方中小军阀之间也扩张征伐不断，南北军阀同时还存在"割据自保"和"武力统一"的激烈矛盾。以下便是北洋政府统治时期，盘踞在中国大地的主要军阀派系或地方势力。

北洋系

1912-1928年统治中国的军阀势力的总称，以袁世凯为核心，麾下骨干皆来自小站练兵时期北洋新军的将领们。在窃取辛亥革命胜利果实后，北洋军阀的势力几乎遍及全国，因此北京政府时期又称之为北洋政府时期。1916年袁世凯死后，北洋系内无人有足够威望和能力统领整个北洋军阀集团，内部争权夺利，分裂为皖系、直系、奉系三个主要派系。1928年北伐结束，“东北易帜”，北洋军阀在中国的统治彻底结束。

北洋系的北洋军早期来自1894—1895年胡燏棻在天津编练的定武军，1895年底，袁世凯接任胡燏棻继续在小站练兵，将定武军扩编为新建陆军，在编制上采用近代德国的陆军制度，并全部采用国外采购的新式武器。1899年，袁世凯在镇压义和团运动时趁机扩军，壮大个人实力。1901年，张之洞在南京编练的自强军被编入袁世凯军中，成为后来北洋军的一部分。至1905年，袁世凯编练出六镇北洋新军，这是当时全国最精良的武装，约7万人，成为后来北洋军的基础。

1912年，袁世凯整编全国军队，当时全国有三十多个师及五十余个旅，加上地方巡防营等杂牌部队，军队总人数约120万人，而袁世凯直属的北洋军编有12个师共20余万人，加上湖北、浙江、江苏等地方陆军师亦在北洋系的控制下，另有原清朝旧军如定武军、安武军、毅军等虽未列入北洋军统一编制，但其统帅张勋、倪嗣冲、姜桂题等都是与北洋系有各种渊源，这部分兵力亦为北洋集团的附属势力。因此，袁世凯北洋系的武装约占全国一半以上。至1916年袁世凯死前，北洋军阀集团所属部队达到14个师另16个混成旅、4个骑兵旅、7个地方旅、5个地方团。

值得一提的是，在获取国家政权后，北洋系对混乱的军制进行了初步统一，这可说是北洋军阀对中国近代军事制度的一个贡献。当时，各地军阀编制不一，有新军、旧军（即各省巡防营所组部队）之分。1912年9月15日，袁世凯以大总统名义发布命令，调整全国军队编制，“改镇为师”，随后公布《陆军平时编制条例》，调整师一级的编制。按此条例，陆军以师为战略单位，每师辖步兵2个旅，骑兵、炮兵各1个团，工兵和辎重兵各1个营。步兵旅下辖2个团，每团由3个营（四连制）和1个机枪连组成。骑兵团分四连制的甲种团和三连制的乙种团。炮兵团由3个营（三连制，每连6门炮）组成。工兵营和辎重营均为三连制。同时，还颁布了陆军军官制表，中国从此采用军衔制。当时军衔制继承了清代军官3等9级制，分将级（上将、中将、少将）、校级（上校、中校、少校）、尉级（上尉、中尉、少尉）。这标志着中国军队向近代化迈进的坚实一步。此后，各地武装编制逐渐以此为标志。但是，随着袁世凯死后军阀混战的加剧，各地军阀的部队编制再次呈现混乱状态。

北京政府成立后，政治统治方面，北洋系在独裁专制道路上“一路狂飙”，袁世凯复辟失败身死后，北洋系分崩离析，从中分化出来的各派军阀势力相互混战，中国社会陷入更为苦难的战乱深渊。直至1928年“东北易帜”，北洋军阀的历史方落下帷幕。

袁世凯北洋六镇编制序列（1905年）

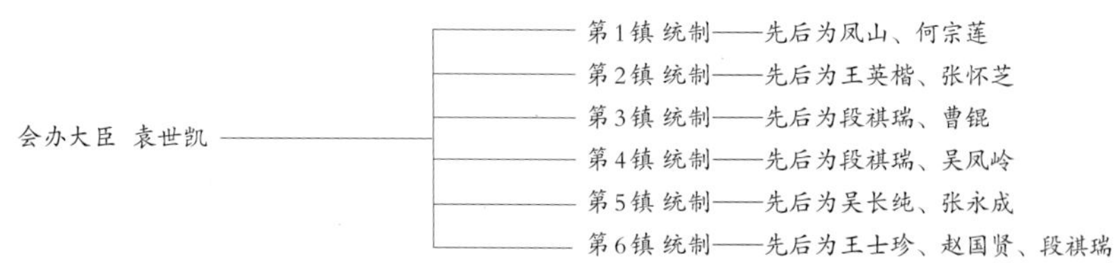

1912年清军改镇为师的主要编制序列				
序列	师长	参谋长	原属	驻地
近畿陆军第1师	何宗莲	董式梃	清近畿陆军第1镇	保定、张垣及多伦、归化
近畿陆军第2师	王占元	何佩瑢	清近畿陆军第2镇	保定、迁安、卢龙
近畿陆军第3师	曹锟	萧耀南	清近畿陆军第3镇	南苑
近畿陆军第4师	杨善德	唐国谟	清近畿陆军第4镇	天津小站
近畿陆军第5师	靳云鹏	孙耀先	清近畿陆军第5镇	山东青州、潍县
近畿陆军第6师	李纯	丁效兰	清近畿陆军第6镇	南苑
近畿陆军第7师	雷震春	赵景清	清末河南民军改编	河南
近畿陆军第14师	许崇智	余定华	清近畿陆军第10镇	
近畿陆军第16师	王廷桢	李竟成	清禁卫军改编	
近畿陆军第19师	刘之洁	赵福海	清江北陆军第13协等改编	江苏镇江
近畿陆军第20师	张绍曾	夏鸿均	清陆军第20镇	辽阳、新民、锦县
近畿陆军第23师	孟恩远	高士傧	清陆军第23镇	吉林

■ 上表这些改镇为师的部队，都是袁世凯的原嫡系部队，或是被其纳入嫡系的部队，这是民国早期袁世凯实现独裁统治的武力后盾。

北洋政府陆军部直辖军队编制序列（1914–1916年）			
序列	师长／旅长	序列	旅长／团长
第1师	蔡成勋	陆军第10混成旅	唐国谟
第2师	王占元	陆军第11混成旅	王麒
第3师	曹锟	陆军第12混成旅	黄国梁
第4师	杨善德	陆军第13混成旅	孔庚
第5师	张树元	陆军第14混成旅	董崇仁
第6师	马继增	陆军第15混成旅	贾德耀
第7师	张敬尧	陆军第16混成旅	冯玉祥
第8师	李长泰	陆军骑兵第1旅	菀尚品
第9师	黎天才	陆军骑兵第2旅	吴俊陞
第10师	卢永祥	陆军骑兵第3旅	张久卿
第12师	陈光远	陆军骑兵第4旅	英顺
第13师	李进才	吉林混成旅	裴其勋
第15师	周骏	浙江第49旅	周凤岐
第20师	吴光新	绥远第1混成旅	孟效曾
陆军第1混成旅	施从滨	江苏第74混成旅	赵俊卿
陆军第2混成旅	吴庆桐	江苏第75混成旅	方更生
陆军第3混成旅	张敬尧	江苏第76混成旅	张仁奎
陆军第4混成旅	伍祥祯	四路要塞步兵第1旅	龚青云
陆军第5混成旅	刘询	湖北陆军步兵第5团	卢金山
陆军第6混成旅	王金镜	陕西步兵团	陆承武
陆军第7混成旅	唐天喜	绥远第80混成团	徐廷荣
陆军第8混成旅	徐占凤	塔尔巴哈台陆军混成团	郑巨川
陆军第9混成旅	丁效兰	伊犁混成团	陈金胜

皖 系

皖系前身是北洋军阀一部，以段祺瑞为首（段祺瑞籍贯安徽，皖系由此得名），主要将领包括靳云鹏、徐树铮、卢永祥等。袁世凯当政时期，段祺瑞曾一度代理国务总理并长期出任陆军总长一职，独揽军权，遂为袁世凯所忌。袁世凯死后，被袁架空的段祺瑞重新担任国务总理兼陆军总长，并以北洋军阀集团中仅次于袁世凯的二号人物的身份在北洋系内部网罗附己力量，如皖、鲁、浙、沪、闽等地方军阀便是段祺瑞的铁杆嫡系，另一些地方军阀如晋系阎锡山、川系刘存厚等在政治上也追随段；政界则有原来不少依附袁世凯的政客转投，如王揖唐、曹汝霖、陆宗舆等。这些军政实力以段祺瑞为核心，逐渐形成一支独立的军阀势力——皖系，1916–1920年，皖系控制了北京政府，掌控陕西、山西、安徽、山东、浙江、福建、甘肃、新疆等省份及热河、察哈尔特别行政区、淞沪护军使所辖区域。由皖系直接掌控的中央部队为9个师另14个混成旅（1916年）；另外，皖系所属的地方军兵力还有2个师、2个暂编师、1个旅、7个混成旅，以及一个安武军和一个定武军，可谓兵力雄厚。外部，皖系得到日本的支持，是日本扶植的在华利益代理人之一。

在皖系控制北京政府时期，政局混乱，先后出现“府院之争”、“张勋复辟”、“护法运动”、“五四运动”等斗争。张勋复辟失败后，直系首领冯国璋出任代理大总统，直系势力参与掌控北京政府，北京政府成为直皖夺取最高权力的斗争的大舞台。

军事上，皖系为清除异己，大肆向日本借款和购买军火，采取“武力统一”的政策，与西南军阀进行长期混战；1918年，皖系主导的北京政府根据与日本签订的《中日共同防敌军事协定》，由日本提供军事训练人员和装备，编练了3个师的“参战军”，但随着一战的结束，段祺瑞将“参战军”改编为边防军，仍将其掌控于其手。为了继续扩大地盘，段祺瑞还组建了西北边防军，由皖系骨干徐树铮亲领，为皖系开辟了西北蒙疆新地盘。

政治上，皖系奉行亲日卖国外交政策，1919年的五四爱国运动使皖系主导的北京政府声名狼藉。此外，段祺瑞还通过收买政客，组成“安福国会”操纵选举，将冯国璋拉下马，把徐世昌推上总统宝座供其操纵。在政争过程中，直皖矛盾激化。

1920年，皖系与直系爆发直皖战争，段祺瑞组建5个师1个混成旅的“定国军”参战，但最终被直系和奉系军阀联合打败，皖系部队大部被直系收编，皖系军阀集团从此一蹶不振。

■ 这是1918年段祺瑞第三次担任内阁总理时，其内阁成员的合影。从右至左依次为：曹汝霖（交通兼财政总长）、刘冠雄（海军总长）、陆徵祥（外交总长）、段祺瑞（国务总理）、钱能训（内务总长）、段芝贵（陆军总长）、朱深（司法总长）、傅增湘（教育总长）。北洋政府时期，内阁是军阀们把持中央政权的工具。在1916–1920年皖系控制北京政府时期，皖系人员或是直接出任内阁总理，或是组成安福国会控制选举，操纵政府权力。

曹锟取代黎元洪为总统的目标上一致。1923年，两派共同驱黎成功，曹锟通过贿选实现了总统梦，直系势力在表面上达到最盛。同时，直系还将势力向南方扩展，吴佩孚勾结广东军阀陈炯明背叛孙中山，并指挥直系部队攻掠福建、广东、四川、湖南等地。除了继续奉行“武力统一”政策外，直系还大举武力镇压革命运动。

尽管势力大涨，但直系内部分裂已成定局，外部反直势力也酝酿成熟。1924年9月，第二次直奉战争爆发，直系将领冯玉祥在关键时期反戈，发动“北京政变”，此战最终以直系失败告终，曹锟、吴佩孚下野，结束了直系掌控北京政府的辉煌时期。但是，直系也崛起了一个后起之秀孙传芳，通过江浙战争不断扩展地盘，得以掌控东南五省。1925年，孙传芳通电反奉，与吴佩孚组建“十四省讨贼联军”发起浙奉战争，出于共同“反赤”的需要，直系很快与奉系和解，联合起来对付冯玉祥的国民军。

北伐战争爆发后，吴佩孚、孙传芳先后被国民革命军打败，直系部队也先后被收编或解散，直系就此消亡。

奉系

奉系兴起于东北，前身是清末奉天巡防营，组成人员为被招安的当地游杂武装和胡匪，奉系首脑、奉天（今沈阳）人张作霖便出身其中。1907年巡防营扩编为8路巡防队，辛亥革命爆发后，张作霖已是前路巡防营统领（相当于旅长）。袁世凯就任临时大总统后，将原东三省总督赵尔巽任命为奉天都督，张作霖为陆军第27师师长，冯德麟为第28师师长，这两个师的组建，是奉系武装的萌芽，也是东北三省军阀融入北洋军阀集团的开始。此后奉军发展迅速，心怀称霸全东北野心的张作霖一面讨好袁世凯，一面向日本帝国主义寻求支撑。1916年借全国倒袁之机，张作霖赶走奉天督军段芝贵，成为奉天督军兼省长，顺利夺取奉天军政大权，以其为首的奉系军阀集团开始形成。至1916年7月，奉军编制为2个师、1个骑兵旅和2个巡防队。

1917年北京政府爆发“府院之争”后，张作霖依靠日本，和段祺瑞沆瀣一气，并一度宣布奉天“独立”。在此期间，张作霖趁机扩充部队，新成立一个第29师。张勋复辟期间，张作霖趁机收拢军权，将冯德麟第28师掌控于手，彻底成为“奉天王”。在一年时间里，张作霖将势力从奉天扩展到黑龙江，控制二省。同时，直皖之争，皖系派骨干徐树铮入东北，以将来选举时“副总统”一职拉拢张作霖入关，皖奉达成暂时联盟，奉系势力由此入关逐鹿天下。次年，奉军在秦皇岛截劫直系购自日本的军械，包括步枪、机枪、火炮在内3万余支（挺、门），这些武器大部分成为奉军扩编的基础，奉系由此再扩充4个混成旅和1个暂编师。当时北洋军正与西南军阀在湖南恶战，经过扩编的奉军继续南下，至河南、河北、山东、安徽等地。南北停战议和后，看到入关扩张的时机还不成熟，张作霖将奉军陆续撤回关外，专心谋划统一东三省事宜。

1919年7月，在日本的帮助下，张作霖彻底统一东北三省，这意味着奉系军阀集团最后形成。此时奉系所辖部队有3个师、1个暂编师、5个暂编混成旅、8个混成旅和2个骑兵旅。奉系军阀集团形成后，张作霖急于向关内扩张，直皖战争爆发后，奉军挥师入关，联直抗皖，将皖系驱逐出北京政府，由其与直系取而代之。直皖战争后，奉系一方面控制北京政权，一方面将势力向热河、察哈尔、绥远扩展，至1921年，张作霖兼任蒙疆经略使，奉系势力由东三省扩展至蒙满，张作霖一跃成为盘踞六省“蒙满王”。

直奉矛盾激化后，张作霖加大了扩军备战的力度，至1921年7月，奉军编制扩大到中央部队

4个师、11个暂编混成旅、1个混成旅和1个骑兵旅，地方部队11个混成旅、2个骑兵旅。张作霖实力大增后，第一次直奉战争很快爆发，但此战以奉系失败告终，张作霖被迫退回东北，埋头发展军力，以期卷土重来。

在吸取第一次直奉战争战败的教训后，张作霖开始了大规模整军，建立规范化的部队。1922–1924年是奉军大发展的阶段。1922年7月22日，张作霖在奉天成立"东三省陆军整理处"，亲任总监，重用提拔在日本或国内高等军事院校毕业的、有专门军事知识、经过严格军事训练的新派人物，淘汰旧势力，重新统一东三省军队番号和指挥，整训奉军。奉军所有部队被统编为陆军步兵3个师另27个旅，骑兵5个旅，并扩编了2个独立炮兵旅和1个重炮团。至此，奉军总兵力达到25万人。

在奉军中，旅为平时的建制单位（军、师为战时编组），辖2个或3个步兵团，以及骑兵、炮兵各1个团，每团相对于北洋军所定编制，还多了1个迫击炮连和1个通信班，因此其一个旅军力实际上不下关内军阀部队的一个师。

关于奉军的具体编制，自1922年整编后，逐渐形成与北洋稍有不同的编制。当时奉军各师、旅、团的编制大致为：

甲种师——下设2个步兵旅，每旅3个团（每团3个步兵营，附1个机枪连，1个迫击炮连，以及1个通信班）；师部直属1个骑兵连，1个辎重营。炮兵、骑兵另组成旅，工兵另组成团。

乙种师——下辖2个步兵旅（每团编制同甲种师），师部直属1个骑兵连，1个山炮营，1个工兵连，1个辎重营。

乙种骑兵师——下设2个骑兵旅，每旅2个团（每团4个连，另附1个机枪连、1个迫击炮连、1个通信班）；师属骑炮兵1个连（装备山炮）。

炮兵旅——下设3个炮兵团，每团3个营，每营3个连，每连4门火炮。全旅共装备各式火炮108门，官兵约1700人。

工兵团——营数没有定额，营下辖的连排班均为三三制，每班士兵20人，全营540人。

步兵连——同样采用三三制，每班士兵14人，全连126人，与北洋旧制同。

迫击炮连——全连108人共3个排，每排2个班，每班18人，共装备6门"萨顿"（Sutton）型76毫米迫击炮。

通信班——全班4组，每组8人，共32人，实际相当于排。

辎重营——营下属的连排班也为三三制，全营386人。

骑兵连——所辖排班为四四制，每班8人，全连共128人。

野炮营——营下设3个连，每连2个排，每排2个班，全营共275人。

山炮营——营下设编制与野炮营同，但人数较野炮营更多，全营373人。

通过对比可知，奉军的师、旅、团编制都要大于关内北洋军。

为了促进自身人才的培训，奉系军阀还自设军官学校如陆军东北讲武堂等，由张作霖自任校长，专门培养自己派系的军官，并规定全军各师旅的参谋长均由军官学校出身者充任。还有，改善和更新奉军的军备，除了在各师旅里增编技术队，设立军士教导团，教授技术及掷弹、炸弹、毒瓦斯、火焰喷射器等现代兵器的使用外，还建立海军、空军等现代化军种。其中海军发展到拥有"镇海"、"威海"等大小舰只21艘，约32200余吨位，官兵3300余人。空军方面，设立由张学良主管的东北航空队，飞机则从国外进口，向德国和意大利购买新式飞机250–300架，向法国订购最新式的飞机40架；甚至还有轰炸机4个大队，装备30架轰炸机。各战略要地也修筑了飞机场

东北陆军组建时的部队编制序列（1925年10月）

东北陆军总司令 张作霖

- 第8旅 旅长——丁 超
- 第9旅 旅长——陈玉昆
- 第13旅 旅长——吉 兴
- 第17旅 旅长——张明九
- 第18旅 旅长——张焕相
- 第21旅 旅长——李振声
- 第30旅 旅长——齐占九
- 骑兵第2旅 旅长——彭金山
- 骑兵第8旅 旅长——于芷山
- 炮兵第1旅 旅长——邹作华
- 炮兵第2旅 旅长——魏益三
- 工兵团 团长——博桂林
- 辎重兵团 团长——牛元峰

- 第1师 师长——李景林
  - 第23旅 旅长——窦连芳
  - 第40旅 旅长——王 宾
- 第2师 师长——张宗昌
  - 第3旅 旅长——褚玉璞
  - 第28旅 旅长——程国瑞
  - 第29旅 旅长——许 琨
  - 第32旅 旅长——毕庶澄
  - 卫队旅 旅长——方永昌
  - 补充旅 旅长——姚 霁
  - 第1梯队 队长——聂家夫
  - 第2梯队 队长——方振武
  - 备补第1梯队 队长——滕殿英
- 第3师 师长——阚朝玺
  - 第1旅 旅长——袁永朔
  - 第41旅 旅长——刘山胜
- 第4师 师长——张学良
  - 第19旅 旅长——栾云奎
  - 第27旅 旅长——宋久龄
- 第5师 师长——赵恩臻
  - 第12旅 旅长——孙旭昌
  - 第33旅 旅长——范普江
- 第6师 师长——郭松龄
  - 第2旅 旅长——刘 伟
  - 第34旅 旅长——陶经武
- 第7师 师长——高维岳
  - 第5旅 旅长——刘维永
  - 第6旅 旅长——刘振东
- 第8师 师长——丁喜春
  - 第25旅 旅长——钱忠山
  - 第35旅 旅长——田德胜
- 第9师 师长——汲金纯
  - 第14旅 旅长——杨德生
  - 第36旅 旅长——李梦庚
- 第10师 师长——齐恩铭
  - 第16旅 旅长——温瓒玉
  - 第37旅 旅长——刘连瑞
- 第11师 师长——汤玉麟
  - 第7旅 旅长——张龙文
  - 第38旅 旅长——孟昭田
- 第12师 师长——裴春生
  - 第4旅 旅长——霁 云
  - 第39旅 旅长——朱继光
- 第13师 师长——张久卿
  - 骑兵第3旅 旅长——萧国庆
  - 骑兵第6旅 旅长——武汉卿
- 第14师 师长——穆 春
  - 骑兵第1旅 旅长——徐永和
  - 骑兵第7旅 旅长——王永春
- 第15师 师长——张作相
  - 第10旅 旅长——熙 洽
  - 第26旅 旅长——李桂林
- 第16师 师长——于琛澂
  - 骑兵第10旅 旅长——赵芷香
  - 骑兵第14旅 旅长——杨遇春
- 第17师 师长——万福麟
  - 骑兵第4旅 旅长——张殿九
  - 骑兵第5旅 旅长——马占山
- 第18师 师长——吴俊陞
  - 第15旅 旅长——梁忠甲
  - 第22旅 旅长——王树常
- 第19师 师长——李爽垲
  - 第42旅 旅长——荣臻
  - 第43旅 旅长——朱同勋
- 第20师 师长——刑士廉
  - 第24旅 旅长——刘翼飞
  - 第44旅 旅长——赵鸣皋

和材料库。为提高奉军的自给程度，1922年，张作霖扩建奉天军械厂为东三省兵工厂，每年能生产各类火炮150门，炮弹20万发；步枪6万余支，子弹1亿至1.84亿颗；轻重机枪1000挺以上。无线电部门、被服粮秣厂、军事医院等后勤机构也从无到有。

由于用新裁旧，奉系中逐渐分化出由原来跟随张作霖起家的将领组成旧派，以及新提拔的近代军事人才组成的新派，而且新派中又分为日本士官学校毕业生组成的“士官派”和中国陆军大学及保定军官学校毕业生组成的“陆大派”，彼此间明争暗斗，内部关系错综复杂。

值得一提的是，奉系的扩军备战，离不开日本的大力支持，各种军事援助和借款都由日本提供，1922年10月，张作霖以100万元的价格从日本购买了步枪2万余支，还有各种炮弹、炸弹、飞机等。1923年2月，日本把购自意大利的1.3万支步枪、800枚炸弹、12门火炮转卖给奉军；同年8月，日本又将价值369万元的2.2万件军械交给张作霖。张作霖则通过出卖蒙满的利益来换取日本的大力支持。

经过两年的整军备战，奉系军阀的军事力量得到了极大提高，政治上还与孙中山、段祺瑞结成粤皖奉反直三角联盟，同时秘密拉拢直系将领冯玉祥，分化直系势力。1924年，第二次直奉战争爆发，此战奉军在冯玉祥的倒戈和日本的军备援助（日本在此战中为奉军提供了4000万发子弹和10万枚炮弹）下夺取了最后胜利，成为北京政府的新掌控者，并开始了新一轮的扩张。至1925年9月，奉系军阀的势力范围已扩大到奉、吉、黑、热、直、豫、鲁、苏、皖9省区；同时，张作霖将奉军中的旅改为师，全军扩编至20个师、7个旅、2个骑兵旅、2个炮兵旅、1个工兵团和1个辎重团，这些部队均冠以“东北陆军”的称号，并编为6个军团，兵力约35万人，加上山东、热河原有被改编部队，全军人数达到37万。此时奉系军阀的实力，陆、海、空三军和军工企业都位居全国之冠，奉系步入鼎盛时期。但是，奉系内部也出现了严重分裂，最严重的事件当属1925年11月郭松龄的叛张倒戈。

北伐战争爆发后，为对抗北伐军，张作霖、孙传芳、张宗昌联合成立安国军，张作霖亲任总司令，总兵力高达148.15万人。1927年6月，张作霖举办了冷冷清清的“中华民国陆海军大元帅”就职仪式，过了把国家元首的瘾，因此1927—1928年的北洋政府又称之为“安国军政府”。1928年6月，随着北伐军的进军，张作霖退往关外，当月4日在皇姑屯被日军炸死。1928年底，张学良宣布“东北易帜”，服从国民政府，奉军被改编为国民革命军，奉系就此转变为国民党军中的东北军派系。

桂系

桂系是中华民国时期最悠久的军阀之一，盘踞于中国西南，以广西为统治基地，势力一度横跨两广和湖南，桂系存在的时间跨越整个民国。

桂系又分为旧桂系和新桂系。旧桂系的首领陆荣廷，同样出身绿林，后被清廷招安，曾多次镇压同盟会在广西的起义活动。辛亥革命前，陆荣廷升任广西提督，领10营巡防营。革命爆发后，陆荣廷借改天换地之机，迅速扩张自己的势力，次年就任广西都督，投靠袁世凯，将广西新军扩编为2个师，每师2个团；同时将全省的巡防队改编为国民军，其中军官都是与其有旧的旧军官；另外，陆荣廷还大肆收编广西本地的绿林武装，并安排自身亲信心腹进行控制。在陆荣廷的极力扩张和经营下，桂军很快成为西南首屈一指的军阀队伍，旧桂系军阀集团“出炉”。

1913年4月，陆荣廷改编全省军队为2个师、1个混成旅，以及1个省防军和6个巡防军。在袁世凯复辟期间，陆荣廷的桂系扮演墙头草的角色，并趁护国战争之机，加入护国军，把势力扩展到湖南。护国战争结束后，陆荣廷被北京政府任命为广东督军，桂系得以一举控制两广，成为西南地区的一方诸侯。张勋复辟时期，陆荣廷又宣布两广自主，并和滇系军阀加入孙中山主导的护法军政府，与北京政府形成南北对峙之局面。

南北军阀在湖南交战之时，桂系继续持见风使舵的立场，先出兵援湘，占领湖南后又与北京政府暗中媾和，背叛军政府，致使孙中山护法运动失败。护法战争后，桂系继续扩军，至1918年，桂军兵力达到7个军和1个独立师，约9万人。同时，为了进一步控制广东，1918年桂军驱逐驻粤滇军，1920年向闽南粤军发起第一次粤桂战争，但此战以桂系失败告终，桂系由此公开投靠直系军阀。次年6月，第二次粤桂战争爆发，粤军攻入广西，摧毁了旧桂系政权，旧桂系集团分崩离析，陆荣廷下野逃亡上海，残败桂军被粤军收编。粤军撤离广西后，陆荣廷在北京政府的支持下卷土重来，收编旧部3万余人，以桂西左右江为地盘，重建桂系势力。但是，旧桂系统一广西的局面已被陆荣廷、沈鸿英、李宗仁、黄绍竑、白崇禧等广西各路军阀分庭抗礼的局面代替。1924年，广西各地军阀混战，李宗仁、白崇禧、黄绍竑组成定桂讨贼联军，彻底将陆荣廷赶下台，将其残余势力消灭殆尽。新桂系由此崛起。

1925年，以李宗仁、白崇禧、黄绍竑为首的新桂系消灭了沈鸿英、林俊廷等旧桂系军阀，统一广西，新桂系军阀集团形成，麾下部队扩编为9个旅。此后，桂系进行内部整训，将全部兵力合编为25个团，校正陆军教程进行训练。1926年，桂系加入广州国民政府，桂军被改编为国民革命军第7军，下辖9个旅，2个独立团和1个入伍生团。北伐战争爆发后，桂军奉命入湘作战，先战湖南，后战江西，打垮了孙传芳的精锐部队。随着北伐战争的节节胜利，桂系势力也迅速扩大，先后成立了以白崇禧为首的第13军和以黄绍竑为首的第10军。

“四一二”反革命政变后，蒋介石对迅速崛起的桂系军阀深感不安，计划对其削弱，但在1927年8月反被桂系联合湘军程潜逼其下野，桂系遂控制南京国民政府。龙潭之战大败孙传芳部后，桂系第7军扩编为第2路军，下辖3个军，势力大增，甚至在9月份联合西山会议派抢到了国民党中央的领导大权。10月，李宗仁武装讨伐控制武汉和两湖的唐生智，控制武汉，桂系的势力得到进一步壮大。1928年，蒋介石重新上台后，继续发起北伐。4月，桂军和两湖部队被合编为第4集团军，以李宗仁为总司令，下辖16个军，7个独立师，其中白崇禧亲率6个军参加“二次北伐”。

“东北易帜”后，由于北伐而勉强平息的蒋桂矛盾因裁军和全国军队整编再度激化，1929年3月，第一次蒋桂战争爆发，蒋介石分化瓦解桂系，桂系战败，李宗仁、白崇禧、黄绍竑逃亡国外。但是，桂系军阀很快卷土重来，并联合张发奎发起两广战争，但桂张联军再次以失败告终。1930年3月，各地反蒋势力聚集太原，形成以阎锡山为首的反蒋联盟，桂系也参与其中。中原大战爆发后，桂军被编为第1方面军，倾巢北上，但被粤军击败，退回广西。战后，桂系军阀集团内部发生分化，黄绍竑依附蒋介石，李宗仁、白崇禧仍继续与蒋介石斗争不休。直至解放战争胜利，桂系军阀集团才最终灰飞烟灭。

滇 系

滇系军阀集团起于民国初期，和桂系一样，是贯穿了整个民国的老牌地方军阀，首脑人物有唐继尧、蔡锷、龙云等，势力范围囊括云南及贵州、四川部分地区。

滇军最早可追溯到1907年云贵总督锡良将步

队改编成的陆军混成协，次年该协扩编为新编陆军第19镇。1909年，云南陆军讲武堂开办，这所著名的军校培养了一大批具有新思想的青年军官，成为后来云南辛亥起义的基本军事力量；同时，这所军校也是众多滇军骨干的摇篮。1911年10月30日，云南新军第19镇第37协协统蔡锷联合革命党在昆明发动辛亥昆明起义，并成立“大中华云南军督政府”，以蔡锷为都督，原新军也被统一了编制和番号。滇军开始形成。

辛亥革命后，1912年1月，蔡锷组织北伐军并派唐继尧经黔入川，但唐继尧趁机控制了贵州，并在入川后与川军争夺地盘而发生武装冲突。5月，入川滇军返回云南，滇军进行了重新整编，统一编为2个师、1个炮兵团。独立性较强的滇系军阀逐步壮大，军权把持在唐继尧、蔡锷手中。

在袁世凯称帝复辟的野心暴露后，1915年12月，唐继尧、蔡锷通电反对袁世凯称帝，宣布云南独立，成立以3个军组成的护国军（蔡锷第1军进军四川、李烈钧第2军进军广西、唐继尧第3军留守云南）讨伐袁世凯，掀起了轰轰烈烈的护国战争。随着袁世凯众叛亲离身死，护国战争结束，蔡锷出任四川都督，滇系势力扩展到四川。但是，蔡锷很快在1916年11月病逝，滇系迎来了唐继尧时代。

护国战争后，唐继尧野心膨胀，开始对外省扩张，以攫取更大的地盘和权力。1916年，唐继尧将护国军扩编为8个军，并不断增兵四川，控制四川军政大权，为后来川、黔、滇的军阀混战埋下了伏笔。1917年7月，滇、桂军阀拥护孙中山在广州成立军政府，发起护法战争。唐继尧阳奉阴违，借机发展自身势力，并组建“靖国军”进攻四川，企图彻底将川、黔两省划分为云南的势力范围。滇军的扩张遭到川军的反击，1920年，川军将领熊克武联合川军各部将滇、黔联军赶出四川。1921年2月，唐继尧被迫下野，流亡香港，云南被新任滇军总司令顾品珍统治。1922年，孙中山发起第一次北伐之时，部分滇军也参与其中，但唐继尧煽动、收买孙中山麾下的滇军，起兵回滇，重掌昆明大权，再次成立靖国军，并将部队改编为3个军、6个梯团、2个旅。次年，滇军唐继尧部再次出兵黔川，仍遭失败，被驱逐出川境。

1925年，在陈炯明进攻广州之际，为占领两广，唐继尧发起第一次滇桂战争，但以失败告终。北伐战争时期，1927年2月，唐继尧被龙云等地方实力派进行“兵谏”，被轰下台，滇系军阀的唐继尧时代结束。

1927年7月1日，云南正式易帜归顺国民政府，滇军部队被改编为国民革命军第38、第39军。1928年，在滇系内部斗争中胜出的龙云统一了云南，被任命为云南省政府主席，以其为核心的新滇系正式形成。中原大战中，滇系依附蒋介石，进攻桂系，却大败而归。此后，滇系一蹶不振，直至解放战争胜利，滇系军阀集团消亡。

粤系

在北洋政府统治时期，早期的粤系军阀为效忠于北洋军阀的龙济光部，在该部粤军被消灭后，以陈炯明为核心的新粤军崛起，成为孙中山和广东革命政府的武装力量。

龙济光的粤军前身为清巡防营30营，又称为“济军”，这支军队起于镇压清末会党起义的军事行动，曾先后镇压广西镇南关起义、云南河口起义。“二次革命”时，驻扎在梧州的济军在龙济光率领下进攻广东，占领广州，龙济光由此被北京政府任命为广东都督兼民政长，所部亦改称振武军，龙济光部粤军由此成型。

1916年袁世凯称帝，护国战争爆发。战争之初，龙济光粤军的第1师奉袁世凯之命赴云南镇压护国军，但被桂系陆荣廷缴械。随着护国战争的发展，龙济光被迫宣布广东独立。在袁世凯死后3天，龙济光随即宣布广东取消独立。7月，桂军攻入广东，陆荣廷取代龙济光担任广东督军，龙济光部被迫移驻海南岛。

1917–1918年，段祺瑞任命龙济光为两广巡阅使，率兵进攻广东的护法军政府，此战中，龙济光兵败逃亡，所部粤军也由此消散。

以陈炯明为核心的新粤军成立于护法运动时期。1917年11月，由于护法军政府已被桂系军阀把持，缺乏由自己所掌握的武装的孙中山，遂以省长警卫军20营粤籍军队为基础，组建援闽粤军，陈炯明任总司令，下辖5个支队、1个预备队和1个游击队。新粤军由此成立。1918年，援闽粤军在福建与北洋军的战事中夺取了闽南，获得了一块自己的根据地。孙中山和国民党由此得到一支属于自己的武装。孙中山遂命粤军扩编整训，该部很快发展至2万余人，共2个军，由陈炯明任总司令兼第1军军长，许崇智任第2军军长。新粤军得以壮大。

1920年，孙中山力主粤军返粤，以肃清盘踞广东的桂系军阀，建立自己的革命根据地。陈炯明只想拥兵自重，对返回广东并不热心。直至桂系挥兵进攻驻闽粤军，陈炯明才指挥部队与其交战。10月，粤军驱逐桂军出广东，孙中山回粤重新组建军政府，并整编援闽粤军和广东部队，下辖2个军，6个独立旅，陈炯明继续任粤军总司令兼第1军军长。此时，陈炯明羽翼已丰，成为粤军军阀，只想割据一方，因此积极参与“联省自治”，反对孙中山的北伐。

1921年，在第二次粤桂战争中，粤军大败桂军，占领广西，驱逐陆荣廷。据有两广的孙中山决定出兵北伐，但陈炯明以准备不足加以反对。此时粤军已出现分裂苗头，分别为意图割据一方的陈炯明部和支持孙中山的许崇智部。1922年，孙中山出兵北伐，留守广东的陈炯明先是与湖南督军赵恒惕勾结，制造北伐军后方内乱，最后公开叛变，驱逐孙中山。8月，陈炯明自任粤军总司令，占据广东，粤军由此分裂为两派——陈炯明的广东军阀集团和许崇智、蒋介石的东路讨贼军。

1923年和1925年，广东国民政府经过两次东征，将陈炯明叛军彻底消灭。在此期间，许崇智的粤军则被编为建国粤军。1925年8月，廖仲恺遇刺后，蒋介石将许崇智排挤出粤军，将所部改编并吞。北伐战争前，粤军其他部队分别被编为国民革命军第4、第5军。

湘系

湘系军阀集团来自清末湖南新军。辛亥革命前，湖南新军仅一个混成协，但该协官兵多数接受了民主革命思想，军队内部建立有同盟会组织。武昌起义爆发后，10月22日，湖南新军在长沙起义，响应革命，并建立湖南军政府，以共进会首领焦达峰为都督。

为了支援武昌的革命军，湖南的起义军迅速扩军，编成5个师共5万余人。但是，第5师师长梅馨企图趁乱夺取军政府都督一职，于10月31日发动兵变，杀死都督焦达峰和副都督陈作新，其兵变最后失败，湖南省著名的立宪派人物谭延闿被推上都督宝座，谭遂成为湘军集团的早期首领。

中华民国成立后，出身文人的谭延闿心知自己难以驾驭这支军队，遂借口响应裁兵号召，与南京临时政府的陆军总长黄兴商议，调陆军第8师第16混成旅旅长赵恒惕入湘，整编新军，将湘军5个师全部解散，只留下49个旧巡防队维持地方治安。同时，原来赴汉口参战的前清陆军第17镇参谋官程潜回湘，出任湖南都督府参谋部长和都督府军务司司长。早期湘军内部开始出现谭延闿、赵恒惕、程潜三派势力，而这三派的内斗贯穿了整个北洋政府统治时期。

1913年“二次革命”时期，谭延闿左右摇摆，战后，谭延闿的湘督一职被海军中将汤芗铭取代，参与革命的程潜、赵恒惕二人，前者逃亡日本，后者被抓入北京，判刑10年。

护国战争爆发后，湘西民军四起，各地武装纷纷起兵反袁，程潜从国外返回，出任护国湘军总司令，驱逐汤芗铭。袁世凯死后，北京政府正式任命谭延闿为湖南省长兼署督军，程潜为护国湘军总司令，赵恒惕被释放，返回湖南任护国湘军第1师师长。湘军再次回到三巨头时期。很快，第二次主湘的谭延闿排除异己，将程潜剥夺军权并赶下湖南政治舞台。

1917年，护法运动兴起，西南各省纷纷响应，湘军在护法旗帜的号召下，推举程潜为湖南护法军总司令，并电请桂军入湘相援。护法战争爆发后，在湖南战场上，湘桂联军一举击败北洋军，直趋长沙。但是，此时发生桂湘军阀内讧，北洋军皖系张敬尧率援军入湘，桂军率先撤回广西，程潜的湘军独守湘南，实力大损，谭延闿也被迫出走上海，结束了其第二次督湘历史。

张敬尧督湘后，桂系欲重新入主湖南，遂支持谭延闿出来收拾湘省局面。1919年6月，谭延闿在桂系的支持下，赶走程潜，程部被赵恒惕接收。次年，在湖南民众“驱张”运动的支持下，谭延闿、赵恒惕领导湘军进攻张敬尧部，将其完全驱逐出湖南。至此，湘系军阀集团完全控制了湖南全境，谭延闿第三次督湘，出任督军、省长和湘军总司令三职，成为湘军大佬。但是，此时湘军内部的三大派别，谭延闿并没有直接的嫡系部队，“大佬”名不副实；程潜掌握一部分军队，但受到谭延闿的排挤，难以在湖南立足，转而率部南下加入孙中山大元帅府，程部湘军从此成为孙中山的有力臂助；赵恒惕在“驱张”战争中功劳最大，所属部队也在此役中得到发展，成为三派中最实力强大者。

1920年11月，推行“联省自治”的谭延闿，被程潜、赵恒惕联合发动兵变推翻，赵恒惕出任湘军总司令，成为湘军的新首领。1921年，赵恒惕为扩张势力，援鄂自治，湘鄂战争爆发，但此役之败，令赵恒惕不得不投靠直系军阀，赵派湘军成为直系的附庸。

1923年6月，谭延闿率旧部在湘西宣布独立，讨伐赵恒惕，谭派、赵派湘军内战40余日，10月，谭、赵之战结束，谭派湘军1万余人加入广州大元帅府。1925年7月，广州国民政府成立后，驻粤湘军被改编为国民革命军，其中谭派湘军改编为第2军，程派湘军改编为第6军。北伐战争爆发后，1926年3月，赵恒惕部下唐生智反赵，驱逐赵恒惕，该部被改编为国民革命军第8军。湘军各部都先后加入北伐战争中。

1929年4月，何键掌控湖南军政大权，成为湘军新领袖，并参加了国民党新军阀的混战和“围剿”红军的行动。1937年11月，随着何键被蒋介石免职，湘军各部遂被蒋所控制。

晋系

晋系军阀势力起于辛亥革命时期，1911年10月29日，山西新军第43混成协第86标标统阎锡山率部参加太原起义，起义胜利后，阎锡山被推举为山西都督，组织山西军政府。袁世凯任临时大总统后，阎锡山部被整编为1个师。

袁世凯死后，擅长投机专营、见风使舵的阎锡山投靠了皖系段祺瑞，借对护法军作战、远征湖南之机，1917年，阎锡山扩编部队，将原属部队扩编为4个混成旅、2个混成团、2个骑兵团和1个炮兵团。9月3日，北京政府任命其为山西省长。此后，阎锡山割据一方，晋系军阀集团形成。

掌握山西军政大权后，阎锡山置身军阀混战的漩涡之外，埋头发展自身实力，倡导“保境安民”，推行“六证三事”，实施“村制”和“村本政治”，发展实业，扩充军力。1918年，阎锡山再次扩编军队，扩编后的晋军兵力为4个混成旅、2个混成团、2个骑兵团、4个炮兵营、5个特种兵（即技术兵种）营，全军2万人左右，拥有各种枪支1万多支，炮数十门。

1924年，第二次直奉战争爆发后，原本声称“中立”的晋系，在看到“北京政变”后直系的失败已是不可避免，便选择联奉拥段倒直，派军切断京汉铁路，阻止直系援军北上。段祺瑞再次上台后，北京政府任命阎锡山为督办山西军务善后事宜，返回山西的晋军开始了再次大规模扩编。至1925年，晋军扩充为2个师（每师辖2个旅）另5个旅、1个手掷弹旅、1个迫击炮团、1个骑兵旅和1个混成旅，总兵力4万余人。

1925年冬，直奉联合向冯玉祥开战，由于此前冯玉祥的扩张对山西已成包围之势，晋系采取了联奉直倒冯的策略，联合打击冯玉祥。1926年8月，国民军败走西北后，晋军收编了国民军石友三、韩复榘、陈希圣部，至9月，晋军进占绥远。同年冬，晋军进行再次扩充，扩编为17个师，8个炮兵团。此时晋军编制为每师辖1 个旅1个团，每个旅辖2个团。

北伐战争爆发后，1927年4月，阎锡山宣布废除北洋政府任命的山西督军一职，改称号为晋绥军总司令，将所部改编为晋绥军，以晋绥军总司令名义统辖山西、绥远军民两政，并将原有的17个师扩编为8个军，加上1个独立师和2个旅，约13万人。6月，晋绥军接受国民政府改编，为北方国民革命军，阎锡山任总司令，出兵参加北伐。次年蒋介石再次上台后，晋军部队被改编为国民革命军第3集团军，继续北伐。至北伐胜利，晋系控制晋、冀、察、绥四省区及平、津两大城市。

北伐战争结束后，各地军阀由北洋军阀政府时期的旧军阀，转变为国民政府的新军阀派系，阎锡山的晋军，与蒋介石的中央军、冯玉祥的西北军、李宗仁的桂军各据一方，分庭抗礼。各路军阀间很快爆发新战争。蒋桂战争时期，晋系投靠蒋介石，蒋冯大战时，晋系又联蒋讨冯。同时，阎锡山也看到了蒋介石消灭异己的做法，趁其他军阀混战之时，晋军开始了新的扩充，至1929年，晋军扩编为10个军、4个保安纵队、4个骑兵师、7个炮兵旅。次年中原大战爆发后，晋系成为倒蒋的领头羊。战争失败后，阎锡山被迫通电下野，逃往大连，晋军也被缩编为4个军、16个旅、11个炮兵团，晋系军阀集团的势力受到沉重打击。

“九一八”事变后，阎锡山重新上台，晋系仍是盘踞山西的地方实力军阀。解放战争后期，随着太原解放，晋系军阀集团灭亡。

西北军

西北军是西北边防军的简称，也称国民军，是一支从直系军阀中分裂出来的军阀武装力量，首领为原直系将领冯玉祥。

1924年，第二次直奉战争中，直军第3军军长冯玉祥联合驻守北京的京畿警备副司令孙岳、直军第2路援军司令胡景翼发动“北京政变”，组建国民军，冯玉祥任总司令兼第1军长，胡景翼任第2军长、孙岳任第3军长。后来国民军又编入从奉系中分离的魏益三部（第4军）、从张宗昌直鲁联军分离出来的方振武部（第5军）。1925年1月，冯玉祥在张家口就任西北边防督办一职，国民军由此又称为西北军。

1925年，国民军先后在河南、陕西进行抢夺地盘的战争，至年底，国民军控制了北京、察哈尔、绥远、河南、陕西、甘肃等省区，兵力超过15万人，势力扩展到极致。但是，国民军的扩张也引来与奉系等军阀的交恶。1925年底至1926年，国奉战争打响，在直系、奉系、晋系和直鲁联军的联合攻击下，国民军于当年4月被迫退出北京。8月，经过长达4个月的南口之战，国民军被直、奉、晋三系联军击败，国民军残部西撤，所剩无几，韩复榘、石友三、张自忠等将领先后投降晋系。

1926年9月17日，冯玉祥在五原誓师，宣布加入国民党，组建国民军联军，参加北伐。在冯玉祥的强大号召力下，失散各部纷纷来投，西北军再次崛起。冯玉祥将国民军联军整编为5个军、8个师（其中2个骑兵师），并于10月出兵陕西，配合国民革命军的北伐。在重占陕西后，冯玉祥建立了自己的军官学校，培训专业军事人才。

1927年1月至2月，国民军联军再次进行整编，部队改编为第1至第17路军；5月，整编为国民革命军第2集团军。冯玉祥出兵潼关，与武汉国民政府的北伐军一起进攻河南。作为一支强大的军阀势力，武汉和南京国民政府对冯玉祥都极力拉拢。在冯玉祥的调停和各方妥协下，7月，宁汉合流，而冯玉祥也参与了国民党的“清党”等活动，军队得到大规模扩编。至1927年夏，第2集团军已扩为9个方面军、20多个军。

北伐胜利后，新军阀之间的矛盾随之激化。在裁军大潮中，西北军被整编为12个师、8个暂编师、5个混成旅、2个骑兵师、2个骑兵旅，共26.5万人。在全国编遣会议上，冯玉祥被完全孤立，会后，所属部队被削减为12个暂编师，蒋冯矛盾公开化。1929年，蒋、冯之间爆发大战，以冯玉祥的失败告终。次年，冯玉祥率部参与各军阀联合倒蒋的中原大战，此战败后，西北军残部被蒋介石、张学良等收编，西北军完全瓦解。

川系

民国时期的川系军阀相对于其他地区的军阀势力来说，是一个较为特殊的存在。川军只是四川地方军队的总体称谓，从来没有形成一个统一的体系，内部政治倾向各异，各派别自成体系，派系繁杂，彼此间内战之激烈，冠名全国。

川军最早可追溯至1906年7月编练的四川常备新军第33混成协，1910年，该协扩编为陆军第17镇。辛亥革命后，川军改编为5个师，但是各部间的内斗非常严重，内战中，逐步形成了以熊克武、刘存厚、刘湘、杨森、刘文辉、邓锡侯、刘成勋、田颂尧、赖心辉等军阀领导的多支部队。

川军中，早期的首领有熊克武、刘存厚。熊克武是同盟会会员，武昌起义时，熊克武在上海组织蜀军返川举行起义，四川军政府成立后，熊克武部被改编为川军第5师，但该部在1913年的“二次革命”中因为支持孙中山，很快被北洋军打败而解散。护国战争后，蔡锷主政四川，将川军整编为第1至第5师，熊克武为第5师师长。护法运动爆发后，熊克武通电拥护“护法”，就任四川靖国军总司令，率军与滇军、黔军联合讨伐北京政府任命的四川督军刘存厚。刘存厚败退陕南，熊克武成为四川督军。1919年4月，熊克武在四川将“卫戍区域”改为“驻防区域”，从此“防区”便成为川军各派军阀割据地的特有名称。川军也被扩编为8个师。

随着滇军唐继尧将势力扩展到四川，客军与以熊克武为首的川军各派发生尖锐矛盾，引发“倒熊”战争和熊克武联合刘存厚驱逐滇、黔军之战。1920年，熊克武、刘存厚、刘湘等川军将领联合将滇、黔客军完全赶出四川。

由于熊克武、刘存厚的四川督军一职分别由南方的广东军政府和北方的北京政府任命，在驱逐唐继尧后，熊、刘之间为独霸四川爆发尖锐冲突。1921年，熊克武部3个军（军长分别为但懋辛、刘湘、刘成勋）与刘存厚激战，将刘存厚逐到川北。内战中，第2军刘湘势力大增，成为川军总司令兼省长，与熊克武矛盾激化，1922年，刘湘与熊克武爆发内战，刘湘战败，与部将杨森出逃，第3军刘成勋成为新的川军总司令。1923年，熊克武、刘成勋与田颂尧、邓锡侯之间的内战开始，邓锡侯等人联合刘存厚、杨森与熊克武展开激烈混战，1924年，熊克武战败退往贵州，从此熊克武投靠广东军政府，结束了其在川军中的领导地位。而刘存厚也被排挤出四川，流落陕南，偏居川陕一隅。四川成为刘湘、杨森的内斗舞台。

1925年，段祺瑞重新上台后，刘湘投靠段祺瑞，被任命为川康边务督办，节制川康所有军队，刘湘采用军政两手段，于7月向杨森发起进攻，吞并了杨森部。刘湘遂成为川军中的最大军阀。

北伐战争开始后，四川各地军阀纷纷易帜，响应北伐号召。1928年，国民党中央政治会议决议，以刘文辉为省主席，刘湘为川康裁编军队委员会委员长，形成了二刘主宰四川的新局面。1932年，二刘间爆发内战，刘湘打败刘文辉，获取了四川军政大权，川军内部的混战局面终告一段落。抗战爆发后，国民政府迁入重庆，川军被蒋介石并吞，逐渐瓦解。

黔系

武昌起义爆发后，1911年11月3日，贵州新军部分官兵响应，举行武装起义，成立了贵州大汉军政府。1912年3月，原贵州西路第2巡防营管带刘显世引滇军入黔，颠覆了贵州军政府，唐继尧夺取贵州都督一职，刘显世得以出任督府军务总长，节制全省军队。1913年11月，唐继尧调任云南都督后，刘显世升任贵州护军使，独揽贵州军事大权。次年，刘显世以原来各路巡防营为基础，兴义籍子弟兵为骨干，组建了6个团的部队，黔军由此形成。

由于贵州地瘠人贫，黔军一直非常孱弱，在西南军阀的混战中常处于边缘地位。1917年11月，刘显世在护法运动中组成护法黔军入川协助熊克武的川军作战。1918年，唐继尧组建川、滇、黔靖国联军时，黔军又协助唐继尧攻略川省。虽然兵力弱小，黔军内部同样存在争权内斗。刘显世、王文华、袁祖铭等在内斗中先后成为黔军的首脑，你方唱罢我登场。

1926年8月，随着北伐战争的爆发，黔军各部先后接受国民政府改编，但内部斗争依旧激烈，至1934年，黔军大权被王家烈掌握。20世纪30年代，蒋介石以黔军围剿红军不力为借口，将其并吞。

五省联军

五省联军即来自浙、闽、苏、皖、赣五省军队的联合，该联军成立于1925年10月，是直系曹锟、吴佩孚集团倒台后，在江浙战争中重新崛起的一支新的直系军阀集团，以孙传芳为首领。

孙传芳的崛起是在1921年的湘鄂战争中，鄂督王占元逃离湖北后，孙传芳被北京政府任命为长江上游警备司令兼陆军第2师师长，孙传芳遂投靠吴佩孚。第一次直奉战争后，孙传芳作为北洋军阀将势力扩张到福建的急先锋，于1923年初入闽，1924年控制福建，并奉曹锟、吴佩孚之命进入浙江。9月，江浙战争爆发后，孙传芳以闽浙联军名义出兵援助江苏军阀齐燮元，成功打败浙江军阀卢永祥，孙传芳由此占据浙江，收编浙军，将其扩编为4个师，5个混成旅。孙传芳由此成为直系军阀集团中一名新崛起的重要将领。

第二次直奉战争后，作为胜利者的奉系将势力扩张到长江中下游，与孙传芳产生激烈冲突。在1925年一整年间，孙传芳联合鄂、皖、赣等直系军阀与南下奉军展开激战，并于11月在徐州与奉军展开决战，最后以奉军战败、联军占领徐州告终。孙传芳遂在11月底正式成立浙、闽、苏、皖、赣五省联军，自任联军总司令兼江苏军总司令，形成了比民国初年冯国璋集团还要强大的长江流域的新军阀集团。

1926年，北伐战争打响，9月，北伐军大举入赣，孙传芳将五省联军编为6个方面军，除了1个方面军留驻福建外，其他5个方面军全部入赣布防，经过两个多月的战事，孙传芳部遭遇毁灭性失败，在江西被歼、俘4万余人，孙传芳主力已损失殆尽，江西、福建也被北伐军攻占。1926年底，孙传芳对五省联军重新进行整编，纠集残部编成14个师、4个独立旅，但这些部队多为临时拼凑，军心涣散，战斗力低下。为求自保，孙传芳北上投靠张作霖，并与张作霖、张宗昌联合成立安国军，孙传芳出任安国军副总司令兼五省联军总司令。得到张作霖援助后，孙传芳重返江浙前线，组织新防线抵抗北伐军的进军。

1927年初，浙江、安徽被北伐军收复，孙传芳地盘只余江苏一省，与张宗昌直鲁联军布防上海。在中国共产党领导的第三次上海工人武装起义的配合下，孙传芳的上海防线彻底崩溃，北伐军顺利攻占上海，孙军残部仓皇北逃。

随着蒋介石发动“四一二”反革命政变，孙传芳、张宗昌得到喘息之机，在山东整顿补充后，孙军恢复了战斗力，6月，孙传芳的五省联军番号被取消，所部统一改编为安国军第1军团，下辖3个军。1927年8月，孙传芳利用国民党新军阀内部蒋、桂分裂之机，指挥部队渡江南下，偷袭南京，两军在龙潭血战5日，孙军溃败。孙传芳部从此一蹶不振。1928年5月，孙传芳部遭受北伐军毁灭性打击，五省联军宣告覆灭。

直鲁联军

直鲁联军是北洋政府统治后期，从奉军中分化出来的一支军阀集团，其前身是奉军李景林、张宗昌两部，后发展为张宗昌军阀集团。

1924年秋，第二次直奉战争结束后，奉军第2军副军长兼第3混成旅旅长张宗昌率部入关，大肆收编直系溃军，实力大涨；随后，又协助原浙江军阀卢永祥南下，赶走江苏军阀齐燮元，夺得江苏地盘。1925年4月，张宗昌任山东军务督办，对原山东的军队进行整编，总兵力达到10万余人，成为奉军中的一支重要武装，张宗昌更是独霸山东，发展为颇具实力的地方军阀。

1925年11月，奉系内部分裂，郭松龄联合冯玉祥反张倒戈，奉军的直隶督军李景林趁机加入，但随着郭松龄反奉失败，李景林也与冯玉祥部反目相争。但是，在随后的冯、李大战中，李景林战败，从天津逃往山东，残部与张宗昌联合组成直鲁联军，张宗昌任总司令，李景林任副总司令。1926年1月，直鲁联军的编制为：直隶军李景林部，2个师，5个混成旅，3个补充旅；鲁军张宗昌部，2个师，6个旅。同年，直鲁联军参加了直、奉军阀联盟与国民军之间的战争。在战争中，直鲁联军扩编为7个军，其中直军3个军，鲁军4个军。4月，直鲁联军与奉军、直军、晋军一同向国民军发起进攻，将后者驱逐出北京。6月，秘密反奉的李景林及其所部被张宗昌缴械，李景林下野，直鲁联军遂完全为张宗昌所掌控。

值得一提的是，张宗昌的部队里，还有一支规模约2000人的白俄雇佣军，这些来自俄国十月革命后流亡中国的白俄官兵被张宗昌雇佣，成为其麾下的一支劲旅，更是祸害地方的一大罪魁。

北伐战争时期，张宗昌作为张作霖安国军副总司令兼直鲁联军总司令，南下援助岌岌可危的孙传芳，截至1926年底，直鲁联军已发展到33个军、3个挺进军，总兵力达40万人。1927年，直鲁联军南下援孙，在上海被北伐军击败，残部溃退江北，直鲁联军元气大伤。

1927年6月，张作霖将安国军内的各派武装编为7个方面军团，直鲁联军被编为第2、第7方面军团。“二次北伐”中，张宗昌部与孙传芳部在山东被蒋介石的第1集团军打得全线溃退。1928年9月，直鲁联军残部在滦县分别被张学良和白崇禧收编。至此，张宗昌军阀集团完全覆灭。

黄埔军校与国民革命军（1924–1930年）

“二次革命”、护法运动的失败，让孙中山对

北伐战争初期国民革命军编制序列（1926年6月）

总司令——蒋介石　参谋总长——李济深　政治部主任——邓演达

第1军（原党军第1旅）
军长——何应钦
政治部主任——何玉书
- 第1师　师长——王柏龄
- 第2师　师长——刘　峙
- 第3师　师长——谭曙卿
- 第14师　师长——冯轶裴
- 第20师　师长——钱大钧
- 直辖4个团

第3军（原建国滇军）
军长——朱培德
政治部主任——朱克清
- 第7师　师长——王　均
- 第8师　师长——朱世贵
- 第9师　师长——朱培德（兼）
- 直辖2个营

第5军（原建国湘军）
军长——李福林
政治部主任——李朗如
- 第15师　师长——李　群
- 第16师　师长——练炳章
- 直辖2个团1个营

第7军（原建国桂军）
军长——李宗仁
政治部主任——黄绍竑
- 第1旅　旅长——夏　威
- 第2旅　旅长——李明瑞
- 第3旅　旅长——刘日福
- 第4旅　旅长——黄旭初
- 第5旅　旅长——伍廷飏
- 第6旅　旅长——韦云淞
- 第7旅　旅长——胡宗铎
- 第8旅　旅长——钟祖培
- 第9旅　旅长——吕焕炎
- 直辖3个团2个营

第2军（原建国湘军）
军长——谭延闿
副军长——鲁涤平
政治部主任——李富春
- 第4师　师长——张辉瓒
- 第5师　师长——谭道源
- 第6师　师长——戴　岳
- 教导师　师长——陈嘉佑

第4军（原建国粤军）
军长——李济深
代军长——陈铭枢
政治部主任——廖乾吾
- 第10师　师长——陈铭枢
- 第11师　师长——陈济棠
- 第12师　师长——张发奎
- 第13师　师长——徐喜唐
- 直辖3个团

第6军（原建国湘军）
军长——程　潜
政治部主任——林祖涵
- 第17师　师长——邓彦华
- 第18师　师长——胡　谦
- 第19师　师长——杨源浚
- 直辖2个炮兵营

第8军（原建国湘军）
军长——唐生智
参谋长——龚浩云
政治部主任——刘文岛
- 第1师　师长——何　健
- 第2师　师长——李品仙
- 第4师　师长——刘　兴
- 第5师　师长——叶　琪
- 教导师　师长——周　斓

总司令——蒋介石

第1集团军　总司令——蒋介石（兼）
参谋长——王绳祖
- 第1军团　总指挥——刘　峙（辖4个军、1个直属炮兵团）
- 第2军团　总指挥——陈调元（辖3个军）
- 第3军团　总指挥——贺耀祖（辖3个军、1个独立师）
- 第4军团　总指挥——方振武（辖4个军）
- 第5军团　总指挥——郑俊彦（辖3个军）
- 第6军团　总指挥——徐源泉（辖2个军）
- 总预备队　总指挥——朱培德（辖2个军、2个独立师）

注：第5、第6军团是张宗昌、孙传芳残部改编，北伐结束后由阎锡山移交给蒋介石。

第2集团军　总司令——冯玉祥
参谋长——刘　骥
- 第1方面军　总指挥——孙良诚
- 第2方面军　总指挥——靳云鹗
- 第3方面军　总指挥——韩复榘
- 第4方面军　总指挥——宋哲元
- 第5方面军　总指挥——岳维峻
- 第6方面军　总指挥——石敬亭
- 第7方面军　总指挥——刘郁芬
- 第8方面军　总指挥——刘镇华
- 第9方面军　总指挥——鹿钟麟

第3集团军　总司令——阎锡山
参谋长——朱绶光
- 第1军　军长——商　震
- 第2军　军长——杨爱源
- 第3军　军长——徐永昌
- 第4军　军长——傅存怀
- 第5军　军长——傅汝钧
- 第6军　军长——丰玉玺
- 第7军　军长——张荫梧
- 第8军　军长——谭庆林
- 第9军　军长——郑泽生
- 第10军　军长——李维新
- 第11军　军长——吴福安

第4集团军　总司令——李宗仁
前敌总指挥——白崇禧
- 驻河北部队　总指挥——白崇禧（辖6个军，参与北伐）
- 驻两湖部队　总指挥——李宗仁（辖7个军，未参与北伐）
- 驻广西部队　总指挥——黄绍竑（辖1个军，留守广西）

北伐战争后期国民革命军编制序列（1928年）

蒋介石消除异己、壮大自身的手段，各派系的矛盾由此尖锐化，1929—1930年先后爆发了蒋桂战争、蒋冯大战和中原大战。最后，国民党新军阀的内战以蒋介石的胜利告终，蒋介石建立起个人军事独裁统治。但是，国民党军内部，依旧存在着各派系势力，与蒋介石明争暗斗，而这些国民党各派系军阀内部的混战，不过是北洋政府时期军阀混战的延续。

外国顾问和雇佣军

近代中国国力孱弱，军力落后。清朝末期，清廷便聘请许多外籍军事教官，助其训练新式军队。包括湘军、淮军、洋务运动时期的清军、袁世凯的北洋新军都是如此。北洋政府时期，军阀混战，很多军阀部队为了提高部队战斗力，以增加自己抢夺地盘的本钱，私人聘用外国军事教官来训练部队。这些人中，大部分来自德国、俄国和日本。而日本顾问多还带有另一层职业身份——间谍。1918年，皖系段祺瑞在编练“参战军”时，日本便为其提供了大量的军事教官和武器装备。奉系张作霖在与日本勾结期间，军中也存在着大量的日本军事教官，光中佐级别的便有11人，此外还有1名专业教官和2名联络官。另外，在张作霖的东三省兵工厂中，也存在着大量的外籍技术人员，如日本技师佐藤勇之助等，其中较为有名的是一位名叫弗朗西斯·亚瑟·萨顿(Francis Arthur Sutton)的前英国皇家工兵军官，这位仁兄外号“独臂萨顿”(One Arm Sutton)，曾参加过一战。战后，怀揣着到东方冒险发财的理想，萨顿拿着自己购买的“斯托克斯”型(Stokes)迫击炮生产许可证，向中国各地军阀兜售这款迫击炮。萨顿曾向吴佩孚推荐过自己改良过的“斯托克斯”型迫击炮，但被拒绝。1922年，在其辗转到东北后，正在整军的张作霖对他非常感兴趣，让其负责奉天迫击炮厂的造炮工作，甚至授予他少将军衔。萨顿在奉天迫击炮厂的第一年，便造出了400门迫击炮。同时，萨顿还负责为张作霖麾下训练使用迫击炮。第二次直奉战争中，萨顿训练的奉军迫击炮部队为奉军立下不少战功。

冯玉祥的部队里也有来自苏联的军事训练团，大约三五十人，1925年曾在张家口帮助冯玉祥建立铁甲列车和装甲车部队。而且，在北伐战争时期，苏联还给冯部子弹2735万余发、步枪27970支、机枪140挺等武器援助。此外，冯玉祥军中也有一名德国顾问和一名意大利顾问。

外国雇佣军是军阀队伍中的一个特殊群体。这一群体的构成人员，多为退伍军人、通缉犯、逃亡者、冒险家，这些人渴望凭借个人勇武和无畏，在遥远的东方发财致富。近代中国的战乱给予了他们出卖自身武力的好机会。较为国人熟知的外国雇佣军，早期的是太平天国运动时期，协助清政府镇压太平军的由美国人华尔领导的洋枪队。到了北洋政府，在混战的军阀部队中，更是活跃着一支白俄雇佣军。

白俄雇佣军来自十月革命后苏俄政局的变迁。苏维埃政权建立后，不甘失败的原沙皇政权的将领们组织军队继续与苏维埃作战。1918年11月18日，前沙俄海军上将高尔察克(Aleksandr Vasilyevich Kolchak)在西伯利亚的鄂木斯克(Omsk)建立政权，对苏维埃政权进行反扑。两年后，这一白军政权在红军的打击下覆灭，数以万计的残部撤到远东地区；加上远东还有原先在此活动的谢苗诺夫(Grigory Semyonov)等领导的逃亡白军，流亡远东的白军人数达到了10万左右。这些大小不一的白军武装团体，给招兵买马、扩充实力的奉系军阀集团提供了特殊的兵源。

由于地理位置的优势，前沙俄白军残部多为奉系所收编。奉军将领中，最早收编白俄武装的是张作霖。早在1919年，张作霖便接纳了一支由普列什科夫上校率领的“第1西伯利亚步兵团”，这实际上是仅有300余人的空架子团。该团后来被编入奉军的作战序列。

成规模收编俄国白军并用于军阀战争的奉军将领是张宗昌。1922年秋，时任吉林省防军第3混成旅旅长兼绥宁镇守使的张宗昌，在张作霖的授意下，收编了因苏维埃红军攻入海参崴而流亡中国的白军500余人，由原沙俄步兵团长涅卡耶夫（Netchaieff）上校指挥。这支部队便是后来张宗昌部白俄军先遣第1梯队，及第65白俄独立师的前身。

由此，张宗昌开始了对白俄军的收编。经过一番努力，张宗昌的白俄雇佣军发展到了1500余人，其中的骨干都是沙俄时期的军官，如前步兵团长涅卡耶夫、前哥萨克骑兵旅长金钟仁（韩国人）、前炮兵少将葛斯特劳夫等人。

1924年9月，第二次直奉战争爆发，张宗昌的白俄军首次登上中国军阀混战的舞台。作为奉军第1军副军长兼第3混成旅旅长的张宗昌，率部在滦河一带与直军激战时，白俄军的炮兵部队操作各式火炮给予了直军猛烈打击。在攻下滦州后，张宗昌缴获了一批铁路使用的车辆，根据葛斯特劳夫少将的建议，张宗昌在白俄军中编成了铁甲列车部队，这支部队共2辆铁甲列车，由葛斯特劳夫指挥，车上所有人员均为白俄军。第二次直奉战争后，奉系势力向长江流域扩展。1925年1月，张宗昌部率军南下，白俄军伤亡300多人，为张宗昌攻占镇江立下了首功。

1925年5月，张宗昌掌握山东军政大权后，白俄雇佣军得到了巨大发展。为了召编流亡白军，张作霖甚至命张宗昌在济南设立“入籍军”帮办司令部，以张宗昌为司令，俄罗斯政客米洛夫为帮办司令，将白俄雇佣军的国籍改为中国。这样，收编而来的白俄官兵被编成了著名的白俄军先遣第1梯队，下辖步兵、炮兵、骑兵、装甲列车队等诸多兵种，兵力2000余人。该部在张宗昌部队作战时，往往担任前锋任务。因此，白俄军人在张宗昌的部队中待遇很高，一般士兵都在吃咸菜馒头时，白俄官兵都是好酒好菜。而这些白俄雇佣军的军纪也极其恶劣，残害中国百姓，奸淫掳掠无恶不作，但由于张宗昌对白俄军战斗力的重视，对俄国人这些恶行往往视而不见。

1925年10月，浙奉战争爆发。张宗昌以直、鲁、皖、苏四省防御总司令之职，率其部6万余人与孙传芳的五省联军激战，在这场战争中，奉军败北。在战斗中打头阵的白俄军先遣第1梯队在津浦路东侧遭遇巨大伤亡，死伤人数超过800人，被俘300余人。而且，白俄军在撤退时，其铁甲列车队于固镇被孙传芳部包围，全军覆没，葛斯特劳夫也饮弹自尽。

浙奉战争结束后，直鲁联军成立。张宗昌继续收编逃亡的白俄军人，重建白俄雇佣军，很快便恢复了2000人的编制。重建的白俄雇佣军被改编为奉军第65独立师，下设1个白俄旅（下辖2个白俄团，第1团团长由该旅旅长库库林少将兼任；第2团团长为马克列耶夫少将）和1个中国旅（旅长赵恒宝），总人数3000余人。由涅卡耶夫担任中将师长，拉卡罗夫为少将参谋长。

除了奉军第65独立师，在张宗昌部队还有其他单位的白俄雇佣军。主要有：1个白俄独立工兵团，由白俄官兵和白俄民间技术人员组成，人数不足200，指挥官由白俄第2团团长马克列耶夫兼任；1个白俄独立骑兵团，由300余名哥萨克骑兵组成，自第二次直奉战争中便随张宗昌征战，指挥官先后为金钟仁和彼得戈布斯基上校；1个白俄骑兵卫队，编制100人左右的哥萨克骑兵，负责战时张宗昌的安全。另外，在浙奉战争中全军覆没的白俄铁甲列车队也得以重建，下设4列铁甲列车，每列车厢8节，配备奉天兵工厂造的三八式野战炮7门，迫击炮2门，重机枪24挺，编制为白俄官兵百余人，先后以白俄军官马来见和车克夫为司令。甚至，白俄雇佣军中还建立了航空兵部队，拥有10多架单排翼单发飞机。成员均来自逃亡中国的白俄官兵。

在白俄雇佣军的后勤保障上，作为“入籍军”帮办司令的米洛夫，于1925年秋在济南建立了炸弹工厂，厂长、技术人员和工人均来自逃亡的俄国人，该厂生产的手榴弹和炸弹除了供应白俄军，还供应直鲁联军的其他部队。此外，白俄军在山东还有自己的被服厂、电影队，甚至有培养白俄军官的军校。可谓“麻雀虽小，五脏俱全”。

北伐战争爆发后，随着北洋军的节节败退，1928年4月底，张宗昌被迫率直鲁联军撤出山东。失去地盘后，张宗昌再也无法豢养白俄雇佣军这个极为“烧钱”的组织，包括第65独立师在内的所有白俄军单位全部解散，祸害一方的白俄雇佣军至此灭亡。

大事年表（1894-1930年）

1894年（光绪二十年）

11月，淮系官僚胡燏棻受命在天津马厂主持编练新军（次年9月移至小站），以外国人为教官，从组织、训练、技术、武器装备上效仿西方军队，新军号“定武军”，编为10营，其中步队3000人，炮队1000人，马队250人，工程队500人，共4750人。

1895年（光绪二十一年）

12月21日，袁世凯以新建陆军督办之职赴天津小站，接替胡燏棻编练定武军。在此基础上，袁世凯再招步兵2250人，骑兵300人，改定武军为新建陆军，总兵力7300人，这是袁世凯最早编练的新军，也是北洋军的前身。

1896年（光绪二十二年）

2月，两江总督张之洞在南京编练新军，号“自强军”（又称南洋新军），其中步队8个营，共2000人；马队2个营，共360人；炮队2个营，共400人；工程队1个营，共100人。共计13个营2860人。自强军完全仿造德军营制。

1897年（光绪二十三年）

7月，清廷补授袁世凯为直隶按察使，仍负责练兵事宜。

1898年（光绪二十四年）

5月，慈禧太后实授荣禄为直隶总督兼北洋大臣，监管董福祥的甘军、聂士成的武毅军和袁世凯的新建陆军，统称为“北洋三军”，这是北洋军阀中“北洋”名称的由来。

12月，荣禄将麾下的北洋各军合编为武卫军，分为前、后、左、右、中五军，其中袁世凯的新建陆军为武卫右军，共有万人，为五军之最，驻守天津小站，扼京畿西南要道。

1899年（光绪二十五年）

5月，袁世凯奉清廷之命率武卫右军开赴山东德州镇压义和团运动。20日，袁世凯向朝廷上奏，指陈练洋操之弊端，并提出四项改正办法。

8月23日，袁世凯亲自主持编纂，段祺瑞、冯国璋、王士珍等46人参与纂校的《训练操法详晰图说》完成，进呈御览。

12月，袁世凯被任命为署理山东巡抚，主持镇压山东义和团运动事务。

1900年（光绪二十六年）

3月，袁世凯被实授山东巡抚。

4月，袁世凯改编原山东营勇为“武卫右军先锋队”，扩充武卫右军兵力，马、步、炮队二十营，编制共1.4万人，至此，袁世凯的兵力已在原来新编陆军的两倍以上。

5月，八国联军侵华战争爆发。

8月14日，八国联军攻占北京，在这场战争中，武卫军前、后、左、中四军完全崩溃，唯有袁世凯的右军避战暗保实力，成为其后来争权夺利的最大筹码。

1901年（光绪二十七年）

7月，张之洞在南京编练的“自强军”调赴山东，交由袁世凯编练。

9月7日，中国近代史上最为丧权辱国的《辛丑条约》签订，清政府完全成为列强在华的统治工具，各地反清起义此起彼伏。

11月，袁世凯因李鸿章之死而署任直隶总督兼北洋大臣，加太子少保，赐黄马褂，成为各省督抚中最重要的人物。

1902年（光绪二十八年）

2月，袁世凯为掌握更多军事实力，奏请增募新军，并为新军的招募和训练制定章程——《募练新军章程》和《募兵格式》，同时派王士珍等赴各地招募兵员6000人，仿武卫右军编制，在保定创建“北洋常备军”。

6月9日，袁世凯被实授直隶总督兼北洋大臣。21日，袁世凯制定《北洋练兵营制饷章》，同时成立军政司，专职负责编练新军，袁世凯在小站练兵时期的旧部亲信充斥其中，军政司成为袁世凯在保定的北洋军政大本营，北洋军阀集团的核心势力由此形成。

1903年（光绪二十九年）

8月，北洋常备军左镇编齐。

12月4日，清政府根据袁世凯的建议，在北京以保定的军政司为原型设立练兵处，奕劻为总理练兵大臣。袁世凯为操控练兵处，安插亲信刘永庆、段祺瑞、王士珍三人充任三司首脑，袁世凯由此掌握了全国军制和军饷。

1904年（光绪三十年）

是年，清政府提出在全国编练36镇新军的庞大计划。袁世凯利用其把控的练兵处，拟定了一个《练兵处简要章程》，以将全国兵权统一到练兵处。

4月，北洋常备军右镇编齐，8月改称北洋常备军第2镇，同时，左镇改称第1镇。

5月，北洋常备军第3镇编齐。

1905年（光绪三十一年）

2月，袁世凯奏请将北洋常备军各镇一律改为陆军各镇。

4月，北洋常备军第4镇编成。

6月，北洋常备军第5、第6镇编成。至此，北洋常备军共编建六镇，每镇步、炮、骑、工程兵共12512人，全军共7万余人，六镇每年军饷开支高达900余万两白银，除了第6镇为旗兵，袁世凯不能完全控制外，其他五镇都是由袁世凯一手培植的嫡系武装，其骨干几乎都是袁世凯的亲信。北洋六镇的成军，标志着作为军事集团的北洋军阀开始形成。

8月20日，孙中山在日本成立中国同盟会。此后数年间，同盟会在中国各地发动了多场规模不等的武装起义。

10月21—26日，清政府在直隶河间县举行大规模的新军会操，参加会操的全部是新练成的北洋新军。

1906年（光绪三十二年）

10月26—28日，清政府在河南彰德（今安阳）再次举行大规模会操，参演部队为北洋新军和湖北、河南地方新军。河间会操和彰德会操表明，不仅是北洋六镇，多个省份的编练新军也已在袁世凯号令之下，袁世凯的权势达到了新的高峰，以其为首的北洋军阀集团，至此成型。

11月6日，清政府合并兵部、练兵处与太仆寺为陆军部，负责全国练兵事宜，各省新军均归该部统辖，并移北洋新军第1、3、5、6镇归陆军部，以削弱袁世凯兵权，这是清廷认识到袁世凯势力的高度膨胀而对其进行的一次打击，但袁世凯此时已成尾大不掉之势。

12月4日，江西萍乡及湖南浏阳、醴陵地区会党和矿工发动萍浏醴反清武装起义，这是同盟会成立后第一次大规模的武装起义，最后以失败告终。

1907年（光绪三十三年）

4月，袁世凯亲信徐世昌出任东三省总督，北洋新军第3镇和两个混成协一同赴东三省，北洋军阀势力由此进入东北，为后来奉系的崛起提供了条件。

5月22—27日，同盟会在广东潮州饶平县黄冈发动黄冈起义，被清廷镇压。

9月4日，袁世凯被免去直隶总督兼北洋大臣之职，内调为外务部尚书、军机大臣。此次清廷对袁世凯的明升暗降，是对其滔天权势的又一次打击和防范。

12月2—8日，孙中山亲自领导广西镇南关起义，起义很快被清廷扑灭。

1909年（宣统元年）

1月，宣统帝继位，袁世凯被罢黜放回河南原籍。但是袁世凯培养起来的政治势力已经根深蒂固，袁世凯仍为北洋军阀集团的幕后遥控指挥者，他遍布朝廷中枢的党羽爪牙与其互通消息，以待东山再起。

■ 这是1905年在天津小站训练的一队晚清新军。他们穿着深色双排扣制服，头戴法式军用平顶帽，人手一支德制 Gew 88式步枪，腰间别着日式皮制弹药盒。从队列前走过去的军官穿着一件单排扣制服，头顶帽徽是早期的八角星帽徽，袖章军衔显示他应该是一名次等军官。

■ 这是武昌起义时的楚望台军械库。工程营起义士兵首先占领这里，新军各部的革命士兵纷起响应，前往集中。起义军在这里获得大量武器装备，继续攻打湖广总督衙门。

1910年（宣统二年）

2月12日，同盟会在广州的新军中发展的反清力量发起武装起义，史称“广州新军起义”，由于组织不密，起义在一天内便被镇压，但证明了清政府编练的新军，通过革命党人的工作，可以转化为推翻清廷的重要力量。

9月，清廷将近畿陆军第1至第6镇（即袁世凯的北洋六镇）全部调归陆军部直接管辖。

1911年（宣统三年）

4月27日，广州黄花岗起义爆发，起义军与清军展开激烈巷战。次日，起义以失败告终。但是，革命的潮流已不可阻挡。

10月10日，以湖北新军为主力的武昌起义爆发，革命军很快占领武汉三镇，湖北军政府成立，旧官僚黎元洪被革命党人推举为都督。此后，全国各地的革命党人纷纷起事响应，轰轰烈烈的辛亥革命由此开始。

10月12日，清政府迅速派遣陆军大臣廕昌、海军统制萨镇冰分率陆海两军前往镇压，其中以陆军第4镇及第3混成协、第11协为第1军，廕昌为军统官（也称总统官）；以陆军第5镇为第2军，冯国璋为军统官；以禁卫军和陆军第1镇为第3军，载涛为军统官。除第3军驻守京城外，其余两军迅速向汉口附近集结。但廕昌难以指挥北洋军。

10月14日，在列强和部分满洲亲贵的内外压力下，清政府被迫启用袁世凯为湖广总督，督办对武昌起义的“剿抚事宜”，除节制湖北军队外，已前往武昌镇压起义的陆军大臣廕昌所率各军及水陆援军亦听其调遣。袁世凯趁机坐地起价，以获取更大实权。同一天，清军第2、第4镇各一部逼近汉口。

10月18日，为阻止南下清军的兵锋，革命军出战汉口，双方在汉口门户刘家庙爆发激战，为期41日的阳夏保卫战开始。

10月22日，湖南、陕西响应革命。

10月27日，清政府授袁世凯为钦差大臣，镇压起义的各路清军全部归其节制；第1军、第2军分别由段祺瑞、冯国璋任军统官。

10月27–31日，阳夏保卫战白热化，黄兴亲赴汉口指挥革命军，清军以重炮轰击革命军阵地，冯国璋下令焚烧汉口街市，大火焚烧三日不绝，双方在汉口展开巷战。

10月29日，山西响应革命，阎锡山率部参加起义，晋系军阀萌芽。

10月30日，云南响应革命，以蔡锷为首的将领发起辛亥起义，一举控制昆明，起义大获全胜。11月1日，成立“大中华国云南军都督府”。

10月31日，江西响应革命。

11月1日，清政府授袁世凯为内阁总理大臣，仍节制派往湖北的陆海军，袁世凯得以集政权与军权于一身。同日，汉口失守，革命军退守汉阳和武昌。

11月3日，黎元洪代表湖北军政府在武昌阅马场举行拜将仪式，黄兴临危受命，接手指挥阳夏之战。袁世凯也在同一天抵达湖北孝感，亲自督战。清军在攻占汉口后，袁世凯授意按兵不动，一面向清廷假称兵力不足，一面暗中与黎元洪接洽，表示希望协商议和，以两面派手段获取更大政治利益。

11月4日，上海、贵州、浙江响应革命。

11月7日，广西响应革命，革命党人沈秉堃等在桂林宣布广西独立，建立军政府。

11月8日，安徽响应革命。

11月9日，黎元洪通电起义各省派代表到武汉召开会议，筹组临时政府。福建、广东响应。黄兴致函袁世凯，呼吁袁拥护共和。

11月11日，袁世凯派遣刘承恩、蔡廷干到武汉议和，这是南北议和的第一次接触。

11月13日，山东响应革命，后又取消独立。

11月17日，革命军反攻汉口失利，败退汉阳。段祺瑞署任湖广总督。

11月19日，袁世凯内阁在北京成立，袁世凯已获取清政府最大政治军事权力。为对湖北军政府施加压力，清军计划发起攻打汉阳之役。

11月21日，袁世凯集结起北洋第4镇全部和第2镇、第6镇各一个混成协共3万余人兵力，由冯国璋亲自指挥，大举进攻汉阳。

11月22日，重庆响应革命。

11月27日，汉阳失陷，革命军伤亡3300余人，革命军总司令黄兴离汉赴沪，蒋翊武以监军护理战时总司令职。阳夏保卫战结束。四川响应革命。至此，关内十八省中只剩下甘肃、河南、直隶、山东四省效忠清朝，其余省份均宣布独立，响应革命。

12月1日，英国特使盘恩至武昌，与革命军首领蒋翊武、吴兆麟接洽停战。两军签订停战三日的协议。袁世凯凭借强大武力，以帝国主义列强为外力，继续在革命党人和清廷之间进行政治赌博，向双方讨价还价，以谋取更大利益。

12月2日，苏浙联军攻克南京，独立各省代表共39人齐集南京，通过《中华民国临时政府组织大纲》，酝酿建立全国统一的中央政权。

12月7日，清廷给予袁世凯更大权力，任命其为全权大臣，与南方商议和谈。

12月17—31日，南北和谈，双方代表在上海英租界进行谈判。双方就停战、召开国民会议确定国体、优待退位后的清室等关键事项进行谈判。黎元洪、黄兴等人向袁世凯许诺，若其赞同共和，便推举其为大总统。袁世凯开始采取各种手段向清室逼宫，迫使清帝退位。

12月29日，海外归来的孙中山被十七省代表推举为中华民国临时大总统。

1912年

1月1日，孙中山在南京宣誓就任中华民国临时大总统，中国历史上第一个资产阶级共和国诞生。为获取最高权力，袁世凯一面授意北洋文武官吏，通电请愿，要求清帝退位，一面以北洋军对清室进行武力逼宫。孙中山也承诺，若清帝退位，将让出临时大总统一职给袁世凯。

1月26日，段祺瑞领衔、以湖北前线46名北洋军将领名义联名电奏清廷，要求清帝退位，“立定共和政体”。这一通牒性质的电报加速了清帝的退位和清王朝的覆灭。

2月12日，清室颁布退位诏书，统治中国268

■ 1914年一战爆发后，为夺取德国在中国的势力范围，日军向盘踞山东的德军发起进攻。这是日德开战期间，日军驱使中国人为其运送伤员。列强将中国土地作为战场，这一幕在10年前的日俄战争中便已上演，北洋政府与被推翻的清政府一样，无力维护国家主权和百姓安全。

1914年

2月17日，在西姆拉召开的中、英、藏三方会议上，英国代表麦克马洪与西藏代表伦青夏札秘密交易，意图分裂西藏，被中央代表明确驳斥拒绝。

5月1日，由袁世凯制定的《中华民国约法》颁布，改内阁制为总统制，赋予总统至高无上的权力，这一宪法标志着袁世凯的高度独裁。袁世凯开始由独裁统治走向复辟帝制。

5月23日，袁世凯宣布恢复清代官制。

6月30日，袁世凯下令裁撤各省都督，在京师特设将军府，派遣将军督理各省军务。

7月8日，孙中山在日本集合国民党中的激进派成立中华革命党，继续进行反袁斗争，准备重新建立革命政权。

8月，历时两年多，波及豫、鄂、皖、陕、甘数省的“白朗起义”被北洋政府镇压，为镇压这场农民运动，袁世凯调集了北洋军及各地方军共20余万的兵力。同月，第一次世界大战在欧洲打响，北洋政府宣布中立。

9月，日本出兵胶州湾，进攻驻扎在山东的德国军队，一战战火在中国燃起。

11月7日，日英联军攻占青岛，德国丧失在山东的全部势力范围，这场帝国主义之间的恶战给中国造成了死亡97人、伤238人，动产379590余元、不动产648940余元的损失。

12月，袁世凯公布《修正大总统选举法》，将总统打造成终身制。

1915年

1月18日，日本向袁世凯递交旨在灭亡中国的“二十一条”。

5月9日，为获取日本帝国主义对其称帝的支持，袁世凯与日签署卖国条约“二十一条”。

6月7日，《中俄蒙协约》签订，外蒙古承认中国的宗主权；中俄承认外蒙古自治，为中国领土的一部分；“哲布尊丹巴呼图克图汗”之名由中华民国大总统册封。中国失去了对外蒙古的实际控制，沙俄则确认了在外蒙古的各项侵略权益。

8月23日，为袁世凯称帝摇旗呐喊、制造舆论的“筹安会”在北京成立。此后，在袁世凯的授意下，其党羽爪牙进行了一系列丑陋的“劝进”运动，制造舆论，鼓吹复辟帝制。袁世凯的复辟行径遭到全国民众的强烈反对。

10月25日，在袁世凯的操纵下，全国各地开始选举国民代表和进行国体投票，同时授意其亲信制造全国选举舆论，赞成君主立宪，至12月11日，投票结果显示，“全员通过”恢复帝制。

12月12日，袁世凯正式发表接受帝位的申令，次日在中南海居仁堂接受百官朝贺，开始一系列登基称帝的准备工作。

12月19日，滇军名将蔡锷返回云南，联合掌握云南军政大权的唐继尧进行武力反袁的准备。

12月25日，云南通电全国宣布独立，以“护国军”为旗帜的护国运动在云南爆发。蔡锷、李烈钧、唐继尧分任护国军第1、第2、第3军总司令。

12月31日，袁世凯下令改次年为“洪宪”元年，改总统府为新华宫，准备正式登基。

1916年

1月5日，袁世凯颁布讨伐令，对云南护国军正式用兵，同时在新华宫设立征滇临时军务处，亲自主持布置三路大军进攻云南的计划，以曹锟为川、湘两路征滇军总司令，统一指挥川、滇前线的战斗。

1月10日，蔡锷率护国军第1军从昆明出发，向四川泸州进军，护国战争全面打响。21日，护国军攻克川西南重镇叙府（今宜宾），取得出师讨袁的第一个重大胜利。

1月29日，日本正式通知北洋政府驻日公使陆宗舆，明确表示反对袁世凯恢复帝制，并转而扶植各种反袁势力。日本态度的转变给予了袁世凯沉重打击。

2月，护国军在泸州、纳溪一带与北洋军恶战，重创北洋军第3师吴佩孚旅。

3月15日，广西军阀陆荣廷宣布广西独立，改称广西都督兼两广护国军总司令，响应讨袁大潮。

3月22日，随着前线战事的恶化、心腹的离心和列强对其称帝态度的改变，内外交困的袁世凯被迫取消帝制，仍改民国五年，自称大总统，反袁护国浪潮持续高涨。

4月，广东、浙江相继在6日和12日独立，洪宪帝制的失败无可逆转。

5月8日，护国军军政府联合滇、黔、两广各省反袁势力成立军务院，由唐继尧、岑春煊分任正副抚军长，形成了以西南军阀势力为主的反袁联合战线。

5月22日，四川陈宧宣布独立；29日，湖南汤芗铭宣布独立。这二人本是袁世凯的亲信，如今也叛而独立，给予了袁世凯沉重打击。

6月6日，众叛亲离的袁世凯在北京病死，黎元洪以副总统之职接任大总统一职，护国战争由此结束。北洋集团内仅次于袁的二号人物段祺瑞出任国务总理，实际把控着中央政府，北洋军阀出现分裂征兆。

6月9日，盘踞在徐州的长江巡阅使张勋召集代表召开第一次徐州会议，以组织北洋各省军事攻守同盟，对抗西南护国军，同时挟制北京政府，保全个人权力地位，为日后的干政和复辟打下基础。

6月29日，黎元洪以大总统名义发表申令，恢复临时约法，重新召集国会，袁世凯死后出现的新旧约法之争告一段落。

8月1日，恢复的国会在北京召开。

9月，段祺瑞内阁正式成立，直至1920年7月直皖战争，北京政府一直处于段祺瑞及其皖系的把控之下。但是，以黎元洪为首的总统府在美国和国会的支持下，和日本支持及以北洋军阀为后盾的段祺瑞的国务院，就权力分配和对德问题上爆发了长达一年的“府院之争”。

9月21日，张勋召集各省督军代表于徐州召开第二次徐州会议，成立了一个所谓“十三省区联合会”，以张勋为“盟主”，缔结军事同盟与中央政府抗衡。

10月30日，经过国会补选，冯国璋被选为副总统，仍兼任江苏督军，而为控制自己的江苏地盘，冯国璋不愿北上，仍在南京办公，北洋军阀集团内部裂痕已现。

1917年

1月11日，张勋召集各省代表会议召开第三次徐州会议，目的在于统一北方各省思想，为复辟清王室做准备。段祺瑞的亲信徐树铮、靳云鹏参与并实际上操纵了会议。

3月10日，国会通过对德绝交案，14日，中国正式与德国断绝外交关系。府、院关于中国是否参与欧洲战事的争议矛盾激化。

4月25日，段祺瑞在北京主持召开有各省督军及其代表参加的会议，商议对德宣战问题，即“督军团会议”，参战案在会上获得“全场一致通过”。

关于对德宣战问题，段祺瑞以军阀势力和操纵“公民团”等手段多次威逼、围攻国会，府院矛盾激化，5月23日，在美国和国会的支持下，黎元洪免去段祺瑞总理职务。段祺瑞离京赴津，发表通电，呼吁各省督军对抗以黎元洪为首的总统府。

4月至7月，滇、川、黔军阀为争夺四川地盘，爆发长时间、大规模的混战。北京政府趁机派军入川“查办”，意图将四川纳入北洋军阀的统治范围，引发滇军唐继尧的强烈反对，组织“滇黔靖国联军”大举入川。

5月24日，张勋首先发表通电，支持段祺瑞。

5月29日，在段祺瑞的授意下，安徽、奉天、河南、浙江、山西、陕西、直隶、山东、福建等省督军宣布独立，与北京政府断绝关系。

6月1日，由于黎元洪无力化解府院干戈，躲在暗处的张勋自告奋勇，愿意进京调停府院之争，黎元洪电令张勋进京。

6月2日，独立各省在天津成立军务总参谋处，宣称将另立“临时政府”与“临时议会”。

6月7日，张勋率5000名“辫子军”由徐州北上，进京“调停”府院之争。8日，张勋在天津下达了要求解散国会的通牒。

6月12日，在张勋的武力威逼下，黎元洪下令解散国会。

6月14日，张勋抵京，开始“调停”独立各省与中央的争端，并进行一系列复辟的准备工作。19日，独立各省宣布取消独立。21日，天津总参谋处宣布撤销。24日，因督军团反对而一直无法上任的李经羲出任国务总理，李经羲内阁成立。

7月1日，张勋将12岁的末代皇帝溥仪再次扶上皇位，复辟帝制，其倒行逆施迅速引来国人的激烈反对和斗争。

7月3日，段祺瑞集结李长泰第8师、曹锟第3师、冯玉祥第16混成旅宣布成立“讨逆军”，在马厂誓师讨伐张勋。滇军唐继尧也宣布成立“靖国军”，北上讨伐张勋。西南各地军阀纷纷“兴师讨逆”。5日，讨逆军于廊坊、万庄之间首战，击败“辫子军”。12日，“讨逆军”对北京发起总攻，张勋复辟彻底失败。

7月14日，段祺瑞以“三造共和”功臣之势，返回北京，再任总理。冯国璋为代理大总统。北京政府出现皖系、直系争锋的苗头。同时，南北军阀因恢复《临时约法》与国会与否的问题发生尖锐争端，孙中山联合西南军阀向北洋军阀发起“护法运动”。

7月21日，北洋政府海军总长程璧光、第一舰队司令林葆怿率第一舰队由吴淞开往广东，宣布拥护共和。

8月14日，北京政府对德奥宣战，中国派出数万华工到欧洲，参加协约国一方作战。

8至9月，旧国会议员在广州召开非常会议，成立护法军政府，选举孙中山、唐继尧、陆荣廷为军政府大元帅，中国出现南北两个政府分庭抗礼的局面，南北对峙的政治局面开始形成。以广东、广西、云南、贵州四省为核心的护法运动声势浩大。段祺瑞和北洋军阀决定以武力扑灭，四川和湖南成为护法战争（即第二次南北之战）的主战场。

8月6日，段祺瑞的北京政府为全面控制湖南，将湖南督军改任为自己派系骨干、陆军部次长傅良佐，并派遣北洋军第20师入湘，遭到湘系军阀的强力反对。

9月3日，北洋政府任命阎锡山为山西省长，阎锡山遂掌握陕西军政大权。

9月18日，湖南宣布脱离北京政府独立，给予了段祺瑞对湘军动武的借口。次日，段祺瑞下令讨伐湖南。

9月，在英国的支持下，西藏地方军队向驻守在川西地区的川军发起进攻，战事不断升级，第一次川藏冲突爆发。川军因后方川系军阀之间的内战，得不到有效支援而节节败退，昌都失守，川军守军被杀300余人，其余被俘。从此，昌都为西藏地方政府占据。

10月，桂系军阀陆荣廷在唇亡齿寒的威胁之下，组织两广援军入湘，与北洋军展开激战。在日本借款的支持下，皖系希望藉此扫平湘、桂、粤、滇等地方军阀，武力完成“统一”。

以冯国璋为首的直系军阀意在将西南军阀作为对付皖系的制衡力量，极力主张通过和平途径解决南方问题。11月15日，在冯国璋指使下，参加湖南之战的直系将领发布主和通电并自行撤兵，湖南前线的皖系所属北洋军阵脚大乱，被湘桂联军打败。

11月22日，冯国璋以代理总统的名义，接受段祺瑞的辞呈，免去其国务总理一职。

12月3日，在段祺瑞的召集下，北洋军阀控制下的各省区——直隶、山东、奉天、黑龙江、陕西、山西、河南、福建、浙江诸省和热河、察哈尔、绥远地区以及上海等地督军及其代表齐聚天津集会，以抗议示威冯国璋的“和平统一”和对西南军阀进行武力恫吓。

12月4日，滇黔联军攻占重庆，北洋军大败，北洋军阀的征川计划以失败告终。

12月18日，在主战派的威逼下，冯国璋任命段祺瑞为参战督办，段芝贵为陆军总长。第二次南北之战再次激化。

1918年

1月30日，冯国璋发布讨伐令，以曹锟为两湖宣抚使，张敬尧为前敌总指挥，对湘粤桂联军及荆襄“自主军”进行讨伐，湖南战事重开。

2月14日，奉命援湘的直系将领冯玉祥率其第16混成旅在湖北武穴通电主和，被北京政府视为“叛逆”而围剿。

2月25日，奉军在秦皇岛劫持了北京政府从日本购买的军械，极欲将势力深入关内的张作霖趁机扩军，奉系开始了进军关内的步伐。

3月12日，借口南下“讨伐”而大举挥师入关的张作霖在军粮城设立奉军总司令部，密布兵力于天津廊坊和北京丰台的奉军，对北京政府造成严重威胁。

3月23日，无力化解奉军危机的冯国璋复任段祺瑞为国务总理。

4月，川藏两军在甘孜一线爆发血战，双方

伤亡惨重。至8月，双方休战谈判。

4至5月，第二次南北之战胶着，北洋军内部勾心斗角，战事难有进展。5月30日，曹锟称病返回天津,停止参与湖南战事,所部暂由吴佩孚所领。

5月，皖系控制的北京政府对外极力奉行亲日外交政策，与日本陆续签订陆、海军的《中日共同防敌军事协定》，日本派遣大量军事人员来华，并提供相当数量的武器装备和军费援助，帮段祺瑞编练“参战军”。这一协定为日本控制中国军队提供了方便，段祺瑞政府引狼入室，沦为适应日本帝国主义侵华需要的工具。

6月14日，代表冯国璋赴天津参与督军团商议西南战事的直系将领陆建章被奉军副总司令徐树铮派人刺杀。陆建章遇刺成为日后直皖两派分裂的导火索。

6月15日，吴佩孚与湘军谭延闿、赵恒惕秘密签订停战划界协定，并发起通电请罢内战的“和平活动”。

6月20日，段祺瑞任命曹锟为川、粤、湘、赣四省经略使，张怀芝为援粤军总司令，命令其尽快发起攻粤战事。

8月21日，吴佩孚通电全国，要求停止内战，引来北洋军阀内部主战派的声讨。

8月24日，段祺瑞政府按《中日共同防敌军事协定》，响应日本出兵西伯利亚的号召，发表出兵海参崴宣言，并派第9师魏宗瀚部2000余人赴海参崴助战。

10月10日，冯国璋、段祺瑞分别辞去代理大总统、国务总理职务，在北洋集团中位于“清客”地位的徐世昌获取总统宝座。

10月20日，因挪用军饷而与奉系分道扬镳的徐树铮领段祺瑞之命经营西北，设立西北边防筹备处，组建西北边防军。

10月25日，徐世昌以大总统名义下令“尊重和平”，南北战火渐稀。

11月16日，徐世昌下令前线军队停战退兵，北京政府在南北议和的道路上迈出关键一步。23日，广东军政府下令停战，南北军阀从战争阶段进入彼此分赃、讨价还价的“南北议和”阶段。护法运动彻底失败。

1919年

1月，构筑战后秩序的巴黎和会召开，中国派遣代表出席。

2月20日，经过四五个月的酝酿和准备，南北议和会议在上海德国总会召开。

5月4日，中国外交在巴黎和会上的失败，北京学生以“外争国权，内除国贼”为口号，发起著名的五四爱国运动。

5月13日，议和会议的南北代表辞职，南北议和宣告破裂。

6月5日，五四运动扩展到上海，上海工商学界掀起声势浩大的罢工、罢市、罢课的“三罢”斗争，声援北京学生。

6月13日，北京政府任命徐树铮为西北筹边使；24日，任命徐树铮为西北边防军总司令。徐树铮手握重兵，为皖系在西北开辟出一块新地盘。

6月28日，《凡尔赛和约》在巴黎凡尔赛宫签字，中国政府不派代表出席。

7月10日，徐世昌以大总统令告知全国关于中国代表团拒签和约的原委，五四爱国运动结束。五四运动标志着中国新民主主义革命的开端。在这场运动中，皖系控制的北京政府名声扫地。

秋冬之际，直系的直隶督军曹锟、江苏督军李纯、江西督军陈光远、湖北督军王占元和奉系的奉天督军张作霖、吉林督军鲍贵卿、黑龙江督军孙烈臣结成七省反皖同盟。

11月22日，在西北筹边使徐树铮的大兵压境下，外蒙古宣布取消自治。

12月28日，冯国璋病死，曹锟取代其成为直系新首领；同时，吴佩孚作为直系新势力崛起。

1920年

1月，吴佩孚正式向北京政府提出撤防北归的请求，借此向皖系军阀示威，同时加强直系在北方的实力。

2月，为断绝吴佩孚北归之路，并与驻防蚌埠的安徽督军倪嗣冲交相呼应，段祺瑞决定夺取河南地盘，逼迫内阁总理靳云鹏撤换河南督军赵倜，改由其亲信接任，最终引发河南军阀赵倜投靠直系。

5月1日，唐继尧就任川、滇、黔三省靖国联军总司令，讨伐熊克武；11日，川滇军阀为争夺四川开战。

5月20日，吴佩孚部撤离湘南前线，迅速北归。

5月26日，湘军北上，与前来争夺防地的北洋军张敬尧部在湘南一带展开激战，湖南人民发起“驱张”运动。

6月，吴佩孚部抵达郑州，遂在直豫之交的京汉铁路沿线分布驻扎，摆开与皖系作战的架势。张作霖也借口北京防务空虚，为“拱卫京师”，将4个营移驻廊坊。京津地区战火一触即发。同时，张敬尧部在湘军的进攻下，溃不成军。

6月29日，徐世昌的北京政府将张敬尧撤职查办，张敬尧第7师瓦解，皖系军阀丧失一支重要的军事力量。

7月1日，直系曹锟、吴佩孚公开发布反皖通电；3日，曹锟和张作霖宣布徐树铮罪状；6日，皖系军队进行战争动员；7日，张作霖在天津、仓北一带部署重兵。直皖战争已无可挽回。

7月14日，直皖战争打响，皖系投入军队共5.5万人，直系军5.6万人参战，双方势均力敌。

7月16日，直、皖军队在涿州、高碑店、琉璃河、杨村一带展开大战。皖军二战皆胜。后直军吴佩孚部在西路率军突袭皖军前敌指挥部得胜，同时奉军在东路协同直军作战；皖军遂全线溃败。

7月18日，段祺瑞向直军求和；19日，段被迫发出通电，宣布辞职。

7月19日，熊克武部撤离成都，退守川北。川、滇军阀暂时处于休战的僵持状态。

7月22日，湘军总司令谭延闿发表通电，宣布湖南自治，成为持续至1923年的“联省自治”运动的首倡。自治运动迅速波及全国。

7月24日，直皖战争以皖系失败结束，直、奉两军进入北京，北京政府被直奉军阀集团控制；28日，北京政府免除段祺瑞各项职务，并剥夺其勋章和勋位，撤销徐树铮的西北边防军。皖军剩余部队被遣散或收编。长达四年之久的皖系军阀统治宣告结束。

北方直、皖、奉军阀混战的同时，南方各军阀也发生激烈战事。中国进入南北军阀混战的黑暗时期。7月，桂军陆荣廷为争夺广东地盘，在龙州召开军事会议，决定以讨伐福州北军为名，进攻援闽粤军，第一次粤桂战争打响。

8月1日，因直皖战争而声名大噪的吴佩孚发出通电，提出召开国民大会，取消南北新旧国会，企图以此恢复北京政府所取消的旧国会，驱逐皖系扶植起来的总统徐世昌，建立一个以他为中心的中央。这一主张被北京政府和奉系军阀一致反对。吴佩孚遂返回洛阳，埋头扩军，经营自身势力。

8月9日，徐世昌任命靳云鹏为国务总理兼陆军总长，中央政府和直、奉军阀在权力分配上暂时达成协议。

8月中旬，桂军以沈鸿英为总司令，向闽南的广东军阀发起进攻。粤军陈炯明兵分三路迎战。粤军连取数地，节节胜利，占领广东。10月下旬，第一次粤桂战争以桂军失败而告终。陆荣廷和岑春煊通电宣布撤销“护法军政府”，取消两广“自主”，公开投靠直系军阀。

9月10日，以熊克武、刘湘、刘纯厚为首的川军与唐继尧的滇军在成都附近决战，川军取得豫、陕两省。同时，直系企图进一步掌握最高权力，在吴佩孚授意下，直系将领孙传芳发表通电，要求恢复民国初年的旧国会和黎元洪的总统职务。

5月26日，张作霖返回奉天，奉军全部退回关外。

6月2日，徐世昌宣布辞去大总统一职。吴佩孚、曹锟立即通电请黎元洪复职。

6月4日，张作霖再次宣布东北自治，并打出“联省自治”的旗号。

6月6日，黎元洪发表通电，以“废督裁兵”作为重新出山的条件，为将黎控制为己用的曹锟、吴佩孚被迫表示赞成。同日，孙中山发表对外宣言，声明广东军政府为中国唯一合法政府；同时发表《工兵计划宣言》，呼吁全国裁军，全国兵额不超过30万人。

6月15日，陈炯明公开叛变，进攻广州总统府和孙中山住地。广东军政府分裂。北伐军被迫回师救援。同日，黎元洪发布全国停战令，军阀无人响应。

6月17日，在列强的调停下，直奉军阀在秦皇岛海面的英军“克尔留”号军舰上签署停战和约，约定以榆关（即山海关）为界。此战的胜利者直系成为北京政府的实际操纵者，而奉系则丢掉了关内的地盘，军事实力受到空前损失。

6月11日，黎元洪自津赴京，复任总统一职。黎元洪成为直系为攫取最高权力而扶植起来暂时过渡的傀儡。

7月9日，受刘湘控制的川军第2军杨森通电讨伐第1军，川军爆发第二次内战，由此展开了为期2年的四川军阀混战。

7月24日，张作霖在奉天设立东三省陆军整理处，自任总监，整军备战。张作霖的扩军活动得到了日本的支持。

7月29日，北伐军回师失利，在与叛军的交战中全面失败，第一次北伐以失败告终。

8月15日，陈炯明在广州自任粤军总司令，成为广东最大的军阀。

8月20日，川军第2军在内斗中战败，杨森逃往宜昌，刘成勋担任川军总司令兼管军民两政。

9月19日，黎元洪在吴佩孚的压力下，解除了名义上的唐绍仪内阁，黎元洪已成为直系军阀的傀儡，重蹈1916年为段祺瑞之傀儡的覆辙。同时，随着直系掌控中央政府，内部矛盾凸显，逐渐形成以曹锟为核心的“保派”和以吴佩孚为核心的“洛派”，两派内斗激烈。

10月19日，孙中山将进入福建的北伐军许崇智部改为东路讨贼军，准备讨伐陈炯明。在这一年里，孙中山还与下台的皖系段祺瑞及其残部卢永祥、奉系张作霖结成粤皖奉反直三角联盟。

1923年

1月，川军内部爆发刘成勋、赖心辉、但懋辛与邓锡侯、陈国栋、田颂尧之间的战事。熊克武战败退出成都。

1月4日，孙中山发布讨伐陈炯明的通电，讨贼军进攻广东。15日，陈炯明通电下野，退守惠州。

1月16日，孙中山与苏俄外交部副部长越飞在上海会面，商议国民党与布尔什维克党合作问题以及外蒙古等问题，23日，双方签署《孙越宣言》。

四川军阀的混战给予了吴佩孚控制四川的机会，2月，吴佩孚遂扶植杨森、刘纯厚打回四川。

2月7日，吴佩孚下令湖北督军萧耀南镇压京汉铁路工人大罢工，酿成“二七惨案”。中国工人运动第一次高潮结束。

2月21日，孙中山返回广州出任军政府大元帅职。

3月5日，为夺取福建地盘，直系将领孙传芳受曹锟、吴佩孚之命以一个旅约5000人进入闽北，15日占领延平。孙传芳也被北京政府任命为福建军务督理。

3月12日，滇军攻入贵阳，扶植被逐出贵州的黔系军阀刘显世，唐继尧成为贵州实际统治者。

4月5日，杨森占领成都，川军第3军军长刘成勋下台。杨森成为吴佩孚控制四川的代理人之一。

4月19日，熊克武、但懋辛等在潼南反攻，大败杨森等部。与滇军唐继尧联合的熊克武在5月重新占领成都，驱逐杨森，吴佩孚控制四川的计划破产。

6月12日至20日，中共三大在广州召开，确定了建立国共合作革命统一战线的策略。

6月13日，在直系"保派"的逼迫下，大总统黎元洪下野，为把曹锟捧上总统宝座扫平了道路。

10月5日，曹锟贿选总统。贿选内幕很快被揭穿，遭到全国声讨。直系内部处于四分五裂的状态。

10月9日，孙中山在广州大元帅府宣布讨伐曹锟，通缉贿选议员，并电告奉系、皖系一起行动，奉系、皖系一致宣布反对曹锟当选。

10月23日，吴佩孚任命刘湘为嘉威将军、杨森为森威将军，责令其迅速反攻四川熊克武部，川军战火再起。

10月25日，国民党改组特别会议在广州召开，确定了改组国民党、将旧三民主义发展为新三民主义、次年1月召开国民党一大等事项。

1924年

1月20—30日，国民党一大在广州召开，会议通过了"联俄、联共、扶助农工"三大政策，重新阐述了三民主义，通过《国民政府建国大纲》，同意共产党员以个人身份加入国民党，国共开始了第一次合作，国民大革命揭开序幕，广东地区成为革命中心。

3月，陆荣廷与沈鸿英之战爆发，李宗仁、黄绍竑等联合沈鸿英倒陆。

■ 这是1924年6月16日黄埔军校开学典礼当天，孙中山与军校军事总教官何应钦、校长蒋介石、教授部主任王柏龄（由左至右）的合影。注意王柏龄的左臂，佩戴有当时广东革命武装内部极小范围使用的军衔臂章。

5月，北京政府任命杨森为四川军务督办，杨森加紧扩军备战，两个月后，其部扩充到19个师又12个混成旅。

6月16日，黄埔军校在广州正式成立，孙中山兼任学校总理，任命蒋介石为军校校长，廖仲恺为军校国民党代表。同月，李宗仁、白崇禧进占南宁。

8月，陆荣廷势力被消灭殆尽；10月，陆荣廷通电下野。以李宗仁、白崇禧为首的新桂系占据广西全省。

8月—10月，广州商团发生反对广东军政府的叛乱，孙中山依靠黄埔学生军平定了叛乱。

9月3日，直系的江苏军阀齐燮元和皖系的浙江军阀卢永祥因为争夺上海而开战，史称"江浙战争”，此战成为第二次直奉战争的前哨战。

9月4日，得到日本大量军备援助的张作霖以粤皖奉反直三角联盟为理由，向直系宣战。第二次直奉战争一触即发。同月，孙中山督师北伐，以支持卢永祥。

9月中旬，江浙战争发展为五省战争，皖、闽、赣的直系军阀联兵进攻浙江。

9月15日，张作霖自任奉军总司令，遣军六路，连同海、空军向热河、山海关进发。同日，曹锟任命吴佩孚为讨逆军总司令，遣兵迎战张作霖。第二次直奉战争爆发，此战双方兵力总数达到40余万人，规模远大于第一次，热河和山海关成为主要战场。

10月8日，奉军占领赤峰，热河战事直军败局已定，其原因在于直军将领冯玉祥与奉军暗通消息。同日，直军在山海关的关键一役九门口之战中败北，直军的中原防线被打开缺口。

10月12日，浙江军阀卢永祥战败，宣布下野，江浙战争结束。此战是直系军阀与反直系军阀的一场重大较量，因直皖战争而受到沉重打击的皖系再一次被重创。而盘踞福建的直系将领孙传芳在此战中拿下了浙江地盘，并收编了卢永祥5个师，一跃成为东南新兴的军阀势力。

10月23日，直系内部矛盾爆发，冯玉祥临阵倒戈返京，发动政变，囚禁总统曹锟，所属部队改称“国民军”，并邀请孙中山北上，请段祺瑞出山改组政府。在山海关前线作战的直军得知冯玉祥倒戈，阵脚大乱。

11月1日，山东督军郑士琦、山西督军阎锡山分别宣布武装中立，实际上采取联奉倒直的策略，断绝了豫、鄂直军北上支援之路。

11月2日，曹锟辞去总统一职。3日，被奉军和冯玉祥夹击的吴佩孚率残部从塘沽南撤，第二次直奉战争以直系的全面失败告终，直系参战部队大部被奉系和国民军收编，北京政府也被两大派系共同把持。

11月5日，冯玉祥将末代皇帝溥仪驱除出故宫，命其永远废除帝号，铲除了复辟的祸根。

11月10日，孙中山在广州发表《北上宣言》，明确提出废除不平等条约以反对帝国主义、召开国民会议以反对军阀统治两项政治主张，并将其作为自己北上的奋斗目标。

11月12—15日，冯玉祥、张作霖、段祺瑞在天津开会，商议战后权力分配事宜，推举段祺瑞出任临时执政；16日，吴佩孚在汉口通电建议建立护宪军政府，但遭到直系各省督军的反对，直系军阀集团四分五裂；21日，段祺瑞通电宣布就任临时执政，东山再起。24日，以段祺瑞为首的中华民国临时执政府成立。

12月31日，受冯玉祥等人邀请的孙中山抵达北京，与北方军阀商议国事。

11至12月，冯玉祥国民军与吴佩孚、豫军刘镇华部争占河南地盘，12月14日，吴佩孚被赶出河南，流亡两湖。在此期间，奉系趁火打劫，图谋被国民军占据的保定、大名。国民军与奉系矛盾凸显，开始就北方地盘进行明争暗斗。

12月，张作霖部署对长江各省用兵，意图将长江流域纳入势力范围。同时，段祺瑞免齐燮元江苏督军职，任命在江浙战争中下台并投靠奉系的卢永祥为苏皖宣抚使，江浙地区纷争再起。

1925年

1月，奉军张宗昌部和卢永祥南下，占领安徽和江苏。浙江督军孙传芳与齐燮元组成江浙联军与之对抗，江浙军阀再次开战。28日，齐燮元战败下野，所部由孙传芳接收，奉军占领上海。卢、齐之争结束。同月，陈炯明联合江西军阀进犯广州，被革命军击退。

2月3日，孙传芳与奉军张宗昌签订新的江浙和约，上海成为奉系地盘。

2月，国民军与河南军阀矛盾激化，23日，国民军第2军胡景翼与豫军刘镇华部憨玉琨爆发激战，双方总兵力达20余万人，史称“胡憨之战”。同月，广州大元帅府发起以黄埔学生军为主力，粤、湘、滇、桂各军参加的第一次东征，征讨陈炯明，先后占领潮州、梅县、汕头。滇军唐继尧也在该月出兵广西，企图并吞两广。

3月12日，孙中山在北京逝世。

4月2日，憨玉琨兵败自杀，刘镇华逃亡山西投奔阎锡山，胡憨之战落下帷幕。河南成为国民军势力范围。

5月，张宗昌作为新的山东督办进驻齐鲁，拉拢收编原来的鲁军。奉系将山东纳入势力范围，且津浦路沿线地域被奉系所控制。

6月，驻粤桂军、滇军部队在广州发动武装叛乱，东征军回师平叛，陈炯明重占潮州、汕头。

7月，国民军孙岳部进驻西安，陕西成为国民军地盘。至8月，国民军已将北京、察哈尔、绥远、河南、陕西、甘肃纳入势力范围，开始具备在北方与奉系相抗衡的实力，成为北方新崛起的一大军阀集团。同月，攻桂滇军被新桂系击败，新桂系彻底确立了在广西的统治。

7月1日，国民党中央在广州成立国民政府。同月，国民政府将所辖各路军队统一改编为国民革命军5个军。

7月1日，为遏制杨森，四川各路军阀联合黔军袁祖铭组成川黔联军，发起“倒杨”战争。

8月，在张作霖的授意下，北京政府任命奉系将领杨宇霆为江苏军务督办，姜登选为安徽军务督办，奉系掌控苏、皖。

9月，国民政府以蒋介石为总指挥，发起第二次东征，至11月，将陈炯明势力全部拔除。同月，杨森众叛亲离，逃离四川，投奔吴佩孚。

10月，东南兵灾再起。面对奉系势力在长江流域的扩张，7日，以孙传芳为首，浙、闽、苏、皖、赣五省代表在杭州秘密举行军事会议，结成联盟，以孙传芳为五省联军总司令，武力反奉。15日，浙奉战争爆发。至10月下旬，奉系被驱出沪、苏、皖，两军在徐州附近展开对峙。

10月21日，趁浙奉战争之机，吴佩孚在武汉宣布成立十四省讨贼联军，自任总司令，与孙传芳结成同盟，借此东山再起。

11月7日，奉系与冯玉祥关系濒临破裂；奉军退守山东，徐州被孙传芳占领。奉系南下战略以失败告终，东南五省为孙传芳所占据。11月底，孙传芳在南京正式成立浙、闽、苏、皖、赣五省联军，自任总司令，拥兵20余万，成为从直系军阀中脱颖而出的一大军阀势力。

11月22日，奉系将领郭松龄与冯玉祥结成反奉系的同盟。同日，郭松龄在滦州发出主和拒战、倒戈反奉的通电，要求张作霖下野。25日，冯玉祥响应郭松龄，发出讨张檄文。30日，郭松龄自任东北国民军总司令。

12月，郭松龄部与奉军接战，7日，郭军占领锦州。张作霖为取得日本支持，与日本签订出卖主权的《蒙满新约》。23日，两军在巨流河决战，郭军败北。次日郭松龄被俘枪决。

在郭松龄倒戈反奉的同时，12月5日，冯玉祥国民军进攻天津奉军李景林部，国奉战争由此开始。帝国主义借口《辛丑条约》干涉中国内政，支持奉系。24日，国民军占领天津。李景林败退济南，与张宗昌结成直鲁联军，准备反攻。至此，国民军进入鼎盛时期，拥兵数十万，占据北京、察哈尔、绥远、河南、陕西、甘肃、热河、直隶和山东部分地区。以李大钊为首的中共北方区委采取联合国民军、打倒段祺瑞和张作霖的策略，工人运动在北方蓬勃发展。

国民军势力的扩张、郭松龄倒戈反奉和国奉战争的爆发，促使直奉军阀联合。12月31日，吴佩孚通电结束讨奉战事。

1926年

1月1日，为避免与直奉军阀联盟过早交锋，冯玉祥通电下野，将国民军指挥权交给嫡系张之江。5日，张作霖正式提出联合问题。由于国民革命势力的蓬勃发展，在帝国主义的撮合下，直奉结束战争状态，直奉军阀达成“反赤”联盟。

1月中下旬，国民军与直奉军阀的战争在山海关、山东、河南等地全面展开。

3月上旬，国民军与直鲁联军在天津以南展开激战。12日，支持直奉军阀的日本炮轰大沽口，引发北京各界群众大规模游行示威，段祺瑞政府开枪射击游行群众，酿成“三一八惨案”。段祺瑞政府陷入四面楚歌中。同月，桂系李宗仁等宣布服从广东国民政府，桂系军队被编为国民革命军第7军。与此同时，湖南爆发了唐生智、赵恒惕之战。

3月20日，“中山舰事件”爆发，蒋介石驱逐国民革命军第1军全部中共党员，完全掌握该军军权。国共合作裂痕初现。

3月21日，在直奉军阀的联合打击下，国民军进行总退却，撤至京畿一带。

4月15日，国民军退出北京，向南口撤退。

4月20日，段祺瑞政府在全国人民的唾骂和各军阀的角逐中倒台。北京政府再次成为直奉军阀角逐最高权力的舞台。

4月下旬，直、奉、晋系联军向南口的国民军发动全面进攻。

5月12日，由吴佩孚、张作霖、孙传芳三方势力组成的颜惠庆混合内阁上台。直奉军阀确立在中国北部和中部的统治。

5月21日，不敌赵恒惕的唐生智投靠国民政府，其部改编为国民革命军第8军。同日，在吴佩孚的支持下重返四川的杨森击败川黔联军，攻占重庆，后将黔军袁祖铭部逐出四川。

5月下旬，广州国民政府派遣第4军叶挺独立团等部担任北伐先锋，向湖南进发，应援唐生智，北伐战争揭开序幕。叶挺独立团解救了第8军危机，稳定了湖南战局，为北伐军的进军开辟了前进的道路。

6月5日，国民政府颁布北伐动员令，任命蒋介石为国民革命军总司令，领导北伐。

7月9日，国民革命军在广州举行誓师典礼，出征兵力约10万人，北伐战争正式打响。

7月11日，北伐军占领长沙。

8月10日，蒋介石在长沙召开军事会议，决定趁吴佩孚南北难相兼顾之时，一举攻占武汉。

8月13日，国民军放弃南口，退往西北，国民军韩复榘、石友三、张自忠等为保存实力，先后投降阎锡山，余部退到绥远五原和甘肃，国民军数十万大军分崩离析，兵散塞外。

8月19日，北伐军向直军汨罗江防线发起总攻击，22日北伐军占领湘北重镇岳阳，至此，北伐军攻占湖南全境。

8月25日，吴佩孚南返汉口，亲临前线指挥部队抵御北伐军。

8月26日，北伐军第4军向武昌三镇的南大门——直军汀泗桥阵地发起进攻；次日占领汀泗桥。

8月29日至9月1日，北伐军第4军与直军在贺胜桥血战，叶挺独立团以巨大伤亡代价攻占贺胜桥，为主力打开了进攻武昌的大门。

9月5日，北伐军向武昌发起总攻，在遭遇巨大伤亡后攻城无果，不得不暂停攻城，转攻汉阳。

9月6日，驻守汉阳的鄂军刘佐龙师倒戈，北伐军占领汉阳。次日占领汉口。吴佩孚无心恋战，率残部撤至信阳。同日，北伐军右翼军开始向江西孙传芳势力发起进攻。

9月17日，因兵败出国赴苏联参观学习的冯玉祥回国召集旧部，在五原誓师，宣布加入国民党，组织国民军联军，参加北伐。原本溃散的国民军各部纷纷来投。西北军重新崛起。

10月10日，在围困武昌一个月后，北伐军攻占武昌。至此，武汉三镇彻底被北伐军占领，断绝了吴佩孚军饷和武器来源，吴佩孚从此一蹶不振。

10月16日，蒋介石任命何应钦为国民革命军东路总指挥，挥师入闽，策应江西战场。

11月初，杨森进发鄂西，被北伐军击败，被迫放弃脚踩两只船的策略，投靠国民政府。

11月8日，北伐军占领南昌，江西战场大获全胜，孙传芳在江西损失4万余人，主力尽失。

11月11日，张作霖入关抵达天津，谋求掌握北京政府全部权力，对抗南方的北伐军和北方的国民军联军。19日，孙传芳赶赴天津，与张作霖达成联盟，共同对付北伐军，张作霖派遣直鲁联军南下。

12月1日，在孙传芳和张宗昌的带头“劝进”下，张作霖组织起安国军，自任总司令，孙传芳为副总司令兼五省联军总司令，张宗昌为副总司令兼直鲁联军总司令。安国军得到了英美和日本的军费和军备支持，以维护列强的在华利益。

12月18日，北伐军占领福州，福建战事基本结束。至此，江西、福建被北伐军所掌握。

1927年

1月初，北伐军分别由赣东、闽北入浙，会攻杭州。孙传芳将残部编为14个师4个独立旅，意图再起。本月，国民政府从广州迁至武汉，武汉成为新的国民革命中心。

2月18日，北伐军一举攻占杭州。面对北伐军大军压境，安徽之敌纷纷倒戈，当月，北伐军定底浙江、安徽。孙传芳五省地盘仅剩江苏一地。

2至4月，张作霖趁火打劫，遣军入河南，将吴佩孚彻底驱逐出豫省地盘，准备直取武汉。

3月21日，在中国共产党领导的上海工人第三次武装起义的配合下，北伐军占领上海。孙传芳驻沪部队和北洋政府海军长江舰队也向北伐军投诚。孙传芳残部与直鲁联军北逃。

3月23日，北伐军一举攻占南京，标志着北伐战争初期取得决定性胜利，长江以南归入国民政府旗下，北方较强的北洋军阀仅余奉系。

4月10日，阎锡山宣布废除北洋政府任命的“督军”，改称晋绥军总司令，归顺国民政府。

4月12日，上海工会被解除武装，蒋介石发起“四一二”反革命政变，大量共产党人被屠杀，国民大革命遭受重大挫折。

4月18日，蒋介石宣布在南京成立“南京国民政府”，中国南部出现两个相对立的“国民政府”。

4月19日，武汉国民政府在武昌举行第二期北伐誓师典礼，武汉政府领导人汪精卫提出，此次北伐的目的是统一中国，打倒奉系军阀和蒋介石。

4月28日，奉系在北京杀害李大钊等20余名革命者。

5月，北伐军北上河南，与奉军激战，至29日胜利占领许昌。1日，蒋介石也发布出师北伐的命令，向孙传芳五省联军残部及张宗昌直鲁联军发起进攻。同月，冯玉祥部改编为国民革命军第2集团军，援鄂攻豫，策应北伐军；30日，冯军进占郑州、开封。

6月1日，北伐军与冯玉祥部在郑州会师，北伐中原之役取得重大胜利。2日，蒋介石部攻占江北重镇徐州。

6月，武汉国民政府和南京国民政府分别进行“东征”和“西征”准备，国民党内部不同势力集团出现内战苗头。阎锡山也在本月被蒋介石拉拢，改晋绥军为北方国民革命军，正式出兵北伐讨奉。下旬，鲁南战役打响，蒋介石的北伐军在孙传芳、张宗昌的联合抵抗下，连遭挫折。

6月1日，张作霖在北京宣誓就任“中华民国年式山炮的仿制版，由山西军人工艺实习厂生产并改进，1923–1924年生产晋造十二年式山炮200余门，1925–1928年生产晋造十三年式800余门，1928–1929年生产晋造十七年式700门。

二、野战炮

1. 辽造十四年式77毫米野战炮：该炮原型为奥匈帝国制30倍径77毫米野战炮，1925–1931年，东三省兵工厂共生产300门该型野战炮。

2. 辽造十三年式75毫米野战炮：这是奉天兵工厂对日本三八式75毫米野战炮的仿制品，1924–1931年间共生产108门。

另外，江南制造总局、汉阳兵工厂也生产了一些75毫米的野战炮。

三、榴弹炮

作为重型火炮，大口径榴弹炮对制造工艺要求较高，故国内军阀鲜有能够生产，除了1918年汉阳兵工厂曾仿制过2门克虏伯120毫米榴弹炮，但未正式生产外，北洋政府时期，只有东三省兵工厂曾生产过大口径榴弹炮：

1. 仿奥地利式21倍径100毫米榴弹炮：1924–1931年间共生产300门。

2. 105毫米榴弹炮：1925–1928年间共生产16门（仿造对象不详）。

3. 辽造十四年式150毫米榴弹炮：仿制于日本三八式150毫米榴弹炮，1925–1931年共生产21门。

此外，东三省兵工厂在1924–1931年间还生产过仿日式105毫米加农炮12门和240毫米榴弹重炮2门。

四、平射炮

1. 辽造十四年式37毫米平射炮：仿制于日本十一年式37毫米平射步兵炮，东三省兵工厂在1925–1931年间共生产370门。

2. 汉造37毫米平射炮：可能也是日本十一年式37毫米平射步兵炮的仿制品，1929年汉阳兵工厂试制成功并生产了约200门。

另外，当时军阀鲜有能够拖运、牵引火炮的交通工具，这也是军阀们较少装备火炮的一个原因。当时牵引、运输中型、重型火炮的工具主要是骡马。在中国北方地区，骡马较南方容易获得。一门75毫米野战炮通常要用6匹骡马，150毫米重炮则需要8匹。军阀部队里最常见的是山炮，这种火炮操作方便，运输简单，士兵们或用少量骡马牵引，或直接拆卸下来人力搬运。南方军阀的部队拆装火炮也非常熟练，由于南方缺少骡马且地理环境不佳，军阀们往往会雇用搬运工用竹筐驮背拆卸下来的火炮零件翻山越岭运上前线。

装甲车

与数量有限的火炮相比，军阀部队所装备的装甲车更是少得稀奇。而且，军阀们的装甲车大多数只是简易型的，以卡车或轿车底盘为基础，外附装甲钢板，车上再加装回转炮塔，炮塔中配置小型火炮或机枪，这类“装甲车”称之为“装甲汽车”更合适。浙江督军卢永祥曾订购过20辆类似的装甲车，这种装甲车上配备有3挺机枪，据外媒报道，其装甲厚度可以抵御一些火炮的打击。1927年时，国民革命军中也装备有一些以卡车为底盘的简易装甲车，以及带有可180度旋转射击的轻机枪炮塔的简易装甲车，这些数量有限的装甲汽车在北伐时被与缴获的各种装甲车辆一起使用。

相对于粗制滥造的简易装甲汽车，半履带式的装甲车更为难得。英国的军事观察员劳伦斯·安佩（Lawrence Impey）曾在第二次直奉战争时期看到吴佩孚麾下有6辆法制雪铁龙（Citreon–Kigresse）半履带式装甲车，这款装甲车配备有37毫米火炮。但是，这款装甲车似乎并未参与对奉军的战斗。

而在军阀部队中，最为稀少的装甲车辆当属坦克。这种一战中横空出世的“陆战之王”，在战后漂洋过海被出口到军阀混战的中国，并偶尔显现于外国媒体的报道中。1927年，英国媒体有报道称，维克斯公司在中国北方为日本生产了100辆型号不明的坦克，其中一部分会交付给亲日的奉军。但是，从当时中国的工业实力来看，这种报道根本没有事实依据。不过，奉系这种财大气粗的军阀集团中，确实装备有一些轻型坦克。而且，奉军也是当时军阀部队中第一个装备“陆战之王”的。1922年，张作霖向英法等国订购了22辆雷诺FT-17轻型坦克，1924年首批10辆坦克运抵大连交付奉军。1928年，北伐战争中，奉军的FT-17在河南与北伐军的战事中损失6辆；奉军败退后随奉军撤回关外。此外，在1922年间，张作霖还购买过美制的M1917轻型坦克（即FT-17轻型坦克的美国仿制版）和英国的NC-27轻型坦克。还有资料显示，奉军中还有法国的施耐德（Schneider）CA型坦克，但对于这一款坦克，却缺乏相应的影像资料佐证其是否真的曾存在于奉军中。另外，有影像资料显示，外号“狗肉将军”的张宗昌，在1927年时也有一辆坦克，但这辆坦克的型号及用途却未明确，甚至该辆坦克的真假也被质疑。

铁甲列车

另外一种装甲车——铁甲列车，在北洋政府时期倒是非常出名。铁甲列车是指在铁路沿线对部队进行火力支援和独立作战的铁路装甲战斗车辆，由战斗列车和基地列车组成，一般由1台铁甲蒸汽机车，2节以上的铁甲车厢或2至4节作掩护用的铁路平板车构成。铁甲蒸汽机车位于铁甲车厢之间，机车上备有通信设备和射击指挥器材。车上装备机枪和火炮。一战时期，铁甲列车广泛存在于交战双方。

北洋政府时期，最早出现铁甲列车应该是在20世纪20年代初，张作霖麾下便有简易的铁甲列车，但其并非作战性质，仅用于警戒护路。

在中国，将铁甲列车直接用于作战并形成大规模的第一人是张宗昌，张宗昌麾下用于战斗的铁甲列车，出现最早，规模最大，战果也最多。

第二次直奉战争时，张宗昌部队攻下滦州后，张宗昌根据其雇用的白俄炮兵少将葛斯特劳夫的建议，以缴获的一批铁路车辆改装组建起自己的铁甲列车部队。张宗昌的铁甲列车，每列由机车、士兵食宿的客车厢、战斗车厢和平板车组成。机车位于正中，机车两侧各是2节客车厢。客车厢外各是3节战斗车厢，其中2节是带顶棚的铁皮车厢，1节是敞篷的铁皮车厢，前者是士兵用机枪和步枪射击的战斗碉堡，备有射击孔和掩体；后者则配备火炮。战斗车厢外则各是1节平板拖车，放置铁轨枕木和各种机械工具。初建的铁甲列车部队共有2列，分别命名为“长江”号和“长城”号，由葛斯特劳夫亲自指挥，车上人员全部是白俄官兵。1925年初，张宗昌与卢永祥攻占上海，便是“长江”号铁甲列车长驱直入，迅速抢占上海北站，打了齐燮元一个措手不及，铁甲列车轰动全城。看到铁甲列车的作用后，张宗昌迅速扩编铁甲列车队，增加了“泰山”号和“河南”号。但是好景不长，1925年10月直奉战争爆发，张宗昌的铁甲列车队被孙传芳击毁两辆（“长江”号和“长城”号），葛斯特劳夫和车上的数百名白俄官兵统统横死沙场。1926年初，张宗昌重建铁甲列车队，再次装备6列铁甲列车——“泰山”号、“山东”号、“北京”号、“河南”号、“长江”号和“长城”号。这些铁甲列车分别被编为3个旅，每旅两列，旅长分别由车可夫（铁甲车队司令兼任）、刘世安、杨太淤（白俄人）担任。

张宗昌新建的铁甲列车，每列由8节车厢组成，中间两节是机车和指挥官车厢（客车厢改造），左右两旁由内到外各是1节机枪车（货车厢改造，备有旋转炮塔和射击孔）、1节炮台车（货车厢改造，分上中下三层，由下到上分别安置重炮、山炮和迫击炮）、1节材料车（平板货车改造，搭载各种维修器材）。第8节车厢后还另外挂了1节闷罐车厢，搭载2个排的步兵作为掩护部队。每列装甲列车上，配备了辽造日本三八式野战炮7门、迫击炮2门、重机枪24挺，操纵、战斗人员为百余名白俄官兵。

北伐战争时期，直鲁联军节节败退，铁甲列车队也损失严重，为应付战局，张宗昌下令麾下的兵工厂日夜赶制新的铁甲列车，至1928年春，除了上述各列铁甲车外，又先后建造了“云贵”号、“湖广”号、“闽浙”号、“绥宁”号等，其中“长城”“长江”“河南”“泰山”“直隶”“山东”号等铁甲列车还因为战损而重造了两次或三次。据统计，整个张宗昌军阀集团所造的全部铁甲列车，多达20列次左右，在全国首屈一指。

继张宗昌之后，其麾下的部将也建立了自己的铁甲列车队：直隶军务督办褚玉璞，组建了直隶铁甲车队，下辖“直隶”号、“湖北”号2列铁甲列车。胶东护军使兼第8军军长毕庶澄也有1列“胶东”号铁甲列车。

“二次北伐”打响后，张宗昌战败，残部撤至滦县。此时麾下还余7列铁甲列车。途中，2列投降阎锡山部，被改编为晋军的铁甲列车队。9月，白崇禧和张学良将张宗昌残部彻底解决，余下的5列铁甲列车被白崇禧收编，编入第4集团军的序列中。张宗昌的铁甲列车队灰飞烟灭。

张宗昌的铁甲列车给其他军阀带来了榜样。1926年，张作霖组建了自己的铁甲列车队，因为财大气粗，奉军的铁甲列车聘请德国技师设计制造，装备精良，动力强劲。至“东北易帜”，奉军麾下有3列铁甲列车，分别命名为1号、2号、3号，编为3个中队。

1926年底，为对抗北伐军，孙传芳也建造了自己的铁甲列车，分别是“吴淞”号、“嘉兴”号和“南京”号，但这3列车在1927年的战事中，不是被缴获就是被击毁。

吴佩孚在1925年东山再起后，与奉系结盟共同对付冯玉祥，下令在长辛店机车厂制造了2列铁甲车“追风”号和“大路”号，但这2列车毁于1927年与奉军的内讧中。

冯玉祥发动“北京政变”后，得到苏联的援助，在苏联顾问的帮助下，在张家口制造了5列铁甲列车，但国奉战争失败后，这5列铁甲列车损失殆尽，直至北伐战争时期，冯玉祥部通过缴获张宗昌的部队，才再次组建起自己的铁甲列车队。

甚至是孙中山，1924年也通过苏联获得1列铁甲列车和4辆装甲汽车，组建了大元帅铁甲车队，这便是后来著名的叶挺独立团的前身。

化学武器

军阀混战中，在第一次世界大战时正式出现的化学武器也被军阀们所引进并使用。军阀们进口化学武器的最早可查记录是在1921年8月，湖南军阀进口了两箱具体型号不明的“气弹”（gas producing shells）。1923年6月，直系首脑曹锟也曾派出两名代表与英美化学公司接触，希望其能帮助制造化学武器，供飞机上配备毒气弹使用，但并未成功。

真正引进、生产并使用化学武器的军阀，还是张作霖“张大帅”。1925年，张作霖在奉天建立了化学兵工厂，还聘用了3名德国化学技师——迈耶斯、富克斯、利德曼为指导，生产氯气、光气、芥子气等化学武器。在与吴佩孚的直军交战时，张作霖便使用过氯气，但未能奏效。1927年9月至1928年1月，涿州围城战期间，奉军为突破傅作义守卫的涿州，于11月28日投入使用了500枚毒瓦斯弹，但因数量过少，毒气浓度不足而未起到预期效果，而且这一事件造成舆论大哗，张作霖备受谴责。

乱世雄杰

■ 袁世凯（1859-1916）

字慰亭（又作慰廷），河南项城人，清末民初的大军阀，北洋军阀集团首领。袁世凯出身官绅世家，祖父辈与曾国藩、李鸿章交往甚密。袁世凯发迹于朝鲜，曾协助朝鲜编练军队。1895年底，袁世凯被任命为新建陆军督办，在天津小站编练新军。1901年，袁世凯出任直隶总督兼北洋大臣，为清廷大规模编练新军。在这一过程中，以袁世凯为首的北洋系逐渐壮大，成为晚清最大的军事政治集团，清廷的政治权力和军权操控于其手。辛亥革命中，袁世凯窃取革命果实，取代孙中山成为中华民国临时大总统。此后，袁世凯的独裁面目逐渐暴露。1913年，在镇压“二次革命”后，袁世凯加速了复辟帝制的步伐。为换取列强支持，袁世凯甚至与日本签订丧权辱国的“二十一条”，并于1915年宣布复辟帝制。1916年，在全国轰轰烈烈的反复辟斗争中，袁世凯众叛亲离，在尿毒症中死去，其一手创立的北洋军阀集团也分裂为各个派系。图为身穿北洋上将大礼服的袁世凯，他左胸上佩戴的各种勋章中，最上方那枚勋章是只有大总统才能佩戴的大勋章，这是北洋政府的最高荣誉。

段祺瑞（1865–1936）

原名启瑞，字芝泉，安徽合肥人，“北洋三杰”之一，皖系军阀首领。1885年考入天津武备学堂炮兵科，1888年被选送德国柏林军校深造，1890年冬回国，任北洋军械局委员。1896年，段祺瑞调任袁世凯在小站所编练的新军炮队统带，成为袁世凯北洋军阀集团中最早的一批班底。此后，段祺瑞跟随袁世凯，历任练兵处军令司正使、北洋六镇多任统制，是袁世凯的头号亲信。辛亥革命爆发后，段祺瑞出任清军第2军军统，率军镇压革命。袁世凯登上中华民国总统宝座后，段祺瑞先后被委任为陆军总长、代理国务总理等职，积极参与袁世凯打击革命党人的行动。袁世凯恢复帝制时，段对此表示反对，进行消极抵制。袁世凯死后，段以国务总理之职控制了北京政府，总揽军政大权，在北洋军阀集团中大肆网罗势力，形成以其为首的皖系军阀集团。段祺瑞执政时期，先后发生了“府院之争”、“张勋复辟”、“护法运动”等事件。段奉行“武力统一”的政策，与日本签署《中日共同防敌军事协定》以换取日本的支持，多次对南方军阀用兵。1920年直皖战争，皖系战败后，段祺瑞被迫下台。1924年第二次直奉战争后，段祺瑞复起，被推为“中华民国临时执政”，1926年再次下台，此后彻底退出中国政治舞台。1936年，段祺瑞病死于上海。图为身穿北洋上将常服，佩戴勋一位章、文虎勋章、一等宝光嘉禾章和一等嘉禾勋章（从上到下、由左至右）的段祺瑞。

冯国璋(1859–1919)

字华甫,直隶河间人,"北洋三杰"之一,直系军阀集团首领。冯国璋早年曾投淮军,1885年考入天津武备学堂步兵科,1893年入聂士成军效力。1895年冯任驻日公使军事随员，在日本考察军事。1896年冯国璋入袁世凯麾下，任新军督操营务处帮办兼步兵学堂监督，新军的兵法操典多经其一手修订。1901年，袁世凯在保定成立掌管北洋新军的军政司，冯国璋被任命为军政司教练处总办；1903年，清廷设立编练全国新军的练兵处,冯国璋出任军令司副使。经其之手,培养了大批具有北洋派系观念的军官,有力促成了北洋军阀集团的形成。作为袁世凯的亲信,辛亥革命时期，出任第1军军统的冯国璋在镇压革命过程中，暗奉袁世凯之命，领兵不前，有效地促成了袁世凯的复出。袁世凯任临时大总统后，冯国璋作为袁的独裁急先锋，率兵镇压"二次革命"，支持袁世凯解散国会，废除临时约法。袁世凯复辟时，冯对袁大失所望，不肯再为其效力。袁世凯死后，冯国璋出任副总统，仍兼江苏督军，在长江中下游形成以其为首的直系军阀集团。张勋复辟失败后，冯国璋任代理大总统。与段祺瑞的"武力统一"主张相反，冯国璋受英美列强策动，主张"和平统一"。第二次南北之战中，冯国璋的掣肘和拆台使段祺瑞内阁倒台。此后，直皖矛盾不断激化。1918年，冯国璋被迫下台，并于次年病逝于北京。直系军阀集团由曹锟和吴佩孚接掌。

■ 吴佩孚（1874–1939）

字子玉，山东蓬莱人，直系军阀集团的后起之秀和首领。吴佩孚早年曾考取秀才功名，1898年投聂士成部当兵。1902年，吴佩孚改投袁世凯部，入保定武备师范学堂、测绘学堂学习。1906年，吴佩孚任北洋陆军第3镇第1营管带，次年随曹锟移驻东北。辛亥革命后，吴佩孚随第3镇入关，升任该镇炮兵第3标标统。1915年，吴佩孚升任第3师第6旅旅长。护国战争时期，吴佩孚因作战有功，再次升迁。张勋复辟时，吴佩孚为"讨逆军"西路先锋，与张勋的"辫子军"在北京天坛激战。第二次南北之战时期，吴佩孚任第3师代理师长兼前敌总指挥，与护法军激战两湖。1918年，因没能坐上湖南督军之位，吴佩孚公开通电"罢战主和"，反对段祺瑞的"武力统一"，直接拆皖系的台，名声大赫。冯国璋死后，吴佩孚以直系后起之秀之姿，与曹锟同为直系新首领。直皖战争后，吴佩孚通电发起召开"国民大会"，另组由自己控制的政府，遭奉系反对。1920年9月，吴佩孚为直鲁豫巡阅副使，驻洛阳练兵。第一次直奉战争时期，吴佩孚率军在马厂、固安、长辛店等地击败奉军。战后，吴佩孚掌握了直系最多的权力和兵力，公开提出"武力统一"，排挤派系内的同僚，与曹锟派系爆发权力之争，镇压工人运动。曹锟贿选总统后，吴佩孚升任直鲁豫巡阅使。第二次直奉战争中，吴佩孚任"讨逆军"总司令，亲至山海关督战；不料其部冯玉祥倒戈，直系战败，吴佩孚被迫下野。1925年，吴佩孚东山再起，在浙奉战争中组织"十四省讨贼联军"向奉系开战，但很快又与奉系勾结组成"讨赤"联盟，共同对付冯玉祥。北伐战争中，吴佩孚主力在两湖损失殆尽，结束了军阀生涯。"七七事变"后，吴佩孚多次拒绝日军拉拢，1939年，吴佩孚疑为日本特务暗害身亡。图为身穿北洋上将大礼服的吴佩孚，他左胸所佩戴的勋章分别是勋二位章、二等文虎勋章和一等宝光嘉禾章。

■ 曹 锟（1862–1938）

字仲珊，直隶天津人，继冯国璋之后的直系军阀集团首领。曹锟出身低微，1881年投淮军，后入天津武备学堂学习，曾参与甲午中日战争。战后，曹锟投靠在小站练兵的袁世凯，出任右翼步兵第1营帮带。北洋新军第1镇组建时，曹锟出任该镇第1协统领，1907年升任第3镇统制，并于同年调防东北。辛亥革命时期，曹锟率第3镇移驻直隶，镇压革命。袁世凯夺取政权后，第3镇改为陆军第3师，曹锟继续出任师长。1914年曹锟出任长江上游警备司令，率第3师驻湖南监视南方革命势力的活动。袁世凯复辟时，曹锟积极支持，被袁授予“虎威将军”称号，封一等伯爵。在护国战争中，曹锟领兵入川镇压护国军，以惨败收场。袁世凯死后，曹锟担任直隶督军，驻防保定。在皖系当政时期，曹锟多采取“骑墙”策略，左右摇摆。冯国璋死后，曹锟被拥戴为直系新首领。直皖战争后，曹锟出任直鲁豫巡阅使。1922年第一次直奉战争后，直系独霸北方，曹锟、吴佩孚成为直系两大巨头，野心膨胀的曹锟欲驱逐总统徐世昌，自己做总统，后在吴佩孚劝说下，改由扶植傀儡黎元洪上台，以为过渡。1923年，直系将黎元洪逼下台，曹锟以每张选票5000元的价格，贿选总统，引来全国骂声。1924年第二次直奉战争中，曹锟被倒戈发动“北京政变”的冯玉祥军软禁，由此下台。北伐战争后，曹锟长期寓居天津，抗日战争爆发后，曹锟多次拒绝日军出任伪组织头目的要求，1938年，曹锟病逝于天津英租界寓所。图为曹锟贿选总统后的戎装照，他左胸佩戴的也是大勋章。

■ 张作霖（1875–1928）

字雨亭，奉天海城人，奉系军阀集团首领。张作霖出身低微，曾为土匪。1902年其部被清政府招安为巡防部队。此后，张作霖成为清廷地方武官。袁世凯当政后，东三省部队改编，张作霖任陆军第27师师长，奉系开始发轫。张作霖一面投靠袁世凯，一面向日本靠拢。袁世凯复辟帝制时，张作霖积极“劝进”；袁世凯死后，张作霖任奉天都督兼省长，以其为核心的奉系军阀集团开始形成。“府院之争”时，张作霖以日本为后台，支持段祺瑞，并趁机扩军。护法战争后，张作霖一面遣兵入关，将奉系势力伸展至关内，一面加大对东三省扩张，至1919年7月，张作霖正式统一东三省。1920年，鉴于皖系势力的扩张威胁自身和皖系卖国政策的声名狼藉，张作霖改变立场，联直反皖。在直皖战争中，张作霖迅速出兵入关，配合直军作战。皖系下台后，直奉共同把持北京政府，张作霖将奉系军阀势力扩展到察哈尔、绥远和热河。1922年，第一次直奉战争战败后，张作霖退回关外，埋头改革军务，整理陆军，创办海空军，兴办学校，准备卷土重来。1924年第二次直奉战争中，张作霖大获全胜，与冯玉祥将在野的段祺瑞推上前台为“临时执政”，实际上是张、冯二人联合掌权。同时，张作霖积极向南方扩张势力。北伐战争爆发后，1926年，张作霖联合各派系反动军阀组成“安国军”，以张为总司令，共同抵抗北伐军。1927年6月18日，张作霖在北京就任“中华民国陆海军大元帅”一职，成为北洋政府最后一任国家元首。次年6月，面对北伐军的节节胜利，张作霖被迫退回关外，在经过沈阳附近的皇姑屯时，其专车被日本关东军炸毁，张作霖重伤而死。

冯玉祥（1882–1948）

字焕章，原籍安徽巢县，民国时期西北军集团的首领，爱国军阀；因其信奉基督教，又被西方人称为“基督将军”。冯玉祥16岁入淮军，1903年转投新建陆军，1909年升为营管带。辛亥革命时参与发动滦州起义，事泄被撤职。1912年重新被起用。1914年参与镇压白朗起义，任陆军第16混成旅旅长。冯玉祥先后参与了反对袁世凯复辟帝制、讨伐张勋复辟等活动。第二次南北之战中，冯玉祥通电主和，被段祺瑞免职。1920年，第16混成旅扩编为陆军第11师，冯玉祥升任师长。1924年第二次直奉战争中，第11师扩编为直军“讨逆军”第3军，冯任军长。同年10月，冯玉祥发动“北京政变”，囚禁总统曹锟，导致直系在战争中惨败。政变后，冯部改编为国民军，冯玉祥自任总司令。1926年，在张作霖、吴佩孚、阎锡山的联合进攻下，国民军败退西北，冯玉祥下野出访苏联。北伐战争爆发后，冯玉祥在苏联的支持下返回绥远，组建国民军联军，参加北伐。北伐战争中，冯玉祥部被改编为国民革命军第2集团军。战后，冯玉祥成为国民党军中的新的军阀势力。1929年，冯玉祥在蒋冯大战中失败，投靠阎锡山；次年中原大战，冯玉祥再次败北，从此下野。1933年，面对日本对华北的入侵，冯玉祥在察哈尔组织抗日同盟军抗日，最后失败。抗日战争爆发后，冯玉祥历任第三、第六战区司令长官。1948年，冯玉祥回国参加新政协会议筹备工作，因轮船失火遇难。图为身穿北洋上将大礼服的冯玉祥。

黎元洪（1864–1928）

字宋卿，湖北黄陂人，曾两次担任中华民国大总统，三次担任副总统。黎元洪早年曾考入天津北洋水师学堂，参与过甲午中日战争，此后跟随湖广总督张之洞在湖北任职，编练湖北新军。期间多次赴日本考察军事。1906年，黎元洪任陆军暂编第21混成协协统，兼管马、炮、工、辎各队事务。武昌起义爆发后，黎元洪因在新军中名声较好，被革命党人强推为湖北军政府都督，但其直至汉口、汉阳光复后才敢就职；清军炮轰武昌城时甚至仓皇出逃。中华民国临时政府在南京成立后，黎元洪因“有功于武昌首义”被推为副总统。袁世凯当政后，黎元洪继续担任副总统兼鄂督。“二次革命”中，黎元洪倾力协助北洋军阀势力进入南方。袁世凯复辟时期，封黎元洪为“武义亲王”，黎坚辞不就。袁世凯死后，黎元洪以副总统身份继任大总统之职。在职期间，黎与国务总理段祺瑞的斗争酿成“府院之争”，为压制段祺瑞，黎元洪引长江巡阅使张勋入京斡旋，结果张勋复辟帝制，黎元洪被迫弃职，在天津做寓公。1922年第一次直奉战争后，曹锟、吴佩孚将大总统徐世昌赶下台，为把曹锟扶上总统宝座，直系将下野的黎元洪拉上前台以为过渡，黎元洪再次担任大总统一职。次年，曹锟贿选总统，逼黎下野，从此，黎元洪结束了其政治生涯。1928年，黎元洪因脑溢血在天津病逝。左图为身穿上将大礼服、佩戴大勋章的黎元洪。下图为1913年时任副总统的黎元洪。

孙中山（1866–1925）

名文，字载之，号逸仙，生于广东省香山县（今中山市）翠亨村，中国近代伟大的资产阶级革命家。1894年，孙中山在美国檀香山组织兴中会，开始了武装推翻清王朝统治的革命生涯。1895年，兴中会谋划广州起义，事泄失败。孙中山被迫亡命海外。1905年，孙中山在日本东京成立同盟会，以三民主义为纲领。此后，同盟会在全国各地多次举行武装起义，孙中山为起义制定战略方针，并在海外奔走，为起义筹募经费。辛亥革命爆发后，孙中山被推举为中华民国临时大总统。1912年2月，孙中山辞去临时大总统一职，让于袁世凯。随着袁世凯独裁面目的暴露，1913年孙中山发起"二次革命"，失败后再次流亡日本。1917年，为维护临时约法，孙中山联合西南军阀在广州建立护法军政府，担任陆海军大元帅一职，发起护法战争；次年，西南军阀与北洋军阀单独媾和，护法运动以失败告终。俄国十月革命的胜利让孙中山看到新的希望，在苏俄的支持下，1920年，孙中山带领驻闽粤军重返广东，驱逐盘踞广东的桂系军阀，重建护法军政府。1921年5月，孙中山在广州就任非常大总统，接着出师广西，消灭了桂系陆荣廷的势力，准备以两广为根据地北伐，但遭陈炯明叛变而失败。1923年，驱逐陈炯明后，孙中山在广州建立大元帅府，出任陆海军大元帅一职。1924年，国民党在广州召开第一次代表大会，孙中山提出三大政策，开始了国共第一次合作。同年，孙中山在中国共产党和苏联的帮助下，创立黄埔军校，建立革命武装，准备继续北伐。同年底，孙中山接受北方军阀提出的"共商国是"的邀请北上。1925年，孙中山在北京病逝。图为1917年9月，孙中山就任护法军政府陆海军大元帅一职时，身穿大元帅服的照片。

蒋介石（1887–1975）

名中正，字介石，浙江奉化人，近代中国著名政治军事人物。1907年考入保定军官学校，次年被派往日本振武学校深造，并加入同盟会。武昌起义爆发后，蒋回国参加了光复上海之役。陈其美担任上海都督后，蒋被任命为沪军第5团团长。1914年，蒋再次赴日，追随孙中山。1916年，蒋被孙中山派往山东潍县，任中华革命党的革命军参谋长。1918年，孙中山将其召至广东，任陈炯明司令部作战科主任，不久，又被调至第2支队任司令。由于所部与浙军发生火拼，蒋只身逃往上海。1920年，蒋受孙中山之命重返军界；次年，蒋协助孙中山确定进军两广、进而统一中国的作战计划。1922年，在陈炯明叛变事件中，蒋护卫孙中山赴上海，成为孙中山的主要亲信。1923年，孙中山重返广州建立大元帅府后，蒋被任命为大本营参谋长，并以“孙逸仙博士代表团”团长身份前往苏联考察。1924年，黄埔军校创立后，蒋被任命为军校校长。孙中山病逝后，国民党的军权为蒋所掌握。1926年，北伐战争爆发，蒋任国民革命军总司令，领导北伐。1927年，蒋在上海发动“四一二”反革命政变，并在南京另立国民政府和国民党中央党部，造成宁汉分裂。同年，在桂系等新军阀派系的压力下，蒋被迫下野。宁汉合流后，蒋再度上台领导北伐。1928年，北伐结束，东北易帜，以蒋为首的南京国民政府形式上统一全国。1929–1930年，蒋和李宗仁、冯玉祥、阎锡山等新军阀之间爆发内战，蒋取得最后胜利，巩固了其统治地位。1949年，随着解放战争的胜利，蒋败退台湾，彻底结束了其在大陆的独裁统治。

陆荣廷（1859–1928）

字干卿，广西武鸣人，壮族，旧桂系军阀集团首领。陆早年也从事过绿林营生，是广西一支绿林武装的首领。1893年被广西提督苏元春招安，成为官军。1904至1905年，陆率部镇压广西各州县人民的起义，升为巡防营统领。1907年镇压孙中山、黄兴领导的镇南关起义，升为总兵。1911年升为广西提督，直接指挥广西10营旧军。武昌起义爆发后，各省纷纷响应，看到清廷大势已去，陆见风使舵，从“静观其变”转为表示“赞同共和”，实际排除异己，巩固自身势力。1912年，陆就任广西都督，招抚广西各路武装，改编为桂军，形成以其为核心的旧桂系。“二次革命”爆发后，陆紧跟袁世凯，镇压广西各种反袁活动。护国战争期间，陆在看到袁世凯已众叛亲离的局面后，才组织护国军起兵讨袁，利用讨袁之机，陆控制了广东，以占据两广之势，成为西南一方诸侯。张勋复辟期间，陆宣布两广自主。孙中山掀起护法运动期间，陆参加护法军政府，当选为军政府元帅，率部参与了护法战争。在护法军占领湖南后，陆却联合滇系军阀，与北洋政府暗中媾和，排挤孙中山，护法运动宣告失败。直皖战争期间，陆亦准备进攻闽南粤军，却被后者击败并被驱逐出广东。孙中山重组护法军政府后，下令粤军讨伐陆荣廷，1922年7月，陆战败下野。在北京政府的支持下，陆重回广西，收编旧部，以期东山再起。1924年，陆在李宗仁、白崇禧、黄绍竑等新崛起的地方势力的联合打击下，再次战败下野，从此结束了政治生涯，旧桂系也灰飞烟灭。1928年11月，陆荣廷因心脏病死于上海。右图为陆荣廷身穿大礼服的照片。注意他左胸右上方那枚八角星型奖章，这是辛亥革命时期，湖北军政府制作颁发的武昌起义纪念奖章。

唐继尧（1882–1927）

字蓂赓，云南会泽县人，滇系军阀集团早期首领。出身书香门第，14岁中秀才。1904年入日本振武学校学习，受孙中山的影响次年加入同盟会，后进入日本陆军士官学校第6期炮科学校学习。1909年回国后历任云南陆军讲武堂教官、监督，新军第19镇参谋官，清军第74标第1营管带等职。武昌起义爆发后，与蔡锷等共谋云南起义。10月30日，昆明起义成功后，任云南军都督府军政、参谋两部次长。其利用率军北上支援武昌起义之机，占领贵州，血腥屠杀贵州官兵，当上贵州都督，其恶行创下了民国历史上武力夺取邻省政权的恶劣先例。“二次革命”时期，唐派军入川，镇压响应革命的熊克武部。1913年9月，唐返回云南出任云南都督兼民政长。袁世凯复辟期间，唐摇摆不定，在蔡锷的影响下，方决心武装讨袁，出任护国军第3军总司令，留守云南。护国战争结束后，唐野心膨胀，不断增兵四川，导致了后来的川滇黔军阀混战。护法战争时期，唐当选为军政府元帅，其表面拥护孙中山，私下却发展自身武装，组织“靖国军”，出兵四川夺取地盘。1918年，唐的滇军和黔军被熊克武部驱逐出川。1921年，滇军内乱，唐众叛亲离，被迫下台出走香港。孙中山重组护法军政府后，唐假意拥护，实际另组势力，伺机重返云南。1922年，唐杀回云南，重掌滇地大权，重新向黔、川扩张。1923年，唐重占贵州，联络熊克武企图重新控制四川，惨遭失败。1924年，唐以讨伐曹锟贿选为名，组建所谓“建国联军总司令部”，自任“七省联军总司令”。1925年，唐趁陈炯明进攻广东之际出兵广西，却被李宗仁等击败。孙中山病逝后，滇军内部矛盾丛生。1927年2月6日，滇军将领龙云等发动“兵谏”，迫使唐下台。同年5月，唐继尧病死昆明。右图为唐继尧身穿军常服、佩戴各式勋章和奖章的照片，左胸上最明显的勋章是一枚勋一位章，右胸下方是一枚宝光嘉禾章。

阎锡山（1883–1960）

字百川，号龙池，山西五台县人，晋系军阀首领。阎1901年考入山西武备学堂，1904年赴日留学，次年加入同盟会，1909年从日本陆军士官学校第6期毕业后回国，任山西新军暂编陆军第43协第68标标统。辛亥革命时期，阎率部参加太原起义，胜利后，被推举为山西都督。袁世凯死后，阎投靠段祺瑞，成为山西省长，掌管山西军政大权。阎善于见风使舵，顺势而为，军阀混战时期置身于战乱漩涡之外，埋头发展山西经济，扩展军力，培植亲信，排斥异己，扩充势力。1925年冬，直奉联合向冯玉祥开战，阎采取联直、奉倒冯的政策，趁机将地盘扩张至绥远。北伐战争爆发后，阎将所部先后改为晋绥军、北方国民革命军，出兵北伐。1928年2月，阎部被改编为国民革命军第3集团军。北伐军进入北京后，阎被任命为平津卫戍总司令。“东北易帜”后，国民党内部派系矛盾激化，1930年，阎联合冯玉祥、李宗仁等派系军阀与蒋介石展开中原大战，战败后下野。抗日战争爆发后，阎出任第二战区司令长官。1949年4月，太原解放，阎逃离大陆，1960年病死台北。本图为阎锡山在担任山西督军时期的肖像照，除了最上方的两枚奖章，他的左胸还佩戴着勋二位章、嘉禾勋章和二等文虎勋章。

■ 孙传芳（1885–1935）

字馨远，山东历城人，北洋政府统治后期崛起的新军阀。孙曾先后就读于日本振武学校、日本陆军士官学校第6期；1908年回国后，任北洋陆军第2镇第3协第5标教官。民国建立后，孙传芳于1917年升任陆军第21混成旅旅长、湖北暂编第1师师长等职。1921年，孙担任长江上游警备司令兼陆军第2师师长，并投靠了吴佩孚。第一次直奉战争后，孙充当了直系倒“徐”（徐世昌）扶“黎”（黎元洪）的急先锋。1922年10月，孙被任命为援闽总司令，次年率军入闽。1924年江浙战争爆发后，孙以闽浙联军总司令名义出兵援助江苏军阀齐燮元，这场战争使其成为直系中的一名重要将领。第二次直奉战争后，奉系势力进入长江中下游，1925年，孙在浙奉战争中击退南下的奉军张宗昌部，势力扩展到浙、闽、苏、皖、赣五省。同年11月底，孙就任五省联军总司令，成为东南的新军阀集团首领。北伐战争爆发后，孙部主力在江西损失殆尽，为求自保，孙北上投靠张作霖，联合成立安国军，任副总司令。1927年8月末，孙利用国民党新军阀内部蒋、桂分裂的局面偷袭南京，龙潭战役中，孙部损失惨重。“二次北伐”后，孙势力损失殆尽，只身脱逃。1936年孙传芳在天津被刺身亡，行刺他的便是浙奉战争时被其处决的张宗昌部将施从滨的女儿施剑翘。图为身穿北洋上将大礼服，佩戴勋五位章、二等文虎勋章和宝光嘉禾章的孙传芳。

■ 张宗昌(1881–1932)
字效坤，山东掖县人，北洋政府后期崛起的山东军阀。张出身市井，曾为土匪。辛亥革命后，转投山东民军都督胡瑛部，1912年转投上海都督陈其美，任骑兵团长。1916年，张被袁世凯收买，派人暗杀陈其美。冯国璋任副总统后，张任其侍从武官长。1918年，张任江苏军第6混成旅旅长，在湖南被护法军击败，改任暂编第1师师长。次年，张部被解散，张只身北上投张作霖。第一次直奉战争后，张崭露头角，收编了近万人的白俄匪军，成为奉军中的实力派，并任第2军副军长兼第3混成旅旅长。第二次直奉战争后，张为谋一省地盘，请缨南下。1925年4月，张任山东督办，督鲁3年，山东百姓深受其祸害。1925年11月，张在浙奉战争中被孙传芳打败，退回山东。1926年，张联合被冯玉祥击败的李景林残部组成直鲁联军，张任司令，连同奉军、直军、晋军将国民军驱逐至西北。北伐战争中，出任安国军副总司令兼直鲁联军总司令的张宗昌大败，被驱逐出山东。1932年，张被韩复榘派人暗杀于济南火车站。图为身穿上将大礼服、佩戴勋一位章(左胸最上方)、一等大绶宝光嘉禾章(右胸)、嘉禾勋章和文虎勋章(左胸第二排左、右)的张宗昌。

晚清新军与辛亥革命

晚清新军（1901-1911年）

八国联军侵华战争之后，1901年，清政府大规模编练新军，任命袁世凯为署理直隶总督兼北洋大臣，负责编练新军事务。1902至1905年，袁世凯以武卫右军为基础，在保定编练北洋常备军。以北洋新军为核心的晚清新军登上历史舞台。

根据袁世凯制定的《募练新军章程》和《募兵格式》，所募新军士兵要求非常严格：年限为20–25岁，身高四尺八寸（即1.72米）以上，能平举100斤以上，步行时速可达到20里，吸鸦片者不收，身世清白，品行端正。

1902年6月，袁世凯成立了由其亲任督办的编练新军的专职机构——军政司（后改称督练公所），下分兵备处（总办刘永庆，后由王士珍接任）、参谋处（总办段祺瑞）、教练处（总办冯国璋），是袁世凯在保定的北洋军政大本营，其主要人员都是袁世凯小站练兵以来的旧属，在长期的仕途过程中形成了具有共同利害关系的共同体，以此形成了北洋军阀集团中最早的核心势力。

北洋常备军初始编制为一军，下设左右2镇，每镇设步队2协（相当于旅），每协2标（相当于团），每标3营，每营4队（相当于连）；马队和炮队各1标，每标均3营，马营下设4队，炮营下设3队；工程队1营，下设4队；辎重队1营，辖4队。步、炮、工每队皆3排，每排3棚（相当于班）。马队2排，每排2棚。辎重队2排，每排3棚。各兵种每棚士兵均为14人，全镇军官为748人，合计每镇官兵达到12512人。这一编制是袁世凯借鉴各国兵制而制定的《北洋练兵营制饷章》所确定的。

按新军制度，军中设常备军、续备军和后备军。各省招募的壮丁在常备军中服役3年后，返回原籍加入续备军，在续备军服役3年后转入后备军再服役3年，至此方可退役恢复平民身份。

1905年，新军首先练成六镇，即为：

北洋常备军第1镇：即北洋常备军左镇。该镇最早练成，大多由首批招募的壮丁组成，于1903年9月编齐。根据《北洋练兵营制饷章》，左镇下设步队12个营、炮队3个营、马队4个营、工程队1个营、辎重队1个营。1904年8月左镇改称北洋常备军第1镇，即后来的北洋陆军第2镇。

北洋常备军第2镇：即北洋常备军右镇，多来自各地旧军编练。1903年初，袁世凯将保阳练军马队裁编为1标4营；次年又将元字淮军、北洋亲军马步各营改编为1协，并在各地招募新兵编成步兵1协和炮、工、辎重各营队。4月，北洋常备军右镇成军，8月改称北洋常备军第2镇，即后来的北洋陆军第4镇。

北洋常备军第3镇：1904年5月，该镇编成，驻军保定，该镇即为后来的北洋陆军第3镇，由从安徽、河南、山东各省所募新兵所编练。

北洋常备军第4镇：1905年3月，袁世凯将驻京的武卫右军、自强军及第3镇各标的第2营合编，4月间编成北洋常备军第4镇，即后来的北洋陆军第6镇。

北洋常备军第5镇：1905年6月，袁世凯以其在义和团运动时期编成的山东武卫右军先锋队12个营，再从第4镇抽调步、炮6个营，并从山东招募新兵，合编为北洋常备军第5镇，驻济南和潍县，该镇即后来的北洋陆军第5镇。

北洋常备军第6镇：1903年，袁世凯奉命编练京旗常备军3000人，次年编为1协，1905年6月编为北洋常备军第6镇，即后来的北洋陆军第1镇。

这六镇新军共7万人余，除了第6镇外，其余5镇实权均由袁世凯集团所掌控。新军在编练过程中，非常注重武器装备的建设，1903—1905年间，斥巨资（1903年花费59.4万两白银、1904年花费约120万两白银、1905年花费213.7万两白银）从国外购进各种先进的枪械火炮装备北洋各镇。为培植嫡系基层骨干，充实新军各级军官，袁世凯还在1903—1906年间先后设立了北洋陆军武备学堂、北洋行营将弁学堂、陆军师范学堂、参谋学堂、测绘学堂、军医学堂、马医学堂、军械学堂、经理学堂、北洋军官学堂、北洋陆军讲武堂、宪兵学堂、电信信号学队、北洋陆军速成学堂等多种不同类型的军事学堂。

通过编练和培训两条道路，北洋新军从一开始便打上了浓厚的袁世凯私人烙印，北洋六镇，是中国军队近代化的里程碑，也是北洋军阀发展壮大的根基。

在袁世凯编练新军的过程中，清廷于1904年提出在全国编练36镇新军的庞大计划，对旧军逐步淘汰，对新军逐渐扩充，最后以新军代替旧军。编练全国新军的机构为1903年12月成立的练兵处，下设军政、军令、军学三司，以改变清军在领导、训练、军备、指挥上政出多门的现状。这一机构也被袁世凯安插亲信所控制。练兵处成立后，一面直接编练新军，一面逐步改革八旗、绿营和各省旧军。

北洋六镇成军后，1905—1911年间，清政府先后组织了四次秋操，以检验编练成果，炫耀军威，分别是1905年的河间秋操、1906年的彰德秋操、1908年的太湖秋操和1911年的永平秋操。其中，太湖秋操因光绪帝和慈禧太后的相继死去及会党起义而草草收场；永平秋操因武昌起义的爆发而停办。

河间秋操举办于1905年10月21—26日，地点在直隶河间县，会操部队4.6万余人，全部由北洋新军组成，观操者中，外国观操者33人，各省官员200余人，这场会操令参与观操的外国人士认为袁世凯军力之强大，是最能维护外国在华利益的不二人选。彰德秋操则于次年在河南彰德举行，此次参与会操的除了北洋常备军第1、4、5、6镇各部，还有驻河南的第29混成协和驻湖北的第8镇，共计33900余人，中外观操者487人。此时北洋军阀集团已经成型，而这两次会操也成为袁世凯炫耀武力的大示威。

为削袁世凯兵权，1906年11月，清廷设陆军部，负责全国练兵事宜，各省新军均归该部统辖。次年，袁世凯被免去直隶总督兼北洋大臣之职，1909年1月被罢黜返乡，但此时新军兵权已为北洋集团势力掌控，难以撼动。

清政府覆灭前，编练36镇新军的目标并未实现。至1910年，除了作为中央直辖主力的北洋陆军6镇，全国共编练了新军11个镇，步兵16个协又4个标又3个营；骑兵1个标又8个营又4个队；炮兵1个标又11个营又8个队；工程兵2个营又11个队；辎重兵2个营又5个队又1个排；军乐队6.5队。新军难以编成的主因在于经费的缺乏，光北洋六镇每年需军费9042000余两，36镇新军全部编练，则年需耗费5400万两，清政府已无力承担，只能退而求其次，令各省将旧军编练为巡防队以为过渡。但是，清政府却未想到，新军最后成为了王朝的掘墓人，辛亥革命第一枪即由新军打响。

■ 本页两图及下三页图都是清末北洋陆军的一些基础和专业训练的照片。上图是北洋陆军第3镇的士兵正在进行战术训练，这队士兵穿着厚厚的青灰色冬装制服，头戴带护耳的大檐帽，手戴手套，身背背囊，足蹬皮靴，配有绑腿套，全副武装。由于是冬季，看不出当时新军士兵是否已经剪辫。近前一名士兵可能是在做示范。从这名士兵身上，可分辨出其基本装备有改造自德国 M1888式7.92毫米步枪（即 Gew 88式步枪）的“汉阳造”步枪、刺刀、背囊、带布套的水壶、工兵铲、杂物包、弹药盒等。其单兵装具具有非常浓厚的日式风格，可见北洋新军装备之精良。下图是北洋陆军第2协的士兵正在进行射击训练。

■ 上图也是北洋陆军第3镇的士兵正在进行日常器械的训练的照片。这些士兵的装束打扮与上页图无二。站在最左边的那名军官没有扎着受训士兵所扎的那种腰带，腰间带有指挥刀，可能是一名教官。

■ 下图是北洋陆军第1协的军乐队正在列队进行训练。新军中的军乐队同样充满西式风格，这也是新军全盘引进学习西方军制的结果。

■ 上图是北洋陆军第3镇进行对抗演习后参与讲评的军官们。这些军官们穿着带毛领的深色冬装外套，他们的军衔在衣袖上都有所标示。

■ 下图是北洋陆军第1协的步兵们的基本装备。从图上看，有军装、军帽两套，带绑腿套的军靴两双，配刺刀的步枪一支，还有弹药盒、饭盒、杯子以及一系列个人装具。

■ 这是1906年10月的河南彰德秋操现场，一名北洋新军的军官在与外军观摩者交流。从图上看，这名军官穿着蓝呢礼服，礼服上有华丽的肩章、领章和袖章，下身穿的则是当时还很少见的西式筒裤和尖头皮鞋。但是，他还戴着清朝传统的顶戴花翎，显得有些不伦不类。从这名军官的袖章上辨识，该军官的级别应为中等第二级，副参领（相当于中校）。此次秋操，由袁世凯和铁良充任阅操大臣。参加秋操的部队被编为南北两军，北军以段祺瑞为军统官，参演部队全部为北洋新军组成，总兵力为1个混成镇和1个混成协；南军以张彪为军统官，以湖北新军第8镇和河南新军第29混成协组成。两军实战演习三天，并举行了阅兵式。除了各省官员，还有英、美、俄、法、德、意、奥、荷、比诸国军官26人、各国记者42人参与了观操。此次会操，"数省已编之军……皆服从于中央（实际上是袁世凯）统一号令之下"。清廷每年花费900余万两白银打造的北洋新军，已在袁世凯的直接掌握之下，而且在国内政局中已成为举足轻重的筹码。

■ 以下7页照片展现的是1908年太湖秋操时期的各种情景(亦有一说这些场景来自1906年彰德秋操)。上图这队新军骑兵正开拔出营地。第二名军官穿的似乎是夏季常服，不同于其他士兵的冬季常服。这些骑兵左臂上都扎有一道白色标志，可能是为了辨别参演部队而设。

■ 下图也是一队参加会操的新军骑兵，他们装备了当时非常先进的德制 Gew 88式步枪，从其肩章底色可以辨别出象征骑兵兵种色的白色标志。当时新军的兵种色完全效仿德国，用肩章的底色、军衔袖章最下面一条边来表示。

■ 这是参加秋操的新军医疗队的几名官兵。据说新军每镇都设有一个连级编制的医疗队，但是这种情况可能只存在于较为精锐的镇。从照片上看，这些官兵身上挎有皮革医疗挎包，他们身旁的两辆带有编号的双轮车，可能是用于拖运医疗设备的，也有可能用来拉伤员。如果是后者，在颠簸的战场上，伤员可就受罪了。据国外报道，当时新军医疗队里，接受过近代战场救护训练的军医非常少。

■ 上图是会操中，新军步队某标正在以散开队形向前推进，同时进行射击，他们都装备着德制 Gew 88式7.92毫米步枪。其队形和战术动作已较为有模有样，这是来自西方军事教官训练的结果。其实，在这种空旷地带编队，往往会被机枪或火炮火力轻易击溃。但是，一战战场上，西方人也同样使用着类似编队，当时在猛烈的堑壕火力下，这种战术队形已是自杀性的进攻，故很快便被淘汰。下图则是会操中，两军大规模接敌近战的情景。

■ 上图是新军的一支机关炮队正在一座小山丘上。新军装备的机枪型号也较为多样，有维克斯机枪、马克沁 M1895式机枪和丹麦的马德森轻机枪。在1911年之前，中国军队还没有大量进口机枪。据西方人统计，在1903–1906年间，中国只进口了5挺维克斯 – 马克沁 M1901式机枪和一挺维克斯 – 马克沁 M1906式机枪。

■ 下图是新军的一个维克斯重机枪班组成员，从照片上可以看出，站在土坡上的这名军官穿着夏季常服，三杠一星的军衔袖章表示他属于次等第一级，正军校。这些士兵则穿着冬季常服。正在为机枪送弹带的副射手的袖子和军帽帽墙上均有一道条纹，表示其为目兵（兵卒中的小头目，相当于以后的班长），军衔相当于下士；机枪另一侧的副射手的袖子和帽墙上有两道条纹，相当于中士。无论官兵，常服的军帽都是黄、蓝、红三色圆形帽徽，第一圈为黄色，第二圈为蓝色，红色位于中央。

■ 上图是会操中新军一个山炮队（连）在进行射击，火炮型号不明。按北洋新军的编制要求，每镇下辖火炮1个标，每标3个营，每营3个队，装备野炮或山炮；机枪也隶属于炮兵，称为机关炮队，每队6挺重机枪。

■ 下图是1910年奥匈帝国一份杂志上刊登的一张照片，照片展示的是北洋新军一个山炮队在会操中进行射击演练。当时清廷新军中主要使用的山炮有三种：德国的克虏伯、英国的维克斯－马克沁和法国施耐德－卡内／克勒索（Schneider–Canet／Creusot）山炮，这三种山炮都是75毫米口径。值得注意的是，在炮队上方，居然还有一架类似侦察机的飞机，这张照片似乎已经进行过艺术加工，当时清廷新军中并没装备有飞机，尽管1910年法国布莱里奥特公司（Bleriot）曾试图向他们兜售8架单座和2架双座的飞机，但这一交易并未成功。

■ 上图是1908年11月，安徽安庆的太湖秋操现场。图中为这场会操的检阅大臣们，从左至右依次为：陆军部尚书廕昌、两江总督端方、安徽巡抚朱家宝、湖北新军首领黎元洪。在其背后是新军的炮队。这次会操主要是检阅南方各镇新军，包括湖北第8镇、南京第9镇、安徽第31混成协等。光绪帝也拟亲莅太湖检阅，各国驻清国使馆武官均参予观摩。但是，11月14、15日，光绪帝和慈禧太后先后死去；20日，留守安庆的第31混成协炮营队官熊成基发动起义，起义最后被镇压，第9镇也几乎遭受灭顶之灾。会操不得不草草收场。

■ 下图是太湖秋操中，参与会操的新军气球队。气球是协助炮兵进行侦察的重要手段，是从日本陆军引进的新装备。当时第8镇和第9镇中都新成立了气球队，这场会操也是中国军队气球队的首次亮相。

■ 左图拍摄于1908年的法国，法军正进行一次军事演习，这两名新军军官在此次演习中担任观察员一职。他们都穿着新军的青灰色夏季常服，从军衔袖章上辨析，这两位军官应该属于次等第三级，协军校（即少尉）。在袖章横条下还有一道窄杠，这道杠代表其兵种，以不同颜色区分，战斗部队，红色为步兵，白色为骑兵，黄色为炮兵，蓝色为工兵，紫色为辎重兵；勤务部队，黑色代表军需，绿色代表医疗、灰色代表军乐，橄榄色代表军法，褐色代表兽医。

■ 下图是1910年夏北洋新军官兵们操练的场景。这些士兵穿着夏装常服，手持步枪，腰间武装带上扎着弹药盒，全副武装。一些军官的大檐帽顶上缀有珊瑚珠，这是军官礼服帽的式样，这种款式的军帽在1911年3月9日进行新军服制改革时被取消。

■ 在北洋常备军编练的同时，各省也陆续开始编练新军。但是，并非所有新军都如北洋新军般拥有充足的军费和装备来打造，各省打造的新军质量也参差不齐。上图为《泰晤士报》驻华首席记者莫理循（George Ernest Morrison）于1910年5月在伊犁惠远新城拍摄的新疆伊犁新军出操的照片。

■ 下图为清末正在训练的宜昌巡防队，可以看到除了装备洋枪，其打扮还是与传统清军相差无二，稍有不同的是，队列旁还有一支小规模的军乐队。巡防队是不同于新军的武装系统，由旧军改造而来，编制不整，装备过时，属于地方保安部队。因为全国编练36镇新军的庞大计划因经费问题难以实现，除了各地继续编练新军外，清廷采取了各地编组巡防队以为过渡体制的方法。1907年，《巡防队试办章程》正式下发，正式实施以改造地方旧军。根据章程，各省巡防队分步、马二项组成，步队全营301人；马队全营189人，马135匹；兵丁年龄在20–35岁之间。很多地方土匪武装在招安后也被编为巡防营，如张作霖、陆荣廷等民初军阀，其出身都是被招安编入巡防营的土匪。

■ 除了新建陆军，北洋舰队覆灭后，清政府也重新组建了现代海军，先后购买了多艘军舰。包括1896年从英国阿姆斯特朗公司订购的“海天”号和“海圻”号防护巡洋舰。两舰为同级，排水量4300吨，主炮为2门203毫米舰炮，副炮为10门120毫米舰炮，还有5具鱼雷发射管，人员编制445人，它们都是当时清朝最先进的军舰。“海圻”号在中国海军史上极富传奇色彩，1911年4月11日，“海圻”号等海军舰艇在海军将领程璧光的率领下，赴英参加英王乔治五世的加冕典礼，并访问美国、墨西哥、古巴等国。在其出访期间，辛亥革命爆发，舰队起义，拥护革命党。民国时期，“海圻”号经历更为曲折，先后在北洋政府海军、广东护法军政府海军、奉系海军、南京国民政府海军中服役，1937年全面抗战爆发后，为了堵塞长江航道，“海圻”号等11艘军舰在江阴壮烈自沉。上图是下水典礼上的“海圻”号，下图是在英国海试期间的“海圻”号。

■ 本页图及右页图是“海圻”号巡洋舰在1911年9月11日抵达美国纽约访问时拍摄。在1909年的时候，清政府决定在3到7年时间里组建一支拥有8艘战列舰和20艘巡洋舰的海军部队，并先后购买了3艘训练巡洋舰，其中2艘来自英国，另1艘来自美国，此外，清廷还购买了3艘驱逐舰，它们分别来自意大利、奥匈帝国和德国。

■ 本页及下两页图都是1911年中国海军远航欧美时访问美国的照片。上图是在美国纽约，程璧光（左）与纽约市长威廉 · 杰伊 · 盖纳（William Jay Gaynor）的合影。下图是威廉市长在程璧光的陪同下检阅中国海军水兵。

■ 上图和下图是访问美国时的中国水兵，这些水兵身穿海魂衫，下身穿西式裤，脚穿皮靴，肩上扛着毛瑟 M1893式步枪，头上戴的无帽檐的军帽，后垂两条黑色飘带，可以清晰看到帽墙上有“大清海圻军舰”的字样，表示他们都是“海圻”号上的水兵。值得一提的是，这些水兵已经剪掉了辫子。

■ 上图和下图是在威廉市长的陪同下，中国水兵前往美国十八届总统、南北战争时期担任北方军统帅的格兰特将军的陵墓敬献花圈的情景。

辛亥革命

1911年，四川保路运动风起云涌，清廷急调湖北新军入川镇压，武汉新军大部被调入川，防务空虚，新军中的革命党人认为这是发动起义的好时机，以革命团体文学社与共进会为首的革命党人决定在1911年10月16日发起武装起义。但是，由于事泄，新军决定提前起义。10月10日晚，新军工程营后队正目（即班长）熊秉坤等人联合队官（即连长）吴兆麟，以后者为起义军临时总指挥、熊秉坤为参谋长打响了武昌起义的第一枪，起义士兵首先攻占楚望台军械库，继而深受文学社、共进会等革命团体影响的大部分新军共同响应。吴兆麟、熊秉坤率起义部队攻打湖广总督府，在南湖炮队的炮击下，起义军于次日黎明前占领总督衙门，进而占领整个武昌，取得了首义的胜利。湖广总督瑞澄仓皇逃上“楚豫”号军舰，第8镇统制张彪避入日本大使馆，第21混成协协统黎元洪也躲进朋友家中。

11日，起义军宣布成立中华民国军政府鄂军都督府（即湖北军政府），改国号为中华民国，以十八星旗为军旗。由于起义军缺乏经验，没有把军政府的权力掌握自己手中，而是将旧官僚黎元洪强推到了军政府都督的位置上。12日，第21混成协第42标的革命党人发起汉阳起义，光复汉阳；随后起义军攻占汉口。至此，武汉三镇全部掌握在革命军手中。

武昌起义的消息传到北京，清廷震怒，由于南方新军多倒向革命，清廷将北洋军调往镇压，先以陆军大臣廕昌率第1军南下，海军统制萨镇冰率“海容”号、“楚有”号等15艘军舰从上海溯江而上，由水路进攻武汉；同时以冯国璋将第5镇、第5和第39混成协编为第2军，听候差遣；此外，以载涛率禁卫军和第1镇组成第3军，守卫北京。但是，北洋军将领受被罢黜在家的袁世凯的暗示，对廕昌的命令阳奉阴违，停滞于信阳与孝感之间，迟迟不进攻汉口。

自10月18日起，革命军与清军在汉口、汉阳激战，阳夏（汉口旧称夏口）之战由此开始。革命军在两天内攻占了大智门火车站和刘家庙，两军以三道桥为界对峙。

前线战事的紧迫和帝国主义列强的压力，迫使清政府再次启用袁世凯，任命其为湖广总督，进而为内阁总理大臣，袁世凯由此掌控了清廷的军政大权。为了加强对前线的控制，北洋第1军由冯国璋统领，第2军交由段祺瑞统领，湖北前线陆海军皆由袁世凯节制。

袁世凯重掌大权后，原来停滞不前的北洋军即刻向汉口发起猛烈进攻。29日，冯国璋至汉口督军，北洋军纵火焚城，火烧3日，汉口沦为焦土。11月1日，汉口陷落，革命军被迫退守汉阳。

占领汉口后，袁世凯即令各军停止前进，意图在清廷和革命党之间寻找个人最大利益。11月11日，南北和谈双方第一次接触。为了给和谈施加压力，11月17日，袁世凯命冯国璋率第1军大举进攻汉阳，至27日下午，汉阳失陷，阳夏之战结束，革命军官兵伤亡3300余人，武昌近在咫尺。

攻占汉阳后，袁世凯一方面停滞不前，变相示威，向清廷索取更大权力；一方面隔江以重炮轰击武昌，企图以武力迫使革命党服从其意志。12月3日，在列强的外交斡旋下，双方停战。

虽然武昌前线战事对革命党不利，但全国民主革命潮流已不可阻挡，全国十八省已有十四省宣布独立，12月初，江浙民军攻占南京，革命党人开始酝酿在南京建立全国统一的资产阶级政权，清王朝大厦将倾。形势的发展使袁世凯改变策略，一方面以“赞成共和”的态度欺骗革命党，拉拢革命党中的软弱势力，一方面唆使部下通电逼迫清廷让出政权，企图夺取革命果实。

1912年1月1日，以孙中山为首的中华民国临时政府在南京成立，辛亥革命取得胜利，但袁世凯已在密谋篡取革命果实。

■ 上图是1911年辛亥革命前夕，川汉、粤汉铁路督办大臣端方（中坐者）在武汉与地方官员及外国人的合影，左三是湖北新军第8镇统制张彪。1911年5月11日，清政府屈从帝国主义列强，强行将川汉铁路官督商办改为国有铁路，并在同月20日在北京与英、法、德3国银行签订借款合同，后美国借口加入债权国。川汉铁路筑路权落入列强之手。由此，四川掀起声势浩大的保路运动。为镇压保路运动，9月12日，清政府派遣端方率湖北新军第8镇一部入川镇压，导致了武昌兵力空虚，革命党人趁机在武昌打响了辛亥革命的第一枪。

■ 下图是革命军占领武昌后，在汉阳门守卫，盘查过往行人。1926年10月10日，北伐军攻克武昌后，为拓展市区，拆除武昌城墙和城楼。仅中和门（后改名起义门）因在辛亥首义中的重要作用而得以保留下来。现汉阳门地段已是武昌繁华的商业街，汉阳门地名一直沿用至今。

■ 上图是辛亥革命时期，遭受兵灾的汉口。可以看到，街道两旁的民房都沦为了废墟。从废墟中经过的这一队士兵穿着黑色制服，左臂套着白色袖标，这可能是革命政府的民军。

■ 下图是辛亥革命时期，起义军设在武昌阅马场红楼的总部，这里原是清政府于宣统元年（1909年）所建的湖北省谘议局大楼，起义军攻占武昌后，在此设立湖北军政府，后改为鄂军都督府。在南京临时政府成立前近三个月内，此处一度代行革命中央政府的职权，革命党人在此组织和领导了抵御清政府武装反扑的阳夏之战。当时，黎元洪在南部塔台拜将，任命黄兴为战时总司令。

■ 本页这三张照片是武昌起义时期率清军镇压起义的清廷陆军大臣廕昌在不同时期的肖像照。廕昌，字五楼，1859年生，满洲正白旗人，早年毕业于京师同文馆德文馆，后被派往德国学习陆军，义和团运动时曾任袁世凯麾下副统领，随袁世凯赴山东镇压义和团。1906年，廕昌出任陆军部右侍郎，1909年任陆军大臣。武昌起义爆发后，廕昌受命率北洋军2军前往镇压，但其指挥不动袁世凯的部将，导致部队停滞不前。袁世凯复出后，廕昌被其所取代。民国成立后，廕昌很快投靠夺取革命果实的袁世凯，曾任总统府高等顾问、总统府都佥参事、总统府侍从武官长、参谋本部总长、参议院参议等职，1928年病死于北京。

■ 上图及下图是前来镇压武昌起义的清廷海军"海容"号巡洋舰。该舰是甲午中日战争后清政府从德国订购的巡洋舰，排水量2950吨，造价16.3万英镑，1898年抵达大沽。武昌起义爆发后，该舰跟随萨镇冰赴长江镇压革命。1911年11月14日，清廷海军舰队在参谋长汤芗铭等人的领导下，在九江宣布起义，"海容"号也位列其中。1937年，全面抗战爆发后，"海容"号也与"海圻"号一起在江阴自沉，堵塞长江航道。

■ 在获悉武昌首义的消息后，清廷立刻派廕昌率领新军前往镇压。上图是1911年10月在北京，准备南下武汉镇压起义的清军部队正通过东四牌楼，前往前门车站。

■ 下图是运送清军部队赶往南方的火车。

■ 在袁世凯的授意下，南下镇压起义的北洋军停滞于信阳与孝感之间，坐看革命的发展，等待袁世凯重新出山收拾局面。下图是清军南下至孝感时，陆军大臣廕昌和其他清军军官们在一个小土坡上观察周边地形。廕昌本来是镇压总指挥，但指挥不动袁世凯旧部，很快便被重新上台的袁世凯罢免，成为了看客。注意这张照片中，有些军官的左臂上套着一个白色袖套，不知其含义为何。

■ 上图是1909年便被罢黜回乡的袁世凯，他以“悠闲”的姿态表示已“无心政治”，但实际上仍利用遍布朝野的党羽，操纵北洋军。武昌起义爆发后，冯国璋领军南下时，曾暗中面见袁世凯，袁暗示北洋将领们出工不出力，以便为其再次出山重掌军权创造条件。

■ 下图是在孝感，南下的清军的一队步兵正在通过浮桥过河。从其旗帜上看，其单位番号为“第五十一”。

■ 关于上图的内容，目前存在一些争论，有说是武昌起义中的革命军，有说是在孝感停留的清军。从一些军官左臂的白色袖套来看，比较像是与第116页的最下图同期拍摄，因此可能是清军部队。

■ 下图是在孝感布设射击阵地的清军炮兵部队。

■ 廕昌率军南下后，1911年10月13日，湖北提督兼第8镇统制张彪带领部分清兵占据汉口刘家庙车站，准备和南下的北洋军会合，保住汉口，反攻武昌。面对这一形势，湖北军政府于10月15日决定首先扫荡汉口敌军，然后向北推进，以阻止清军南下。10月18日，革命军出战汉口，为期41天的阳夏之战爆发。下图是革命军向汉口进发的场景。

■ 上图是阳夏之战中，清军炮兵在汉口的大智门火车站布防。下图是同一时期，在汉口附近布防的清军炮兵。

■ 得到袁世凯出山的消息后，磨洋工的北洋将领终于开始积极作战了。上图是1911年10月28日，前来镇压革命的清军正在汉口赛马场布防火炮。

■ 上图是1911年10月30日，被清军焚烧的汉口市区，可以看到浓烟滚滚，火势惊人。下图是两军在汉口交战时，落在汉口赛马场上的炮弹。

■ 上图是阳夏之战中，清军在汉口与革命军交战时的情景。这些清军士兵正在火炮阵地上操作一门76.2毫米野战炮进行射击。起义爆发初期，清政府还一厢情愿地认为“造反”的只是群乌合之众，而镇压革命的清军在装备上要优于革命军。这张照片来自西方人，根据原摄影者对该照片的说明是：“清军以绝对优势的武器装备和军队纪律在汉口取得极大进展。”（军纪方面，显然是西方人的误读了）

■ 下图是汉口战场上，清军的一个野战炮炮组，一些炮手正在休息，而另外的几名炮手则继续操作着这门野战炮。在清军攻打汉口期间，一些清军的野战炮阵地便设在汉口的西方人租界里，清军所用的炮弹中，有些还装载有“曼宁”炸药（melinite，一种烈性炸药）。

■ 1911年10月26日，汉口清军对革命军进行了猛烈反扑。27日，冯国璋指挥北洋军从滠口经三道桥强攻刘家庙，当日，刘家庙失守。28日，大智门失守，两军在汉口市区展开激烈巷战。汉口岌岌可危。本页上下图及右页上图都是镇压起义的清军在汉口战斗间隙休息时所摄。这些清军士兵面无表情，他们没有想到，他们参与了一场改变中国历史的战事。

■ 上图是1911年10月底驻扎在汉口大智门火车站的清军部队，这里被作为南下清军的指挥部一直到撤退为止。下图是攻占了汉口散生路区域的清军士兵正在与一名外国侨民交谈。

■ 上图是在镇压武昌起义时期，两名清军军官在战斗间隙抽烟休息的情景。这两名军官挎着望远镜。值得注意的是，他们的军装上多了领章，袖口则没有军衔袖章。这是1911年3月9日，清军常服军衔的改革，取消袖章，取代以军衔领章。随着辛亥革命的胜利，这种军衔式样也被北洋军阀继承下来，但是，北洋军阀的军衔肩章改成了日式的竖式肩章，领章则以不同颜色区分其兵种。

■ 右图是清军占领汉口后，廕昌和其他高级军官在汉口火车站商议军情。袁世凯复出并赴前线督战后，负责前线“剿匪”的廕昌被其免职，武昌战事中，廕昌只是以一名普通军官随军行动。自1911年10月28日巷战以来，装备劣势的革命军在清军的强大攻势下节节败退，虽然当日黄兴以革命军总司令身份亲赴汉口指挥，但依然难以阻止清军的攻势。11月1日，汉口被清军占领。在此期间，冯国璋纵火焚烧城区，驱赶革命军，大火三日不绝，将汉口众多地区化为焦土。

■ 上图是1911年11月，占领汉口后，汉口郊区的几名清军骑兵。左一这名拄着马刀抽着烟，并盯着西方摄影师的就是他们的军官。留意图片可以发现，这群官兵中，有些人的军帽上还戴着护目镜。在其身后远处，还有几位旁观的欧洲人，其中一人居然还带着他的狗在战火刚熄的战场上散步！

■ 左图是武昌起义时期，清军某骑兵侦察员从指挥部出发到前线传递命令的场景。当时，清军骑兵的任务是派侦察兵收集情报。外国观察者指出，在这场战争期间，清军确实拥有较革命军优良的战地电话和电报设施，且对这些设施在战斗中的操作都很规范。

■ 上图是清政府为收复汉口而用军用列车运送兵力至前线的场景。照片中的骑兵们刚从火车上卸下马匹，这两名骑兵身上背着来自日本的三十年式步枪。当汉口被清军攻占后，清军混乱的军纪让汉口百姓们遭受了严重的兵灾。

■ 下图是辛亥革命初期的一张照片，照片中这名清军将领正在和麾下的士兵骑马巡逻。据拍摄这张照片的西方人介绍，这支是辛亥革命时期驻守南京的部队，但另一种说法是，这是汉口前线的清军骑兵。

■ 上图是两军鏖战汉口之时，清军机枪手们正在铁轨上休息。这些机枪手们操纵的是一挺马克沁－克虏伯 M1911 式重机枪。尽管清军中装备的武器型号繁杂，但其装备仍优于革命军，不过当时参与镇压革命的清军军心不稳，全国民主革命大潮已不可阻挡。

■ 下图是辛亥革命期间，在武汉地区作战的清军正抓紧时间修复铁路。一旁倒塌的民房显示，战火才刚刚熄灭。

■ 上图是辛亥革命时期，日本增兵汉口日租界的场景。当时，日本以保护汉口侨民和租界安全的名义，向汉口日租界增兵500人，并在租界西北、万家庙以南开辟可驻兵数千、设有无线电台的兵营，入驻兵营的日军一度增至1500人。辛亥革命后仍常驻不退。当时汉口有英租界、俄租界、法租界、德租界、日租界和比租界。革命爆发后，湖北军政府要求各国保持中立，但各国私下小动作不断。此外，为"更好"地保护列强在汉口的利益，各国驻汉领事推举日本驻华第三舰队司令川岛令次郎为驻汉外军总指挥，统一保护各国租界及侨民。

■ 下图是1911年辛亥革命期间，正在汉口日本领事馆房顶观看战况的日本和英国军人。列强在辛亥革命时期，打的是"坐山观虎斗"的算盘。

■ 上图是辛亥革命期间，在外国士兵的保护下，国际红十字会正在武汉长江边上收敛、处理在战火中遇难的遇难者的遗体。武汉三镇在这场战争中也遭受了惨重的兵灾，平民死伤不计其数。

■ 武昌起义爆发翌日，革命党人随即成立了湖北军政府，推举黎元洪为都督。下图为革命军在位于武昌阅马场的湖北军政府门前的合影，这张著名的照片被作为起义胜利的象征。在这群革命军士兵背后，是两面巨大的十八星旗，这面旗帜在起义后被作为革命军军旗，此后被北洋政府所延续为陆军军旗。

■ 上图是辛亥革命时期，武汉的3名革命军士兵的合影，他们应该属于民军。民军并非职业军人，而是响应军政府号召、来自各行各业的老百姓所组成的支援起义军的武装力量，随着革命的发展，民军成为革命军中的中坚力量。从图上可看到，这几名士兵穿着混搭的棉制服，左边两名士兵腰间还戴着从清军处缴获的皮制弹药盒，身上斜背着两条布制弹药带。这些士兵头上戴的帽子也是非制式的，可能只是他们的私人物品。

■ 下图是辛亥革命时期的另外一群革命军士兵，他们都剪掉了鞭子，剃了平头，同时注意他们的制服与上图的民军士兵有所不同，为清廷新军的制服，其中一人左臂绑了一条白布条。

■ 上图是辛亥革命期间，参加保卫武汉战斗的民军。从图上可以看到，他们的装备非常简陋，除了一支步枪，就只有身上挂着的布制弹药带，脑袋上还盘着辫子。

■ 下图是革命军在汉口的一条步兵防线。这些士兵穿着深色制服，这也是当时较为正规的革命军的装束。

■ 随着起义的爆发和战斗的激化，革命军纷纷奔赴前线抵挡清军的反扑，上图为10月19日，正赶赴前线的革命军将士。

■ 上图及下图都是阳夏之战的瞬间，上图是离汉口10公里处的革命军，正在等待投入战斗。下图是汉口的刘家庙，即将参加战斗的民军们。这场堪称辛亥革命最惨烈的战役中，革命军将士为保卫武汉前赴后继。

■ 上图是辛亥革命时期，革命军的炮兵正在操纵一门山炮的场景。由于当时军饷的欠发，这也成为许多士兵加入革命军的理由。当然，这类士兵的革命意志并不算坚定。

■ 下图是辛亥革命时期，汉口新征召的士兵在训练，以保卫革命果实。这些士兵穿着打扮各异，最左边那名士兵斜背着“队值日官”的条幅，表明他是当日这支小队的值日官。1911年10月末，汉口战况对革命军极为不利，湖北军政府决定招募新兵，扩充起义军力量。军校学生踊跃参加，以徐源泉为首的300余名学生军随即奔赴汉口，于大智门火车站与清军血战。

■ 上图是1911年10月，抵达汉口的湖北省其他地方的革命军援军，这些士兵有些来自地方新军，他们身上穿着一件制式的连帽卡其色冬装大衣，斜跨着“汉阳造”步枪，腰间别着皮制弹药盒，有些打着绑腿，有些穿着皮靴，尽管装备并不统一，但他们年轻的脸上满是笑容。

■ 下图是1911年10月的汉口战场上，摄影师从一辆过往车辆上抓拍到的几名革命军士兵的照片，这些士兵都来自湖北新军，在战斗中，这些受过专业训练的士兵会领导那些没有战斗经验的学生军或民军等志愿者作战。

■ 上图展示的是一支革命军援军乘船抵达武汉支援革命的场景。他们都穿着当时新军的军装，有些已经剪掉了辫子，有些还未剪掉，他们都背着一支 Gew 88式步枪，其中两人腰间还挂着指挥刀，不排除这是他们的指挥官或这些刀是临时缴获的。在这些士兵的左臂上，都扎着象征起义军的白色布条，以区分那些穿着同样军装的清军部队。

■ 下图展示的是辛亥革命时期，武汉的革命军士兵在战斗间隙休息的场景。

■ 上图也是战斗期间，革命军炮兵休息吃饭的场景，他们的火炮就在身旁。

■ 下图是辛亥革命时，汉口的革命军们正在战壕中战斗的场景（也有另一种说法，认为这是江浙民军攻打南京外围时的场景）。从这张图中可以看到，许多士兵的肩上都斜挎着一个帆布杂物袋。

■ 上图展现的是汉口战场上，革命军的一支炮兵部队正在操纵76.2毫米山炮的战斗场景，前面的栅栏已被士兵们拆下，以保证更好的射界。与清军相比，革命军的火炮并不占优势，当时清军装备有76.2毫米、甚至是更大口径的火炮。据西方目击者介绍，革命军中并不缺乏英勇的战士，然而，如果缺乏训练的他们在照片中这样暴露的地方与训练有素的清军进行炮战，那么其代价将会非常巨大。

■ 下图照片来自西方人丁乐梅(Edwin John Dingle)的拍摄，展现的是1911年10月，革命军炮兵在汉口刘家庙火车站变换炮位的场景，这里有很多可以作为掩体的建筑物，革命军正赶着骡子牵引火炮变换炮位，他们的左臂上都系用于敌我识别的白布条。阳夏之战中，刘家庙火车站反复易手。

■ 当武汉战火犹酣之时，全国各地也纷纷响应，其中，在江浙民军的进攻下，重镇南京于12月初光复，南京迅速成为全国革命党人的汇聚地，在此商讨“建国大业”。上图是镇江民军乘火车出征南京的场景。下图是吴淞民军在火车站准备出征南京的场景。可以看到，这些士兵们制服大致统一，左臂绑着象征起义军的白布条，左胸上也有一块白布识别身份。

■ 上图是南京郊外，来自上海民军第 2 连的士兵们展示他们缴获的清军野战炮。

■ 下图是南京光复后，乘坐火车仓皇而逃的清廷南京官员。可以看到，随员们正往火车上大包小包地塞行李。在人群中，传统的清朝官服和长袍马褂里混杂着西方风格的新军制服，这也是在历史大变革时期的常见情景。

■ 上图是革命军在攻克南京时所用炮弹的弹壳，为了纪念南京光复，弹壳上刻有“黄帝纪元四千六百零九年中国革命浙军克复南京之弹壳”的字样。

■ 左图是南京光复、民军入城后，民军在太平门列队欢迎镇江都督林述庆入城的场景。这些民军都穿着统一的制服，臂缠白布条，刺刀锃亮。南京光复后，林述庆出任江宁临时都督。

■ 下图是1911年12月2日，率领镇江民军连同江浙民军攻打南京的镇江都督林述庆在南京城外受降的场景。图中头戴礼帽、脖子上围着白巾的便是林述庆。林述庆原为驻守江阴的新军第36标1营管带，1909年秘密加入同盟会。武昌首义后，林述庆于11月7日率部起义，攻占镇江，任镇江都督。11月26日，林述庆率领镇江军一部攻打南京，12月2日其部首先攻入南京。

■ 上图是1911年辛亥革命时期，民军占领上海后，两名卫兵正在上海道署衙门外站岗的情景。从照片上看，他们好像并非正规军人，只是来自学生军的士兵，身上的制服很像当时的学生制服，这种制服在当时被许多革命军士兵当做准军事制服来穿。据当时西方人的观察，革命军的打扮多为黑色制服、大檐帽、缠在左臂上的白布条、白色或灰色的绑腿、干粮袋，但并非所有参与革命的人都是这种打扮，有些只有部分这种装扮，有些参与者甚至只是穿着简单的半平民服饰。

■ 左图是辛亥革命时期，湖北军政府都督黎元洪在武汉所拍摄的一张照片。照片中，黎元洪头戴礼帽，身穿没有任何清廷标志的制服。作为被"强推"上都督之位的黎元洪，革命之初忐忑不安，骑墙观望，当清军攻占汉口和汉阳、炮轰武昌城时，甚至弃城而逃。直至革命大局已定，方下定决心选择革命。让以他为代表的旧官僚在革命中占据了领导位置，是当时革命党人幼稚的体现。

■ 这是革命胜利后，1911年底或1912年初在南京街头，革命党人为百姓剪辫子的情景，这是辛亥革命胜利给中国百姓带来的最直观的一个影响。自1644年清军入关，满族入主中原后，全国百姓都被迫接受满族打扮，男留辫子。鸦片战争后，国门被列强打开，西方人将中国人留着的辫子侮辱性地称为“猪尾巴”。因此，当时象征革命的一个举动，便是剪辫。革命胜利后，剪辫成了社会一大风潮，民国元年，临时大总统孙中山甚至发布《改元剪辫文告》，敦促百姓剪辫。但是，也有许多遗老遗少，或边远山区的人仍留着清代的辫子。由此，在一些地区，甚至出现了强行剪辫的场景。

■ 以下8页都是来自辛亥革命时期，日本人所作画册中对于当时发生在武汉和南京的一些战斗场面的描绘。上图是“革命军于武昌进军之实况”，下图是“汉口附近两军大奋战之实况”。

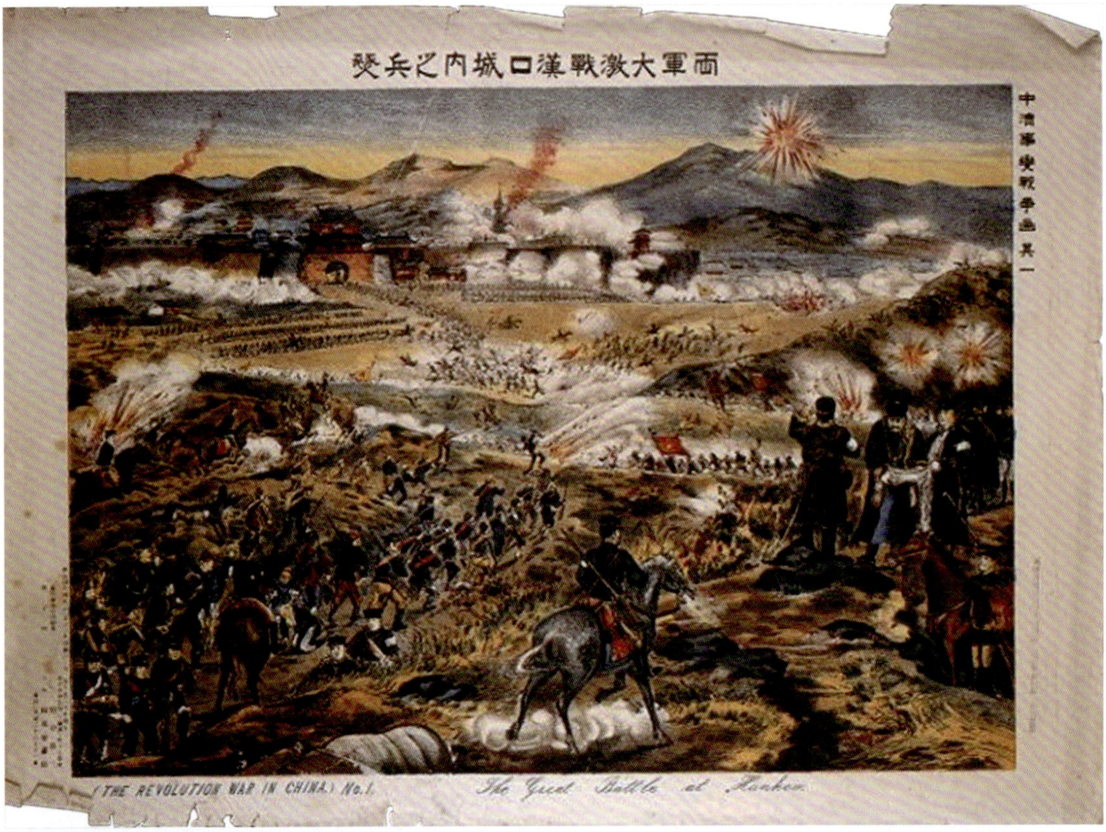
兩軍大激戰漢口城內之兵燹
中清事變戰爭畫 其一
(THE REVOLUTION WAR IN CHINA.) No.1.
The Great Battle at Hankow

■ 上图是“两军大激战汉口城内之兵灾”；下图是“汉口附近之大激战”。

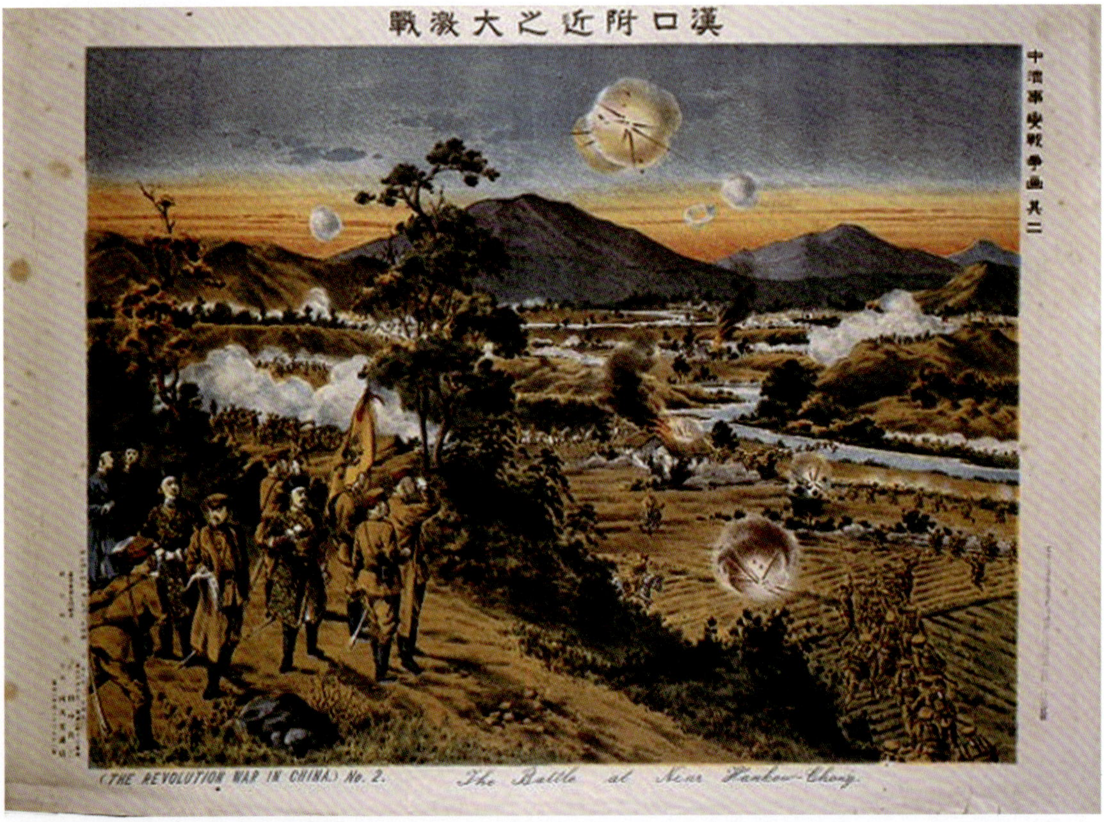
漢口附近之大激戰
中清事變戰爭畫 其二
(THE REVOLUTION WAR IN CHINA.) No. 2.
The Battle at Near Hankow-Chong.

■ 上图是“江岸火车站附近之大激战”；下图是“南北军大会战之图 · 汉口城外大激战两军奋斗之极”。

上图是“南北军大会战之图 · 汉口市街火车站附近之激战”；下图是“南北军大会战之图 · 汉阳附近之大激战”。

■ 上图是“南北军大会战之图 · 南京神策门外月下南军之夜袭”；下图是“革命军南京城总攻击太平门之激战”。

革軍南京城内進入奮闘

中清事変戦争画其十

(THE REVOLUTION WAR IN CHINA.) No. 10.　The Battle inside of the Nanking-Cheng.

■ 上图是“革命军入南京城巷战”；下图是“南京朝阳门之大激战”。

南京朝陽門之大激戦

中清事変戦争画其十四

(THE REVOLUTION WAR IN CHINA.) No. 11.　The Great Battle at Cho-Yan-Men, Nanking.

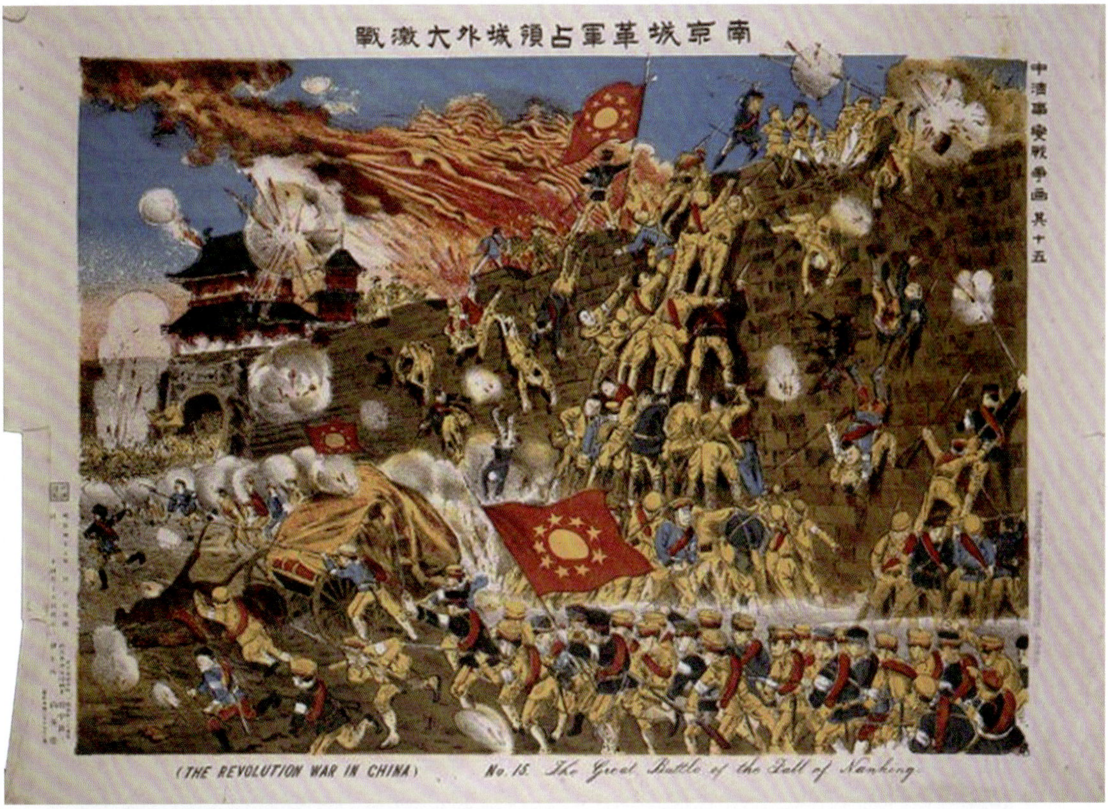

南京城革軍占領城外大激戰

中清事變戰爭画 其十五

(THE REVOLUTION WAR IN CHINA) No. 15. The Great Battle of the Fall of Nanking

■ 上图是“革命军占领南京城之城外大激战”；下图是“民军占领南京城”。

民軍南京城占領

中清事變戰爭画 其十八

(THE REVOLUTION WAR IN CHINA) No. 18 The Fall of Nanking

南京城攻擊女國民軍之奮鬪

中清事变戰爭画其十九

(THE REVOLUTION WAR IN CHINA) No.19 The Revolutionary Womanly Army Attack on Nanking.

■ 上图是“女国民军攻击南京城之奋战”；下图是“民军占领南京城追击战”。

民軍南京城占領追擊戰

中清事变戰爭画其二十

(THE REVOLUTION WAR IN CHINA) No.20 The Fall of Nanking Attack on Government Army

北洋军阀统治的开始

北洋政府的成立和北洋军阀势力的扩张（1912-1916年）

1912年元旦，中华民国临时政府在南京成立，孙中山就任临时大总统。而在1911年12月17日开始的南北议和时期，袁世凯通过两面派手段，以“赞同共和”、推动清帝退位使其得以获取中华民国临时大总统一职。2月12日，清皇室发布退位诏书，统治中国268年的清朝宣告终结。次日，孙中山遵守诺言，向南京参议院辞去临时大总统一职，并推荐袁世凯为临时大总统。3月10日，袁世凯在北京宣誓就任临时大总统一职，北洋军阀在中国的统治由此开始。值得一提的是，在就任之前，袁世凯使用政治流氓的手段，实现了在其大本营北京宣誓就职并将新政府确定在北京的目的。

袁世凯当政后，第一件事便是加强对军队的统治。3月31日，袁世凯发布《训勉军人令》，要求全国军人服从其“统一命令”。当时全国新旧军队共有三十多个师和五十多个旅，共计120万人，其中袁世凯的嫡系及依附北洋军阀的军队约占一半以上，主要在长江以北的山东、安徽、直隶等地。南方革命党人则拥有十余万军队和苏、皖、浙、闽、粤等省的地盘。对此，袁世凯一方面通过调整强化中央、地方军事机构，将各级将领的任免权抓在手中；一方面统一调整全国军队编制，“改镇为师”。袁世凯以上述手段，加强中央军事集权，并通过军事机构的严密统属和军队编制的改革，进一步控制地方军事力量，以军事实力为后盾，巩固北洋军阀的统治。

但是，民国初期，南方革命党人还拥有一定的军事实力和地盘，在中央也还掌握着部分立法权和行政权。对于后者，袁世凯以通过政治流氓手段制造阁潮来对抗；对于前者，则以“战后裁军”来削弱南方军事力量。1912年5月，袁世凯通过高级军事会议，确定了“以各省原有军额、饷额为依据”、超过的省份进行裁减，若需要维持原额的，则需该省都督报“财政、陆军、参谋三部允准”的裁军原则，将辛亥革命中南方各省招募的军队列入裁撤之列，同时通过自己把持下的财政、陆军、参谋三部，为北洋军的扩充留下余地。

在此情况下，由于得不到中央拨款，南方各省财政难以维持规模庞大的军队，在留守于南京留守处的黄兴的主持下，“裁兵节饷”，整编裁遣军队。黄兴将驻苏、皖、鄂、闽四省的军队缩编为5个军。5月，黄兴又对驻南京的桂军、赣军、浙军进行裁撤。至6月，江苏裁遣军队人数达到七八万（6月14日，黄兴通电辞去南京留守职务，南京临时政府遗留下来的军事中枢宣告终结），12月，浙军已不足4万。南方其他各省，广东裁军11万余；湖南原有5个师2个旅，至9月已裁剩2个旅，仅余1.1万人；安徽先后裁军3万余人，仅保留1师1旅；湖北则由8个师裁为5个师。江西则在都督李烈钧的主持下，在裁减旧部的同时，整肃军纪，补充新生力量，编为2个师，李烈钧的做法为革命党人保存了一支较有战斗力的军队，这部分赣军成为1913年“二次革命”中江西讨袁军的核心力量。此外，广西、贵州、福建等省军队虽有裁减，但变动较小。

在缩减南方各省军队数量后，袁世凯又以“军民分治”来削弱革命党人兵权，企图将各省都督的军权分离出来，纳入北洋军阀集团的统辖之下，但由于革命党人的强烈抵制而使“军民分治”草草收场，但是南方各省的军事实力已完全不可与北洋军阀同日而语。

1913年，袁世凯命人刺杀宋教仁，引发了革命党人武装倒袁的“二次革命”。9月，“二次革命”以失败告终，北洋军阀势力深入长江沿岸各省。

在裁减南方军队的同时，袁世凯对自己的北洋军嫡系则进行调整和增补，以扩充北洋军阀的实力，“二次革命”时期更是广募兵员。经民国建立后一年多的扩编、增补，1914年前，仅袁世凯直属的北洋军总兵力便相当于15个师，超过15万人。

在充实兵力的基础上，袁世凯以巩固北方、防备南方为原则，对军队进行调配和部署。对于自己的政治中枢北京、直隶一带，袁世凯将武卫右军右翼25个营扩编为30个营的拱卫军，以段芝贵为司令，驻守北京、彰德；陆军第2、第3、第4师驻京畿和直隶；冯国璋的前禁卫军则作为护卫北京的嫡系部队。此外，陆军第1师驻张家口，第5师驻山东，第20师驻奉天新民，中央第2混成旅驻奉天旺官屯，姜桂题的毅军分驻热河、豫西、直隶。总之，北方各省在其嫡系军队的牢牢控制之下。对于南方，袁世凯将华东一线作为对南方的防线，陆军第6师驻守信阳，并扩编兖州张勋部为武卫前军，扩充武卫军左翼倪嗣冲部驻颍州。至1914年10月，陆军部所辖各师旅的调配已基本就绪。北洋军阀得以牢牢控制住北方。

在扩充兵力、扩大地盘的同时，袁世凯加大了对外军械的采购力度。民国成立初期，国内兵工厂有上海制造局、汉阳兵工厂、德州兵工厂、四川兵工厂、广东兵工厂、金陵机器局等，其生产难以满足军阀们的需要，各地军阀已通过各种途径私自外购军火。1912年4至8月间，便有浙、闽、苏、黔、湘、川、陆军部等地方和中央大宗军火进口。“二次革命”前，袁世凯更是通过“善后大借款”，向五国财团借款2500万英镑，购置军火扩军备战。“二次革命”后，由于中央部队损耗巨大，同时北洋军欲趁机扩充实力，中央和地方军阀多次对外购置军械。

经过各种手段的扩张，至1916年，袁世凯的北洋军已超过25万人，为全国头号军阀集团，大半个中国已在北洋军阀的统治之下。而在其扩充军力的过程中，袁世凯的独裁野心也不断膨胀，进行了一系列复辟帝制的活动。1914年5月，袁世凯恢复清代官制；12月，袁世凯公布《修正大总统选举法》，将自己置于终身制总统的位置。1915年8月，袁世凯授意手下政客组建“筹安会”，鼓吹恢复帝制；10月至12月，袁世凯授意亲信制造全国选举舆论，赞成君主立宪，将其“劝进”推上皇帝宝座。12月12日，袁世凯正式宣布接受帝位，准备次年正式称帝。

袁世凯的倒行逆施遭到全国民众和各派政治势力的联合反对，以滇军为首的西南军阀发起护国战争，武装倒袁。孙中山的中华革命党在各地策划武装起义。就连冯国璋、段祺瑞等袁世凯的众多嫡系也反对其复辟帝制。众叛亲离之下，袁世凯于1916年3月22日宣布取消帝制，其“皇帝梦”仅83天便宣告破产。6月6日，袁世凯病死，留下的北洋军阀集团也分崩离析，中国陷入新一轮军阀混战之中。

武昌首义后，各省纷纷宣布独立，1911年12月，十七省代表齐聚上海推举孙中山为临时大总统，并组建内阁。1912年1月1日，中华民国临时政府在南京成立，并改元民国元年。上图是1月1日孙中山、胡汉民等人在沪宁车站乘坐专列从上海前往南京就职。照片正中穿深色大衣者便为孙中山，孙中山右二为沪宁铁路管理局总办钟文耀，孙中山左一为沪军谍报科长应夔丞，左二为胡汉民，胡汉民后为王宠惠。

下图是1912年2月15日在南京，清帝退位后三天，孙中山等临时政府政要谒祭明孝陵，可以看到后面的朱元璋画像。在三天前，清帝已下退位诏书，中国的封建帝制画上了句号；而孙中山也于14日向临时参议院提出了辞职咨文，并推荐袁世凯继任。前排左三为南京临时政府南京卫戍总督徐绍桢，左四为陆军总长黄兴，左五为临时大总统孙中山。左六为海军总长黄钟瑛，左七露半张脸的是教育总长蔡元培。可以看到，他们的军装上采用了日本的竖式军衔。一个月后，袁世凯在北京就任临时大总统，篡取了革命果实，南京临时政府宣告解散。

这两张照片都拍摄于1912年3月10日袁世凯就任中华民国临时大总统的仪式现场，上图是袁世凯与其麾下的北洋将领和政客们的合影。可以发现，这些军官们所穿的军装仍是清朝新军的制式军装。下图是下午3时，北京石大人胡同前清外务部公署，袁世凯和参加就职仪式的外国使节及北洋政府的一众要员的合影，其中有顾维钧、梁士诒和段芝贵等人。

上图是民国初年南方革命党人的一支武装，旗帜上写着“广东协字执死”的字样，其上巨大的“吴”字意味着这支武装的领导人姓吴。从照片中可以看出1912年时的革命党人的武装非常简陋。在1911年之前，支持孙中山的革命武装多是由一些赞成共和革命的清廷军官以及未经过训练的热心志愿者组成。武器的短缺一直都是清末革命党武装所面临的难题，他们的装备多是各式各样的老式步枪，甚至包括19世纪末的马蒂尼 · 亨利(Martini Henry)步枪。

下图是辛亥革命时期的上海民军女战士，他们身穿军制服，身后是铁血十八星旗和五色旗。清末时期，资产阶级民主思想的传播使中国近代的女权意识开始萌芽，出现众多宣传女性权利的刊物和社会团体。辛亥革命时期，具有近代民主思想的中国女性也积极投身其中，11月4日，上海光复后，薛素贞代表革命妇女向沪军都督府陈其美上书，要求成立妇女军事团体。在陈其美的支持下，“女国民军”成立，上千名妇女报名参加。在其带动下，上海又诞生了女子北伐光复军、女子敢死队、女子北伐队、女子军事团、中华女子竞进会、同盟女子经武练习队等军事组织，有的开赴南京作战，有的投身北伐向烟台进军。

这张照片的拍摄日期是1912年，照片所示的是两名怀捧大刀的刽子手——当时中国的死刑仍是以斩首为主。这两名士兵身上穿着当时的制式军装，足蹬皮靴，腰间武装带上别着牛皮枪套。根据西方人的介绍，他们是南方军的士兵，但他们军帽上的帽徽却是清军的三色圆形帽徽，可能他们才加入南方军不久，清军的原有标志还未去除；也可能是西方人的误读，他们属于仍负隅顽抗的清军士兵。

“二次革命”

袁世凯掌握中央政权后，开始以各种手段打压革命党人，在全国建立独裁统治。袁先以“战后裁军”削弱南方军事力量，削减南方各省军队的数量；再大举“军民分治”的旗号，削弱南方各省都督手中的军政权力（辛亥革命时期先后宣布独立的南方各省的都督一般都由革命党人担任，执掌一省军政大权），大大提高了北洋军阀集团在全国军事实力中的比重。1913年3月20日，袁世凯派人暗杀了国会第一大党——国民党的代理事长宋教仁，正面打击国民党提出的“政党政治”；4月26日，袁世凯与英、法、德、日、俄五国财团签署《五国政府善后借款》合同，借款2500万英镑，用于解决即将对南方国民党发起的战争的军费，同时也通过这种方式继承原来清政府与列强的欠款和赔款。

宋教仁案和“善后大借款”使以孙中山为首的革命党人决心以武力反抗袁世凯的独裁统治，4月和5月，孙中山在上海秘密举行了两次军事会议，商讨武装反袁的事宜。当时国民党内部对此存在着三派不同意见，即以孙中山、李烈钧为代表的反抗派，以黄兴、陈其美为代表的怀疑派（对己方武装力量缺乏信心，主张依法解决），以及陶醉于“议会万能”的国会派。三派意见不一，行动拖沓，给予了袁世凯充分准备战争的时间。双方都在进行武力解决的准备，战争一触即发。

6月，袁世凯先后撤免江西都督李烈钧、广东都督胡汉民、安徽都督柏文蔚，三督都是当时国民党中掌握实力的重要人物，袁世凯撤免三督意味着其向国民党进攻的开始，双方的战争无可避免，这场战争的战场主要在江西、江苏。

7月8日，在李烈钧抵达江西湖口当天，北洋军便已按既定计划进入江西，李纯的北洋军第6师第11混成旅抵达九江，占领了入赣的战略要地。12日，两军在沙河镇南初次交战；同日，李烈钧在湖口宣布独立，组织“讨袁军”，任江西讨袁军总司令，发布讨袁通电。“二次革命”正式打响。

7月15日，黄兴在南京逼迫江苏都督程德全宣布江苏独立，黄兴被推举为江苏讨袁军总司令。安徽、广东、福建、湖南、四川各省和上海纷纷宣布独立，“二次革命”全面展开。

江西战场，7月16日，袁世凯任命段芝贵为陆军第1军军长兼江西宣抚使，充实北洋军在江西的兵力。南北两军相持多日，历经灰山、新港、姑塘等数次战斗，北洋军以优势兵力压制讨袁军。23日，北洋军开始全力进攻江西讨袁军的大本营湖口。24日晚，湖口要塞司令陈建训被北洋军收买倒戈，调转炮口反击讨袁军。25日，段芝贵的陆军和汤芗铭的海军对九江进行水陆夹击，北洋军“连炮痛击”讨袁军。前后受敌之下，李烈钧被迫放弃湖口，北洋军一路急进，8月18日攻占南昌。江西战事遂以讨袁军的失败宣告结束。

江苏战场，江苏讨袁军成立后，随即开赴淮北。7月19日和23日，袁世凯分别任命武卫前军总指挥张勋为江北镇抚使，第2军军长冯国璋为江淮宣抚使，联合镇压江苏讨袁军。由于双方兵力相差悬殊（江苏讨袁军可依靠的军队为驻南京的陆军第8师和第1师一部，其中前者是革命党人手中少有的精锐），加上起兵仓促，黄兴本人也信心不足，在张、冯两军的联合进攻下，革命党人内部军事力量涣散，战争失利，黄兴于7月29日离开南京，后流亡日本。南京由此宣布取消独立，程德全转投袁世凯。

江苏讨袁军的挫败，使讨袁力量的士气严重受挫，讨袁形势急转直下。8月初，广东、安徽、湖南先后宣布取消独立。在这种情况下，革命党人何海鸣为挽回大局，先后于8月8日和11日在南京宣布独立，重组武装进行最后的抗争。至此，“二次革命”中著名的南京保卫战爆发，两军于14日开始交战，南京讨袁军的前期交战对象为张勋

■ 上图是1913年3月，宋教仁案发生后，孙中山闻讯从日本回国，与黄兴等人在上海横滨正金银行内商讨反袁问题。当时，孙中山召集革命党人在上海召开了两次秘密军事会议，商讨武力反袁的问题。虽然革命党人内部对武力讨袁意见不一，但仍开始了全面的准备工作，皖、赣两省由革命党人控制的武装进行了调动。

■ 下图是"二次革命"中讨袁军的一个机枪队，他们正在搬运马克沁机枪。可以看到，机枪座竟然是一条长木凳，可能是机枪的三脚架已经损坏。这款机枪在这场战争中都是双方使用的主要机枪，且大多为德制。另外，据报道，当时还有一些丹麦制的马克沁机枪参战。

■ 上图是“二次革命”时期，讨袁军的一名士兵。这名士兵头顶军帽上镶着十八星帽徽，使用的是日本的有坂步枪。当时西方目击者曾记录下讨袁军曾使用过的武器，有德国的 Gew 88式步枪，有俄造的温切斯特 M1895式步枪，还有一种是日本村田式步枪等。

■ 上图是“二次革命”期间，北洋军的一名骑兵。可以看到，他的军帽上别着五色五角星帽徽，这一帽徽在北洋政府时期是军队的制式帽徽。从照片上看，他除了装备有一柄马刀外，应该还有一支骑枪，这从他身上的皮制弹药盒可判断出来。

■ 下图是两名宿营休息时的北洋军士兵，一旁是两名被征召而来为军队拉运物资的民夫。士兵们的武器架在一起，水壶、军帽等私人物品挂在上面，显得很悠闲。这些士兵的外套看起来是白色或卡其色，这与讨袁军的差别不大。据西方目击者称，为了辨别敌我，讨袁军士兵会在军服上做敌我识别的标志，有些还会在步枪上绑上白布。

■ 上图是“二次革命”时期，一队正向战场挺进的讨袁军士兵。他们身上缠绕着布制弹药带，腰挂皮制弹药盒。当时讨袁军和北洋军的军装无甚差别，双方都穿着土黄色的棉制服，为了便于敌我识别，讨袁军会在胸前缝一块亚麻布，上面书写着“讨袁军”的字样。在讨袁军指挥部，除了悬挂当时的国旗五色旗，还会悬挂“讨袁军”的旗帜。

■ 下图是“二次革命”中任江苏讨袁军总司令的黄兴（右五）和他的部下们。黄兴是同盟会中的名将，曾多次参加反清起义，威望很高。“二次革命”前，黄兴鉴于当时南方各省内部不统一，武装力量薄弱，对武力讨袁缺乏信心，主张以现行法律解决，但孙中山力主武力讨袁。“二次革命”爆发后，黄兴被推举为江苏讨袁军总司令。战争失败后，黄兴流亡日本。

■ 上图是正向前线进发的一支讨袁军队伍，几位官兵的胸前佩戴着一块亚麻布，上面写着“讨袁军”的字样。讨袁军士兵的装备并不好且非常匮乏，士兵除了一支步枪外，身上的帆布弹药带里的弹药非常有限，有些士兵甚至只能等战友阵亡后再去使用阵亡者的武器继续战斗。

■ 下图是讨袁军新招募的士兵乘坐火车奔赴前线的场景。这些新兵穿着五花八门的制服，犹如乌合之众。当时参军讨袁军的新兵成分复杂，包括学生、黄包车夫、流浪汉等。这些新兵是在得到优厚薪资和充足食物的承诺后才参军的。参军后，他们会获得一身军装、一支步枪和一条弹药带，经过正规军的一些简单的训练后，便急匆匆地上了前线。这也是“二次革命”爆发后，仓促上阵的讨袁军的普遍情况。

■ 上图是前往镇压“二次革命”的北洋军援军赶赴前线的一张照片，他们应该是刚下火车。与装备匮乏的讨袁军相比，政府军装备占有很大优势，就连弹药都比前者充足。据目击者指出，北洋军所使用的弹药都是新生产的，这显然不是缺弹少药的讨袁军所能比的。

■ 左图是“二次革命”时期，北洋军的一个马克沁重机枪组，离这个机枪组身后不远处应该是他们的临时休息地，可以看到机枪手及其身后的两名士兵都赤裸着上身。他们之前可能都在休息。据报道，和讨袁军相比，北洋军的士兵在训练和服从命令等方面都优于前者，讨袁军的士兵们更容易去质疑上级的命令，这也是讨袁军迅速失败的一个原因。

■ 下图是讨袁军战败后，北洋军的一队士兵正在向上海郊外的讨袁军阵地前进的场景。从照片中可以看到，一名黄包车夫被政府军征召为其拉运作战物资。一名西方观察者指出，战胜讨袁军后，政府军的军纪非常涣散，抢劫欺压当地群众。据说当时被俘的讨袁军士兵未经军事法庭审判便会被直接枪毙。

■ 上图是追击讨袁军的北洋军正进驻被他们占领的村庄。当时双方军队的军纪都半斤八两。单从军事素质来看，讨袁军明显不如北洋军，虽然少数军官拥有革命热情，但大部分士兵都是缺乏训练或入伍动机仅为吃饱饭的人，缺少真正的革命热情，且内行的军官并不多。有评论员认为，民国成立后，中国军队因为松懈的训练和军官们缺乏专业的培训，其战斗力并未有真正的进步。

■ 下图是“二次革命”期间，正在城市街头执勤的北洋军士兵。北洋军的士兵的从军动机也很简单，为了吃粮拿饷而已。而1913年4月，袁世凯“善后大借款”的一个原因便是扩大自己的军事实力，扩军养军。相比之下，讨袁军的军饷则往往只是空头支票。

■ 上图是1914–1915年期间，两名肩背步枪的北洋军骑兵正在巡逻的照片，左边那名士兵与其同袍相比，制式冬装外还多穿了一件深色的皮毛外套。当时，很多西方观察人士认为，中国军队中的骑兵充其量只是以马为代步工具的步兵。其中一名观察者认为，来自中国偏远的西北省份和东北地区的骑兵还算优秀，特别是甘肃的骑兵部队和奉军吴俊陞部的骑兵。

■ 下图是1914年的两名年轻的北洋军军官，他们身上的军装是1912年10月由参议院确定的，北洋政府时期的军装继承了晚清新军制服的式样，一直延续到北洋政府垮台。在军马马鞍上，还挂着他们的马刀。

■ 上图拍摄于1914年，是某支地方军阀部队的山炮连。从照片上看，炮手们戴着较为特殊的军帽，这种军帽看起来相对制式大檐帽较小，帽墙上还有一道杠，帽徽也较小。此外，每一位士兵的左袖上都佩戴着一道深色袖章，作为敌我识别的标志。奇怪的是，在他们的背后，隐约可见一面类似清朝军旗的三角旗。

■ 下图是1913-1915年时期，北洋军在进行队列训练，他们军装笔挺，刺刀锃亮，腿上裹着白色的绑腿套，校场上两面巨大的五色旗清晰可辨。

■ 本图是民国初年，陕西汉中的两名正在站岗的士兵。他们穿着简单的夏季常服，军帽上缀着五色五角星军徽，但身上看不见相关的军衔标志，手中的步枪也难以区分型号，可能是国产的毛瑟步枪。

护国战争

“二次革命”后，袁世凯复辟帝制的独裁面目进一步暴露，经过一系列准备，1915年12月12日，袁世凯正式申令承认帝位，并大肆封赏北洋军阀集团内部的诸位将领，授予各等爵位。12月31日，袁世凯下令改次年为“洪宪元年”，准备次年正式称帝。

袁世凯的倒行逆施引起全国民众的激烈反对，在其准备复辟帝制时期，孙中山新组建的中华革命党、国民党温和派、原本投靠袁世凯为其统治奔走效劳的进步党和西南军阀逐渐形成一道反袁联合阵线，共同反对袁世凯的复辟行动。

首先举起武力倒袁大旗的是滇系军阀，滇军首领蔡锷于1915年11月辗转从北京逃脱，12月19日返回云南，联合云南都督唐继尧，进行武力倒袁的军事准备。12月25日，蔡锷等人向全国发出通电，宣布云南独立，武力讨袁，反对帝制。以此为标志，护国战争正式爆发。1916年元旦，云南护国军在昆明校场誓师，发布讨袁檄文，出师讨袁。与此同时，孙中山也在日本两次发布讨袁宣言，国外华侨出钱出力，支持国内的反袁斗争。

面对各地高涨的反帝制浪潮，袁世凯凭借其直属的北洋军12个师25万余人的兵力，对复辟帝制一意孤行。1月5日，袁世凯颁布讨伐令，分派三路大军，正式对云南用兵。第一路由第3师师长曹锟、第7师师长张敬尧、第8师师长李长泰所部组成，兵力共4.5万人，进入四川作为正面攻滇主力。第二路由第6师师长马继曾、第20师师长范国增、第7混成旅旅长唐天喜所部组成，进入湘西，兵力约2.6万人。第三路由粤军第1师师长龙覲光由广西入贵州、安徽倪毓棻的安武军由湘西入黔，从侧面进攻。川滇前线的战斗由曹锟统一指挥。

云南护国军共3个军，以原滇军的两个师另一个旅共2万余人的兵力扩充而来，分别由蔡锷、唐继尧、李烈钧统帅。除了唐继尧留守昆明外，出滇讨袁的部队兵分三路，分别由蔡锷、戴戡、李烈钧统帅，第1军蔡锷部进攻四川，戴戡部经贵州进攻湘西；第2军李烈钧部经滇南进攻广州。1月21日，蔡锷部第1梯团第1、第2支队（护国军第1军下辖3个梯团，每个梯团下辖2个支队）经过血战，攻克川西南重镇叙府，取得出师讨袁的第一个重大胜利。2月中旬，护国军与北洋军在泸州、纳溪一带激战，重创曹锟师吴佩孚旅。在征战四川过程中，蔡军缺衣少食，粮弹匮乏，以数千兵力与数万北洋军苦战于叙州、泸州、綦江之间，虽然未按原定计划攻占四川，但北洋军也未能有所进取。

在全国掀起的讨袁斗争中，形势发生巨大转变。由于军阀内部矛盾和全国形势所迫，3月15日，广西军阀陆荣廷宣布广西独立，改称广西都督兼两广护国军总司令，加入武装讨袁的大潮。广西的独立粉碎了袁世凯三路大军围攻云南的企图，使云南、广西、贵州连成一片，并直接威胁广东、四川和湖南。5月，孙中山领导的中华革命党武装力量之一——东北军在山东起事，攻占潍县，准备以此为基地进攻济南，继而北上。护国战争声势大震，战情出现转机。同时，日本等列强也转而对袁世凯称帝持以不支持的态度，北洋军阀内部更出现分化，冯国璋、李纯、靳云鹏、朱瑞等心腹亲信出于各自利益密电请袁世凯取消帝制。众叛亲离之下，1916年3月22日，袁世凯宣布取消帝制，但仍独揽大权。起义各省在广州肇庆成立护国军军务院，推举唐继尧为抚军长。在一连串打击下，6月6日，袁世凯病死。

随着袁世凯身死，7月14日，军务院撤销，护国战争结束。在这场以武力捍卫共和民主制度的斗争中，北洋军阀集团的统治遭到致命打击，军阀集团内部出现分裂的征兆。

■ 上图是护国战争时期，云南护国军将领的合影。从左至右依次为：护国军第1军秘书长李曰垓、第1军总参谋长罗佩金、第1军总司令蔡锷、第1军参议殷承瓛、护国军第2军总司令李烈钧。

■ 左图是开拔中的护国军。蔡锷、唐继尧等宣布云南独立、成立护国军政府、武装讨袁后，云南护国军兵分三路，蔡锷率第1军入川，李烈钧率第2军出兵两广，唐继尧领第3军留守昆明，策应两军。各省纷纷响应。

■ 蔡锷（1882–1916）

滇军名将，原名艮寅，字松坡，湖南宝庆人，早年曾留学日本，入陆军士官学校第3期骑兵科学习。1904年毕业回国，先后在湖南、广西、云南等省教练新军。1911年初调云南，任新军第19镇第37协协统。武昌起义爆发后，10月30日，蔡锷、唐继尧等在昆明领导新军响应武昌起义，成立“大中华国云南军都督府”，蔡锷出任都督。1912年7月，为平息西藏地区的叛乱，蔡锷组织西征军，以云南政府参谋厅总长殷承瓛为司令，率部赴藏配合川军讨伐叛军，平息了西藏叛乱。“二次革命”时期，蔡锷领命派滇军入川镇压熊克武部的反袁起义，但两军并未真正交战。1913年，蔡锷被袁世凯调入北京，实则就近监视。袁世凯阴谋复辟帝制期间，蔡锷逃离北京，辗转潜回云南，与唐继尧等人发出反袁通电，宣布云南独立，组建护国军讨伐袁世凯。护国战争时期，蔡锷率护国军第1军进军四川，与北洋军激战。袁世凯死后，蔡锷任四川都督兼民政长。1916年11月8日因病在日本逝世。蔡锷一生短暂，以领导昆明辛亥起义和发起护国战争最为耀眼。

张勋复辟

袁世凯死后，以黎元洪为首的总统府和以段祺瑞为首的国务院两派势力，在权力分配和对德外交问题上展开激烈政争，段祺瑞自恃有北洋军阀为强劲后盾，又有日本的扶持，根本不把黎元洪放在眼里；黎元洪也不甘成为傀儡，以国会为依托，借美国为外援，抵制段祺瑞一派的专擅权势的活动。激烈的“府院之争”，引发了第二次复辟事件——张勋复辟。

“府院之争”因对德宣战问题而激化，1917年5月23日，黎元洪以大总统名义免去段祺瑞国务总理兼陆军总长职务，改由外交总长伍廷芳、陆军部次长张士钰分别暂代国务总理和陆军总长，段祺瑞随即离京赴津，发表通电，教唆各省督军起来造反。24日，由安徽督军张勋起头，各省督军先后宣布独立。6月2日，独立各省督军在天津设立军务总参谋处，以雷震春为总参谋长，宣称另立“临时政府”和“临时议会”，给黎元洪极大压力，手无兵权的黎大总统只能求助外援，一直躲在督军团幕后的“十三省联合会”的“盟主”、铁杆“保皇派”张勋借机蹦上前台，主动表示愿意进京当“调停人”。6月7日，在黎元洪的邀请下，张勋率“辫子军”步、马、炮兵5000人及随员140余人从徐州北上。次日，张勋抵达天津，随即发出通牒，限令三日内取消国会。黎元洪方知已“引狼入室”，但为时已晚。12日，黎元洪被迫解散国会。14日，张勋进京，开始进行驱逐黎元洪、“还政”清室的复辟活动。

经过多日准备，7月1日，张勋身穿清朝的朝珠蟒服，带领康有为、王士珍、江朝宗、陈光远等文武官员入紫禁城，奏请末代皇帝溥仪重登皇位，并于当日通电全国，宣布清廷复辟。各地“遗老遗少”闻风而动，纷纷拥护，上演了一幕复辟丑剧。

张勋的倒行逆施激起全国人民的强烈反对。7月2日逃入日本使馆避难的黎元洪发表通电反对复辟，号召各省出兵讨逆。在上海的孙中山也发表“讨逆宣言”，并制定了北伐计划。7月3日，在天津的段祺瑞集结曹锟第3师、李长泰第8师、冯玉祥第16混成旅，组成“讨逆军”，在马厂宣誓“讨逆”，段祺瑞自任总司令，段芝贵、曹锟分任东、西两路司令。次日，两路“讨逆军”兴兵北上。东路军从马厂出发，经天津转赴北仓，驻扎落垡、廊坊一带；西路军自保定北上，进驻涿州、良乡，占领卢沟桥一带。北京的“辫子军”陷入“讨逆军”的钳形攻势之下。在“讨逆军”的军事、政治攻势和全国民众反复辟斗争的浪潮之下，原来支持张勋复辟的军阀一个个偃旗息鼓，或转而投入反复辟阵营，列强也由观望而转入支持段祺瑞“讨逆军”，张勋陷入内外交困的境地，于7月6日辞去内阁议政大臣及直隶总督兼北洋大臣各职，准备率部返回徐州。

面对张勋的退缩，段祺瑞意图“斩草除根”。7月7日，“讨逆军”攻占丰台，“辫子军”退入京城，驻守在天坛一带，并在天安门、景山、西华门、南河沿等处密布炮位，企图困兽犹斗。9日，各国公使出面调停，劝张勋解除武装。12日凌晨，“讨逆军”5万余人兵分三路，向北京发起总攻，在“讨逆军”飞机大炮的进攻下，“辫子军”一触即溃。令人称奇的是，“辫子军”士兵们为了逃命，还遗弃了自己的辫子，战场满地都是真假辫子。随着“辫子军”的崩溃，溥仪、张勋、康有为等复辟主要人物也分别逃入英、荷、美使馆避难，至此，为期12天的复辟丑剧落下帷幕。

7月14日，段祺瑞以“三造共和”的功臣姿态重返北京，再次登上国务总理宝座，冯国璋也以代理大总统之职取代黎元洪。“张勋复辟”事件，段祺瑞实现了借张勋之手赶黎元洪下台、自己再收拾残局而名利双收的目的，北京政府被皖系彻底控制。

■ 张勋（1854-1923）

左图是“辫子军”首领张勋。张勋，字绍轩，江西奉新县人，年轻时也曾为匪。1884年在长沙投军，1891年升参将一职。1895年投奔在小站练兵的袁世凯，任中军官兼工程营帮带，属于北洋军阀集团中的“老前辈”。袁世凯赴山东镇压义和团运动时，张勋任武卫右军先锋队头等先锋官兼巡防营管带。1903年，徐世昌任东三省总督，张勋调任奉天巡防营翼长，1909年调任江南提督。辛亥革命时期，张勋率部在南京负隅顽抗，与革命军死战，南京光复后，逃往徐州，被清廷授为江苏巡抚兼署两江总督、南洋大臣。中华民国成立后，张勋部被改编为武卫前军，驻守山东兖州。张勋作为效忠清皇室的“遗老”，暗中联络各地封建余孽和王公贵族，阴谋复辟，就连他本人和麾下部队，都还保留着清朝的辫子，因此其部也被称之为“辫子军”，张勋也得了个“辨帅”的诨名。1913年7月，张勋奉袁世凯之命，率部进攻南京，镇压江苏讨袁军，攻破南京后，“辫子军”在南京烧杀抢掠，罪行累累。1914年，张勋被任命为“定武军”军统，加定武上将军衔。袁世凯复辟时期，张勋被封为一等公爵，兼任安徽督军。“辫子军”也被其扩充到60个营、2万多人。1917年5月，“府院之争”激化，张勋趁黎元洪邀请其上京“调停”之机，率5000“辫子军”入京，发动政变，将末代皇帝溥仪再次推上皇帝宝座。张勋的倒行逆施遭到全国民众的强烈反对，各路军阀也高举“讨逆”大旗讨伐张勋，其复辟闹剧仅12天便落下帷幕，张勋逃入荷兰大使馆，其安徽督军一职被倪嗣冲取代，留守安徽的“辫子军”也被收编、遣散。1923年，张勋病死于天津。

■ 下图是张勋复辟期间，被再次推上宝座的末代皇帝溥仪，他正坐在乾清宫的龙椅上。当时溥仪年仅12岁，这个年纪只能任由身边亲贵和军阀摆布。

■ 上图是1917年7月初，张勋复辟时期，穿着黑色军装的张勋“辫子军”大张旗鼓地在街上游行，开道的是传统的鼓号队，旗手肩扛着清朝传统的龙旗，一旁是围观的北京市民。张勋的复辟得到了各地“遗老遗少”们的欢迎，但共和观念当时已深入人心，在全国的声讨和其他军阀的武力讨伐下，张勋复辟仅12天便宣告破产。

■ 下图是张勋复辟期间，其麾下的“辫子军”正在向北京城各处开进，企图首先控制紫禁城。张勋的复辟主要依靠跟随其北上的5000名“辫子军”，北京其他武装力量并未参与其中，而对这场政变欢欣鼓舞的除了一些失势的前朝官员，也就只有为数不多的“遗老遗少”了。

■ 上图是张勋复辟期间，“辫子军”和北京几名黄包车夫的照片，这几名黄包车夫也还留着辫子——虽然民国已成立5年，但旧俗的变更不是一朝一夕的事。注意最右边这名士兵，他穿着不同于北洋军制式军装的服装：上衣有点类似于平民的衬衣，裤子像清朝传统的裤腿紧窄的长裤，头戴一顶形似礼帽的军帽，脑后的辫子若隐若现。身上缠着3条布制弹药带，其中一条的弹夹裸露在外。

■ 下图张勋复辟时期，骑着马在北京街上巡逻的“辫子军”士兵，最前面这位头戴法式凉帽、手持警棍的是交通警察，一旁还有一个骑自行车的外国人驻足观看，不知道他是否理解，这场复辟不过是短暂的闹剧。皇帝再次上台后，前朝“遗老遗少”欢欣鼓舞，很多人重新戴上假辫子，为了“赶时髦”，一些京城商铺甚至有假辫子出售。有报道称，复辟失败后，紫禁城里和北京郊外随处可见扔掉的假辫子。

■ 上图是张勋复辟时期，穿着黑色制服的“辫子军”正在紫禁城的某个城门外建立阵地，可以看到几名士兵头上戴着类似礼帽的军帽。张勋复辟清皇室后，马上遭到全国声讨，段祺瑞在天津组织“讨逆军”讨伐张勋，1917年7月5日两军正式开战，但“辫子军”一触即溃。

■ 右图和下图都是张勋复辟时，驻扎在紫禁城里的“辫子军”，他们的辫子盘在头顶。从图上看，他们的穿着打扮和清朝时期普通人的装束没有任何区别。另外，有西方观察人士认为，这些生火做饭的不是正规军，只是随军的杂役。

■ 上图是张勋复辟时期，驻扎在紫禁城里的“辫子军”的炮兵，他们的火炮随意摆放。“辫子军”的军事素养并不高，烧杀抢掠倒是得心应手，与匪军无二。1917年7月12日，当段祺瑞的“讨逆军”攻入北京后，“辫子军”不堪一击，四下溃逃。

■ 下图是1917年7月12日，北京东安门新券洞三座门前，“讨逆军”与“辫子军”在交战中战死的士兵，这名战死者为哪一方士兵还不得而知。沙袋堆积的掩体后的那名士兵左臂缠着白布条，这是“讨逆军”的士兵。

■ 上图是张勋复辟时期，东交民巷使馆区的欧洲驻军，在门外，还有两名北洋军的士兵在站岗。对于这场政变，列强只是静观事态的变化。

■ 下图是张勋复辟时期，1917年7月12日，“讨逆军”向张勋部发起总攻，战斗期间“讨逆军”的一个野战炮阵地。从图上看，“讨逆军”这门火炮的炮口塞还未取下来，一旁的火炮前车也未卸车，车上摆放着炮兵的坛坛罐罐，两名炮手在一旁悠闲地休息，可能是由于“辫子军”不经打，他们也觉得这次战斗比较轻松。

■ 本页及下页的照片都是在紫禁城东墙中段的同一个地点拍摄，展现的是“讨逆军”在紫禁城下掏洞准备攻打城内“辫子军”的场景。本页上下图中，士兵们正在将山炮推入墙洞中。这些士兵们都穿着土黄色的制式夏装，留意观察，可以发现他们的左臂都缠有用于敌我识别的白布条。

■ 上图可见，在掏洞的现场，还架设了几条云梯，一旦供山炮进入的洞掏通，士兵们也将利用云梯翻过紫禁城城墙发起攻击。

■ 下图是几名“讨逆军”的士兵已经爬上了云梯顶部，观察墙内的敌情，为接下来的正式进攻做准备。几名面对镜头的士兵面带笑容，一副对接下来的战斗满不在乎的表情。

1916-1920年的军阀统治

袁世凯死后，北京政府逐渐被皖系所控制。在此期间，以段祺瑞为首的皖系军阀集团，对内实行“武力统一”政策，对外实行亲日卖国外交，国内军阀之间的混战、政争时起彼伏。国内，自1917年张勋复辟失败后，孙中山高举维护“临时约法”的护法大旗，在广东联合西南军阀组建护法军政府，揭开了中国南北政府分庭抗礼的局面。同年，护法战争爆发，南北军阀以湖南、四川为主要战场展开厮杀，出于自身利益，南北军阀忽战忽和，给当地百姓带来沉重兵灾，护法战争也由维护“临时约法”转变为南北军阀争权夺利的军阀混战，孙中山由此认识到“南北军阀皆一丘之貉”，黯然退出护法军政府。国际方面，中国站在协约国一边，以段祺瑞为首的北京政府响应列强的要求，招募华工以役代兵，远赴欧洲参加一战；一战末期，北京政府还出兵西伯利亚，参与协约国对苏俄革命的武装干涉活动。

第一次世界大战结束后，作为近代以来首次成为战胜国，中国民众欢欣鼓舞。但是，1919年中国在巴黎和会上的外交失败，再次证明了“弱国无外交”这一事实，由此引发了轰轰烈烈的五四运动，段祺瑞政府遭受全国民众的激烈指责，身败名裂。

另一方面，由于直皖军阀在第二次南北之战中关系恶化，双方都看到战争不可避免。1918年5月，段祺瑞与日本签订《中日共同防敌军事协定》，在日本的帮助下编练“参战军”，借机组建自己嫡系武装，并派亲信徐树铮编练西北边防军，为皖系开辟新地盘。1919年，“参战军”编成。

值得称道的是，1919年，借助俄国十月革命后西北边境政局的变化，徐树铮在北京政府的委派下，于11月趁势收回了外蒙古。

1920年，直皖两大军阀集团的矛盾终于激化至不可调和，直皖战争爆发。

■ 刘庆恩（1869-1929）

字国臣，原籍广东潮州客家人，北洋政府时期著名的军械专家，汉阳兵工厂总办。刘庆恩早年就读于广东水陆师学堂，1895年随刘永福参加了甲午中日战争之后保卫台湾的台南之战；1899年入湖北枪炮厂（即汉阳兵工厂）当技工，1901年留学日本，学习枪炮与机械；1905年加入同盟会；回国后，1909年赴德国克虏伯兵工厂学习2年。1912年，刘庆恩被孙中山任命为汉阳兵工厂总办。1916年，护国战争时期，刘庆恩研制出我国第一款半自动步枪——“刘庆恩自装枪”（又名“刘氏半自动步枪”），参与美国陆军新式步枪的采购，但最后无疾而终；1918年研制出火力、精确度较高的火炮，时人称为“庆恩炮”，但终未投产。1929年，刘庆恩在上海病逝。这张照片中，他的衣领上佩戴着一枚二等文虎勋章。

■ 这是1917年8月的一张明信片，明信片上的两名手掣军刀的年轻军官不知道属于哪支军阀部队，其帽徽是非常罕见的十字徽，穿着类似晚清新军的夏季常服，肩上的竖式军衔显示他们是上尉，右边那名军官左胸上还挂了两枚不知名的奖章。

■ 上图是1917年，某个火车站中的一队奉军官兵，他们为某个路过此地的权贵进行护卫。领头的军官穿着笔挺的呢料军装，皮靴锃亮，士兵穿着北方最常见的絮棉冬装制服。袁世凯死后，张作霖就任奉天督军兼省长，实现了攫取奉天军政大权的宿愿。1917年，张勋复辟时，张作霖骑墙观望，并趁机夺取了冯德麟第28师的军权。并且在这一年，张作霖控制了黑龙江的军政大权。

■ 右图是1917年，在某个火车站旁列队的一队奉军官兵，领头的军官穿着呢料军装，腰间是一排皮制弹药袋，士兵们的棉质冬装看起来非常臃肿，手中清一色的德制 Gew 88式步枪（也可能是国产的“老套筒”），肩上背着布制弹药带。

■ 张勋复辟被粉碎后，重新上台的段祺瑞拒绝恢复“临时约法”和召集国会，为维护“临时约法”，孙中山将斗争矛头指向段祺瑞控制下的北京政府，于1917年7月17日到达广州，宣布护法和召开非常国会。在西南军阀的拥护下，8月25日，非常国会召开，宣布成立军政府，选举孙中山为军政府陆海军大元帅，桂系军阀陆荣廷、滇系军阀唐继尧为元帅。9月10日，孙中山宣布就职。护法运动开始，中国出现南北政府对峙的局面。护法运动开始后，南北两军在湖南、四川展开第二次南北之战，西南军阀出于个人利益，与北洋军阀暗中媾和，使护法运动以失败告终。上图是1917年9月10日孙中山就任陆海军大元帅一职时与国会议员的合影。前排正中者即为孙中山。下图是1918年护法军政府海军部成立一周年时，海军军官们的合影。1917年7月21日，北洋政府海军总长程璧光、第一舰队司令林葆怿率第一舰队14艘舰只南下投奔孙中山，在此基础上成立了护法舰队，程璧光被任命为军政府首任海军部总长，但其不幸于1918年2月遇刺身亡。

■ 左上图照片拍摄于1917年的广东，照片上这些南方军阀的士兵们佩戴着下士军衔，军装整齐，全副武装。当时各地军阀部队的装具，或是进口国外，或是继承晚清新军，或是当地直接制造。如滇军的“日式工具包”，包括饭盒、水壶、牛皮背包、雨衣等一系列装备，都来自北京的生产；而另外的一些棉料或皮革装具则来自本地的手工作坊。

■ 左中图是在1917年，北方某支军阀部队的骑兵正在野外巡逻。领头的两位军官穿得非常严实。自袁世凯死后，北洋军阀集团分裂斗争；张勋复辟失败后，直皖矛盾进一步激化，段祺瑞在日本的支持下，奉行“武力统一”，希望借助武力消灭西南军阀，南北军阀间斗争不断，最典型的事件便是以护法运动为契机而发生的第二次南北之战。

■ 下图是1917–1918年冬季，北方某支军阀的部队正开拔剿匪。军阀混战时期，兵匪一家，部队行事如同土匪，而有些军阀部队中充斥着很多招安的土匪——这也是军阀们扩军的常用手段。受招安的土匪，或是直接由原来的首领继续带领，或是原来的首领被处决，换上军阀的嫡系来带领。而且，对于军阀来说，招安土匪也可以获得解决驻地匪患的名声，实际上，土匪仍在，祸害依旧，只不过是换了一身“皮”。

■ 左图是1917年粉碎张勋复辟后，重新上台的段祺瑞政府通过对德宣战案，开始组建参战部队时，北京一家工厂为参战部队制作军服的场景。军阀混战时期，各地军阀的军装五花八门，没有中央政府供给的军阀多依靠本地工厂生产简单的制服，而只有大军阀才有本钱专门设厂生产军用被服装具，并且经常从国外进口所需布料，这其中的典型当属奉系。张作霖1917年10月建立奉天被服厂，1918-1919年扩建，专门生产军用和警用制服、装具，在1922年时，张作霖还花费90万美元进口制作军服所用布料，该厂是当时国内较大的被服企业。

■ 下图是1918年，一队巡逻的川军士兵。这几名士兵的穿着非常简陋，没有扎武装带，弹药带随意地背在肩上，脚穿草鞋，其军容打扮，与其说是正规军，倒不如说更像是土匪流寇。他们所装备的武器也都是老式步枪，如右边那名士兵，肩上背的便是一支毛瑟M1871式步枪。四川军阀的混战期间，很多战争都遭遇弹药短缺的问题，甚至出现将点燃的鞭炮扔进汽油桶里模仿射击声来吓唬对方的场景。

■ 1918年，一队护送沿途采访的美国摄影师西德尼 · 戴维 · 甘博（Sidney David Gamble）的川军士兵正在路边采集野果。这些士兵穿着轻棉质的军装和南方特有的草鞋，为数不多的子弹裸露在弹药带外，手中的老式步枪是19世纪末清廷进口的毛瑟 M1871 式步枪。

■ 上图是1918年，两名川军士兵巡逻间隙时在路边饭摊吃饭。从照片上看，这两名士兵的装备在南方军阀部队中已算不错，整齐的军装看起来像是新发放的。一旁的百姓大多还是清朝时期的装束，有些人甚至连辫子都还保留着。而且，从他们的表情上看，好像对这两名士兵的加入有些不愉快。

■ 左图是1918年西德尼在四川拍摄的一张照片，显示的是一队川军士兵在江边饭摊上吃饭的场景，旁边还有一个小贩在向士兵兜售零食。由于平日里的行为，老百姓多不愿意接触这帮军爷。有趣的是，这队士兵里，装备了3种不同型号的步枪，这种混乱的装备也是当时中国军队的一个缩影。

■ 这名川军士兵乘坐的是南方特有的“滑竿”，他穿着青灰色的军装，打着白色绑腿，步枪随意地横放在滑竿上，两名留着辫子的轿夫看起来面黄肌瘦。在贫瘠的地区，军阀队伍的规模也比较小，但军阀间的战争缘由都是互通的，地盘、税收，甚至是鸦片贸易，给当地百姓带来无尽的兵灾。1917年，川、黔、滇军阀混战，其中成都一役，百姓死亡3000余人，600户房屋被毁。

■ 上图是段祺瑞政府编练的“参战军”正在训练。1917年8月14日，中国对德奥宣战；11月，段祺瑞出任参战督办一职，次年5月，《中日共同防敌军事协定》的签署，使段祺瑞获得日本巨额军费援助、军械装备和军事教官（共100余人）来编练“参战军”；7月，“参战军”开始筹备组建，至1919年1月，“参战军”成军，共编为3个师，3万余人。在编练“参战军”的同时，段祺瑞还让亲信徐树铮编练西北边防军，以增强自己嫡系的军事实力。1919年7月，西北边防军成军，下辖5个混成旅，2万余人。“参战军”编练完成后，一战已经结束，为保住这支嫡系武装，1919年7月，段祺瑞将“参战军”改为“边防军”。这两支部队不仅是皖系、也是当时北洋军中实力首屈一指的部队。

■ 下图是1918年中东铁路某段，北洋政府出兵西伯利亚、参与协约国武装干涉俄国革命的行动的中国士兵。这些士兵军装笔挺，肩上背着厚厚的干粮袋。1918年8月，《中日共同防敌军事协定》签订后，北洋政府根据协定在日本出兵满洲里时，也派兵前往海参崴，参与干涉行动。所派兵力为陆军第9师（师长魏宗涵）第33混成团和第35混成团共2000余人，海军由林建章率领，下辖“海容”号巡洋舰及其附属部队。但是，日本的真正目的在于趁机接收俄国在中国东北的地盘，利用此次出兵，日军强行进驻中东铁路各站，段祺瑞政府引狼入室。

■ 这两幅图都是北洋政府派出的干涉部队在西伯利亚某个铁路站的照片。军官穿着笔挺的呢料军装，士兵则是絮棉冬季制服。他们的旗帜上标明了所属编制，上图这名士兵所擎旗帜上“第三营”的字样，表示其可能来自第33混成团3营，营长为李坤原。参与武装干涉的北洋军第9师，其前身是袁世凯的嫡系模范团，后扩编为第5混成旅、陆军第9师，装备为全新德械。虽然也参与了干涉行动，但中国军队在其中只是充数的角色，无甚作为。

■ 上图是1918年11月，参与武装干涉俄国革命的协约国各军宪兵的合影。图中从左至右依次是法军宪兵、中国海军和陆军宪兵、捷克军宪兵和俄国白军宪兵。这些中国宪兵都是军装笔挺，军容整齐。

■ 下图是1918年11月，第一次世界大战结束后，为庆祝胜利，协约国干涉军在海参崴进行阅兵游行的场景。从图中可以看到，这个队列第二排便是中国军队，旗手手擎着当时中国的国旗——五色旗。

■ 本页和下页图片都来自美国摄影师西德尼的拍摄。本页上下两图展示的是1918年11月14日，北京各团体进行的胜利游行活动，上图是某校学生的游行队伍，下图是童子军的游行队伍。11月11日，一战以协约国的胜利宣告结束，中国作为协约国一方同为战胜国。得知消息的北京市民也激动万分：经历了半个多世纪的屈辱，中国终于站在了战胜国的队伍里。为庆祝胜利，北洋政府规定，11月14日 –16日，28日 –30日为举行庆祝活动日，并于28日在太和殿前举行阅兵仪式，鸣礼炮108响。但是，很快就传来了巴黎和会上中国外交失败的消息。

■ 上下两图展示的是1918年11月28日故宫太和殿前，北洋政府为庆祝一战胜利而进行的中外军队阅兵仪式的场景。当时首先入场的是战胜国驻华军队方阵，不久大总统徐世昌在战胜国公使团的簇拥下，穿过太和门，来到太和殿前，并发表演说。上图是徐世昌总统正在致词，在其两旁是身着华丽礼服的各国使团代表和军官们。下图是集结在太和殿广场前的受阅部队。为了纪念胜利，北洋政府还决定，拆除为纪念义和团运动时被杀的德国公使克林德而建的克林德碑，改建为“公理战胜”碑，并由东单迁移至中央公园（今中山公园）。但是，巴黎和会带来的“当头一棒”告诉中国人，在帝国主义时代，“公理”只是一个美丽的谎言，“弱国无外交”才是赤裸裸的现实。

■ 战后，列强召开的巴黎和会将德国占据中国山东的权益转让给日本，消息传来，引发全国上下激烈声讨。1919年5月4日，北京各高校学生以“外争国权，内除国贼”为口号，举行大规模游行示威活动，抗议北洋政府的卖国外交。上图是五四运动中，被军警逮捕的国立北京法政大学学生，下图是被军警拘捕的参加游行的学生。注意下图，学生和军警的制服差别不大，但学生并未打绑腿，且二者的帽徽也不一样。

■ 曲同丰（1873–1929）

皖系将领、段祺瑞铁杆亲信之一，字伟卿，山东福山县人。早年服役于北洋水师“定远”舰。甲午战后，在黄海海战中侥幸生存的曲同丰投靠袁世凯，进入天津武备学堂学习。1898年，曲同丰留学日本，先后在振武学校和陆军士官学校第3期步兵科就读。1904年，毕业归国后，先后任北洋常备军统带、云南第29镇步兵统带等职。1917年“府院之争”时期，曲同丰投靠段祺瑞，成为段麾下的铁杆亲信之一，与徐树铮、靳云鹏、 傅良佐合称段祺瑞的“四大金刚”。直皖战争中，曲同丰被任命为第二路司令兼前敌司令。此战中，吴佩孚突袭松林店，将曲同丰的司令部一网打尽。曲同丰被俘后，旋即向曹、吴投降，并发表通电呼吁前线皖军“弃暗投明”，共起讨“贼”，进一步加速了皖军军心士气的崩溃。第二次直奉战争后，段祺瑞复出组织临时执政府，曲同丰也随段复起，任执政府军事参议。1926年，执政府倒台后，曲同丰避居天津。1929年，曲同丰在天津寓所遇刺身亡。图中曲同丰身穿北洋陆军中将大礼服，佩戴各式勋章奖章，其中，在左胸最上方的四枚奖章中，第三枚钟型章为冯国璋就任大总统纪念章。纪念章下方的各式勋章，最上方为勋四位章；第二排从左至右分别是文虎勋章和日本勋一等瑞宝勋章；第三排，位于右腹部的是二等宝光嘉禾章，左腹部的是嘉禾勋章。

■ 靳云鹏（1877–1951）

段祺瑞麾下干将，字翼青，山东邹县人，曾两次出任国务总理。1895年，靳云鹏投靠袁世凯的新建陆军，属段祺瑞麾下。民国成立后，任陆军第5师师长。靳云鹏善于两头下注，多方经营。袁世凯复辟帝制时，联名参与通电请袁世凯登基；反袁大势不可逆转，又密谋通电倒袁。段祺瑞当政时，靳云鹏一方面忠诚实践段祺瑞“武力统一”和亲日政策，代表北洋政府与日本签订《中日共同防敌军事协定》；一方面与直、奉两系交好。1919年，靳云鹏出任内阁总理，直皖战争前夕，靳云鹏辞职返家。皖系战败后，靳云鹏因与直、奉的关系，不仅未受牵连，反而成为各方都能接受的红人，再次出任内阁总理。1921年，靳云鹏下台；1951年病死天津。

■ 段芝贵（1869–1925）

皖系干将，字香岩，安徽合肥人，毕业于北洋武备学堂，1895年投入袁世凯新建陆军，1905年任北洋常备军第3镇统制。民国成立后，段芝贵任驻京总司令官、拱卫军总司令；“二次革命”时期，任江西宣抚使兼第1军军长，率军南下镇压江西讨袁军。袁世凯复辟时，段芝贵被封为一等公。张勋复辟期间，段芝贵任“讨逆军”东路总司令，1917年底升任陆军总长，次年改任京畿卫戍总司令。直皖战争爆发后，段芝贵作为皖系干将，出任定国军西路总指挥，其部部署于涿州、固安、涞水以北，企图沿京汉路南下，首先夺取保定，然后继续南进。此战间，好打麻将的段芝贵将指挥部设在火车上，牌桌紧随，西路战事，无往而不败，传为笑谈。战败后，段芝贵只身逃回北京，通电辞职，从此结束了政治生涯。1925年，段芝贵病死天津。

■ 徐树铮（1880–1925）

皖系将领、段祺瑞的铁杆亲信，字又铮，江苏萧县人，早年曾考取秀才功名，1901年投入段祺瑞门下，任北洋常备军军政司参谋处文案，1905年被保送至日本陆军士官步兵科，回国后继续在段祺瑞麾下效力。民国成立后，徐跟随段祺瑞，先后就任陆军部军学司司长、陆军次长。袁世凯死后，段祺瑞组阁，徐出任国务院秘书长。1917年，徐树铮受段祺瑞指使，策动张勋入京，利用张勋复辟推黎元洪下台。张勋复辟失败后，段祺瑞重新上台，徐再任陆军次长，与王揖唐等组织“安福俱乐部”，收买政客，协助皖系把持北京政权。1918年，徐树铮策动张作霖在秦皇岛劫夺军械，引奉军入关。10月，与奉系决裂的徐树铮在西北编练西北边防军。次年底，徐树铮出兵收复外蒙古主权。1920年，直皖战争爆发后，徐树铮就任定国军参谋长兼皖军东路军总指挥，进攻直军所据杨村，未决胜负。皖系战败后，徐树铮被指控为“十大祸首”之最而遭通缉拿办。1922年，徐树铮代表段祺瑞联络孙中山、张作霖，策划成立反直三角联盟。1925年，段祺瑞出任临时执政后，召流亡欧洲的徐树铮回国，12月29日徐树铮在廊坊火车站被冯玉祥部下枪杀，这是他在1918年命人暗杀冯玉祥老上级陆建章而埋下的祸根。

■ 直皖战争时期出任直军“讨贼军”前敌总指挥兼西路总指挥的吴佩孚。此战中，西路是主战场，吴佩孚部在高碑店被皖军击退，吴佩孚率领一部直军绕出左翼在涿州、高碑店之间的松林店，生俘皖军前敌总司令曲同丰，向高碑店一线进攻的皖军因失去指挥而迅速败退，当天直军攻占涿州，并向长辛店方向攻击，迫使皖军西路总指挥段芝贵仓皇逃回北京。吴佩孚部的攻势直接决定了皖系在此战中的失败，为直军胜利之首功。战后，吴佩孚作为直系军阀集团的第二号人物，出任直鲁豫巡阅副使。

■ 这是直皖战争中的直军东路总指挥曹锳。曹锳生于1873年，是曹锟七弟，自幼托庇曹锟的余荫，毕业于天津武备学堂，虽为直系干将，却少有实战经验，多在外交、情报和军校部门任职。1917年，曹锳曾参与讨伐张勋之役。1920年直皖战争爆发后，时任直军第4混成旅旅长的曹锳出任“讨逆军”东路总指挥，与皖军徐树铮部交战于杨村，被徐部驱逐出杨村，退守北仓。

■ 陈树藩（1885–1949）

皖系将领，字柏森（柏生），陕西安康人，1906年就读保定陆军速成学堂炮科，毕业后返回陕西任陆军混成协炮兵营排长。辛亥革命时期，陈树藩参与了西安起义。民国成立后，袁世凯整编陕军，陈树藩就任陕军独立第4混成旅旅长。袁世凯复辟时期，陈树藩趁势武装反对拥护复辟的陕西督军陆建章，顺利取而代之。段祺瑞再次执政后，陈树藩投靠段祺瑞，成为皖系军阀集团的得力干将。“府院之争”时期，段祺瑞被黎元洪免职，陈树藩随即通电陕西独立；段祺瑞赶走复辟的张勋，“三造共和”后，陈树藩兼任陕西省省长，集陕西军政大权于一身。为了扩大军队和地盘，打击护法运动时国民党在陕西组建的武装——陕西靖国军，陈树藩在陕西大种鸦片以征税，强令各县按耕地面积的50%交纳烟款，陕西吸食鸦片烟的人数达二、三成，造成极大危害。陕西人民对陈恨之入骨。皖系在直皖战争中倒台后，陈树藩改投直、奉军阀，受陈之苦久矣的陕西各界百姓发起声势浩大的“倒陈”运动，1921年，陈树藩被直军冯玉祥部驱逐出陕西，结束了政治生涯。1949年11月，陈树藩病死杭州。

第一次直奉战争（1922年）

直皖战争后，直奉军阀联合控制了中央政权，瓜分胜利果实。在政治权力的重组和地盘的划分过程中，原本是盟友的直奉军阀转化为对手，这种派系间的矛盾对立，为列强插手、操纵中国提供了便利，随着英美列强对直系的扶植、日本对奉系的支持的形势日益明显，两大军阀集团的矛盾也愈加激化。

1921年12月，直奉两系共同推举的靳云鹏内阁倒台。奉系随即扶植亲日的梁士诒组阁，这成为直奉军阀矛盾爆发的焦点，双方开始调动军队，筹备战备物资，大打舆论战，为接下来的战争进行各种准备。

3月底，张作霖亲自坐镇天津以东的军粮城，在从奉天到关内的路上设立众多兵站，用火车运输奉军部队大举入关。与此同时，吴佩孚也大肆扩军，在洛阳扩编5个混成旅，并命汉阳、巩县、德州兵工厂赶造武器弹药，以备战争之需。为了防止在北方大打出手时，南方军阀趁机北进，吴佩孚还对西南方向的防卫进行了多方部署。

经过2、3月的准备，4月18日，奉军入关列车已达67列（每日6列，每列25节车厢，每13节车厢可运兵1个营），张作霖还将此次参战奉军命名为“镇威军”；在此期间，吴佩孚也将直军6个师又6个混成旅10万余人部署于京畿琉璃河一带，21日，直系兵力部署就绪，直奉大战已箭在弦上。

直奉军阀的备战也得到了列强的军备支持，如英国为直系提供了4.5万支步枪和7万发子弹，美国则提供了6架“柯蒂斯”式飞机，同时派遣“贺伦”号战舰开往秦皇岛，为直军提供支援。值得一提的是，美国在此期间大做军火生意，在支持直系的同时，还卖给奉系大批军火，包括各式步枪1万支，子弹1000万发，机枪40挺，机枪子弹200万发，野战炮8门，山炮24门，炮弹1.6万发。

直奉两军的部署如下：

直军以保定为大本营，分为东、中、西三路，西路总指挥由直军总司令吴佩孚亲自兼任，辖第13、第14、第15混成旅（补充第3团），第13、第15混成旅进攻长辛店，第14混成旅以为后援。中路总指挥为王承斌，所辖的第23师第46旅、第12混成旅驻守固安、永清，第23师第45旅和第3师第6旅从霸县进攻信安。东路总指挥为彭寿莘，该部第14混成旅和第26师的一个旅从大城进攻白洋桥，第26师第52旅和第9师第13旅的一个团据兴济，镇守青县，第24师第48旅为后援。此外，还有第3师第5旅和第8混成旅守卫河南，第3师第22旅北援长辛店。此役直军投入兵力为10万人，各式火炮100门，重机枪100挺。

奉军以军粮城为大本营，张作霖亲任“镇威军”总司令，分东、西两路。东路总指挥由张作霖自兼，下设张学良梯队（下辖第3、第4、第8混成旅）、李景林梯队（下辖第1、第7混成旅）和黑龙江骑兵第2旅；西路总指挥为其结拜兄弟张作相，下辖张景惠梯队（下辖第1、第16师和第2、第9混成旅）和张作相梯队（下辖第27师和第5、第6混成旅）。东路军为前锋，部署在京奉、津浦铁路两线，骑兵第2旅由青县进攻保定，西路军则布防在京汉线。奉军在此战中投入了12万人的兵力，包括火炮150门，重机枪200挺，还有骑兵支援。

4月21日，东路首先交火，直军张国镕部和奉军阚朝玺部发生冲突，互有伤亡。26日，双方开始小规模交锋，直军首先在琉璃河、固安、永清发起进攻，两军在河间、任邱一带交火3小时。27日晚，东路直军在姚马渡进攻奉军李景林部，交战一昼夜，奉军占领姚马渡、南扶赵等地。28日，东路直军第26师进至唐官屯，并进攻青县，被李景林以两个混成旅反攻，直军败退大城。在两军冲突期间，列强也派军进入京津地区“护侨”。

4月29日，第一次直奉战争正式打响，这场战争分为东路、中路、西路三个战场，西路战场在北京西南百余里间，为两军决胜之关键，主要经历了琉璃河、长辛店、卢沟桥等大规模战斗，其中，长辛店为西路奉军司令部所在，由第1、第16师驻守，围绕于此的战斗最为激烈。28日，直军第24师和第13混成旅向长辛店发起进攻，两军互有伤亡，直军败退60余里。29日，奉军追击直军至琉璃河，两军再次交锋，直军反败为胜，复据良乡，并于当日晚10点进逼长辛店，两军以长辛店为核心展开激烈交火，伤亡无数，奉军炮火将周围十余座村庄摧毁。相持一昼夜，吴佩孚下令停止进攻，退守良乡以南。30日拂晓，直军再次来攻，双方10万人在长辛店、南岗洼、卢沟桥、窦店、琉璃河等地激战至午后，两军均伤亡惨重，奉军第2旅旅长梁朝栋也在此战中阵亡。至夜，直军返回良乡，奉军回守长辛店。5月1日黎明，奉军反攻直军，在伤亡千人后，直军败退琉璃河。2日晚，直军以其擅长的夜战袭扰奉军，企图直捣其长辛店司令部，虽未成功，但消耗了奉军大量炮弹。3日晚，在吴佩孚的亲自指挥下，直军兵分多路再次夜袭长辛店，其中第21旅迂回至奉军后方攻击，奉军头尾难顾，直军乘胜攻克长辛店。奉军西路总司令张作相逃往天津，西路奉军崩溃四散。5日，直军投入增援部队，奉军内部也发生分化，原属直系的奉军第16师投降，前线奉军总崩溃，向山海关逃窜，西路战事遂告结束。

中路战场在津浦路、京汉路之间，直军兵力集中于固安；奉军张作相部驻守永清。4月29日，直军第23师王承斌部与奉军第27师许兰洲部开始激战，战至5月2日，两军互有胜败，固安两度易手。由于中路牵制全局，吴佩孚亲自上前线指挥，与张学良、郭松龄部在霸县激战，奉军遭遇直军的前后夹击，伤亡惨重，张学良组织起千余人的敢死队反扑亦难以奏效，郭松龄身负重伤，奉军一路败退。张作相亲率奉军主力第27、第28师前往增援，直军不支。吴佩孚亲率第3师一部增援，两军精锐激战，奉军逐渐不支。4日清晨，直军三路围攻永清，战至下午17时，奉军败退，直军在中路战场首先告捷，将中路奉军赶至廊坊，5月5日，直军攻克廊坊，奉军守军旅长自杀身亡，中路战场宣告结束。

东路战场在津浦线，这一方向最先打响。29日大战开始后，奉军便将直军赶往任邱。次日，奉军在骑兵和机枪的配合下，大举进攻任邱，直军在王承斌部的支援下，反败为胜，占领白洋桥。5月1日，直军在王承斌的指挥下，大败奉军，次日攻占大城。5月3日，两军在姚马渡、白洋桥一带激战，直军攻占马厂、青县。4日，在接到西路奉军溃败的消息后，东路奉军士气大跌，作鸟兽散。直军进占静海，7000奉军缴械投降。直军一路追击至军粮城。

从5月4日中路失利后，其他两路战场也相继败落，张作霖见大势已去，遂率行辕从军粮城退守滦州。第一次直奉战争遂以直系的胜利落下帷幕。6日，直军进占军粮城。

在滦州重新集结的奉军，经三路大战，已损失7万余人，军事上损失惨重。在政治上，奉系也遭遇惨败，在直系授意下，大总统徐世昌于5月10日发布任免令，将张作霖的东三省巡阅使、奉天督军兼省长、蒙疆经略使等职务一撸到底，“听候查办”。5月12日，张作霖宣布东北“自治”，不受北京政府节制，并重新集结部队，以备再战。6月17日，在列强的调停下，直奉军阀在秦皇岛签订停战和约，第一次直奉战争彻底落下帷幕。

战后，直系军阀集团独揽中央政权，势力扩展到最高峰。另一方面，不甘失败的张作霖返回东北后，军事上练兵整军，准备再战；政治上与孙中山、江浙的皖系残部结成粤皖奉反直三角联盟，互为引援。第二次直奉战争在1924年打响。

■ 这是1922年第一次直奉战争时期，吴佩孚（左）与其麾下的两名指挥官在火车站的一张合照。他们都穿着灰色的夏季常服，打着绑腿。在此战中，吴佩孚担任直军总司令，指挥10万直军与12万奉军在长辛店、琉璃河、固安、马厂等地展开激战。此战吴佩孚不负“常胜将军”之名，故技重施，出奇兵绕道攻击奉军后方，使卢沟桥奉军腹背受敌；吴还分化奉军内部，使奉军第16师临阵倒戈，造成全线溃退。第一次直奉战争后，直系势力达到顶峰。

■ 上图是1922年4月，吴佩孚麾下的一支部队在校场上受阅的场景，下图是第一次直奉战争时期，正在向前线开拔的吴佩孚部。吴佩孚部是直系军阀集团中最有战斗力的部队，吴本人也是直系的“常胜将军”，其练兵能力更是在北洋军阀中享有盛名。直皖战争后，吴佩孚企图支配北京政权而失败，遂返回洛阳潜心发展军力，编练部队。在扩充师旅，补充兵员的同时，吴佩孚以嫡系第3师为重点，实行以步兵为基础，以连为单位操练部队；并讲授现代军事科目，提高中下层军官的军事素养；还加强装备，在第3师中设置了铁甲车队、炸弹队、航空队等。吴佩孚的部队是直系在第一次直奉战争中取胜的根本，也刺激了张作霖战败后返回东北重新练兵。

■ 上图是1922年时，直军冯玉祥部的一队士兵在军官带领下唱赞美诗的场景。下图是冯军一个排在训练前诵读圣经的场景，作为北洋军阀集团中少有的基督教信仰者，冯玉祥被西方人称为“基督将军”，他的部队中设有随军牧师，从1918年开始，冯玉祥在自己的军队里进行系统的传教，建立教堂，每逢礼拜天，请牧师向全体军官讲道，并提倡查经、祷告、赞美、主日等仪式。冯玉祥还亲自为士兵宣讲教义。“基督治军”是冯玉祥凝聚军心的独特方式。

■ 上图是某次阅兵仪式现场，冯玉祥部某个团正在发放圣经，但是以当时中国人的识字水平，有多少士兵能看懂还真是个问题。冯玉祥将基督教作为凝聚本军阀集团的思想纽带，在其鼓动下，冯部大批官兵受洗入教。据统计，到1924年冯玉祥在京出任陆军检阅使时，麾下部队3万余人中信教过半，其中军官受洗者十之八九。但是,对于普通士兵来说，这种信仰并不虔诚。

■ 左图是冯玉祥部将张之江，照片拍摄于1922年的某处校场。张之江是冯玉祥麾下名将，1914年追随冯玉祥，在冯玉祥的影响下，张也受洗入教，在军中有“大主教”的称号。第一次直奉战争中，张之江为第11师第22旅旅长，冯部进军河南时，赵倜部偷袭郑州，张之江部兵力单薄，在增援部队的配合下击溃赵部，由此驱逐赵倜。

■ 上图是1922年第一次直奉战争时期，冯玉祥骑兵部队攻打河南督军赵倜的老照片。此战爆发时，作为代理陕西督军兼陆军第11师师长的冯玉祥率部进驻洛阳，为直军机动支援部队。河南督军赵倜在直奉军阀间见风使舵，暗中投靠奉系，冯玉祥受吴佩孚之命，武力驱逐赵倜，在郑州一举击溃赵倜武装，率部进入当时河南的省会开封，就任河南督军。而陕西督军则由亲直系的豫军镇嵩军统帅刘镇华出任。直系以此将豫、陕纳入势力范围。

■ 下图是1922年，冯玉祥麾下骑兵在张家口校场上训练时的场景。冯玉祥就任河南督军后5个月，便被吴佩孚调至北京，出任戴着空头衔的“陆军巡阅使”，因为冯玉祥不是吴佩孚的嫡系，且其在河南时多次拒绝吴佩孚的筹款提供军饷的要求，反而大力扩充自身兵力，受到吴佩孚的猜忌。这也是第二次直奉战争中冯玉祥倒戈的一个原因。

■ 上图是第一次直奉战争结束后，战败的奉军撤回东北的场景。此战失败后，张作霖回到东北重新整编训练军队，加强装备，使奉军的战斗力得到很大提升。两年后的第二次直奉战争，奉军在冯玉祥倒戈的帮助下，击败直军，取代直系掌控北京政府。

■ 右图是上图照片的另一个角度。从此处看，战败的奉军士兵裹着毛毯缩在敞篷的火车上，士气低落，一名士兵所戴的皮毛军帽上有个黄色五角星，这与日军军帽非常相似，可能来自于日本的军援。日本一直是奉系的靠山，其目的不外乎扶植奉系作为自己在中国的利益代言人。

■ 上图是1922年9月，秦皇岛沿线铁路上的带着胜利者神情的直军士兵。3个月前的6月17日，直系代表王承斌、彭寿莘与奉系代表孙烈臣、张学良在秦皇岛海面的英国“克尔留”号军舰上签署停战协定，双方以榆关为界，互不相犯。第一次直奉战争以直系的胜利宣告结束。

■ 下图是1922年在青岛，山东督军田中玉麾下的一队士兵。田中玉是皖系将领，于1919年出任山东督军兼省长，直皖战争中，田中玉坐观皖系失败。1923年5月6日，在鲁南抱犊崮落草为匪的张敬尧旧部孙美瑶率领1000余名土匪在津浦路北端劫掠了一辆北上的火车，制造了震惊中外的“临城火车大劫案”。由于车上有西方人质，致使列强反应激烈。在中外舆论和列强外交压力下，此事件以孙美瑶部被招安而迅速平息，田中玉也被迫去职，成为此次事件的政治牺牲品，山东督军一职被直系的郑士琦接任。

■ 张绍曾（1879–1928）

这是第一次直奉战争结束、黎元洪正式复职后的第一任正式内阁总理张绍曾。张绍曾字敬舆，河北大城人。早年毕业于保定军官学堂，后留学日本士官学校炮兵科，回国后任陆军第3镇炮兵标统。1911年，张绍曾任东北陆军第20镇统制。辛亥革命时期，张率军入关，向清廷上书，主张立宪，还政于民，遂被撤职。1914年，张绍曾出任陆军训练总监。护国战争期间，张极力响应蔡锷护国军。第一次直奉战争后，黎元洪复职大总统一职，直系曹锟“保派”和吴佩孚“洛派”政争不休，半年时间内，北洋政府经历了唐绍仪、王宠惠、汪大燮三届短暂的临时内阁。1923年1月，经过妥协，因张绍曾是曹锟的把兄弟，又与吴佩孚存在姻亲关系，张遂为两派接受，成为黎元洪再次上台后的首任正式内阁总理。1923年，黎元洪被曹锟赶下台，张绍曾内阁也随即终结。张绍曾从此离开政治舞台。1928年，张绍曾在天津被暗杀身亡。

■ 上图是20世纪20年代初在青岛市内，一队维持治安士兵在街头休息。左图是1922年12月，青岛市内全副武装、准备抵御土匪骚扰的警察部队。民国时期，青岛匪患严重。青岛原为德国所强占，一战结束后，列强在巴黎和会上将德国在山东的权益转让给日本，直接引发了五四运动。1921-1922年的华盛顿会议打破了日本独霸中国的局面，日本迫于会议上的压力，和中国进行谈判，商议关于青岛主权移交中国的事宜。11月30日，胶澳保安警察部队进驻青岛市区。日本不甘失败，收买盘踞于崂山的土匪孙百万，企图制造事端，阻挠北洋政府收回青岛主权。30日晚，孙匪部绑架青岛商会会长隋石卿、副会长张鸣銮勒索巨额赎金，青岛市人心惶惶。12月10日，中国从日本方面正式接收青岛，结束了日本对青岛8年的殖民统治。受日本收买、原本计划在当日进行武装暴乱的孙百万部被山东省长兼胶澳督办熊炳琦收编为胶东游击队，使日本的图谋破产。受招安后的孙部匪性不改，祸害青岛市民，后被当地部队剿灭。孙百万匪帮的情况是民国土匪的一个缩影：为匪祸害一方——受军阀招安——成为新的军阀或被消灭。

■ 这是1922年时期，地方剿匪行动中的一名政府的刽子手，他手捧着一把长柄大砍刀。当时中国的死刑仍继承了传统的斩首示众，而死刑的判决往往来自掌控其地盘上的百姓生死大权的军阀们。

■ 上图是某支军阀部队的马克沁机枪手，从穿着上看，他们可能是这个军阀的警卫部队的成员。射手左右的两名副射手将机枪弹链直接挂在身上，副射手和另一名士兵手持毛瑟式卡宾枪，在机枪射击时，他们负责近距离防护机枪组的安全。

■ 下图这两名士兵正在操纵一门德制 M1914式75毫米山炮进行射击训练。该款山炮在当时中国的几个大型兵工厂都有仿制，而且还是众多军阀的炮兵营的中坚力量。这两名士兵着装整齐，腰间别着 C–96式手枪及其皮制弹匣袋。

■ 蔡成勋（1871–1946）

右图是直系将领蔡成勋。蔡成勋，字虎臣，天津人。1900年毕业于天津武备学堂。1911年任浙江第41混成协协统，1914年任陆军第1师师长。冯国璋任代理大总统时，蔡成勋被任命为察哈尔都督。1920年出任陆军总长。1922年，为对抗广东北伐军，蔡成勋以援赣总司令入江西，督理江西军务善后事宜。1924年底，直系在第二次直奉战争中失败后，蔡成勋被免职，返回天津寓居。

■ 下图是吴佩孚闲时练习书法的情景。作为前清秀才，吴佩孚具有较高的传统文化造诣，熟读《易经》《春秋》，擅长草书与楷书，绘画以墨竹、梅花为主，人称其为“儒将”、“玉帅”，美国著名历史学者费正清称其为“学者军阀”。

■ 上图是正在训练的吴佩孚部队，这些士兵们穿着整齐的军装，扛着德制 Gew 88式步枪，他们可能来自其嫡系第3师。下图也是训练中的直军士兵，他们可能是骑兵，手中用的是 Gew 88式骑枪。在1920年的直皖战争和1922年的第一次直奉战争中，吴佩孚都凭借出色的指挥能力和麾下训练有素的部队为直系赢得了胜利。第一次直奉战争后，直系军阀势力达到顶峰，兵力超过25万人。虽然二次上台的总统黎元洪提出“废督裁兵”的主张，但对于军阀来说，军队就是其安身立命的本钱，不可能搭理无权无势的傀儡总统。且不说正在东北卧薪尝胆、扩军练兵的奉系；直系也在大招新兵，仅吴佩孚部在1923年5、6月便招募新兵1万余人，军阀们都在等待下一场大战的来临。

■ 上图是1923年时，晋系阎锡山麾下士兵的一张罕见照片，他们穿着臃肿的棉军装，面前一门山炮。自从1917年9月，阎锡山成为“山西王”后，较少参与军阀间的混战，而是专注于发展山西的经济和军事实力，他设立的山西军人工艺实习厂的制造工艺和规模不输于当时全国最大的汉阳兵工厂和东三省兵工厂，生产的弹药不仅能满足自身，还能外售给其他军阀，成为其拉拢其他军阀的有力工具。1924年第二次直奉战争中，羽翼丰满的晋军开始插足军阀混战。

■ 左图和下图都是20世纪20年代时期北洋政府处死犯人的场景。照片来自当时的明信片，左图这名满脸笑容的人，西方人用带有讽刺意味的语气介绍为“高级刽子手”，他正在监督现场死刑的执行。以此判断，他应该是“监斩官”之类的角色。从图片背景上可以看到，现场还有很多百姓和外国军人围观，当时死刑都是在公众面前公开执行，以儆效尤。

■ 程璧光（1861–1918）

清末民初海军将领，字恒启，号玉堂，广东中山人。1875年考入福州船政学堂，毕业后进入北洋水师服役，以“广丙”舰管带之职参加甲午中日战争。甲午战后在广州加入兴中会，复职于海军。1911年，程璧光率“海圻”号巡洋舰等炮舰远赴英国，参加英王加冕仪式，并访问墨西哥、古巴、美国。途中传来辛亥革命的消息，程璧光率舰队起义，拥护共和。北洋政府时期，袁世凯聘其为海军高级顾问。张勋复辟时期，程璧光与淞沪护军使卢永祥联衔通电声讨复辟、拥护共和。同年，在孙中山的劝说下，程璧光率海军部分舰只起义南抵广州，发表海军护法宣言，史称护法舰队。9月10日广州军政府成立，程璧光出任军政府海军部首任总长。1918年2月26日在广州遇刺身亡。

■ 杜锡珪(1874–1933)

北洋政府时期的海军将领，字慎丞、慎臣，号石钟，福建闽县人。早年毕业于南京江南水师学堂第二期驾驶班，1911年出任“江贞”舰管带。武昌起义时期，杜锡珪参与了清廷海军在九江的起义，被革命党人任命为“海容”号巡洋舰管带。民国成立后，杜锡珪继续在北洋政府任职，1913年跟随海军总长刘冠雄镇压“二次革命”。袁世凯复辟时期，杜和第一舰队司令林葆怿、前海军总司令李鼎新发表独立宣言，参加护国军。1917年7月，程璧光率部分舰队南下护法，杜锡珪却率“海容”、“海筹”两舰投靠段祺瑞，被任命为第二舰队司令。军阀混战时期，杜锡珪投靠直系。在第一次直奉战争中，杜锡珪率海军切断了奉军的海上补给线，为直系的胜利作出贡献，战后，杜锡珪升任海军总司令。直系在第二次直奉战争中败北后，杜被迫辞职，在奉系控制北京政府时期，杜锡珪曾短暂组阁。北伐战争时期，杜锡珪为北洋政府最后一任海军总长。南京国民政府时期，杜离开政治舞台，1933年在上海病逝。

■ 刘冠雄（1861–1927）

清末民初海军将领，字子英，福建福州人，早年就读于福州船政学堂驾驶班第四期，后留学英国格林威治皇家海军学院（GreenWich College），并参加了甲午中日战争。1912年袁世凯当政后，紧跟袁世凯的刘冠雄被任命为海军总长，成为民国第一位海军上将。“二次革命”爆发后，刘冠雄亲率海军主力南下，先后镇压上海和江苏的讨袁军。护国战争后，刘冠雄下野。张勋复辟被粉碎后，刘冠雄再次复出担任海军总长。1923年，刘在闽粤海疆防御使任上辞职，从此退出政坛。1927年，刘冠雄在天津病逝。

■ 左图和上图都是北洋政府时期，海军所装备的江防炮舰，经常用于江面的军舰或商船的护航。下图则是北洋政府海军中稀少的巡洋舰——“海容”号。可以看到舰艏的五色旗国旗。北洋政府时期，五色旗兼海军舰艏旗，青天白日满地红旗为海军旗并悬于舰艉。民国时期，军阀混战不休，海军也四分五裂，军阀们往往通过“银弹攻势”收买海军将领投靠，也有些将领出于革命理想而背弃北洋政府。最典型的是1917年7月程璧光、林葆怿率第一舰队南下投奔孙中山，包括3艘巡洋舰(“海圻”、“海琛”、“肇和”号)以及驱逐舰，海防、江防炮舰，运输舰、座舰等11艘。这些舰只组成了护法军政府海军，中国海军由此分裂为北洋政府海军舰队和护法舰队两大部分。1921年孙中山任命温树德为护法舰队司令兼“海圻”舰舰长，陈炯明背叛革命后，1923年，在吴佩孚的拉拢下，温树德也背叛孙中山，率“海圻”、“海琛”等6舰驶往青岛，投靠直系，改称渤海舰队，该舰队后来参与了第二次直奉战争。

江浙战争（1924年）

1924年9月3日，作为第二次直奉战争前哨战的江浙战争爆发，由于交战双方主要将领为直系的江苏军阀齐燮元和皖系的浙江军阀卢永祥，因此又有“齐卢战争”之称。早在直皖战争和第一次直奉战争时期，江浙军阀之间便有多次冲突。交战起因是军阀混战中最普遍的理由——争夺地盘，其核心便是上海。上海人口集中，工商业发达，是对外贸易的重要港口，具有重要的政治、经济意义；而且，上海的每月鸦片贸易收入，可以养活3个师的人马，这不啻于一个“聚宝盆”。但是，上海作为江苏的一部分，却为浙江军阀所占据。双方都将上海看做势在必得之物，战争在所难免。

1923年8月19日，江浙两省商贾绅士，为避免战争浩劫，以民意和各方压力迫使齐燮元和卢永祥达成“江浙和平公约”五条，使江浙战云一度缓和。但是，同年10月10日，曹锟通过贿选登上总统宝座，卢永祥发布通电，不承认曹锟的总统地位，并声称与北京政府断绝关系，江浙关系再度紧张（江苏是曹锟贿选资金的重要来源）。

而最终引发江浙战争的，则是福建问题。1923年初，直系将领孙传芳在北京政府的授意下，夺回了被皖系控制的福建省，并极力向浙江扩充势力；而卢永祥通过收编被孙传芳驱逐的闽军臧致平、杨化昭部，扩编军队，实力膨胀。这导致了直系苏、皖、闽、赣军阀的极大不安，四省联合图谋浙江。1924年8月下旬，孙传芳在福建建瓯成立闽浙联军，首先出兵攻浙。齐燮元也不甘落后，开始军事动员，并以卢永祥收容客军，破坏“江浙和平公约”为借口，电请曹锟、吴佩孚下令讨伐。由此，形成了直系军阀对浙江的军事行动。卢永祥等皖系军阀在1923年与广东孙中山、东北张作霖结成了粤皖奉反直三角联盟，故卢永祥在整军备战的同时，求援于张作霖。9月3日，苏浙两军在上海附近的望亭接火，江浙战争正式打响。而卢张的联盟，也为张作霖提供了再次入关的绝佳借口，由此引发了第二次直奉战争。

当时，双方部署如下：

齐燮元的江苏军投入8.1万人的兵力，联合皖、闽、赣的直军部队，在吴佩孚的策应下，兵分四路：一路攻打上海，一路攻打广德，一路防守宜兴，这三路以齐燮元亲任总司令；另一路则由孙传芳任总司令，进攻仙霞岭。由此形成对浙军的大包围。

浙军卢永祥则联合淞沪护军使何丰林、福建退入浙江的闽军残部，组成9.1万人的浙沪联军（其中浙军7.4万人，沪军1.7万人），兵分南北两路。北路由卢永祥亲任总司令，下分三军：淞沪战场，由何丰林、臧致平、杨化昭指挥；湖州、长兴战场，由陆军第4师师长陈乐山指挥；泗水战场，由第20旅旅长王宾指挥。南路由浙江省长、浙军第2师师长张载扬任总司令，驻守杭州，联络奉军。当时，浙沪联军虽然兵力上占有优势，但处于三面被围的不利境地，奉系和广东的盟友也是“远水难解近渴”。

另外，在这场地方军阀的混战中，双方各自的海、空军也投入了战斗。齐燮元背靠直系，得到海军总司令杜锡珪的支持，杜亲率长江舰队、闽源舰队共29艘军舰及海军陆战队混成旅赴江苏参战；而江苏航空队（1923年成立）作为直系空军的一个分支，同样也得到了中央航空队的支援，投入8架轰炸机作战。同样，卢永祥也有沪海舰队和浙江航空队的支援。

9月3日，江浙战争爆发，两军战场主要在宜兴、沪宁铁路沿线，以及嘉定、浏河、青浦等地区。江苏宜兴，江苏军打响了第一枪，但浙沪联军挫败了其欲一举攻占浙江长兴的计划，两军在宜兴、长兴之间胶着。同日，双方陆续在沪宁铁路沿线及江浙、浙赣、浙闽边界交火。驻江苏黄渡的江苏军向对方挑衅，被严阵以待的浙沪联军歼灭四五百人，浙沪联军趁势进占安亭，6日晚，两军在安亭激战，双方飞机亦赶来助战，但终因势均力敌，两军遂处于胶着状态。同日，嘉定方向，两军同样因为拉锯战陷入胶着。而在浏河方向，浙沪联军先败后胜，将浏河的江苏军逐退。

战争初期，双方势均力敌，虽拼尽全力，但战事难有突破。而卢永祥的盟友——孙中山、张作霖也在战争爆发次日，通电表示支持。孙中山在广州大元帅府决定誓师北伐，计划首先攻占江西，然后顺江而下占领安徽，再与浙沪联军会师于南京，并沿津浦路北上，联合奉军直捣北京，推翻直系军阀的统治。张作霖也以反直三角联盟为理由，向直系军阀宣战。9月15日，奉军入关，第二次直奉战争由此爆发。

随着战事的发展，形势对浙军愈加不利。9月8日，战事突变，一直等待江浙军阀两败俱伤再坐收渔人之利的孙传芳，因浙军炮兵团团长张国威投降，使孙部得以越过仙霞岭，于9月17日攻占江山，并趁浙沪联军内部变乱在18日攻占衢州，严重威胁卢永祥后方。9月中旬，皖、闽、赣相继参战，江浙战争发展为五省战争。在内外交困的情况下，卢永祥、张载扬分别辞去浙江军务督办和浙江省长职务，放弃浙江，离杭赴沪，并将浙沪联军总司令部从杭州搬到龙华，将兵力集中于松江、上海一带，准备借助上海的财力物力，与齐燮元、孙传芳决战。

另一方面，9月20日，北京政府任命孙传芳为闽浙巡阅使兼督理浙江军务督理，封恪威上将军，暗中投靠齐燮元的卢永祥部将夏超为浙江省长，齐燮元兼淞沪护军使，继续向上海推进。9月25日，孙传芳占领嘉兴。同时，江苏军在海、空军的支援下，继续向浙沪联军发起进攻。海军在长江给江苏军炮火支援，炮击浏河的江浙联军，使其撤出浏河。空军亦派出4架轰炸机连日轰炸浙沪联军，浙沪联军纷纷撤往上海地区。9月底，浙江战事完结，战场转向上海。10月初，两军在松江、石湖荡等地区再次激战。9日，浙沪联军退出松江。12日，看到败局已不可避免，卢永祥通电下野，与何丰林、臧致平、杨化昭等逃入租界，而后逃亡日本。江浙联军残部则推荐徐树铮为总司令，欲抵抗到底，但在15日，徐树铮被上海租界工部局软禁，江浙战争遂告结束。

这场地方军阀的混战，其背后是直系军阀与反直系军阀势力间的一场战事，此战使本已势微的皖系军阀集团再次受到沉重打击，从此皖系彻底衰落。更重要的是，直系的另一悍将孙传芳从此次战争中崛起，拿下了浙江地盘，还收编了卢永祥5个师，实力和地盘都得到极大扩充，成为割据东南的大军阀。

此外，江浙战争作为第二次直奉战争的前哨战，直接引发了第二次直奉战争，直系很快在该战中战败下台。直系虽然赢得了东南地区的反直战争，但在争夺中央政权的战争中，却被奉系所取代。

■ 这是江浙战争时期，浙军军官视察战地形势的场景。

■ 齐燮元（1879–1946）

原名齐英，字抚万，1879年生于河北宁河，江浙战争中的直系将领、江苏军阀。齐燮元早年先后在北洋武备学堂炮科、陆军大学、日本陆军士官学校学习；回国后，在北洋第6镇担任下级军官。民国成立后，齐燮元历任陆军第6师第12旅旅长、第6师师长。1917年，齐燮元率第6师随江苏督军李纯赴江苏，兼任江宁镇守使。1920年，李纯死后，齐燮元继任江苏督军、苏皖赣三省巡阅使，成为直系的一名重要将领。在江苏督军任上，齐燮元极力扩军，至江浙战争前，江苏军编有3个师5个混成旅（不包括驻江苏的中央陆军2个师）。江浙战争后，齐燮元收编卢永祥败军，势力进一步扩展。第二次直奉战争后，奉系向长江中下游扩张，齐燮元被张宗昌所败，被迫下野。1925年，齐燮元加入吴佩孚的十四省讨贼联军，任副总司令。北伐战争中，齐燮元再次战败下野。1930年，中原大战中，齐燮元加入冯玉祥、阎锡山阵营，参与反蒋，冯、阎失败后，齐燮元退出政治舞台。全面抗战爆发后，齐燮元甘为汉奸，投降日本帝国主义，参加华北伪政权，1940年被南京汪伪政权任命为“华北绥靖军”总司令。抗战胜利后，1946年齐燮元在南京雨花台被枪决。

■ 江浙战争中任浙闽联军总司令的孙传芳。此役中，孙传芳奇兵迭出，先克仙霞岭，再占衢州，使卢永祥迅速失败。战后，孙传芳占据浙江，通过收编卢永祥败军，实力大增，成为直系的又一名后起之秀和盘踞东南的大军阀。

■ 卢永祥(1867–1933)

原名卢振河，字子嘉，是江浙战争时期的皖系将领、浙江军阀。卢永祥生于山东济阳，1895年考入北洋武备学堂，毕业后参与小站练兵，与段祺瑞、王士珍等成为密友。民国成立后，卢永祥任陆军第10师师长。袁世凯死后，卢永祥投入皖系阵营，成为皖系骨干将领。1917年，卢永祥任淞沪护军使；1919年，任浙江督军。皖系在直皖战争中失败后，卢永祥成为皖系的重要支柱。第一次直奉战争后，为保有浙江、上海地盘，卢永祥代表皖系，与张作霖、孙中山结成反直三角联盟。江浙战争中，卢永祥战败下野。直系在第二次直奉战争中战败后，卢永祥投靠奉系，卷土重来。1925年，受奉系排挤，卢永祥隐居天津，1933年病死于此。

■ 右图是江浙战争期间，一名被俘后吊绑在树上枪毙的士兵。这名士兵属于哪一方阵营还不得而知。在此役中，双方的巡逻队都积极抓捕敌方士兵，以通过审讯获取其部队位置和兵力等情报。在榨干其情报价值后，士兵的命运就要看运气了。

■ 下图是1924年10月10日江浙战争中两军为争夺上海所进行的巷战期间拍摄，这两名浙军士兵正在一条巷子中对江苏军射击。与所有的军阀混战一样，江浙战争双方所使用的轻武器大都来自国外进口，浙军武器来自德国、日本和法国，江苏军中则有意大利产的军火。另外，在上海的战事中，为保护租界侨民，租界的外国武装也被允许在危急时刻开枪。

■ 上图是江浙战争中，浙军的炮兵正在操纵一门克虏伯75毫米山炮瞄准对面的江苏军阵地，他们的火炮阵地进行了伪装，炮手们几乎都隐蔽在炮盾后，以躲避对面的冷枪。从图中可以看到，这些士兵们都戴着不同于大檐帽的棉布军帽。江苏军则多佩戴大檐帽，此外，为区分敌我，江苏军还会佩戴一块红袖标。

■ 下图是江浙战争期间，一队在某城市街道上的浙军士兵。他们穿着粗糙的灰色军装，背着帆布弹药带，手中拎着“汉阳造”步枪。留意其着装可以发现，这些士兵的左臂上别着或缝有一块布料，这是他们用来代替臂章的识别标识。

第二次直奉战争（1924年）

江浙战争直接引发了第二次直奉战争。

自第一次直奉战争战败后，张作霖在东北卧薪尝胆，秣马厉兵，编练军队，准备卷土重来。经过两年的整顿和训练，奉军一改原来的绿林土匪、乌合之众的面貌，转变为一支有文化素养、懂近代军事技术和战略战术的科学化程度较高的军阀武装力量。至第二次直奉战争前，奉军总兵力达到3个师、27个混成旅、5个骑兵旅共25万余人。政治上，张作霖与广东孙中山、皖系首脑段祺瑞及浙江督军卢永祥结成粤皖奉反直三角联盟，并在直系内部秘密拉拢冯玉祥，以分化直系势力。对日方面，张作霖给日本在东北“合办”投资的便利，以换取日本的更大支持。

另一方面，自直系掌控中央政权以来，国事糜烂，曹锟贿选总统，饱受抨击。吴佩孚对内飞扬跋扈，直系内部各怀异心；对外，推行“武力统一”政策，向川、湘、闽、苏、浙、粤各省发动一系列战事，直军疲惫不堪，军费匮乏，各地兵灾不断。反直浪潮时起彼伏。至1924年9月3日，江浙战争爆发，张作霖认为开战时机已经成熟，遂于9月4日以反直三角联盟的名义，通电讨直。15日，张作霖将奉军改名为“镇威军”，自任总司令，杨宇霆为总参谋长，率部6个军（共17万人）和海军、空军各一部，向山海关、热河方向出动，第二次直奉战争开始。

奉军的部署为：第1、第3军作为主力，担负山海关、九门口一线的作战，该处战场将决定战争的胜负；第2军在热河南路，向朝阳、凌源、冷口一线进军；第4军作为全军总预备队驻屯锦州；第5、第6军主要为骑兵，担负热河北路的战斗。

另一方面，作为直系军阀集团的“常胜将军”，吴佩孚看到直系内部已四分五裂，旧将不可再用，新兵新将还未练成，吴对接下来的战争并无完全把握。但是，在形势下，吴佩孚只能选择迎战，组织“讨逆军”，自任总司令，以王承斌为副总司令，着手准备战争。9月14日，吴佩孚北上督师，曹锟正式任命其为“讨逆军”总司令，将总司令部设在中南海四照堂。

吴佩孚的25万“讨逆军”，分为前敌4个军和后援10个军。前敌4军分别由彭寿莘、王怀庆、冯玉祥、曹锳（曹锳同时兼任后援第1军司令）任总司令，后援10个军以张福来为总司令，张敬尧、李厚基为副总司令。全军由曹锟四弟曹锐为军需总监，李彦青为副监兼兵站总监。

直军兵分三路，其部署为：彭寿莘率第1军经略东路，沿京奉铁路前进，出山海关进攻辽沈；王怀庆第2军负责中路，从喜峰口出关进攻热河朝阳；冯玉祥第3军在西路，出古北口攻热河开鲁。此外，海军方面，吴佩孚任命杜锡珪为总司令，温树德、杨树庄为副司令，以大沽口为基地，秦皇岛为战区，巡弋海面，护送士兵。同时，另设海疆防御总司令，由山东督军郑士琦充任，以防御港口。空军方面，设置航空司令部，下设4队共70余架飞机，分驻北戴河、朝阳、滦县和航空处，负责战时侦察情报，轰炸敌军。

第二次直奉战争，是北洋军阀集团内部一场空前的战争，双方投入陆海空总兵力超过42万人，在山海关、热河两大战场鏖战两个多月，战线从热河朝阳直至冀东，血流成河。

9月13日，京奉铁路全线断绝；15日，奉军李景林、张宗昌第2军在义州、九官、台门等地与直军接火，战争全面打响。

战争首先在热河战场取得突破。热河战场由张作霖亲自指挥，奉军兵分南、北两路，南路以第2军为主攻，计划从北镇，经朝阳、辽源，进入喜峰口。北路以吴俊陞第5军为主，计划从通辽至开鲁，再南下承德，向喜峰口以西各关口发起进攻。面对奉军精锐兵力的压境，热河战场的直军却多为地方部队，驻防分散，装备陈旧。

热河南路，奉军进占义州后，于16日攻克重镇阜新，23日占领要地朝阳县城。

热河北路，在南路奉军攻克朝阳之后，直奉两军在建平、凌源、赤峰激战，建平和凌源先后被奉军攻克。9月30日和10月1日，直军第2军王怀庆和第1军第3路司令董政国分率援军赶到凌源西南的茶棚，在茶棚以北设置防线。10月4日，两军展开新一轮激战，奉军第2军张宗昌部和直军董政国部在玉麟山血战七八日，最后张宗昌通过缴获的直军军事地图，避实击虚，击败了董政国。与此同时，奉军许兰洲、吴光新第6军与第2军李景林部在赤峰与直军展开争夺战。10月8日，在飞机的轰炸支援下，奉军攻占赤峰。随着热河各处要地的逐一失守，直军在热河的失败已成大局。热河战局稳定后，奉军在牵制热河直军的同时，一部分军队秘密调往山海关，支援该处的决战。

另一方面，作为京师屏障的山海关主战场，关系到整场战争的胜败，直奉两军都在此投入了主力。按吴佩孚的既定战略，是将重兵集中于山海关战场，吸引奉军主力与之激战；同时，冯玉祥部出兵热河，威胁奉军后方的战略要地锦州；再由海军运载精锐部队从奉军后方的葫芦岛登陆，前后夹击歼灭山海关战场上的奉军。直军将第1军彭寿莘部放在此处，其麾下精锐的第15师在山海关外的威远城抢占有利地形，居高临下修建防御阵地。但是，吴佩孚没料到的是，冯玉祥已与奉系暗通消息，直军热河战场失利的一个原因便是冯玉祥部10月1日至古北口后便按兵不动，未按既定计划增援。冯部在等待一个给直系反戈一击的时机。

奉军方面，则以第1、第3军为主力，联合攻打山海关阵地。其中，正面攻打山海关的是第3军副军长郭松龄（军长张学良）指挥的6个团，第1军军长姜登选、副军长韩麟春率第4、第16旅从九门口以北进行侧面攻击。

9月17日，两军在山海关进行了多次小规模冲突，两军的海、空军也相继投入战场，以争取战场主动权。9月29、30日，奉军在空军的轰炸支援下，相继攻占万家屯、龙王庙、姚家庄等地。两军主力逐渐短兵相接。10月7日，张作霖下达了总攻击令，奉军第1、第3军向直军阵地发起进攻，山海关战场上的大规模战事由此开始。

经过一日激战，奉军在直军坚固的阵地工事面前伤亡惨重，不得不停止攻势，将主要进攻方向转至山海关西北10余公里处的要隘九门口。10月8日，奉军第19旅攻占九门口，打开了直军的长城防线。奉军遂一部沿九门口南侧山地向西南推进，包抄山海关的直军；另一部则从九门口北侧山地西进，企图攻占石门寨，威胁直军后方的秦皇岛，切断直军退路。

为保后路，彭寿莘立即组织兵力增援石门寨。10月11日，吴佩孚亲赴前线督师，再度派兵增援山海关战场。次日，吴佩孚亲率第3师一部，由玉泉山进攻沙河寨，企图夺取沙河寨，以此为支撑点，正面阻击从九门口西进的奉军，并侧击、牵制山海关奉军。但是，这场攻势被奉军强大的炮火击退。14日，直军再次发起大反攻，志在夺回九门口，两军伤亡惨重，在沙河寨、赵家峪、黄土营一线对峙。16日，奉军经过全线攻击，进入石门寨，直抵柳江。17日，直军第3师第6旅来援，方缓解了直军的危急形势。

从16日起，奉军为攻克威远城，曾三次突破直军第15师防线，但都在直军的强大火力下功败垂成，郭松龄甚至组织起3000人的敢死队与直军展开肉搏战，亦未能突破直军阵地。奉军遂将进攻方向转移至沿海一带。山海关正面阵地前，双方遗尸万余。

与此同时，为配合山海关正面防线，两军在其附近的三道关、角山寺、二郎庙也激战不休，阵地反复易手。17日，奉军第3军1.3万余人经过血战，攻克三道关，迫使直军后撤至石嘴子，打开了通往二郎庙并包抄山海关的一个通道。同日，奉军在海军舰炮的火力支援下，一举攻占角山寺、二郎庙阵地，这里是山海关通往秦皇岛的要道，事关退路。19日，吴佩孚亲率5个师、8个旅，分兵三路向角山寺、二郎庙进攻，企图夺回两处阵地。两军反复拉锯激战数日，至22日，直军疲惫撤走。在这里，直军伤亡3000余人，奉军也有近千人伤亡。

在九门口、石门寨方向，10月19日，直军1.5万人也对石门寨的奉军发起突袭，双方激战至20日，奉军逐渐不支。同时，张作霖得到日本情报，直军已征集13艘轮船，企图从大沽口运载3–4个师兵力，由海路侵入奉天境内，直插奉军腹地。为尽快解决战斗，张作霖遂秘密从山海关正面抽调8个团和2个炮兵旅大部，由郭松龄率领，加强石门寨的兵力。奉军援军的抵达，直军在石门寨的战斗逐渐无力，被迫后撤。

就在山海关战场上，直军陷入被动之时，10月19日，对直系心怀不满久矣的冯玉祥在滦平下达了倒戈命令，联合直军后援军第2路司令、陕军第1师师长胡景翼，以及北京警备副司令孙岳，倒戈回京。23日，冯玉祥部进入北京，占领全城，囚禁曹锟，并强迫其下达停战命令，其部亦改称为“国民军”。这便是著名的“北京政变”。

24日，“北京政变”的消息传到前线，直军大乱，奉军趁势发起猛烈攻势。吴佩孚一面急电萧耀南、孙传芳、齐燮元、李济臣等直军将领率湖北、江浙、河南直军北上讨伐冯玉祥，一面亲率直军第3师和第6师于26日退返天津。

此时的直系已是“墙倒众人推”，众叛亲离，沉寂已久的晋系阎锡山加入讨直阵营，鄂豫陕的援军在石家庄被晋军缴械；江浙直军则因山东督军郑士琦的武装中立而无法北上。吴佩孚的援军就此泡汤。10月31日，奉军在京奉铁路沿线大举进攻直军，大部直军缴械投降。11月3日，冯玉祥部攻占天津，奉军进占军粮城。吴佩孚走投无路，率其嫡系第3师残部2000余人从塘沽乘船南逃。第二次直奉战争以直系的垮台落下帷幕。

从1920年直皖战争后，至1924年直系战败，在直系军阀统治期间，中国爆发了大小数百次军阀混战，其中较大的有：1921年7月的陕直战争和湘鄂战争，8至9月的湘直战争，9至10月的川直战争；1922年4月的第一次直奉战争，1922年7月至1924年9月的川军内战，1924年9至10月的江浙战争和9至11月的第二次直奉战争。连年战乱给百姓带来无尽灾难。然而，直系倒台后，也不过是另一个军阀集团控制中央政府而已。

■ 图为1924年第二次直奉战争期间，在天津火车站的军容散乱的直军，他们的武器随地堆放，看模样他们可能是正在集结等待奔赴战场。在这场战争中，直军的武器装备与奉军相比有较大劣势，后者早有准备，从日本、德国购买了新式飞机大炮，还有日本的直接军援；前者武器为临时采购，军费困难，而且很多武器为汉阳兵工厂生产，质量不如奉军。这也是导致直军战败的一个原因。

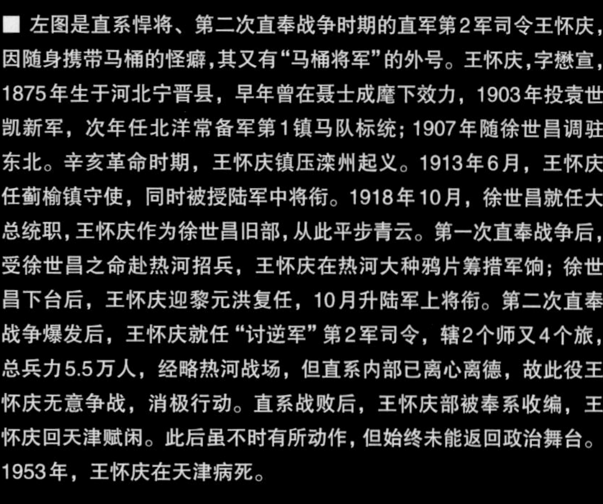

■ 左图是直系悍将、第二次直奉战争时期的直军第2军司令王怀庆，因随身携带马桶的怪癖，其又有“马桶将军”的外号。王怀庆，字懋宣，1875年生于河北宁晋县，早年曾在聂士成麾下效力，1903年投袁世凯新军，次年任北洋常备军第1镇马队标统；1907年随徐世昌调驻东北。辛亥革命时期，王怀庆镇压滦州起义。1913年6月，王怀庆任蓟榆镇守使，同时被授陆军中将衔。1918年10月，徐世昌就任大总统职，王怀庆作为徐世昌旧部，从此平步青云。第一次直奉战争后，受徐世昌之命赴热河招兵，王怀庆在热河大种鸦片筹措军饷；徐世昌下台后，王怀庆迎黎元洪复任，10月升陆军上将衔。第二次直奉战争爆发后，王怀庆就任“讨逆军”第2军司令，辖2个师又4个旅，总兵力5.5万人，经略热河战场，但直系内部已离心离德，故此役王怀庆无意争战，消极行动。直系战败后，王怀庆部被奉系收编，王怀庆回天津赋闲。此后虽不时有所动作，但始终未能返回政治舞台。1953年，王怀庆在天津病死。

■ 上图是第二次直奉战争时期直军援军总司令张福来。张福来，字子恒，1871年生于直隶交河，早年入曹锟部，在北洋第3镇效力。1917年，升任陆军第3师第6旅少将旅长。1920年，直皖战争后，升任第24师师长，次年晋升陆军中将。第二次直奉战争中，张福来就任直军援军总司令。冯玉祥倒戈后，吴佩孚率军赶回天津，将前线指挥权交给张福来，但张福来有勇无谋，加速了直军的失败。直系战败后，张福来随吴佩孚逃至湖北。1925年，吴佩孚趁浙奉战争东山再起，张福来跟随吴佩孚复出。同年，张福来在汉口病死。

■ 左图是第二次直奉战争开始时，视察部队的吴佩孚。此战中，吴佩孚的起家部队——第3师作为主力之一，置于山海关战场。1924年10月10日，在得到九门口失守的消息后，吴佩孚亲赴山海关前线督战，行前夸下海口：“十五日内即可荡平逆军。”但是，战争形势并未如吴佩孚所料想般发展，前线直军接连失利，冯玉祥的倒戈成为压倒直军的最后一根稻草。10月末，吴佩孚败退天津，从海路南逃。

■ 右图是1924年10月，第二次直奉战争期间，作为援军的直军第14、第24师的士兵正在登陆秦皇岛。这些部队会在此赴山海关增援。当时第14师师长为靳云鹏，第24师师长为杨晨清，同属张福来麾下。其中，第24师的士兵主要来自直隶，而第14师则主要由山东人组成。出于乡土观念的传统，前者更受直系军阀的重视。

■ 左图是第二次直奉战争期间，某个火车站，一群挤在敞篷车厢中的直军士兵，他们身上背着中国传统的背囊，还有一把雨伞。他们随身携带的装备往往就是全部家当。在中国北方，财力雄厚、地盘宽广的大军阀们用铁路动员、运输兵员是司空见惯的现象。而铁路线和火车对于这些军阀来说自然也就非常重要。

■ 下图是第二次直奉战争期间，直军援军坐着敞篷车厢抵达前线时的情景，他们所处位置是山海关火车站。

■ 上图是第二次直奉战争时期，吴佩孚的野战指挥部，直军的一个电报员正在操纵电台，给前线指挥官发送命令。不仅是在直系军阀集团，在北洋军阀各派系中，吴佩孚的军事才能都是首屈一指的。直皖战争、第一次直奉战争中，装备并不占优势的直军都是在其优秀的指挥下取得胜利。但是在这场战争中，“常胜将军”吴佩孚走了麦城。

■ 下图也是第二次直奉战争期间，吴佩孚在山海关前线的部队正通过电台收发消息的情景。从图中可以看出，沿着铁路，吴佩孚的部队铺设了电报线路，他可以通过电报与前线部队取得联系。

■ 上图是第二次直奉战争开始的头几天，直军的一队士兵正奔赴前线。从照片上看，两名士兵正抬着一挺机枪。据报道，直军的机枪型号多样，既有从意大利进口的，也有从1921年起在汉阳兵工厂生产的卅节式重机枪——这款重机枪是中国自行仿制的7.62毫米勃朗宁 M1917水冷式重机枪。据汉阳兵工厂记录，至1924年战争爆发时，兵工厂每月可生产20挺马克沁式重机枪。

■ 下图是1924年第二次直奉战争时期，直军的炮兵正用骡子将分解的轻型火炮驮运奔赴前线。由于缺乏牵引工具，当时很多军阀将轻型火炮采用分解运输的方式送往前线，若牲畜缺乏，背负火炮零部件的不是炮兵自己就是被征召来的民夫。留意照片可以看到，这些士兵左臂上缠着一块深色的布料作为敌我识别的标识。至于采用什么颜色，并没有统一规定，只要能和对面的敌军区分开来就行了。

■ 本页三幅图展示的都是直军装备的一门意大利 M1916式76毫米40倍径高射炮，这门高射炮安装在卡车上，由铁路平板车运往前线。在山海关战场的战斗中，奉军以优势的空中力量轰炸直军阵地，直军便以意制高射炮进行还击，该型高射炮的最大射程为6000米，但奉军的飞机往往不在其射程内，致使其命中率并不高。留意最上图，可以看到右二士兵戴着一顶法国的阿德里安式钢盔，看起来相当洋气。中图这几名直军炮手无所事事，等待赶赴前线。最下图可以看到有两门该型火炮停放在铁轨的平板车上。

■ 左图是第二次直奉战争期间，某个火车站，直军的一辆雪铁龙－克格里斯（Citroen–Kegresse）半履带式装甲车，这类装甲车的炮塔上装备的不是37毫米火炮就是哈奇开斯式重机枪。据拍摄这幅照片的西方人称，这些装甲车并未投入战场，但也有直军在山海关战场投入装甲车进攻奉军的记载。

■ 下图是第二次直奉战争期间，某个火车站，一位农民为直军骑兵提供军马的草料。当时草料的供给并不充足，军阀的骑兵们不得不搜刮可以弄到的所有饲料来喂养战马，其中包括高粱秸秆、小米、豆类，以及那些被外国观察员称为“质量最差的受潮面包”的食品。

■ 上图是第二次直奉战争时期，某个营地外，直军的一队面带微笑的少年兵。吴佩孚在洛阳练兵时期，便征召了一批10-15岁的青少年从军，采取专业化训练，以培养军队的后备力量。1924年10月24日，在九门口的争夺战中，吴佩孚便投入他的少年兵操炮轰击奉军。

■ 下图是第二次直奉战争时期，吴佩孚嫡系第3师麾下“钢盔旅”的士兵们，他们头戴阿德里安式钢盔，身背大刀，腰间别着毛瑟C-96式手枪和皮制弹药袋，从其精良的装备可知这支部队属于吴佩孚嫡系中的嫡系。在当时的中国军阀部队中，钢盔是很罕见的装备，而吴佩孚的部队是中国第一支装备钢盔的军队。据美国一位军事顾问指出，吴佩孚的部队中，除了“钢盔旅”，一些骑兵也装备有阿德里安式钢盔。此外，在1927-1928年的北伐战事中，两份张作霖的安国军的军备运输报告中也显示有不明数量的钢盔，这些钢盔来自德国和挪威。但是，对于安国军是否装备有钢盔，目前还没有影像资料佐证。

■ 上图是第二次直奉战争期间，守卫某个指挥部的一队直军士兵，可以看到这两名士兵佩戴着阿德里安式钢盔，他们可能来自“钢盔旅”。直军的阿德里安式钢盔来自哪个国家现在还未知晓，这款法式钢盔在一战时至少装备了6个国家的军队。留意照片还可以看到，这几名士兵面前的马克沁重机枪旁边除了一个弹药箱，还有一个大水壶，这个水壶可能是为这挺水冷式重机枪加冷却水的。

■ 下图是1924年11月，山海关附近，被奉军炸毁的直军军列。它可能毁于奉军的飞机轰炸。当时直军已兵败如山倒，珍贵的火车也遗弃掉了。据当时旁观的外国军官的综合意见，直军山海关之败的因素有：整编后的奉军采用了新式战法，直军还是旧式战法。后勤方面，奉军早有准备，粮草无忧，棉衣装备一应齐全；直军则是临时采购，军费大费周章。奉军迫击炮极多，采用高弧线的瞄准法，成三角形而直入直军战壕。奉军装备了新式飞机，机枪火炮也是由国外新购；直军武器多为汉阳兵工厂所制，质量难敌洋械。直军败退时，一些直军部队如少年兵等，甚至在身后袭击退却的直军，致使其伤亡更大。

■ 上图是1924年11月，第二次直奉战争末期，位于天津的一队败退的直军，铁路平板车上拖着他们的装甲汽车。由于车辆都用防水布盖着，无法辨认车辆型号，更不能判断其是否来自第一次世界大战后欧美军队的淘汰品，或者，它也可能是吴佩孚的兵工厂的产品。

■ 下图是1924年11月，败退的直军士兵正在等待火车机车的到来，以便将他们撤离战场。这些士兵甚至在敞篷车厢上搭起了帐篷。即便垄断了某条铁路线的火车运输，但优先享受这种待遇的，还是高级军官们和珍贵的重型装备，普通士兵往往是排最后的。

■ 左图也是战败的直军士兵正乘坐敞篷列车撤离前线的场景。可以看到这些士兵或坐或立，军容不整，表情沮丧，败军之相显露无疑。军阀混战中，败退的一方往往会遗弃掉武器，以便能更快地撤离战场。

■ 下图是第二次直奉战争中，一辆卡车满载着败逃的直军官兵经过某个车站的情景。可以看到，几名士兵正在吃饭，旁边一个小贩在向他们兜售商品。吃了败仗，这些士兵可能不得不用一些私人物品来换取食物。仔细观察可以发现，这些败军戴着五花八门的帽子，既有大檐帽，也有带护耳的皮毛军帽，还有平民戴的棉帽。穿的军装也破旧不堪。和自有被服厂供应军装的奉军不同，直军的军装质量难以与奉军相比，第二次直奉战争时，一些直军士兵甚至还穿着夏季常服。在1924年的时候，吴佩孚麾下的一些士兵已经经历了5年战事，厌战情绪很高。从表面上看，这些士兵看起来还算平静，有些败逃的部队军纪更加不堪，往往会骚扰地方，抢劫平民，因此民间有“溃兵如匪”的说法。

■ 上图是沮丧的直系败军士兵正在火车站等待撤离的情景。1924年10月24日，冯玉祥发动政变的消息传到前线后，直军军心大乱，在奉军的全线进攻中一举崩溃。10月28日，张宗昌部占领滦州，并向天津进发；郭松龄部攻占秦皇岛，切断了山海关战场直军的退路。直军主力被包围在秦皇岛与山海关之间。10月31日，京奉铁路的奉军兵分三路向直军发起进攻，除了高级将领乘船逃回天津外，大部直军官兵被俘。第二次直奉战争持续时间近两个月，以直系战败告终，据估计，战败投降的直军约8万人，直军残部9个师和6个混成旅都被取消了番号。

■ 下图是1924年10月26日，吴佩孚（中间穿风衣者）撤至天津的场景。在得到冯玉祥倒戈的消息后，吴佩孚首尾难顾，一面电令鄂、苏、浙、豫等直军北上讨冯，一面率第3师和第26师余部8000人从秦皇岛撤返天津。抵达天津后，吴佩孚将新司令部设在新车站，将部队集中于军粮城和杨村，等待增援。但是，各路援军纷纷受阻。在国民军和奉军的夹击下，天津于11月3日被攻占。吴佩孚遂率第3师残部2000余人经塘沽乘船南逃。

■ 上图是第二次直奉战争前夕，一队奉军正在接受检阅。引领受阅队伍前进的是其军乐队。可以发现，这支军乐队前列的一名鼓手非常魁梧。作为一支部队的脸面，将这类外形高壮的士兵放在军乐队中倒无可厚非。另外，后面的部队，扛着属于自己单位的各式各样的军旗。一些奉军旗帜上所带有的罗马数字，代表的是其所在团的番号。

■ 下图是第二次直奉战争前，奉军的一队炮兵正在校场上训练使用英制152毫米重型榴弹炮的情景。这款榴弹炮重达1.32吨，在中国军阀混战的战场上非常少见，张作霖是怎么获得这款重炮的还不清楚。这一场景显示了奉军精良的装备。第一次直奉战争中失败后，为了扩军备战，张作霖斥巨资外购飞机、大炮、装甲车等多种新式装备，同时扩建东三省兵工厂、迫击炮厂等军工企业，研发生产军械，提高武器自给能力。在短短2年内，奉军的装备得到极大改善。

■ 上图是第二次直奉战争期间，奉军麾下的白俄雇佣军炮手正在操纵法制施耐德75毫米 M1897式野战炮向直军开火。注意那名拉索发炮的白俄炮手的袖标，是一个深色底加白圈式样。他们操纵的 M1897式野战炮是当时一款非常优秀的火炮，采用管退式技术，一战时期法军和多个参战国军队都曾使用，有效射程可达到8550米。

■ 下图是奉军中的白俄雇佣军和他们的火炮，炮上还站在两支宠物狗。张作霖麾下的白俄雇佣军来自十月革命后逃亡中国的前沙俄官兵。早在1919年，张作霖便收编了一支300余人的由普列什科夫上校率领的“西伯利亚第1步兵团”，1922年，奉军张宗昌也开始大规模收编白俄军。这些雇佣军官兵都是打过恶仗的老兵，受过良好的训练，军事技能较出众，但军纪也非常败坏。在第二次直奉战争中，白俄雇佣军登上中国军阀混战的舞台。

■ 上图是第二次直奉战争时，奉军的一支炮兵部队，一名军官神态自得地面对着镜头。照片上的山炮都用马匹牵引。这些较轻型的火炮，一匹骡马便可牵引运输。西方的军事观察员曾指出，奉军的75毫米和77毫米火炮需要用6匹军马来牵引，而关内军阀的150毫米重型火炮则需要用到8匹马来运输。但是，当时中国普遍缺乏役畜，优良的军马通常优先考虑骑兵，因此，其他畜力如牛、骆驼等牲畜都会被用来运输分解的火炮。

■ 下图是第二次直奉战争期间，奉军的一个山炮炮组正在准备射击的场景，旁边的弹药箱已经打开，众炮手各司其职。观察图片，他们操纵的好像是德制克虏伯75毫米山炮。该型山炮在各军阀部队中都较为常见。

■ 上图是第二次直奉战争期间，山海关战场上，战壕里的一个奉军的哈奇开斯 M1914式重机枪组。在日本的军援下，奉军中也装备有哈奇开斯式重机枪的日式版本——6.5毫米大正三年式重机枪。

■ 下图是第二次直奉战争中奉军的医护兵，他们挎着急救包，左臂上戴着作为医护人员的红十字袖标。一名士兵所拿的旗帜上也有红十字标识。根据国际法，医护人员在战场上享有不受攻击的权利。但是，在军阀队伍，尤其是一些和土匪没什么区别的部队中，国际法是否会得到尊重，还不得而知。

■ 下图是第二次直奉战争期间，奉军的通讯兵正在使用野战电话进行通讯。在编制上，奉军的通信班分为4组，每组8人，全班32人，实际上相当于排。奉军的步兵团，较关内军阀部队，要多一个迫击炮连和一个通信班。经过两年整军，奉军已成为装备精良的军阀武装，无论装备还是训练，都要优于关内军阀部队。

■ 这是第二次直奉战争时期的山海关战场上，奉军第3军军长兼第4师（即张作霖起家的第27师）师长张学良。作为张作霖长子，奉军“少帅”，张学良在张作霖的悉心培养下，自1922年整军以来脱颖而出，成为奉军中的后起之秀。第二次直奉战争中，他的第3军和姜登选的第1军作为奉军主力，承担山海关主战场的战事。

■ 上图是第二次直奉战争时期，一名奉军士兵在镜头前高兴地展示他的伯格曼 MP 18 I 冲锋枪。这款冲锋枪在一战时期是德军突击队的装备之一，张作霖从瑞士大量进口。第二次直奉战争是该冲锋枪在中国战场的首次亮相，当时奉军敢死队手持伯格曼冲锋枪突击直军阵地。此后，各地军阀争先进口或仿制，并用于装备警卫部队等精锐力量。该枪在中国还获得了“手提花机关”的昵称。

■ 下图是第二次直奉战争时期，奉军的一个迫击炮连正在操纵他们的重型迫击炮。奉军每个步兵团下直辖一个108人、6门迫击炮的迫击炮连。奉军的迫击炮多来自1922年自建的奉天迫击炮厂，由英国人萨顿主持生产和仿制。主要产品有斯托克斯式81毫米迫击炮（仿制品称为十一年式和十三年式迫击炮），还有十一年式150毫米迫击炮。正常情况下，奉天迫击炮厂每月可产迫击炮80门，炮弹4万发。大量装备的迫击炮提高了奉军的火力，这是奉军在此役中获胜的原因之一。

■ 上图是第二次直奉战争的战场上，奉军的通讯兵正在操纵电台收发命令。自第一次直奉战争战败后，张作霖非常重视部队装备的更新，大量购置了各种先进的军备，并给予士兵相关训练。值得一提的是，出于土匪出身的搜刮本性和对装备的重视，张作霖搜刮战场非常厉害。在1920年直皖战争后，张作霖便把皖系停在南苑机场的12架飞机弄到了关外，军火辎重装满了百十节车皮，就连两个探照灯也从直军手中抢过来。当时气得吴佩孚大骂：“真碰上了一群活土匪，连两个破灯都不放过！”

■ 左图是第二次直奉战争时期，奉军火车上，一名马克沁机枪手正操纵机枪警戒四周。当时铁甲列车在中国还是非常少见，直至此役中，张宗昌在滦州缴获了一批铁路车辆并将其改造为铁甲列车，揭开了中国军阀部队装备铁甲列车作战的序幕。

■ 上图是1924年11月初，第二次直奉战争结束前，一列停在山海关火车站的奉军火车。可以看到车头前还有一面该部的军旗。这辆列车并非真正意义上的铁甲列车，但在车头两侧，也加装了装甲板，以保护驾驶员和引擎。

■ 下图是1924年11月，战争结束前，一列装载着奉军野战炮及火炮前车的火车正停靠在山海关地区，这些火炮用植物进行了伪装，以防止直军的空袭。实际上，当时直军已兵败如山倒了，而且，直军的空军在第二次直奉战争中作用也较有限。当时北方铁路交通较南方发达，直奉军阀都是利用铁路线大规模集结运输部队。

这是第二次直奉战争前夕，直军冯玉祥第3军的一个士兵。他手持大刀，还有一支连着木制枪套作为枪托的毛瑟 C–96式手枪，这一形象成为冯玉祥西北军的代表形象之一。此战中，冯玉祥部2万余人担负西路攻势，出古北口进攻开鲁，做迂回之势，威胁奉军的后方要地锦州。但是，战前，冯玉祥便与张作霖暗通消息，寻机倒戈。冯玉祥的“反水”是直军在此役中战败的直接原因。

上图是1924年10月底，冯玉祥发动“北京政变”期间，冯军一个连在火车站集结的场景。冯玉祥的倒戈是直系军阀内部矛盾激化的结果。在第一次直奉战争中，冯玉祥升任河南督军，在督豫时期，冯玉祥扩充了3个混成旅的兵力，受吴佩孚之猜忌。加上吴佩孚驻节洛阳，独断专行，对非嫡系的冯玉祥强力压制，冯、吴之间争权夺利不休。随着冯玉祥实力的增长，吴佩孚以明升暗降之法将其调至北京任陆军巡阅使，使冯丧失了地盘、兵源和财源，在北京深受曹、吴嫡系压制之苦。另一方面，曹、吴的统治也丧尽人心。在此背景下，战前，冯玉祥便与孙中山、张作霖等互通信息，冯玉祥得到奉系的军事补给并达成互不交战的默契。10月19日，冯玉祥在滦平发布倒戈命令；22日晚，冯部进入北京；次日，“北京政变”爆发。

下图是“北京政变”时期，一位被拉夫的农民正驾驶着自家马车为冯玉祥部运送物资，马车还旁坐着一位冯部士兵。战争结束后，这些被征的民夫才能拿着微薄的报酬回家。当然，也有白干一场的。

■ 上图和下图都是1924年10月23日，冯玉祥部进入北京的场景。可以看到，他们的辎重用马车拉运，和一旁的步兵一起走过北京的大街小巷。旁边的北京市民对此很淡然，民国成立后，频繁的军阀混战使北京市民对这种突然间“城头变幻大王旗”的情况已经很习惯、甚至麻木了。

上图是“北京政变”时期，冯玉祥部的士兵从北京火车站出发，占领京城周边地区。可以看到，这些士兵背着背囊、帆布弹药带，全副武装，最前面这名士兵的军帽上还有一个护目镜。据目击者称，冯玉祥的士兵装备很齐全，包括铺盖卷、一双备用的布鞋、金属杯、子弹带、雨伞等等。但是，随着地盘的扩大和兵力的扩充，军费开始捉襟见肘，冯军也越来越像“叫花子军”了。

右图是1924年11月5日，冯玉祥部下、北京警备司令鹿钟麟（中间者）受冯玉祥之命，派兵将末代皇帝溥仪驱逐出故宫时，在清室代表绍英、宝熙的陪同下，检查永寿宫的场景。冯玉祥是坚定的反帝制者，辛亥革命时便参与了滦州起义，张勋复辟时也出兵讨伐。“北京政变”后，在冯玉祥的提请下，内阁通过修正优待清室条件，永远废除宣统皇帝尊号，将溥仪移出紫禁城。驱逐溥仪、永废帝号事件具有极大意义，孙中山对此进行了极高评价：复辟祸根既除，共和基础自固，可为民国前途贺。

■ 上图是1924年10月末，北京街头的一队冯玉祥国民军。他们军容整齐，左臂缠着一块红底白圆的袖标，喊着口号。在第二次直奉战争前，冯玉祥部共计1个师、3个混成旅和1个骑兵团、1个炮兵团，共2万余人。为发动政变，战前冯玉祥积极招募新兵，扩充人马。占领北京后，冯玉祥将所部改为中华民国国民军，自任总司令兼第1军军长，副司令胡景翼、孙岳分别兼任第2、第3军军长。

■ 下图是国民军占领天津火车站的情景。1924年11月2日，国民军直趋杨村，先后占领杨村、北仓；3日，追击吴军至天津郊外，将其缴械，并占领天津。同日，奉军攻占芦台，进占军粮城。吴佩孚率残部逃走。两年前，第一次直奉战争中，直军击败奉军后进占天津。两年后，天津再次易手。

这是冯玉祥部将张之江。张之江作为冯玉祥麾下“五虎将”之一，深受冯之信任。第一次直奉战争后，冯玉祥督豫，扩充军队，张之江出任新扩充的第7混成旅旅长，并晋升陆军中将。第二次直奉战争爆发后，张之江任冯玉祥第3军第1路司令兼第7混成旅旅长，以该旅为先遣队，向热河开拔。冯玉祥发动“北京政变”后，1924年10月25日，张之江受命率部赴杨村，迎战吴佩孚军沿京津铁路的反扑。11月2日，张之江旅与胡景翼部在杨村击败吴军，俘直军援军第9路司令、第1混成旅旅长潘鸿钧。

附录：
军阀时代的轻武器

■ 毛瑟 C-96式半自动手枪

德制7.63毫米毛瑟 C-96式半自动手枪在中国家喻户晓，从北洋政府的军阀混战时期一直到国民政府统治的抗日战争、解放战争时期，都是中国军队中的主要手枪之一，还获得了“自来得”、“盒子炮”、“驳壳枪”、“快慢机”等绰号，它是近代中国使用数量最多的手枪，据保守估计，在中国，来自各种版本和生产商的“盒子炮”至少有50万支之多。毛瑟 C-96式手枪清末便出现在中国，北洋政府成立后，进行了大规模引进。1912年9月，北洋政府陆军部便通过德商的礼和洋行引进一批军火，其中便包括200支 C-96式手枪，每支手枪还含子弹500发，共花费白银11600两。随着军阀混战的加剧，该枪在中国逐渐流行，各地兵工厂竞相仿造。1918年，大沽造船所首先仿制该枪，各种型号加起来约为2000-3000支。此外，汉阳兵工厂、上海兵工厂、巩县兵工厂、太原兵工厂等军工企业也有仿制，其中，汉阳兵工厂产量最大，1921-1928年间，共仿制14000-15000支。而阎锡山的太原兵工厂生产的“盒子炮”，则以在原版基础上自行设计的11.43毫米十七年式最为著名。军阀混战时期流行的毛瑟 C-96，除了德国原版和各地兵工厂的山寨版，还有1925年时开始引进中国的西班牙仿制版，西班牙制“盒子炮”有阿斯特拉、蓝色（Azul）、皇家（Royal）三个牌子，以低廉的价格深受中国市场的欢迎，1925-1936年间，约有10万支西班牙“盒子炮”被引进中国。

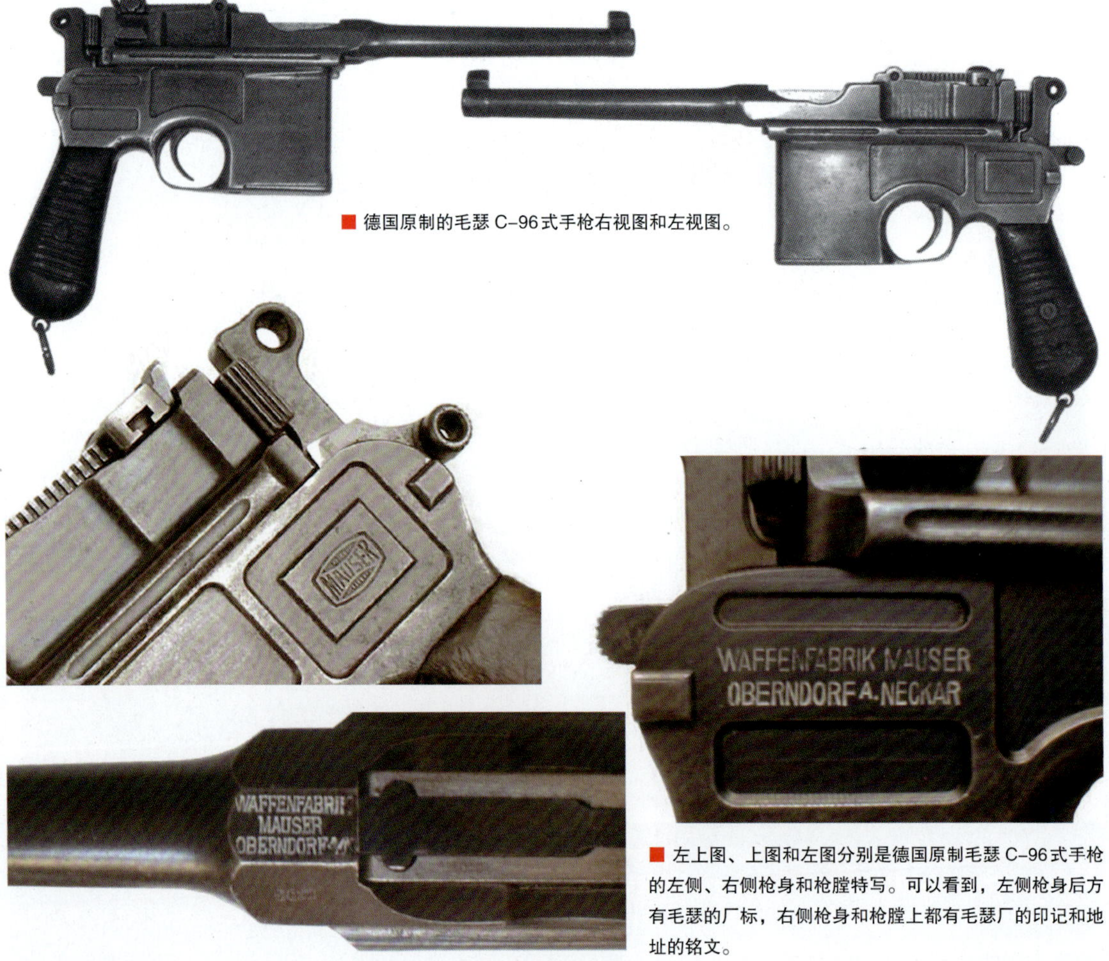

■ 德国原制的毛瑟 C-96式手枪右视图和左视图。

■ 左上图、上图和左图分别是德国原制毛瑟 C-96式手枪的左侧、右侧枪身和枪膛特写。可以看到，左侧枪身后方有毛瑟的厂标，右侧枪身和枪膛上都有毛瑟厂的印记和地址的铭文。

■ 上图是大沽造船所仿制的一支毛瑟 C-96式骑枪。如左图所示，这支枪的枪身右侧后方刻有大沽造船所的英文“Taku Naval Dockyard”。虽然大沽造船所仿制的毛瑟手枪产量不高，但种类繁多，除了这款毛瑟原厂产量极少的骑枪型，还有6种变型枪。大沽产的“盒子炮”，有的在枪身右侧后方刻有“大沽造船所制”的中文铭文，下图便是如此。有的则是在枪管后部上方刻上大沽造船所的英文铭文，左下图便是如此。

■ 意大利海军在1898-1902年间曾向德国订购过5000支大圆环击锤的毛瑟 C-96式手枪，这批手枪机身机匣平整，没有突筋和凹槽。这款手枪流入中国数量众多，被大沽造船所仿制，并得到了“大镜面”的绰号。右图和下图便是大沽造船所产的一支“大镜面”及其枪匣，这个枪匣可以装在枪柄后面进行抵肩射击，这也是其绰号“盒子炮”、“匣子枪”的来源。

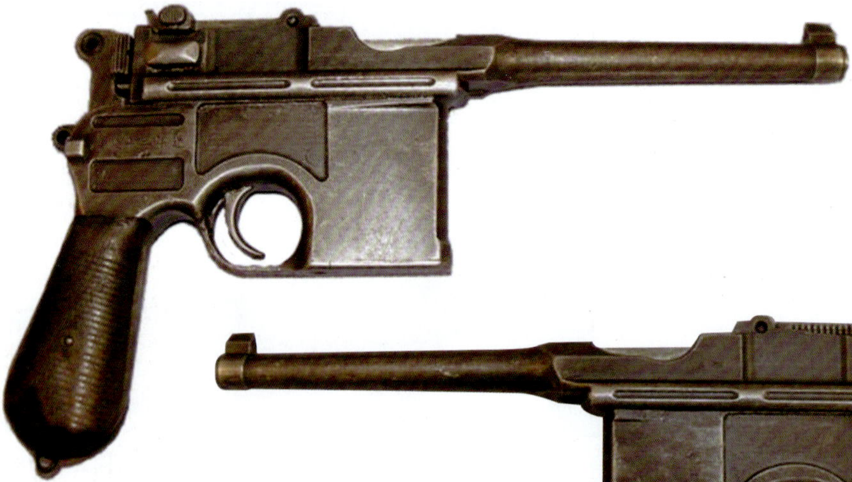

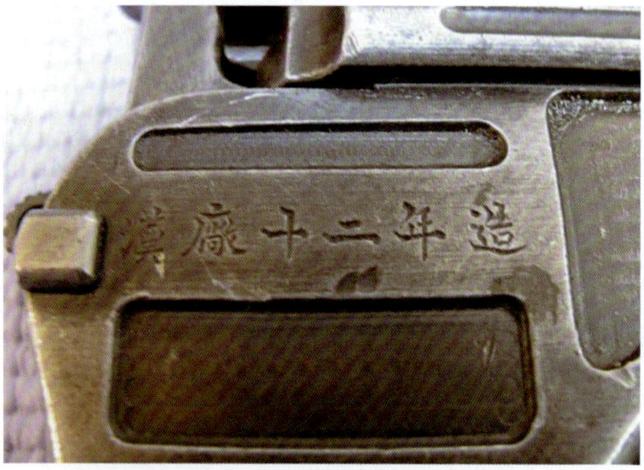

■ 汉阳兵工厂是生产毛瑟 C-96式手枪最多的兵工厂，从1921年开始仿制，最初月产量为60支，后增加到260支，至1928年共生产14000-15000支。汉阳兵工厂所产的毛瑟 C-96式手枪，从1923年起开始在枪身右侧刻所产铭文，至1928年最后一年刻铭文。上图便是汉阳兵工厂1923年所产的一支“盒子炮”的右视图和左视图。左图可以看见枪身右侧后方所刻的“汉厂十二年造”的铭文，意为“汉阳兵工厂民国十二年造”。

■ 1926年，北伐军攻克武汉，汉阳兵工厂随之易主。1928年国民政府形式上统一全国后，汉阳兵工厂改隶属于军政部兵工署，这一年所产的“盒子炮”，是最后一次刻上铭文。上图便是一支汉阳兵工厂1928年所产的“盒子炮”，右图是枪身右侧的“汉厂十七年造”的铭文特写。

■ 阎锡山的太原兵工厂在1928年（即民国十七年）根据德制毛瑟 C-96式手枪，设计了口径为11.43毫米的十七年式手枪，因口径较原版大，又有“大眼盒子炮”之称。该枪枪身左侧后方有“壹七式”的铭文，右侧有“民国 × × 年造”的铭文。在设计上，十七年式手枪与原版毛瑟无甚区别，只是将原版调整放大，发射11.43毫米子弹，这是世界上唯一一款使用这种口径的毛瑟手枪，也算是一种原创。这款枪因为数量稀少，在国际上深受收藏家的欢迎。

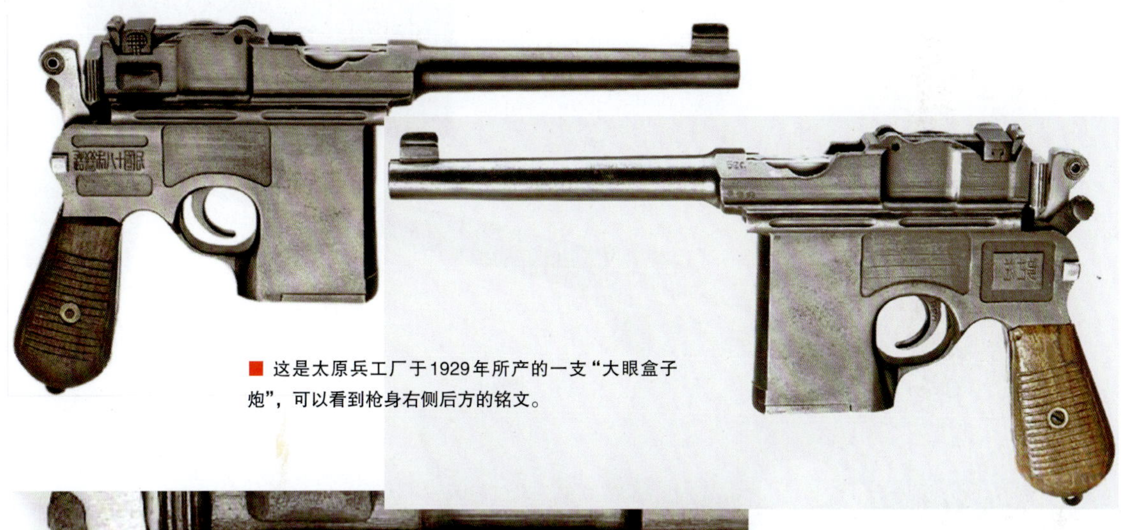

■ 这是太原兵工厂于1929年所产的一支“大眼盒子炮”，可以看到枪身右侧后方的铭文。

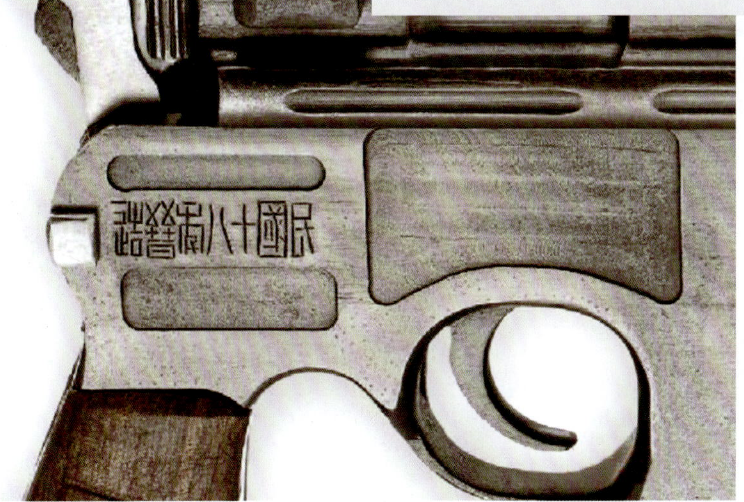

■ 左图是“大眼盒子炮”枪身右侧铭文的特写，可以清晰看到“民国十八年晋造”的篆书铭文。

■ 右图是“大眼盒子炮”枪身左侧铭文的特写，可以看到“壹七式”的篆书铭文。有人曾误以为是“第七式”。

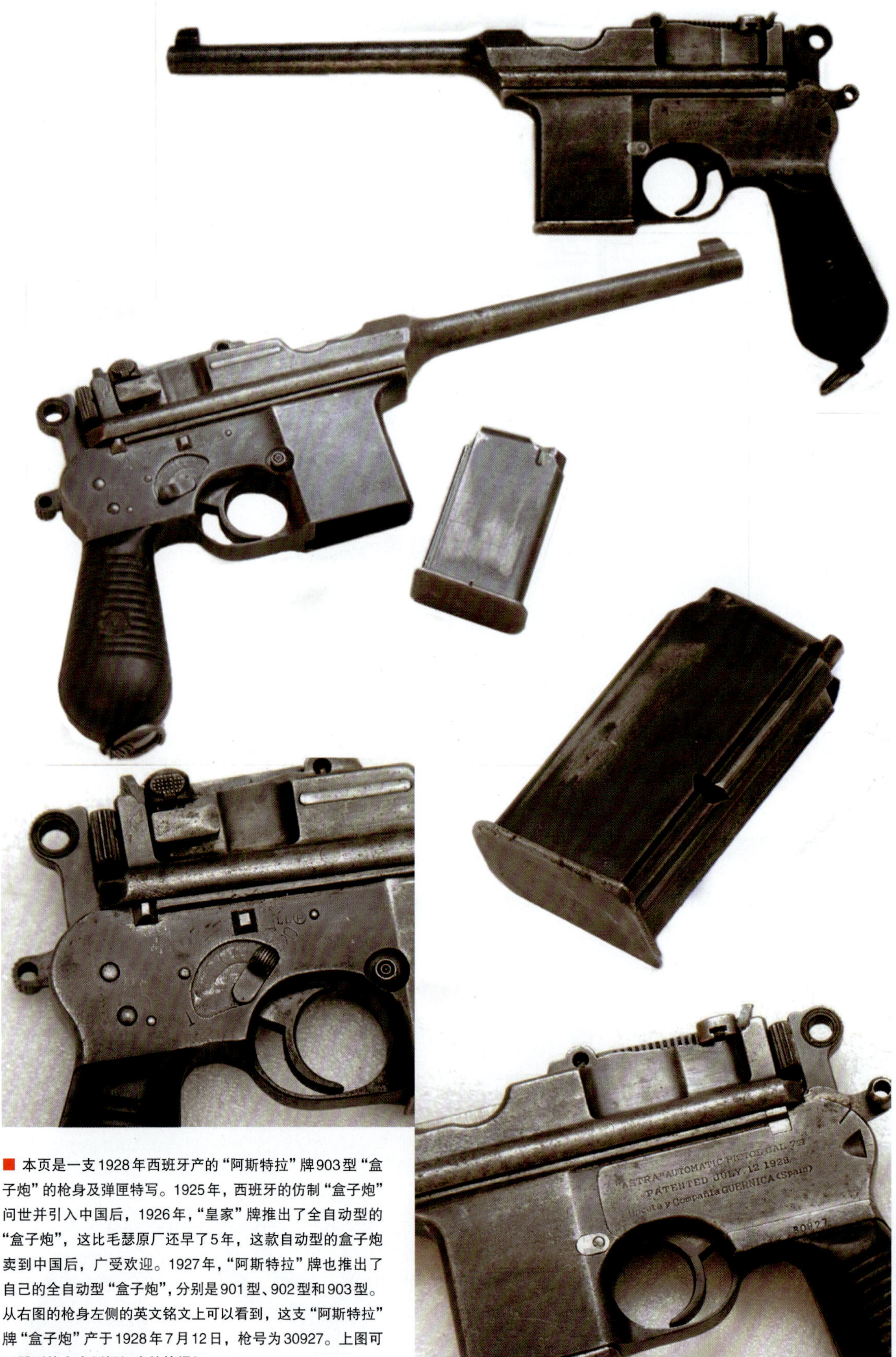

■ 本页是一支1928年西班牙产的“阿斯特拉”牌903型“盒子炮”的枪身及弹匣特写。1925年，西班牙的仿制“盒子炮”问世并引入中国后，1926年，“皇家”牌推出了全自动型的“盒子炮”，这比毛瑟原厂还早了5年，这款自动型的盒子炮卖到中国后，广受欢迎。1927年，“阿斯特拉”牌也推出了自己的全自动型“盒子炮”，分别是901型、902型和903型。从右图的枪身左侧的英文铭文上可以看到，这支“阿斯特拉”牌“盒子炮”产于1928年7月12日，枪号为30927。上图可以看到枪身右侧扳机旁的快慢机。

■ 左图是早期勃朗宁 M1900式手枪握把上的标志，因为这个标志，它被中国人称为“枪牌撸子”。

■ 勃朗宁 M1900式手枪

上图是北洋政府时期，国内兵工厂仿制的一支比利时 FN 公司的勃朗宁7.65毫米 M1900式手枪。该枪是世界上第一款采用自由枪机式后坐原理的半自动手枪，容弹量7发，重0.68公斤，有效射程40米。该枪在1899年开始生产，1911年停产，原厂产量达到100万支。由于该枪具有体积小、质量轻、便于携带且可以连续射击等优点，迅速畅销欧洲大陆，同时产生了大量的仿制品。其中仿制最多的要数西班牙和中国。该枪在军阀混战时期进入中国，由于其早期型号的握把上有该枪和 FN 图案，由此被中国人称为“枪牌撸子”，而且凭借其优良性能，“枪牌撸子”在军阀混战的中国被列为“一枪、二马、三花口”这三种最著名的手枪中的“一枪”，可见其口碑之佳。同时，“枪牌撸子”构造简单，便于生产且价格便宜，国内兵工厂进行了大量仿造，其数量、种类仅次于“盒子炮”。国内最早仿制该枪的是南京的金陵兵工厂，于1913年开始生产。除了该厂，上海兵工厂也是仿制该枪最多的另一个军工企业。值得一提的是，中国仿造的“枪牌撸子”中，有许多非常离谱的烙印，有的按原厂一字不漏地照抄，有的则凭空捏造，不知所云，甚至将字拼错，还有的印上毛瑟商标。而且，有一大批枪的枪号都是“126063”，令人啼笑皆非。此外，中国的山寨版，早期型的特色是直握柄、握柄有 FN 商标、早期的 FN 烙印、枪带环等，晚期型的特色为弯握柄、枪身有加强槽、后期 FN 烙印等。

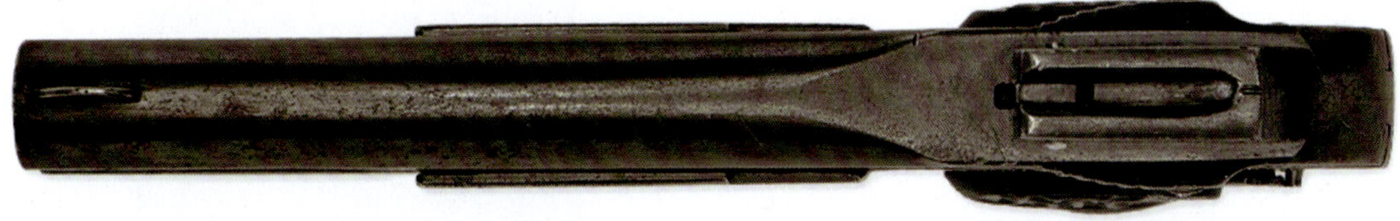

■ 上图是该枪的俯视图，下图是该枪枪身左侧的细节图。可以看到，上面的铭文混乱不清，原厂的枪牌标记也很粗糙。

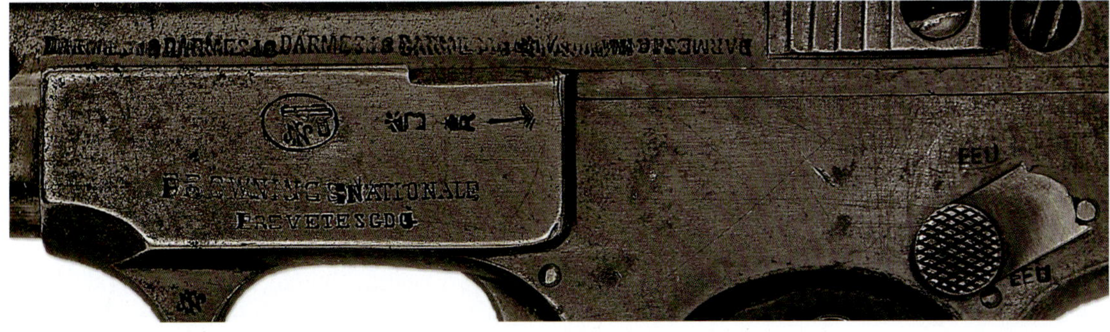

■ 上图是该枪套筒后拉时枪身右侧特写，可以看到套筒和枪身上都刻有“126063”的枪号，当时中国仿制的“枪牌撸子”上，很多都是这个枪号，有人判断，这可能是山寨者的“注册商标”。

■ 右图是该枪的后视图。可以看到，枪机上带有“V”形缺口和纵向瞄准槽的照门座。

■ 上图上面两支枪是上海兵工厂仿制的“枪牌撸子”,可以看到,枪身左侧原来枪牌商标的位置打上了“上海兵工厂”的铭文,枪身右侧则是“民国八年造”的铭文。最下面那支是金陵兵工厂所产的“枪牌撸子”，枪柄上有“金陵”字样的铭文，枪身上还有“制造局造”的铭文。

■ 7.65毫米鲁比手枪

下图是西班牙制7.65毫米鲁比（Ruby）手枪。这款手枪是西班牙仿制的美国勃朗宁M1903式手枪（即“马牌撸子”的西班牙仿制版），弹容量9发，西班牙于1914年生产。军阀混战时期，中国进口了大量的“马牌撸子”及其仿制品，同时在汉阳兵工厂等多个兵工厂也进行了仿制，由于价格便宜，20世纪20年代时，众多军阀部队中的军官都喜欢将“马牌撸子”作为随身自卫武器。

■ 毛瑟 M1871/84式步枪

上图是德制11.15毫米毛瑟 M1871/84式步枪。该枪是德国毛瑟步枪系列中的第二款，参考了俄土战争中土耳其装备的温彻斯特 M1866步枪的设计，在毛瑟 M1871式步枪的基础上于枪管下方增加了一个管状弹仓，容弹量8发，此外弹膛中还可以再装一发，托弹板上装一发，因此容弹量可达到10发。早在1876年，清政府便进口过毛瑟 M1871式步枪，这是清军最早装备的一批近代化步枪；1883年江南制造总局仿制了12支。此外，四川、河南、广东、广西等机器局也曾先后生产。毛瑟 M1871/84式步枪诞生后，清政府也曾进口，因为在弹膛中可以加装一发子弹，因此该枪在中国又有“九子毛瑟”、“九子连”、“九响枪”等绰号。下图是该枪的各细节图。

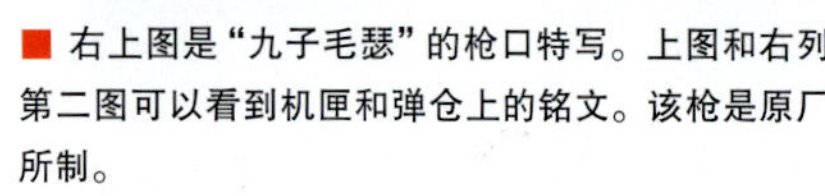

■ 右上图是“九子毛瑟”的枪口特写。上图和右列第二图可以看到机匣和弹仓上的铭文。该枪是原厂所制。

■右列第三图是该枪的表尺特写，该枪表尺射程最大可达1600米。

■ 右图是该枪的枪栓和弹仓特写。

■ 上图是中国军阀混战时期所使用的一支德国原产的7.92毫米 Gew 88式步枪，国产的“老套筒”在外形上跟它无甚区别。

■ 左图是“老套筒”的枪口特写，可以看到枪管外的套筒，这是其得名因素。

■ “老套筒”和“汉阳造”

1894年，清政府从德国引进了 Gew 88式步枪。这款步枪是德国步枪测试委员会（Gewehr Prfungs Kommission）于1888年3月完成设计、11月正式列装德军的，是当时最先进的步枪之一。1895年，湖北汉阳的兵工厂开始依据引进的设计资料和生产线生产该枪，并被命名为八八式毛瑟步枪，至1896年，该枪共生产了1300支。因该枪枪管外部有个防止炸膛的套筒而被国人称为“老套筒”。作为在中国战乱年代广泛使用的步枪，“老套筒”产量巨大，军阀们的兵工厂或多或少都有仿制，具体有多少支目前已不可考。1904年，汉阳兵工厂改进“老套筒”，去掉了枪管外的套管，将枪管的外直径从13.4毫米加大到14.8毫米；1910年时，又在该枪上增加了护木，并将直立式表尺改为固定式弧形表尺。此外，该枪通条也被改放在护木中，刺刀座也由原来的右侧改在了前护箍下方，还按毛瑟 Kar98式步枪改进了照门。改进后的“老套筒”得到了一个新的绰号：“汉阳造”。从清末民初开始，“老套筒”和“汉阳造”便广泛活跃在中国战场上。辛亥革命中，武昌起义的枪声便是由“汉阳造”打响。北洋政府时期，无论是北洋军还是其他地方军阀部队，“老套筒”和“汉阳造”都是普遍装备。当时，除了汉阳兵工厂，上海兵工厂、金陵兵工厂等都大批量生产这两款步枪。但是，由于军阀混战的频繁，该枪的生产并不连贯。直至南京国民政府统一全国后，汉阳兵工厂、金陵兵工厂等地的生产才算稳定下来。南京国民政府时期，“汉阳造”继续作为国民革命军的制式步枪使用，直至1943年“汉阳造”才全面停产。据统计，从1910年至1932年，“汉阳造”的产量约为46万支。

■ 这是一支“汉阳造”的四个不同角度的视图。

■ 上图是一支“汉阳造”的分解图。

■ 最上图是“汉阳造”的表尺，该枪的表尺最大射程为1800米。中图是“汉阳造”机匣位置上汉阳兵工厂的标志，“卍”字标志即是其厂徽。下方的“28–10”为生产日期：民国二十八年十月，即1939年10月。最下图是“汉阳造”的枪尾和枪栓的特写。

■ 曼利夏－卡尔卡诺 M1891式步枪

上图是意大利制6.5毫米曼利夏－卡尔卡诺 M1891式步枪。该枪是意大利国防部的轻武器委员会经测试世界多款名枪后，最终采用萨瓦多尔 · 卡尔卡诺（Salvatore Carcano）的设计，并结合 Gew 88式步枪的曼利夏弹仓而确定的意军制式步枪，在意军中被称为 M1891式步兵长枪（Fucile），该枪在意军中一直用到二战结束。中国军阀混战时期，吴佩孚为其部队从意大利进口了大量的 M1891式步枪。此外，1920年，北洋政府首次正式购买了4000支这款步枪。1924年又购买了1.4万支，此后几年又再次购买了4万支。直至抗战时期，中国福建的部队中还有大量的 M1891式步枪存在。

■ 莫辛－纳干 M1891式步枪

上图是著名的俄制7.62毫米莫辛－纳干 M1891式步枪。该枪在中国军阀混战时期被多支军阀部队使用，最典型的便是冯玉祥的国民军，20世纪20年代，苏联出于对冯玉祥的扶持，为其提供了大批军火，其中莫辛－纳干步枪占据了主要地位。另外，奉军中也有部队装备了该枪，其主要来源是流亡中国的白俄官兵，他们被奉军缴械后，奉军将其武器据为己有。另外，苏联支持广东革命政府时期，也陆续向其供应了约2.2万支莫辛－纳干步枪。

■ 毛瑟 M1898式步枪

上图是德制毛瑟7.92毫米 M1898式步枪。该枪于1898年装备德军，成为其制式步枪，并被命名为 Gewehr1898式步枪，即 Gew 98式步枪。清政府曾购买其外贸型号毛瑟1904式步枪，并从该枪中衍生出元年式、四年式、辽造十三年式、巩造九八式步枪等多种型号。一战结束后，战胜国通过《凡尔赛和约》限制德国武器，这款步枪在德国国内失去了市场，便被军火商们带到军阀混战的中国。北洋政府和其他地方军阀也有所引进。南京国民政府时期，从德国引进了该枪的改进型——毛瑟 M1924式步骑枪，将这款步枪稍加改进并自行生产，作为国军新的制式步枪，这便是近代中国的另一款名枪——中正式步枪。可见该枪对近代中国步枪影响之大。

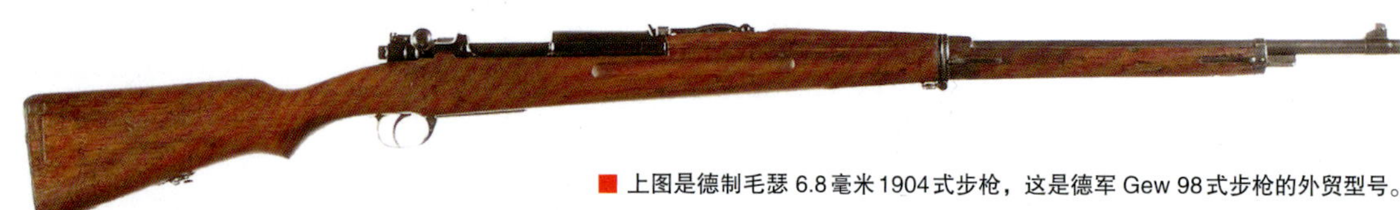

■ 上图是德制毛瑟 6.8毫米1904式步枪，这是德军 Gew 98式步枪的外贸型号。

■ 元年式（四式）步枪

元年式步枪的原型是1907年清政府向德国毛瑟公司订购的 Gew 98式步枪的外贸型号——毛瑟 1904式步枪，该枪应中国的要求采用了特殊的6.8×57毫米尖头弹。因清政府拿不出钱，有部分枪支未完成交付。一战爆发后，这部分枪支被改为7.92毫米口径配发给德军。这款步枪在当时被称为中国合约1907式。至于中国方面，1909年，位于广东番禺的广东兵工厂首先对该枪进行了仿制，称为“光绪三十三年六米厘八新式五响无烟快枪”，后来江南制造总局也进行了生产。汉阳兵工厂也曾有意生产，但因缺乏经费而作罢。1913年1月，北洋政府陆军部将其定型为元年式步枪，仍使用6.8毫米口径，交由各兵工厂生产，但同时又规定步、马枪口径统一为7.92毫米。1915年，陆军部又将元年式步枪改名为四年式步枪，并将口径改为7.92毫米。但是，同年，陆军部军械司又将制式口径从7.92毫米改为6.8毫米，理由是该口径的步枪和枪弹对“中国人体格，尤为相宜”。元年式步枪是民国初年各步枪生产的标准。该枪在各地兵工厂的生产过程中，众多细节也有所差异，如广东兵工厂和四川所造的元年式步枪，前者枪管长度为736毫米，后者枪管长度为744毫米；广东造瞄准基线长为654毫米，四川造则为659毫米；广东造弹膛长为41.2毫米，四川造则为40.1毫米。值得一提的是，奉系的东三省兵工厂和河南的巩县兵工厂经过改进，更是在旧枪基础上研发出自成一格的辽造十三年式步枪和巩造九八式步枪。

■ 上图是1927年广西兵工厂所产的一支四年式步枪，右图和下三图是这支步枪的细节图。由于广西兵工厂存在时间较短暂，且生产能力难以与汉阳兵工厂等知名军工企业相比，可以看到这支步枪较为粗糙，在一些细节上也偷工减料。

■ 右图是这支桂造四年式步枪机匣上方的铭文，可以看到“广西兵工厂 民国十六年”的铭文字样。

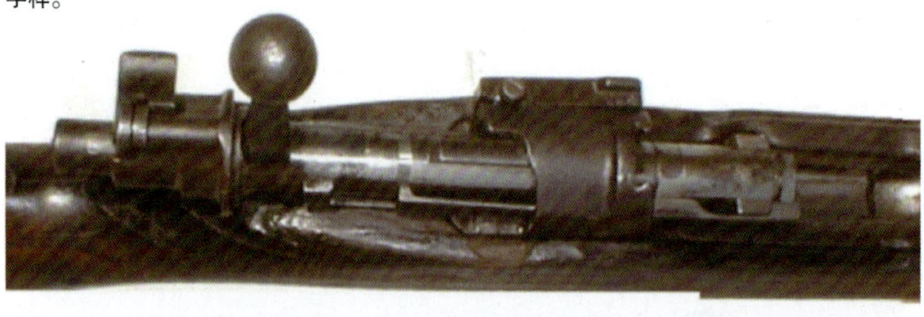

■ 上图是该枪枪栓拉出时的特写，可以看到表面中央之引导肋。下图是该枪的节套和上护木特写，上护木由节套尾端至二箍，还可以看到该枪的表尺。

■ 上图是该枪弹仓底板，前后各只有一个螺丝固定。

■ 右图是广东兵工厂1925年所产的一支四年式步枪机匣上的铭文，其上是“广东兵工厂 中华民国十四年制”的字样。

■ 7.92毫米辽造十三年式步枪

辽造十三年式步枪是东三省兵工厂对元年式步枪的改进而来，另外也有一种说法，该枪主要仿制于捷克的VZ 98/22式步枪（即捷克仿制的Gew 98式步枪）。此外，该枪加入了不少日本三八式步枪的设计，几乎是毛瑟步枪和三八式步枪的混血儿。这款步枪与国内仿制的毛瑟式步枪相比，最大的差异是枪栓的构造，枪栓内的撞针部，采用内部弹簧的设计，拉柄头为橄榄状，枪栓上无导引助，因此与平常的毛瑟枪栓不能互换，枪托使用上下两片式，枪匣上有两个减压孔。作为奉军的制式步枪之一，这款步枪的生产一直持续到"九一八"事变后，总产量估计超过14万支。

■ 上图是辽造十三年式步枪的枪口特写，采用的是元年式步枪的单道箍和短式毛瑟刺刀座的设计。

■ 左上图是该枪机匣的特写，可以看到东三省的厂徽"東"字以及两个减压孔。右上图是该枪尾部和枪栓的正面特写。下图是该枪中部的俯视特写。

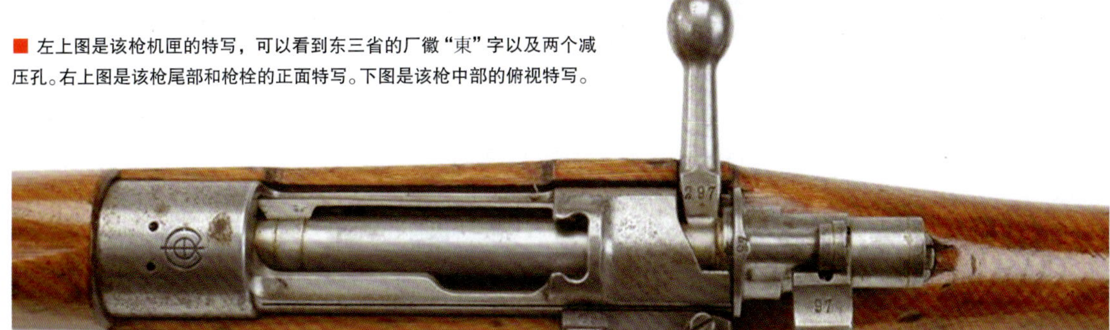

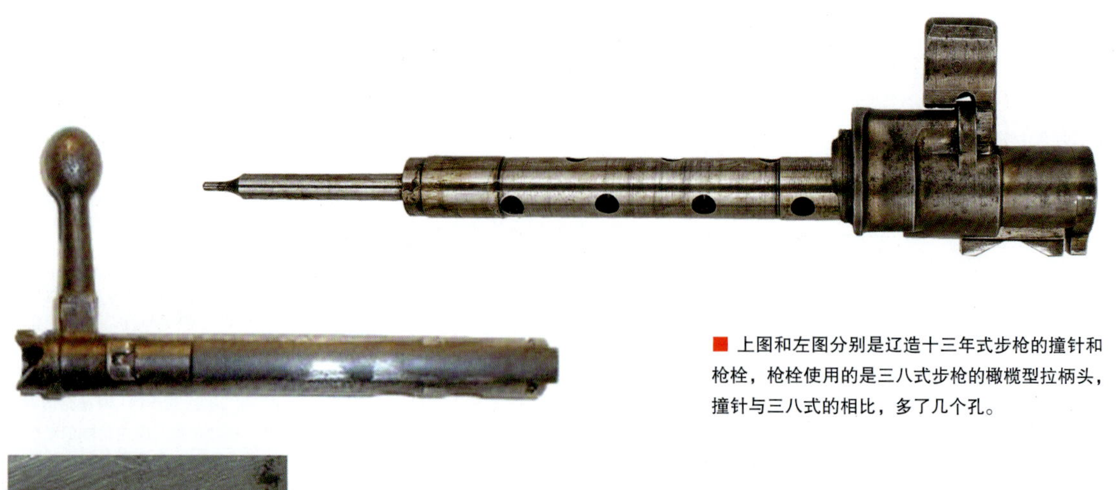

■ 上图和左图分别是辽造十三年式步枪的撞针和枪栓，枪栓使用的是三八式步枪的橄榄型拉柄头，撞针与三八式的相比，多了几个孔。

■ 左边几幅图是该枪各处的兵工署铭记，左上图为枪托底板上的铭记，左下图为枪匣左侧的铭记和枪号，大图为弹仓底板的铭记。

■ 巩造元年式（四年式）步枪

从1928年起，位于河南巩县的巩县兵工厂也开始生产元年（四年）式步枪。该厂是1915年由北洋政府陆军部筹建，1922年9月正式成立，由蒋廷梓担任总办。由该厂所造的元年式步枪，采用的是“汉阳造”的枪管，因此，所用弹药为7.92毫米圆弹头；而且膛前导锥的长度也不一样。1933年，巩县兵工厂根据原东三省兵工厂提供的图纸对该枪进行了改进，采用7.92毫米尖头弹，并于1934年正式量产，这便是巩造九八式步枪。一年后，巩县兵工厂改产中正式步骑枪，因此，巩造九八式步枪的产量并不高。下图便是一支巩造九八式步枪的左右视图。

■ 三八式步枪

上图是日军著名的6.5毫米三八式步枪，在20世纪一二十年代，该枪在军阀混战的中国被大量引进，据统计，当时各大军阀所购买的日本三八式步枪总共就有206401支。大规模使用该枪的，一个是段祺瑞的皖军，《中日共同防敌军事协定》为皖系获得了大量的日本军事援助，其中便包括三八式步枪。据统计，段祺瑞先后从日本人手中得到该枪4万支。另一个是奉军，张作霖与日本人长期勾结，奉军中存在大量日械，三八式步枪作为奉军的制式步枪之一，也是顺理成章的。而且，奉军的辽造十三年式步枪在设计上也可以看到三八式步枪的身影。日式步枪在中国有很大市场，除了三八式步枪，当时中国还购买了大量日本早期的三十年式步枪和村田十三年式步枪，其中三十年式步枪的进口总量有150967支，而村田十三年式步枪的进口总量是97996支。

■ 左图是日本三八式步枪机匣上的菊花标志和铭文。右图是晋造六五式步枪机匣上的铭文。可以看到，二者机匣上都有同样的导气孔。

■ 晋造六五式步枪

下图是太原兵工厂根据日本三八式步枪所仿制的晋造六五式步枪，该枪得名便是源于其6.5毫米的口径。这款步枪从1929年开始生产，日产量50支，因兵工厂缺乏专门设备，故多用钳工锉配，精确度较差。而且所用枪管为整根钢料截取并车制成型的碳素钢，较费工料。该枪的生产大约持续了4年，总产量约为10万支。

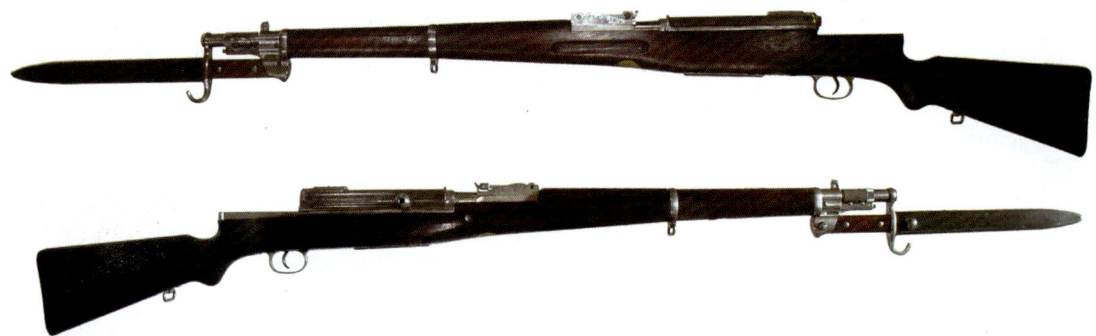

■ 7.92毫米刘氏半自动步枪

这是北洋政府时期，由中国军械专家、汉阳兵工厂总办刘庆恩自行设计的一款半自动步枪，口径7.92毫米，内置弹仓，弹容量6发，射速为50发/分，以刘庆恩姓氏来命名，又称之为“刘庆恩自装枪”。该枪是1914年刘庆恩参加美国陆军征选半自动步枪而设计，于1916年9月8日由陆军部军械司在南苑进行试验。1918年交由美国陆军进行测试，此后再无下文。该枪是近代中国第一支自行研制的半自动步枪，刘庆恩采用丹麦发明家索伦·邦（Soren H.Bang）所发明的枪口集气工作原理，在枪口设置了一个束汽筒，用来调节半自动/单发。该枪估计当时造了十余支，多数送往美国进行测试，现存亦多在美国。

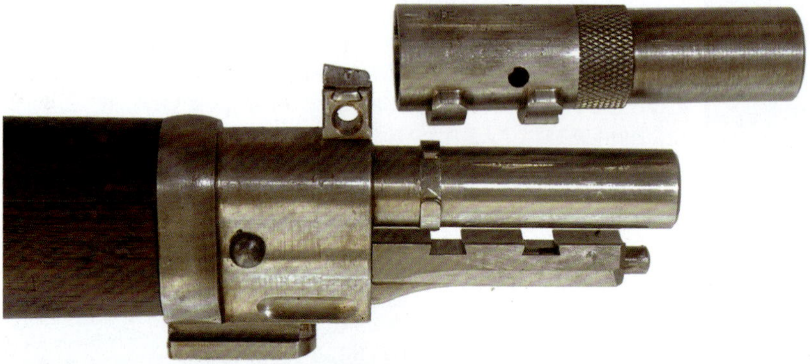

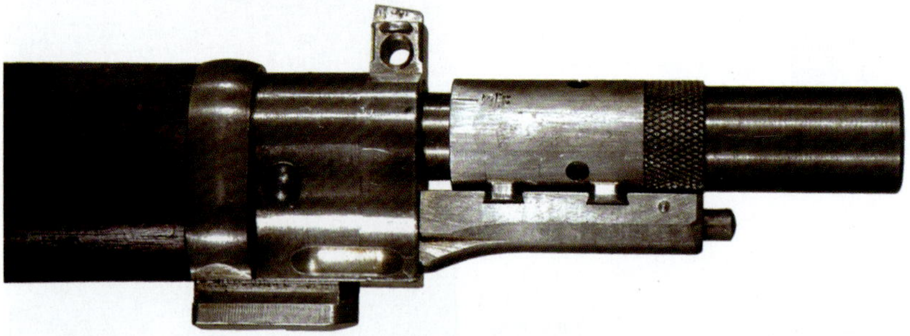

■ 左上图是该枪枪口和束汽筒的特写，左中图是枪口安装上束汽筒的特写，左下图是束汽筒的近距离特写。可以看到，束汽筒上有三个小孔，在需要从半自动射击形式改为单发射击时，则扭转束汽筒，使三个小孔向外。束汽筒上“普”、“自”的铭文便是旋转、调整射击式样的刻度。“普”代表单发射击，“自”代表半自动射击。

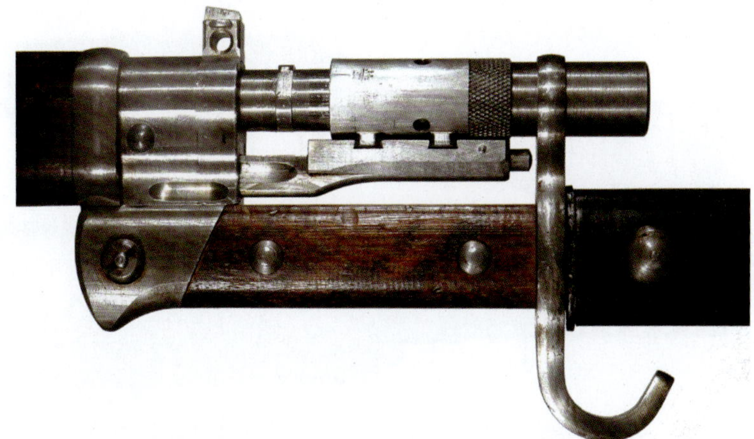

■ 左图是该枪安装上刺刀的特写，该枪连刺刀总重5.45公斤，在南苑测试后，北洋政府陆军部军械司给出的意见中，一个便是“枪重稍微超过一般步枪”。

■ 右图是该枪枪身右侧后半部分的特写，该枪使用的是楔形后方闭锁方式。

■ 右图是该枪枪身上表尺的特写，该枪表尺最大射程为2000米，在表尺的正面和左右都带有刻度。

■ 右图是该枪机匣上汉阳兵工厂的铭文，当时汉阳兵工厂属于陆军部所辖。

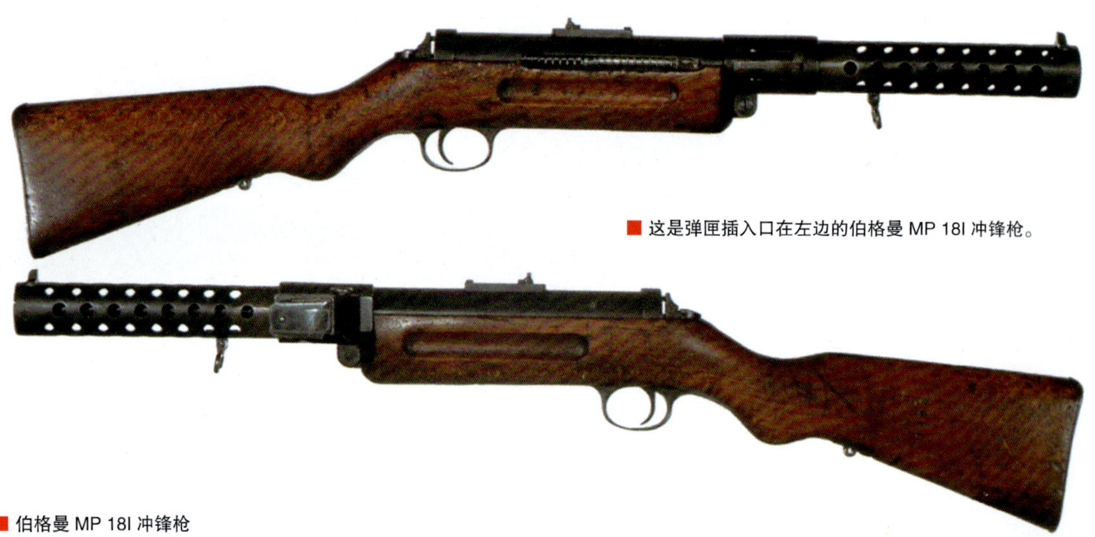

■ 这是弹匣插入口在左边的伯格曼 MP 18I 冲锋枪。

■ 伯格曼 MP 18I 冲锋枪

德国著名的伯格曼 MP 18I 冲锋枪火力猛烈，深受中国军阀们的青睐。1924 年第二次直奉战争中，奉军装备的伯格曼冲锋枪第一次亮相中国战场，给予了直军很大打击。由于伯格曼冲锋枪的结构和制造较汤普森冲锋枪更简单，相比之下更受“大帅”们的欢迎；而且，因为其枪管护套上布满散热孔，还得到了“手提花机关”的绰号。1925 年，汉阳兵工厂率先仿制 MP 18I 冲锋枪，但口径从原版的 9 毫米改为了 7.63 毫米；1926 年，上海兵工厂和金陵兵工厂也开始仿造，两年中共生产了 6000 支；广东、巩县兵工厂和大沽造船所也先后仿造此枪并有所改进。除金陵兵工厂所造的伯格曼仍采用 7.65 毫米口径外，这些被仿制的伯格曼冲锋枪多采用 7.63 毫米口径，以便能与“盒子炮”通用子弹。当时上海、金陵、巩县、汉阳、广东等主要兵工厂所仿制的伯格曼冲锋枪跟原版一样，弹匣插入口都是横向插槽，但天津大沽造船所、青岛铁工厂所仿制的伯格曼冲锋枪的弹匣插入口却是枪身下部的纵向插槽。巩县兵工厂和东三省兵工厂所造的伯格曼冲锋枪则增加了快慢机，而其他厂所产的只能连发。各地仿制的产品规格不一，质量也参差不齐。军阀混战时期，中国仿制的伯格曼冲锋枪在制造和装备数量上远多于同时进入中国的汤普森冲锋枪，成为军阀精锐部队或“大帅”警卫部队的标志性配枪。

■ 上图和以下各图是青岛铁工厂所仿制的 MP 18I 冲锋枪及各部分细节特写。可以看到，其弹匣插入口采用的是纵向插槽设计，在枪身下部。

■ 上图是该枪枪管上部另一个角度的特写，可以看到铭文和表尺，该枪有效射程为 150 米。

■ 这是该枪枪身下部的弹匣插入口的特写，其上“中华民国十六年 青岛铁工厂造”的铭文字样说明其造于 1927 年，“口径七密里六三”则说明其口径为 7.63 毫米。

■ 右图是枪口特写，可以看到枪管护套上的散热孔，这为其获得了“手提花机关”的绰号。

■ 下图是枪身右侧特写。

■ 下图是枪栓特写。

■ 右图是该枪枪管上部特写，上面“沪公安局”的铭文字样，说明该枪装备给当时的上海公安局。上图是该枪弹匣插入口特写，可以看到插入口上设计有弹匣卡笋。

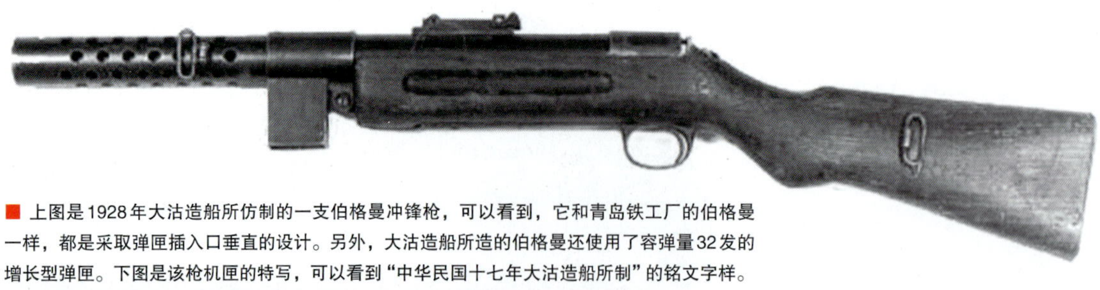

■ 上图是1928年大沽造船所仿制的一支伯格曼冲锋枪，可以看到，它和青岛铁工厂的伯格曼一样，都是采取弹匣插入口垂直的设计。另外，大沽造船所造的伯格曼还使用了容弹量32发的增长型弹匣。下图是该枪机匣的特写，可以看到“中华民国十七年大沽造船所制”的铭文字样。

■ 这是一支伯格曼冲锋枪及其10联装皮制弹匣袋，可以看到，这个弹匣袋很长，所装弹匣应该是加长型的50发弹匣。这款弹匣袋正面是6排，左右还各有2排，可装10个弹匣。北伐战争时期，可以在一些北伐军的精锐部队中看到挂着这种弹匣袋、提着“花机关”的士兵。

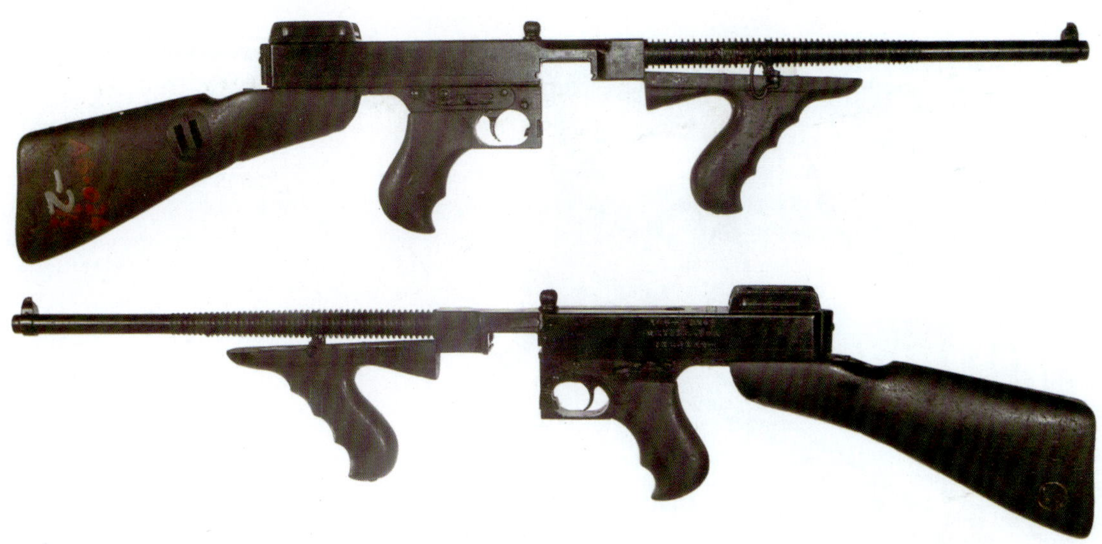

■ 汤普森冲锋枪

著名的美制汤普森冲锋枪也为中国军阀所看重。该枪在20世纪20年代初进入中国，孙中山首先从美国购入30支汤普森M1921式冲锋枪；1923年，广东兵工厂进行仿制，至1924年共生产39支。之后，巩县、大沽等兵工厂亦有仿制，可能是因为生产工艺过于复杂、成本过高，其产量并不高。而仿制该枪最为著名的要数阎锡山。1927年1月，晋系的兵工厂开始批量仿制汤普森M1921式冲锋枪，至1930年前，晋造汤普森冲锋枪的月产量一度高达900支。其中，最为知名的晋造汤普森当属加长枪管的型号，该型号的枪管长达395毫米，远超原版。上两图便是加长枪管的晋造汤普森冲锋枪。

■ 上图是1927年6月太原兵工厂仿制的一款汤普森冲锋枪，该枪管为正常型号。右图是该枪枪身上的铭文，上书“中华民国十六年六月 太原兵工厂造 冲锋机关枪”的字样。

中華民國十六年六月
太原兵工廠造
衝鋒機關槍

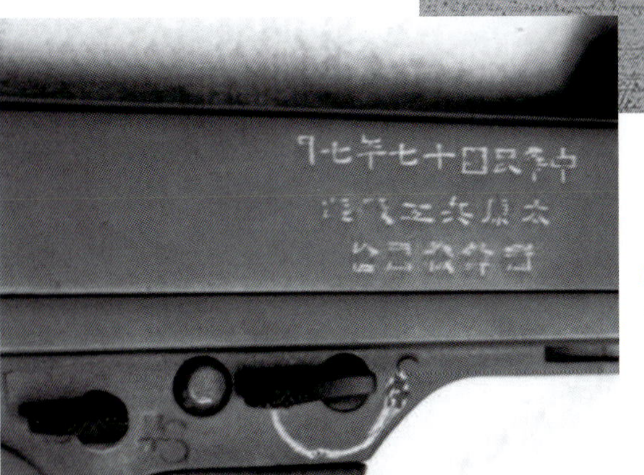

■ 左图是另一支晋造汤普森冲锋枪枪身上的铭文，其上“中华民国十七年七月”的铭文字样说明其造自1928年7月。

■ 哈奇开斯 M1914式重机枪

清末民初之时，重机枪开始引进中国。上图及下图是法制7.92毫米哈奇开斯 M1914式重机枪，该枪是第一次世界大战时期法军和美国远征军的主要装备。20世纪一二十年代，该枪被引进中国。由于哈奇开斯重机枪结构简单，仿制并不困难，从北洋政府开始，各地兵工厂都有仿制的记录，上海兵工厂、广东兵工厂、山西军人工艺实习厂等都进行过“山寨”。而使用该枪最多的应是奉系，张作霖从日本引进了不少日本仿制的哈奇开斯重机枪。

■ 施瓦茨劳斯 M07式重机枪

这是奥匈帝国产的7.92毫米施瓦茨劳斯 M07式重机枪。该枪是由奥匈帝国著名的枪械师施瓦茨劳斯与斯太尔公司合作、在马克沁式重机枪的基础上研发的产品。这款机枪最大的特点在于采用了手枪和冲锋枪才用的自由枪机原理和杠杆延迟开锁自动原理，但这种设计在当时看来并不成功。而且，全枪长度1米，比马克沁短了0.2米，故障率更高。1918年3月，川军熊克武占据了四川兵工厂，根据引进的施瓦茨劳斯 M07式重机枪图纸进行生产，月产量1至2挺。由于20世纪20年代川军内部混战的恶化，四川反复易手，战火给四川兵工厂造成巨大破坏，该枪被迫停产，最后到底造了多少挺也是记录难寻。但是该枪在川军中仍有装备，直至抗战时期，奔赴抗日前线的川军还携带有这款机枪。除了四川兵工厂，广东兵工厂在1919年也对该枪进行了仿制，但将口径改为了6.8毫米，并命名为“粤式六八水机枪”。但是，出于性能原因，该枪在广东兵工厂很快被停产。另外，有报道称，1925年国奉战争期间，国民军也有装备该枪，这可能是一战时俄国缴获自奥匈帝国、苏联又将其输送给冯玉祥的。

■ 索科洛夫－马克沁 M1910式重机枪

下图是苏俄的7.62毫米索科洛夫－马克沁 M1910式重机枪。该枪是俄国自行生产的多款马克沁式重机枪中较为著名的一种，也是中国军阀混战时期，军阀部队们使用较多的一款马克沁式重机枪。自清末马克沁式重机枪进入中国后，除了进口，各地兵工厂都或多或少地进行过仿制，如1889年金陵兵工厂即仿制出马克沁式重机枪；1910年秋，四川兵工厂仿制出4挺马克沁；1914年至1921年间，金陵兵工厂也仿制出300挺马克沁；1916年大沽造船所也根据德国新式马克沁式重机枪图纸成功进行了仿制。但是，当时中国所仿制的马克沁的型号五花八门，没有统一的制式。军阀部队在装备国内自行仿制的马克沁式重机枪的同时，还有不少直接进口的马克沁，但各种牌子也是杂乱无章。索科洛夫－马克沁 M1910式重机枪于20世纪20年代大量出现在中国战场，其主要来源，一部分是奉军缴获自流亡中国的白俄官兵，一部分则是苏联对冯玉祥的援助。

参考资料

[1] Phillip Jowett. The Armies of Warlord China 1911−1928. US: Schiffer Publishing Ltd, 2013

[2] 陈志让．军绅政治：近代中国的军阀时期．桂林：广西师范大学出版社，2008

[3] 齐锡生．中国的军阀政治（1916−1928）．杨云若 萧延中．北京：人民大学出版社，2010

[4] 来新夏，焦静宜，莫建来，张树勇，刘本军．北洋军阀史．天津：南开大学出版社，2000

[5] 中国第二历史档案馆 编．民国军服图志．上海：世纪出版集团上海书店出版社，2003

[6] 徐平．中国百年军服增补版．北京：金城出版社，2009

[7] 陈克，岳宏．新军旧影：清末新军照片文献资料选．天津：天津古籍出版社，2008

[8] 戚厚杰，刘顺发，王楠．国民革命军沿革实录．石家庄：河北人民出版社，2001

[9] 张民金，刘立勤．中华民国历史上的20大派系军阀．北京：解放军出版社，2008

[10] 张宪文．中华民国史第一卷．南京：南京大学出版社，2005

[11] 魏刚，陈应明，张维．中国飞机全书第一卷．北京：航空工业出版社，2014